JN112004

~ the ultimate method ~

受験の叡智

受験戦略・勉強法の体系書

【共通テスト完全対応版】

99%の受験生が知らない
究極・秘密の受験戦略・勉強法
〜受験界最高峰の受験対策書〜

合格の天使【著】

受験戦略編

受験戦略　総則編
戦略なき勉強法は捨て去れ

受験戦略　合格への3大戦略編
3大戦略総則

第1部　　ターゲットを絞る

第1章　「試験問題の3類型・難問の2分類」理論　　60

第3部　　志望校・併願校と選択科目の戦略的決定

受験戦略　受験戦略構築編
～各自の受験戦略を構築せよ～

勉強計画編

第1部　　勉強計画の立て方

第2部　　年間計画のサンプルプラン

勉強法編

勉強法　総論

勉強法　勉強法各論（各科目勉強法）

～はじめに～

第5章　物　理
400

日々の勉強への取り組み編

第1部　日々の勉強の核の確定

第2部　日々の勉強への取り組み方の重要ポイント
～合格の天使の受験戦略・勉強法から導かれるもの～

本番戦略編　難関大学に合格する本番戦略

勝利の女神はあなたに微笑む編

21

～「共通テスト完全対応版」の出版にあたって～

　本書は、東大理三合格講師を 30 名超、東大「首席」合格講師複数名はじめ、東大合格者の中でも優秀な東大理系・文系合格講師を多数擁する叡学会（株）合格の天使が、

☑ 当塾講師陣の圧倒的受験結果とその実力の習得プロセスを分類・分析・ロジック化

☑ 当塾講師陣が有する受験戦略と勉強法を体系化

　以上を、オリジナル理論としてまとめた受験戦略・勉強法の体系書です。

　当塾が分類・分析しロジック化したオリジナル理論の詳細説明や各教科の勉強法部分については本書の初版出版時から普遍的にブレ無くお伝えしてきていますが、拙書「医学部受験の叡智」【受験戦略・勉強法の体系書】の出版に当たり更なるオリジナル理論を公開したことに伴い、前版の完全版でもその理論を公開してきました。

　この「共通テスト完全対応版」では、当塾の 30 名超の東大理三合格講師陣と東大文系合格講師陣が共通テストの問題の性質や特性を独自に完全分析し、二次・個別試験対策を含め共通テストにどのように対処していくべきかの受験戦略や勉強法、勉強計画についての詳細解説を掲載しました。

　この「共通テスト完全対応版」は、「初版」「増補実践版」「完全版」に掲載した重要な内容はすべて掲載しています。本質と核心を突いたブレ無き受験戦略・勉強法というものは不変である証です。本当に優れた受験戦略・勉強法は、改定のたびに今までの内容と異なるなどということは決して起きえません。また試験問題の本質をそもそも解明していれば、どのような試験制度になっても幹となる方針のブレなど決して生じないのです。この点からも当塾及び本書の受験戦略・勉強法が如何に理にかなったものであるのかを実感していただければと思います。

1．本書のコンセプト

　以下、2014年の初版出版時より一貫して掲載している本書のコンセプトを示します。

　本書は、受験界最高峰の圧倒的実力とノウハウを有する講師を擁し、圧倒的結果に実証された受験戦略・勉強法指導、学習指導を行うリアル塾＆ネット塾　株式会社　合格の天使が自信と責任をもって世に送り出す受験戦略・勉強法の体系書です。

　大学受験をメインに扱っていますが、受験戦略編は試験の性質・試験問題の性質を分析・解明したものであり「難関中学受験」「難関高校受験」「国家試験」「資格試験」すべてに当てはまる確実合格を導く理論です。

　多くの受験生は勉強法というものに踊らされます。そしてその勉強法というものの内容は、

・難関大学や志望校に合格するにはどんな参考書や問題集を使えばいいか
・問題集や参考書は何周すればいいか
・難しい問題集や参考書を何冊もものにするにはどうしたらいいのか
・どうすれば長時間勉強ができるようになるか
・どうすれば暗記力を高められるか
・どうすればやる気や集中力を高めて勉強できるか
・どうすれば楽しく勉強できるか
・どのような気持ちで勉強に取り組むべきか

　といった問題集・参考書への取り組み方や精神論に主眼が置かれた勉強法ではないでしょうか。

　しかし、そもそもその勉強法というものが前提としているもの自体が

~共通テスト完全対応版の出版にあたって~

　第一志望校・難関大学合格にとって重点を置く必要がないものだとしたら、上記事項は必要以上に追求しても意味がないものということになります。

　実際多くの受験生が勉強法というものを学んでいるにもかかわらず結果が出ない、そして勉強法というと上記事項に関することに飛びついてしまって肝心な核となる部分について何も学んでいないと言えるのです。

　弊社、合格の天使は前記事項を一切重視していません。
　前記事項に重点を置いていません。
　別の部分にこそ受験戦略・勉強法の核となる部分があるからです。

　前記事項に重点を置く勉強法を合格の天使では『「勉強するための」勉強法』と位置付けています。
　合格したいなら『「勉強するための」勉強法』と『「合格するための」勉強法』を明確に区別してください。

　そして『「合格するための」勉強法』をしっかり理解するためにまず『本物の受験戦略論』から学んでください。

　そしてしっかり理解したうえで『「合格するための」勉強法』を実践していってください。

　受験戦略なくして勉強法無し。

　本物の受験戦略なくして本物の勉強法無し。

　どこの大学にも合格しうる受験戦略なくしてあなたの第一志望校・難関大学に合格しうる勉強法無し。

　受験、試験、試験問題の本質を分析し理解できていなければ本物の受験戦略論は導き出すことはできない。

　各科目をマスターしていなければ合理的かつ効率的な勉強法は導き出せない。

　各科目を高い次元・レベルでマスターしていなければあなたの第一志望校・難関大学に合格しうる勉強法など決して導き出せない。

　戦略や方法論が本当に理にかなった優れたものであるならば、それには必ず圧倒的な結果が伴う。

　圧倒的結果によって実証されたもののみが本物である。

　受験戦略論や勉強法が本物であるならば、それを実践しさえすれば必然的に圧倒的結果に至ることができる。

　そして本物を学ぶことで初めて他の国家試験や資格試験や人生における様々な考え方に応用することができる。

　これが合格の天使が考える受験戦略・勉強法の真実であり、合格の天使が体系化した受験戦略・勉強法であり、この本を世に送り出す理由でもあります。

　東大や旧帝大、国公立医学部医学科、難関国立大学や早稲田・慶應といった難関私立大学に合格するには特別な才能や能力は一切関係ありません。

　この本はこのことを客観的根拠とともに明確にし、まずその部分をしっかりと認識していただき、この本を手に取っていただいているあなたに第一志望校に合格するための受験戦略・勉強法・日々の勉強への取り組

み方をお伝えすべく 2014 年の初版から出版に至ったものです。

　勉強法には様々なものがありますが、大学入試の現実、試験の現実をまず見据え、実力を具体的にあげていくための具体策・現実論を提供することこそが大事なものだと合格の天使は考えています。

　脳科学とか精神論も不要なものとは言いません。
　しかし、確固たる受験戦略論・勉強法理論なくしてそれらの存在はあなたの第一志望校・難関大学確実合格にとって全く無力な存在です。

　確実に実力をあげるためには試験の性質・事実を的確に客観的に認識しそれに対処していく具体策・現実論こそが最重要であり、それこそが誰もが実践すれば難関大学合格を現実にできる手段であると考えています。またそれこそが多くの受験生を第一志望校合格に最も確実に導く受験戦略・勉強法だと考えています。

　世の中の勉強法が、あなたの第一志望校合格、効率的に実力をつけていくという目的をかなえるための具体策から離れた一般論的・抽象的な勉強法や精神論的な夢や希望を追い求めるドリーム勉強法であるならば、合格の天使が提唱する勉強法はあなたの第一志望校合格に焦点を当てた『「合格するための」勉強法』『リアリズム勉強法』です。

　そして、受験戦略論、勉強法のみならず、高い次元・実力で学習指導を行うことができる圧倒的実力から導き出された『体系化された受験戦略・勉強法』です。

　受験界最高峰突破をも可能とした圧倒的結果に裏付けられた圧倒的結果を導く受験戦略・勉強法を学び、第一志望校合格を掴み取ってください。

2．本書をご覧いただくにあたっての注意点

　本書では、受験生の意識が特に薄い部分や重要な部分につきましては あえて何度も繰り返し述べています。表面的な理解や読解では意識を変 えることも本質をお伝えすることも不可能だからです。この点を踏まえ たうえで読み進めていただきたいと思います。

　本書は文章すべてが「ポイント」です。「ポイント」が文章となって1 冊になっているとお考えください。太字やポイントと明示されている以 外の部分もすべからく重要な内容、センテンスを含んでいます。従いま して試験が終わるまで何度でも読み返してください。これによって本書 のすべてを学んでいただけるとともにその威力を実感していただけます。

3．本書の神髄

　当塾は圧倒的実力、それに匹敵する受験結果なくして難関大学や第一 志望合格に導くための受験戦略や勉強法さらには受験指導などあり得な いと考えています。さらには本当に優れた効率的な受験戦略や勉強法を 導き、確実合格へ導く受験指導を行うにはすべての大学に合格できる講 師陣の実力があってこそ初めて可能になるものであると考えています。

　なぜなら、全国の大学の実際の入試問題を制限時間内に解く実力がな い、したがって正確かつ的確に各教科の問題を分析できないのに、そこ から優れた受験戦略や勉強計画、勉強法を導けるはずなど決してないか らです。またそのような実力では受講生が効率的に実力をつけていく指 導など絶対に提供不可能であることは明白だからです。

　本書は以下の講師陣と当塾の叡智を結集したあなたの難関大学・第一 志望校合格可能性を大きく高めるための受験戦略・勉強法の体系書です。

　※公式サイトには実名を公表していますがここでは割愛します。

【30名超の東大理三合格講師陣】

● 東大「理三」『次席』現役合格講師「東大医学部医学科」（日本最難関東大理三次席合格者 / センター試験 867/900

● 東大「理三」現役合格講師「東大医学部医学科」（地方公立高校出身 / 私学受験せず / センター試験 877/900）

● 東大「理三」現役合格講師「東大医学部医学科」（地方公立高校出身 / 慶應大学医学部合格 / センター試験 864/900）

● 東大「理三」現役合格講師「東大医学部医学科」（地方公立高校出身 / 慶應大学医学部『特待』合格）

● 東大「理三」現役合格講師「東大医学部医学科」（地方私立高校出身 / 私学受験せず / センター試験 869/900

● 東大「理三」現役合格講師「東大医学部医学科」（地方私立高校出身 / 私学受験せず / センター試験 868/900）

● 東大「理三」現役合格講師「東大医学部医学科」（「国際数学オリンピック」銀メダル / 慶應大学医学部『特待』合格）

● 東大医学部医学科「日本初」推薦合格講師「ヨーロッパ数学オリンピック銀メダリスト」センター試験 864/900

● 東大「理三」現役合格講師「東大医学部医学科」（慶應大学 / 慈恵会医科大学医学部合格 / センター試験 855/900）

● 「理三」現役合格講師「東大医学部医学科」（早稲田大学先進理工学部合格 / センター試験 830/900）

● 東大「理三」現役合格講師「東大医学部医学科」（地方私立高校出身 / 私学受験せず / センター試験 840/900）

● 東大「理三」現役合格講師「東大医学部医学科」（地方私立高校出身 / 私学受験せず / センター試験 873/900）

● 東大「理三」現役合格講師「東大医学部医学科」（慶應大学・順天堂大学医学部合格 / センター試験 868/900）

● 東大「理三」現役合格講師「東大医学部医学科」（都内私立高校出身 / 私学受験せず / センター試験 807/900）

● 東大「理三」現役合格講師「東大医学部医学科」（防衛医大 / 国際医療福祉大学医学部『特待』合格 / センター試験 837/900）

● 東大「理三」現役合格講師「東大医学部医学科」（地方私立高校出身 / 私学受験せず / センター試験 801/900）

● 東大「理三」現役合格講師「東大医学部医学科」（地方私立高校出身 / 私学受験せず / センター試験 867/900）

● 東大「理三」現役合格講師「東大医学部医学科」（「国際化学オリンピック」銀 / センター試験 871/900）

● 東大「理三」現役合格講師「東大医学部医学科」（都内私立高校出身 / センター試験 821/900）

● 東大「理三」現役合格講師「東大医学部医学科」（「国際数学オリンピック」銅 / センター試験 844/900）

● 東大「理三」現役合格講師「東大医学部医学科」（地方公立高校出身 / センター試験 833/900）

● 東大「理三」合格講師「東大医学部医学科」（慶應大学・防衛医大医学部合格 / センター試験 804/900）

● 東大「理三」現役合格講師「東大医学部医学科」（地方公立高校出身 / 私学受験せず / センター試験 869/900）

● 東大「理三」現役合格講師「東大医学部医学科」（地方私立高校出身 / 私学受験せず / センター試験 842/900）

● 東大「理三」現役合格講師「東大教養学部理科三類」（都立高校出身 / 慶応・順天・防医医学部合格 / センター試験 830/900）

● 東大「理三」現役合格講師「東大教養学部理科三類」（地方私立高校出身 / 慶応大学医学部「特待」合格 / センター試験 864/900）

● 東大「理三」現役合格講師「東大教養学部理科三類」（地方私立高校出身 / センター試験 884/900）

● 東大「理三」現役合格講師「東大教養学部理科三類」（地方私立高校出身 / センター試験 849/900）

● 東大「理三」現役合格講師「東大教養学部理科三類」（都内私立高校出身 / センター試験 844/900）

● 東大医学部医学科推薦合格講師「東大教養学部理科三類」（地方公立高校出身 / 模擬国連国際大会代表 / センター試験 857/900）
● 東大「理三」現役合格講師「東大教養学部理科三類」（都立高校出身 / センター試験 807/900）
● 東大「理三」現役合格講師「東大教養学部理科三類」（地方私立高校出身 / センター試験 848/900）
● 東大「理三」合格講師「東大教養学部理科三類」（都内私立高校出身 / センター試験 842/900）
● 東大「理三」現役合格講師「東大教養学部理科三類」（地方国立高校出身 / センター試験 867/900）

【東大文系合格講師陣】

● 東大文一現役合格講師　（地方公立高校⇒東大文一現役合格。慶應義塾大学法学部、早稲田大学法学部合格）
● 東大文一現役合格講師（地方公立高校⇒東大文一現役合格。私学受験せず。センター試験 843/900）
● 東大文一現役合格講師（地方私立高校⇒東大文一合格。慶應義塾大学経済学部、商学部、早稲田大学法学部合格。）
● 東大文一現役合格講師（地方公立高校⇒東大文一現役合格。私学受験せず。センター試験 849/900）
● 東大文二現役合格講師（地方公立高校⇒東大文二現役合格。早稲田大学政治経済学部合格。センター試験 848/900）

　受験界最高結果を導いた受験戦略・勉強法・勉強計画を本書から学び、第一志望校合格を勝ち取ってください。

　受験戦略・勉強法、さらには受験指導というものは指導側の利益や虚栄心ありきではなく、「合格にとって本当に有用で必要なものだけを提供すべき」という理念を弊社は貫き通しています。この理念の元、本書

では講師陣の経験と様々なデータ分析をもとに、受験生にとって本当に必要な受験戦略・勉強法を記しています。

　上記当塾講師陣の実績からして奇をてらったこと、特殊なことを語れば本書は飛ぶように売れることでしょう。しかし、上記理念に反するものであるならば、奇をてらったことや特殊なことを語るべきではありません。これが弊社の一貫した理念であり本書を貫く重要なコンセプトです。

　以上から、本書には指導側の都合を一切排除し、かつ最高峰制覇という結果と実証に基づいた的確な分析と理論があります。

　受験戦略、勉強法に関しこれ以上のものを追い求める必要もまたこれ以上のものが存在することもないと自負しています。
　本書を有効活用され第一志望校合格を現実のものとしてください。

4．本書を読んで東大理三合格！合格体験記

　論より証拠。
　本書を活かしてほぼ独学で東大理三に現役合格した東大理三合格者の体験記を掲載します。
　本書をどう活用するかの参考にしてください。

　なお、この人物は当塾の講師として採用しておりますので実名を公表の上で体験記を掲載します。

初めまして

　まず自己紹介をします。名前は光畑 克哉と申します。小石川中等出身で、2019年度の東大理科三類入試に合格しました。

　受験生時代には通期で塾、予備校にはいかず、基本的に独学でした。受験に関する情報も自分で集めないといけないと思っていたところ、この本に出会いました。

　誰でも難関大学に合格できる、と言う一見信じがたいフレーズが一番始めに書かれています。この本が言いたいことは受験に裏技があって攻略する秘訣がある、と言うことではありません。私の話でこの本について補足、補強しながら皆さんのより一層の参考になることを願っています。

　私の高校では、私が理科三類を志望した時点で過去に合格者はいませんでした。しかも自分の学力がそこまであったかと言うとそう言うわけでもありませんでした。当時 ある人に私が理三に行けるなら行きたいという話をしたら、その人には冗談だと捉えられてしまって大笑いされてしまったのです。自分はそれほど大人ではなかったので、その言動は腹に据えかねてその人とは仲違いしてしまいました。今考えると客観的に考えて自分の学力が足りなかった、それが一番大きくて、その人が悪いわけではなくて仕方がない反応だったと思います。

　ではそういう人は難関大学を目指してはならないか、目指す意味がないのか、というとそういうわけではありません。実際に私は合格できましたし、周りにもそういう人はいる。むしろ、そういう人でもしっかりしたやり方であれば難関大学にも合格できる、ということをこの本は言っているのだと思いますし、私も諦めないで欲しいと強く思います。

　この本の 第1部 には受験生が陥りやすい間違いについてまとめています。ただ長い時間、多くの参考書をこなす、難しい問題ばかりといていく、他の人と差をつけようと奇を衒った勉強法に走る…。合格するためには必要な勉強をしっかりできているかどうか、が大切です。そしてまた大切なのは、難関大学はどうして難しいのか、を理解することです。難関大学が出題する全ての問題が難しいのでしょうか。

　かくいう私も難しいところを目指すには難しい問題ほど解く価値があると考えていましたから、当時は反省するところがありました。しっかり地に足をつけて何をすべきかを考えること、当たり前のことに聞こえますが、ただひたすら勉強しようとしている人には思わぬ落とし穴になっているかもしれません。

　この本を見てくださっている方も、自分の目指す大学が求めているのは何か、自分はそれを着実にものにできているかどうか、自分のやり方からまず見直す必要があるかもしれません。

　志望大学が求めていること、端的に言えば合格最低点をとることですが、第2部に具体的な得点戦略、最低限必要な点数の分析がなされています。私学の頂点である早慶ですら二次試験で7割取れれば十分、東大の2次試験も理科三類では7割もいらないことが多い、他の科類では5、6割でいいわけです。

　どんなに難関と言っても、その入試問題のうちで簡単な方から7割正解すれば受かるわけです。是非自分の目指す大学についても分析して見ましょう。案外自分にもできる、そんな気がしてきませんか？

　同じことになりますが、大切なことがあります。それは、完璧になる必要はないし、おそらくなれはしないということです。本屋に行ってたくさんの参考書を見たり、他の人が違う参考書をやっていたり、さらには絶賛したりしていたらそれもやりたくなってきませんか。そして同じ

ような参考書、教材だとわかりつつ、つい買ってしまうだとか。それは
もしかすると入試で満点を取らないといけないわけではないこと、無限
にある全ての"やった方が良さそうなこと"をこなし切るのは現実的に
不可能であることを見落としているためではありませんか。

　それでは具体的に何をすればよいのか。第3部の内容になります。ま
ず基礎標準知識をしっかり身につけましょう。これなしには始まりませ
ん。それではこれに最もふさわしい参考書はなんでしょう。それはその
人次第です。市販の参考書やいろんな出版社の教科書はどれもそれぞれ
に長所があります、各自がこれだと思う物を使うのが一番よいです。わ
ざわざ購入したのでしたら、お手元の教材をやることに理があると思い
ます。あとは過去問をうまく使うこと。勉強法の確立にも、日々の演習
にも、試験直前の力試しにも、使いこなさない手はありません。

　この第3部で大切なことが最後に書かれてあります。それは学校をう
まく利用することです。変に敵視してしまうのではなく、しっかりした
生活習慣を保つこと、授業で学ぶこと、学校行事を楽しむこと、これら
は非常に意味があることです。
　私自身、教室にはクラスで朝一番早くつけるようにしていましたし、
授業は全て出席しましたし、文化祭の準備も最初から最後まで担当班の
リーダーとしてやり切りました。
　学校から離れて自分なりに大学を目指そうとすると、自分のいる学校
のあらが目についてくることもあるかもしれませんが、自分から切り捨
ててしまう態度は大切な関係を失い、自らを孤立させ、心の余裕をなく
すことに繋がりかねません。

　ここまで私見を交えながら「受験の叡智」受験戦略編の要所をピック
アップしてお話しさせていただきましたが、皆さんの参考、励み、自信
に繋がったでしょうか。この本をご覧になって何か得ていただけるもの
がありましたら幸いです。

　最後になりますが、私が伝えたいメッセージがあります。それは自分の環境を悲観しながら勉強して欲しくないということです。私は理科三類を目指すにあたって、自分の学校や塾の面で分があるとは言えませんでした。それでも自分が不幸せだったとは思っていません。

　一緒に勉強してくれたり、勉強しないといけない時に無理やり遊びに連れ出してくれたり、修学旅行や文化祭を共に楽しんだ友人、自分の高校生活を見てくれていた先生がいて、それに日々文句を言わず健康によい料理を作り、送迎し、我が儘を聞いてくれた親がいた環境は本当に貴重でした。

　超有名進学校、塾に通っていることが全てではありません。皆さんも何か一つ他人よりも恵まれていること、それを大切にしてほしいです。例えばよい理解者がいる、ついて行きたいと思える先生がいる、自分が誰よりも強く志望大学を目指している、そういうことで構いません。自分が置かれた状況を受け止め、規則正しく健康な生活をして、やるべきことをしっかりこなす、実際の試験場で頼りになるのは、直前に解いた一問ではなく、そういう当たり前なことをやってきたというメンタリティです。最後まで諦めず頑張ってください。

5.　共通テストも完全攻略するブレ無き受験戦略・勉強法

　「大学入学共通テスト」の改革の趣旨は「思考力・判断力・表現力」を中心に学力を評価するというものです。

　この改革の趣旨である「思考力・判断力・表現力」を中心に学力を評価するという部分ですが、この部分は実は本書ではすでに 2014 年の初版出版時から、難関大学に合格するためには基礎標準知識の習得をもとに「問題分析力」「論理的思考力」「論理的表現力」を鍛えるべきである、と繰り返し、くどい、と言われるほどその重要性をお伝えしてきた部分です。さらに現代文の勉強法の部分では「判断力」というキーワードま

で 2014 年から使っています。

　試験制度がどう変わろうが学問をしっかりと学ぶための核となる部分は不変です。本当に試験制度や試験問題の本質を理解していれば試験制度がどう変わろうが、常に本質が何かを考えこのような分析を導けるのです。

　表面的なテクニックや問題を早く解く方法や裏技などを重視した勉強法や単に問題集の反復・回数重視の論理的根拠がない勉強法では試験制度が変われば即太刀打ちができません。しかしながら当塾が一貫してお伝えしてきている勉強法はブレ無き本質と核心を突いた勉強法です。

　したがって大学入学共通テスト対策としても、本物の優れた受験戦略から導かれた勉強法を本書から理論とともに学んでいただければと思います。

　本書の中で解説しております、当塾のオリジナルロジックである「試験問題の 3 類型・難問の 2 分類」理論、「得点戦略」理論、「勉強ターゲットの 3 類型」理論 (「基礎習得の 3 分類」理論・「一般化脳」理論・「得点脳」理論) は受験戦略・勉強法の核として試験制度がどのように変わろうが対応可能かつ実践すべき受験戦略・勉強法理論です。

　試験制度の改革に踊らされることがないように本書を参考にじっくり腰を据えて取り組んでいってください。

　合格へ向かってください。

受験戦略編

～受験戦略編の読み方～

1. 合格の天使の受験戦略・勉強法は合格の天使が独自の視点と分析で体系化したものです。
    本書は合格の天使の「体系化された受験戦略・勉強法」「受験戦略・勉強法の体系化」をお伝えするものです。

    したがって、

    ■勉強法編を読む前に必ずこの受験戦略編を読んでください。
    ■この受験戦略編自体最初から順番に読んでください。

2. 本書は合格の天使が法人として設立する以前から保有する、多くの難関大学合格者に対する独自の調査による客観的データの収集・分析をもとに体系化した、受験戦略・勉強法バイブルがもとになっています。

    本書の中でご紹介する受験生の感想や結果の分析については独自データに基づく部分があることをご了承ください。

総則編

戦略なき勉強法は捨て去れ

第1章

「合格への導き」の章
～大学入学試験の現状・実態を知れ～

第1節　誰でも第一志望校・難関大学に合格することは可能だ

1. 誰でも第一志望校・難関大学に合格できる客観的な根拠

　大学入試の問題は、どこの大学の問題であろうが、突飛な発想やひらめきが要求されているものではありません。高校履修範囲の知識の本質的な理解とそこからの一定の問題分析力、論理的思考力、論理的表現力ですべて対処できるものです。

　また、大学入試の問題は、どこの大学の問題であろうが、一部の人しか覚えられないような膨大な知識を覚えることを要求しているものでもありません。したがって特別に優れた記憶力や暗記方法も一切必要ありません。この点について検証とともに詳述しますが、大学入試問題のこの客観的な性質はまずしっかりと認識してください。

　上記入試問題の客観的性質は、先天的な能力や才能など大学受験の合否に全く関係がないということを意味しているのです。

　誰でも本当にできると言われている人との差は埋めることができるということです。
　同じ次元に到達できるのです。自分には才能がないとかもともとできる人がいるという考えは大学入試においては捨ててください。それは自

分を甘やかすための口実、現実逃避するための言い訳、あなたの夢を阻害する非真実にすぎません。

前記大学入試問題の性質は客観的な事実です。そうであるなら圧倒的実力者とそうでない人の実力差の原因は天性のものではなくて別の部分にあるという結論が事実として導かれます。

弊社、合格の天使のブログをご覧いただいている方にはご存知の方も多いと思いますが、弊社講師は、たとえば、数学や理科に関しても普通の受験生が覚えているような定理・公式とか解法等で全く覚えていないものがたくさんあります。もちろん、そんなもの合格に必要がないから覚えていないだけです。テクニカルな解法や定理・公式に関してはむしろ一般の受験生のほうが覚えていることは多いと思います。

また数学とか理科に限らず英語・国語・社会等に関してのテクニカルな知識や特殊な知識を用いた解法、解答というものに関しても同様です。そんなものどこの難関大学に合格するためにも必要ないのです。もし、そのようなテクニカルな解法や定理・公式が合格のために必要であるのならば、そこには多少なりとも、ひらめきや発想という要素が必要になるでしょう。

でも、現実は、そんなもの重要視しない、関心もない弊社講師は最高峰突破の結果を出しています。他の人間が及ばない圧倒的実力をつけています。

教科書、問題集、参考書、過去問集での自学自習のみで、です。

さらに東大等の超難関大学合格者でも「自分は暗記が苦手」と認めている人が多いのも現実です。弊社理系講師も暗記は苦手と公言しています。実際にセンター試験対策に入り社会の過去問をやったところ正答率は６割とか５割にも届かなかったというのが現実です。

受験戦略／総則編

受験戦略／合格への３大戦略編

受験戦略／受験戦略構築編

他の受験生と大差はないのです。スタート時点では何も変わらないのです。

もし先天的な才能や能力がもともと高いのであるならこんな現実は起こりえません。

これが真実なのです。

第一志望校・難関大学に天性の才能や能力がないから合格できないなどということは決してありません。あなたが行きたい大学を第一志望校とすることに何の躊躇も遠慮もいりません。堂々と口外してください。突き進んでください。驀進してください。

的確な受験戦略と勉強法に基づいて、さらに日々の勉強を効率化させることができれば誰でも難関大学に合格することは可能です。多くの受験生が難関大学に挑み跳ね返される、夢破れる原因は天性の才能とか能力ではなく、他の部分に明確な大きな原因が存在するのです。

🐎2. 超有名進学高校の生徒の難関大学合格率が高い秘密

世間一般的に超有名進学校の生徒の難関大学合格率が高いという事実をとらえて、それをもともとの才能や能力の違いと位置付けてしまう傾向にあります。しかし、先ほど説明したようにその理由は天性の才能とか能力の違いによるものが原因ではありません。他の部分に原因があるのです。

超有名進学校の生徒というのは、
・受験戦略や勉強法に関し自らが望めばいつでもそれなりのレベルのものを手に入れることができる環境にいる
・自ら望まなくても授業や先生、友達から当たり前のものとしてそれなりの受験戦略や勉強法を手に入れることができる環境にいる

のです。

常に「合格するための勉強」ができる環境にいるだけなのです。

だったらそれ以上のものを、あなたがこの本で手に入れてしまえば、あとはあなたの努力次第で対等以上に戦えます。

🏃 3.「天性の才能」「能力の違い」と誤解されているものの正体

受験戦略を知る→理解する→分析する→的確な対策を導く→実践する

この各段階すべてに受験生に大きな誤解があるのです。

各段階すべてに確実合格を阻害している分岐点があるのです。

各段階すべてに不合格への道へ簡単に落ちてしまう分岐点があるのです。

各段階すべてで的確なものを手に入れた人のみしか「第一志望校・難関大学確実合格」を手にできないのです。

だからこそ誰でもが努力すれば第一志望校・難関大学に合格できるわけではないのです。

努力が結果に反映しない本当の原因はここにあるのです。

決して「天性の才能や能力」で試験の結果が決まっているわけではないのです。

受験戦略を知る → 理解する → 分析する →的確な対策を導く→ 実践する

ということについて

・各段階すべてについて的確な知識がなく、的確な分析・解明・対処がなされていないこと
・各段階すべてにおいて的確な知識を持ち、的確に分析・解明・対処することが非常に困難であること

　したがって、

・この部分について的確なものを得ることは非常に難しい

・得ている人などごくわずかしかいない

この事実こそが「天性の才能」「天性の能力」への誤解の正体です。

　この部分をすべて分析・解明し理論立てし体系化したのが合格の天使の受験戦略・勉強法です。

　次節以下では、そのすべてをお伝えし、この本を今読んでくださっているあなたが難関大学・第一志望校に合格するための受験戦略・勉強法を提示します。

　この本の内容を本当に理解していただき、実践していただき、あなたが本気で夢や希望に立ち向かう努力をするなら、**あなたの合格を阻害するものはもう何もありません。**

第2節　なぜ多くの受験生が第一志望校・難関大学の壁に跳ね返されてしまうのか

　特殊な才能や先天的な才能、能力は難関大学合格に必要ないということは前節で理解していただけたと思います。ただし、その認識を持てたとしても次の認識の段階に非常に大きな落とし穴があります。受験戦略を構築する上で、受験勉強というものを考えるにあたってまず大事な事実認識をしてください。

1. 多くの受験生が犯す過ち・運的合格データ

　次のような考えもしくはこれに近い考えを持っている受験生は難関大学に合格しにくいです。まず、自分がこれらの考えのうち該当する事項がないかチェックしてみてください。もしあなたの頭の中に該当する考えがあるとするなら、それは日々の勉強が合格の方向へ向かうことはない、すなわちどんなに頑張って勉強しても難関大学に合格できる可能性

は低いと思ってください。

　難関大学合格というのは甘くないです。全国の受験生が必死に勉強して合格枠を争っているという事実を直視してください。

　以下は弊社、合格の天使がこの本の原本となる受験戦略・勉強法バイブルを制作するにあたって会社設立の数年以上前から多くの東大・早慶等の難関大学合格者、不合格者のデータを収集・分析した際の実際の受験生の声です。

＜試験全般に関して＞

☐ 東大、旧帝大、国公立医学部、早慶の難問を解けるようになるためには、みんながやっている基礎的、標準的なことばかりやっていても合格できない

☐ 東大や旧帝大等の難関大学に入るには競争が激しいのですべての科目ができるようにならないといけない、高得点を取らなくてはいけない

☐ 難関大学なんだからみんなと同じことをしていては差がつかない

＜英語に関して＞

☐ 一般に難関大学志望受験生が使っているものだけではライバルに勝てないので、それらを当たり前にこなし、ライバルに勝ち、差をつけるためさらに難しい単語集、熟語集、参考書、問題集等をやれるだけやる

☐ 難関大学に入るには他の受験生と差をつけるために、特殊で細かい知識が必要だ。だから難しい参考書や問題集をこなし、塾や予備校に通って特別な知識を身につけなければ合格できない

☐ 難関大学の合否を分けるのは英語といわれている。難関大学の英語はかなりレベルの高い問題だからかなり高い英語力を身につけないといけない

☐ 難関大学になると帰国子女等と戦わないといけないから英語力は高

度なものが必要

☐ 早慶は学部によっては東大の併願組と戦わないといけないから英語の実力は高度なものが必要

☐ 標準レベルの単語集１、２冊で早慶の問題を解く語彙力は十分だが、さらに難しい早慶の英文を理解するため数冊の難しい単語集を利用する

☐ 単語帳を増やせば難しい志望校の問題でカバーできる単語が広がる

☐ 英語勝負だから英語に大きく時間を割き、20 〜 30 冊の教材を使って他の人に差をつける

☐ 東大、旧帝大、国公立医学部、早慶は最難関大学だから、とにかくこれでいいということはなく時間がある限りいろいろやる。それをやらないのは甘いから。それをやらないから合格しない

＜数学・理科に関して＞

☐ 難関大学は難問が出る、難問を解けるかが合否を左右する

☐ 難関大学は難問が出るので基礎標準レベルの参考書・問題集は役に立たない。難しい問題集を何冊もやって実力をつける

☐ 難関大学志望受験生のレベルは高いのでその人たちに差をつけるため、みんなが使っているものよりも難しい参考書・問題集をやる

☐ 難関大学の難問を解くにはとにかく難しい参考書をやり多くの解法を暗記する

＜地歴、公民について＞

☐ 早慶の日本史、世界史は難問奇問が多く、細かい知識が聞かれるので細かい知識が載っている問題集や参考書が必要

☐ ３科目しかないので他の人にここで差をつける

☐ 早慶の日本史、世界史は学部によって、難問奇問が出るので、ライバルに勝つために、差をつけるために細かい知識も暗記する

☐ 所詮暗記科目なのでとにかく物量作戦で他の受験生に差をつける

☐ 意味不明な箇所も丸暗記すれば大丈夫

□ 早慶の社会は細かいので予備校の授業を受けたほうがよい

□ 予備校の講義でやったところが試験に出たから予備校の授業は重要

　以上がある特徴を持った難関大学受験生の意見の集約です。

　ある特徴というのはこれらの考えで勉強してきた受験生には面白いことに大きな共通点があるということです。

2. ある特徴を持った受験生の共通点

◎第1の共通点

　上記思考で勉強してきた受験生で東大、旧帝大、国公立医学部医学科に合格した受験生はほぼ存在しません。稀に存在してもそれは文系学部受験生であり、さらにそれは余裕を持った合格ではなくギリギリ合格か他大学全滅合格という結果です。**この結果は試験当日の問題が少し変わっていたら合格できなかったかもしれないということ**です。

　早慶や難関私大受験生の例でいうと、たとえいくつかの併願学部に合格している合格者であってもその人たちは4〜8くらいの早慶や難関私大の学部に併願をしていて、戦績は1勝もしくはよくても5割で、3、4敗とか5、6敗というパターンが多いのです。

　これは、確実な実力をつけることができなかった結果といえます。

　全学部全滅という受験生も多いのが特徴です。

◎第2の共通点

　この人たちは皆、勉強法というものを軽視していたわけでもなければ、効率的な勉強ということについてしっかり考えていなかったわけでもありません。しかし十分な実力をつけることができなかったという事実があります。

　この人たちの共通点は、この人たちが重視してきた勉強法というもの

が「共通テスト完全対応版の出版にあたって」の部分でも書いた勉強法、すなわち、

・難関大学や志望校に合格するにはどんな参考書や問題集を使えばいいか
・問題集や参考書は何周すればいいか、何周もするにはどうしたらいいか
・難しい問題集や参考書を何冊もものにするにはどうしたらいいのか
・どうすれば長時間勉強ができるようになるか
・どうすれば暗記力を高められるか
・どうすればやる気や集中力を高めて勉強できるか
・どうすれば楽しく勉強できるか
・どのような気持ちで勉強に取り組むべきか

ということに焦点を当てた勉強法すなわち『「勉強するための」勉強法』であるという共通点があります。

◎第3の共通点

　これら不合格者や一部合格者は決して努力しなかった人たちではありません。

　むしろ努力できる受験生であることのほうが多いのです。そこがもっとも怖いところです。誰でも落ちる可能性がある落とし穴ということなのです。

　これらの受験生に共通しているのは、よし頑張るぞと決めたらとにかく突っ走る、戦略はそこそこに、とにかく努力だ、勉強だ、1日10時間以上勉強だという頑張り屋であるということです。

　そして行きつく先は、どうしたら長時間の勉強ができるだろうか、1日10時間以上勉強するにはどうしたらいいのだろうか、休みなく勉強するにはどうしたらいいだろうかという方向です。そして精神論を追い

求めるようになってしまいます。

◎第4の共通点

　これらの受験生には本番での思考に面白い共通点があります。

　以下これらの受験生の本番での感想です。

・○○（特定科目）ができなくてもう合格は無理だと思い後の他の科目
　で集中力が切れた⇒結果不合格
・その年の○○（特定科目）が難しすぎて、頭を使い、精神的に疲れて
　しまったので他科目に影響した⇒結果不合格
・○○（特定科目）のあまりのできなさ加減に辟易として他科目のとき
　集中できなかった⇒結果不合格
・○○（特定科目）が難しすぎて合格は無理だと思い気分が落ち込み、
　小論文はどうでもよかった⇒結果不合格
・○○（特定科目）が難しすぎて途中で自分の今までの努力は何だった
　のかと思い集中力が切れた⇒結果不合格

　これは要するに自分のそれまでの勉強と本番の試験問題の間に大きな
ギャップがあり、それを本番で初めて実感している状態です。そして勝
手に合格を放棄しているのです。本番でこのような思考回路にいたって
いるということが4つ目の共通点です。

🐎3.　一般的に勉強法と言われているものは「「合格するための」勉強法」ではない

　ではこの人たちの何がいけないのでしょうか、なぜこのような思考回
路・結果にいたってしまうのでしょうか。

　この部分は受験生であれば誰もが陥る、どんなに頑張って勉強しても
難関大学・第一志望校に合格できない要因ですので、しっかりと考えな
がら以下を読んでください。

　この人たちの何がいけないのか、なぜこのような思考回路・結果にいたってしまうのかの原因は、この人たちには受験戦略・対策にそもそもの知識不足・認識違いの重大な欠陥があることです。端的に指摘すると、『本物の受験戦略論』や『「合格するための」勉強法』というものを知らなかったために不合格への道へ入り込んでしまったということです。

　何度も言いますが、この人たちは勉強法や方法論に関心がなかった人たちではありません。
　しかし、この人たちには大学入試や試験というものに対する様々な知識不足や認識不足があり、したがってそこから大事な部分への理解・分析・対策不足が生じているのです。
　厳しい言い方をしますが、『「勉強するための」勉強法』を実践していたにすぎないのです。
　不合格の原因はそこにあります。真剣になって努力したのなら十分な実力をつけることができなかった原因、不合格の原因はそこにしかありません。

　十分に対策をした、努力をしたといってもそもそも大学入試や試験というものに対する様々な「正確な」知識や認識があって初めて的確な対策、十分な対策が可能になるのです。いくら勉強法を学ぼうが実践しようがその勉強法に「そもそもの部分が」欠けているなら、その方法論も対策も的を射たものになどならないのです。もちろん、合格最低点や過去問の重要性ということはどこでも語られることなので、そのことについて十分意識はしていたのです。しかし、そもそもそれがなぜどのように重要であるかが解明されていなければそこからは何も得ることができません。

　到達点も明確にせず、中途半端な認識・情報によって先ほどの運的合格者・不合格者の意見のように、

・難関大学に合格するにはライバルに差をつけないといけない
・難関大学受験生はレベルが高いから難問も正解しないと差がつかない
・難しい参考書や問題集をこなせてこそ、そこではじめて差をつけることができる

　こういった誤った考えがはびこり、そう信じた受験生はそういった考えに支配されてしまっているのです。
　この考えによって導かれる第一志望校・難関大学に合格するための受験対策・勉強法は、

・如何に多くの問題集や参考書をものにできるか
・如何に難しい問題集や参考書をものにできるか
・如何に問題集の回数を多くこなせるか
・如何に他の人よりも多くの勉強時間を確保できるか
・どうすれば他の受験生に差をつけることができるか

という方向に流れていきます。そしてその対策として導かれるもの、関心の中心は

・問題集や参考書は何を使えばいいのかという問題集・参考書の詳しい情報の収集
・問題集や参考書は何周繰り返せばいいのかという情報の収集
・1日10時間以上勉強するにはどうすればいいのかという精神論の追求
・他の受験生と勉強時間・勉強量を競うという意味のない競争への没頭
・大量のものをやらなければならない、長時間勉強しなければならないということに焦点を当ててしまったがゆえに、やる気や集中力というものに対するおかしな執着
・敵が見えていないがゆえに生じているに過ぎない漠然とした不安を、

　　自分の将来の展望や夢自体に問題があるのではないかという方向への
　　言い訳・こじつけ思考への傾倒

という状況が生じます。

　この状況に関する情報を集めること、**この状況に対処することが勉強
法だと誤解**してしまっているのです。
　また世の中の勉強法と言われるものもほとんどすべてこの類の情報に
ついて焦点を当てたもの、書かれたものではないでしょうか。

　この本を読んでくださっている方も多かれ少なかれこれらの考えが頭
にあるのではないでしょうか。これらの間違った方向へ日々の勉強が
突っ走ってしまっている方もいると思います。しかし、そもそも試験の
正体が明確でない以上、求められているものもその到達点も過程も明確
にならない、したがって一生懸命受験対策をしたつもりでも、対策など
なにもできていないのです。

　１日何時間勉強しようが、１日中勉強しようが志望校合格に必要な勉
強、志望校合格に直結する勉強という観点から見て無駄な勉強をしてい
るのであれば、それは「雑学をしている時間」「遊んでいる時間」に等
しいのです。その結果、対策はしていないに等しく、上記類の勉強法を
どんなに学ぼうが、勉強量を無限に確保しようが合格には結びつかない
のです。戦うべき敵の正体と目指すべき到達点とその過程が明確でない
限り、日々の勉強が合格へ効率的には決して結びつかないのです。そし
て本番でも本当の敵の正体と到達点がわかっていないため、自分ができ
ないと思うと勝手に自ら合格を放棄してしまうのです。**どんなに勉強し
ても運的要素で合否が決まるという結果**になってしまうのです。
　高校生であればまずこの現実はしっかりと認識しておいてください。
浪人生や社会人受験生、再受験生の方であれば自分の勉強がこういった
方向に陥っていなかったかをまずしっかりと分析してください。

　合格したいなら『「合格するための」勉強法』と『「勉強するための」勉強法』を明確に区別してください。『「合格するための」勉強法』をしっかり理解するためにまず『本物の受験戦略論』から学び、しっかり理解した上で『「合格するための」勉強法』を実践していってください。

受験戦略／総則編

受験戦略／合格への３大戦略編

受験戦略／受験戦略構築編

第2章

「合格への意識革命」
～第一志望校・難関大学に合格する難しさの本当の原因を知れ～

　皆さんが戦わなくてはいけないのは、あくまで志望大学の学部の入試問題の合格点とです。

　もっと正確にいうと合格最低点とです。

　決して、難しい問題集や参考書を何冊もこなすことやライバルが塾や予備校に行っているからどうこうではないのです。

　ただし、単に一般に言われているように志望校の合格最低点を見たところでそこから試験の性質の核心は何も得られません。それをもとに自分の得点戦略をどんなに熟考して立てたところで、それは単なる受験戦略論の真似事にすぎません。核心部分を何も分析・理解できていない戦略からは、本物の受験戦略論を構築することはできません。

　おそらく、本書の初版発行以来、合格最低点を知ること、自分の得点戦略を立てることに関して同じようなことを語るものが増えたため、そのこと自体は知っている・実践している方もいるでしょう。

　しかし、合格の天使が重視しているものはそのこと自体ではありません。

　以下でこの点について詳しく解説していきます。本物の受験戦略論の核となる部分を徹底的に学んでください。

　この部分の認識と理解の差がそのまま受験戦略・勉強法、日々の勉強への取り組み方への次元・レベルの差となって現れます。

合格への3大戦略編
３大戦略総則

この受験戦略3大戦略編の目的と有用性について、初版出版時(2014年)に下記内容を記載しました。

この章のお話は一般に大学受験までしか経験したことのない方の勉強法では分析されたり、触れられていることがない内容を多々含んでいると思います。

大学入試というたかが1～2回の試験の経験でここまで分析する必要性を感じるはずはないからです。また分析する機会もその発想も絶対に出てくるはずがないものだからです。しかし、受験戦略・勉強法、さらには日々の勉強への取り組み方を決するにはこの事実の認識・分析なくして優れたものは導きえません。この認識がないと安易に現在の受験制度を否定したり、的外れな観点から受験への批判が生じたりします。また、「受験戦略論の真似事」や『「勉強するための」勉強法』を盲信してしまうことになります。

とは言え、この章のような分析を加えたものをこの本の出版以前に合格の天使受講生以外の一般の受験生が簡単に手にできたわけではないと思いますので、それはやむを得ないこととも言えます。しかし、今こうしてこの本を手にしているあなたは正確な事実認識を持ってください。それがあなたの第一志望・難関大学合格を確実にする道です。

　この部分の内容は、初版出版時に公表した内容よりも本来もっと複雑な込み入ったものです。

　拙書「医学部受験の叡智」【受験戦略・勉強法の体系書】でこの部分をさらに公開したことに伴い、「受験の叡智」【受験戦略・勉強法の体系書】完全版でも重要部分を掲載しました。

　この共通テスト完全対応版でも当該部分にそのまま踏襲されています。

　以下の部分について、ここまでしっかり「分類」して「ロジック化」した勉強法本や指南書はないと自負しています。少なくとも本書を出版する時点では見たことがないことを明記しておきます。多々、当塾のオリジナル用語や理論、メソッドが出てきますので丁寧に説明を加えていきます。

🏃 1. 合格のための3大戦略

　限られた受験期間で難関大学に合格するためには闇雲に勉強していたのでは合格できないということまではここまで本書をお読みいただきわかっていただいたと思います。

　ただし、そのこと自体がわかっても、では具体的にどのような対策をとればいいのかということがわかっていなければ実力を合格レベルまで確実かつ最短で身につけていくことは不可能です。

　難関大学・第一志望に合格できる実力を確実かつ効率的に身に着けていくためには、

❶ターゲットを絞る(やるべきことを絞って勉強のターゲットを明確化する)

❷ターゲットへの的確なアプローチ(ターゲットに対して的確な攻略法を知ること)

❸志望校・併願校と選択科目の戦略的決定

が合格の天使が提唱する3大戦略です。

　そして以上の❶❷❸を踏まえた各自の状況を反映した各自の受験戦略の構築をしていくことでやるべきことを必要最小限にし、かつ、効率的に実力をつけていくことが可能となります。

　この明確な区分けすらできていないのはもちろんのこと、細部にわたる分析など一切できていないのが多くの受験生であり、世の中の受験対策です。

　本書を読んでくださっている皆さんはすべてを一緒くたに考えるのではなくまず区分けして頭を整理していってください。

🏃 2. 3大戦略を構成する重大要素

　上記で区分けした3大戦略にはそれぞれの段階で分析・検証を加え

るべき要素があります。

　当塾がオリジナルに分類、分析、命名、ロジック化、構築しているのが以下のものです。

❶ターゲットを絞る

（1）「試験問題の３類型・難問の２分類」理論

（2）「得点戦略」理論

❷ターゲットへの的確なアプローチ

（1）「勉強ターゲットの３類型」理論

❸志望校・併願校と選択科目の戦略的決定

（1）志望校と併願校の戦略的決定

（2）理系受験生の理科科目の戦略的決定

（3）理系受験生の共通テスト社会科目の戦略的決定

（4）文系受験生の社会科目の戦略的決定

（5）文系受験生の共通テスト理科科目の戦略的決定

　以下ではこの各重大要素について説明を加えていきます。

　以下を読んでいただくだけでもあなたの合格可能性は飛躍的に高まります。

第1部

ターゲットを絞る

　限られた時間で合格する実力を確実かつ効率的につけるためにはターゲットを絞ることがまず大事になります。

　このターゲットを絞るために必要となる絶対的な視点、それが合格の天使オリジナル理論である、

☑ 「試験問題の3類型・難問の2分類」理論
☑ 「得点戦略」理論

です。

　第1章で「試験問題の3類型・難問の2分類」理論、第2章で「得点戦略」理論について詳細に解説を加えていきます。

第1章

「試験問題の3類型・難問の2分類」理論

この章のキーワードは、

・「試験問題の3類型」
・「難問の2分類」
・「現実の試験結果を分析する」
・「合格者選抜試験である試験の性質を分析する」
・「出題者側の出題意図・心理を考える」

です。

あなたが第一志望校・難関大学に合格するために非常に大事なことです。

しっかりと理解し納得して読み進めてください。

第1節 試験問題はまず分類して考えろ

志望校の過去問分析とか勉強法とかはよく語られることなのですが、そこから導き出される結論は、

「○○大学の問題は～だから対策として○○が必要」
「○○大学の問題に対応するには～が必要」
「○○大学の問題は難問が多いから～対策として○○が必要」

という次元・レベルのものではないでしょうか。

しかし、この視点ではそれ以前の試験問題の客観的性質の核心を何も捉えられません。

すべての問題が「○○大学の問題は〜」とひとくくりにされてしまっているのです。

ここにも、誤った方向に勉強が進んでしまう要因があります。

皆さんは、まず、志望校の問題云々の前に、試験問題の３類型の区別を明確な意識、知識として持ってください。

以下、合格の天使の「試験問題の３類型・難問の２分類」理論を示します。

第２節 「試験問題の３類型・難問の２分類」理論とは

🏃 1.「試験問題の３類型」と「難問の２分類」

この試験問題の３類型、難問の２分類の概念は、あくまで合格の天使の独自概念ですので、以下に定義を明記します。

この部分はここから先頻繁に出てくる概念ですのでこのページの端を折る等して適宜参照してください。

合格の天使オリジナル理論

☞【試験問題の３類型】

◎第１類型

受験基礎標準知識がそのまま問われている問題

※教科書や受験基礎標準問題集にある知識やパターンをそのまま素直に当てはめれば対処できる問題

◎第 2 類型

　高校履修範囲の基礎知識、定理、公式をもとに、一定の問題分析力、論理的思考力、論理的表現力を問う問題

　　※出題の元ネタ（背景）が大学範囲以上であっても、解くために必要な知識自体は高校履修範囲内であるものを含む

「第 2 類型易問題」：一ひねりだけで典型問題になる＝壁がひとつだけでそこから後はすらすら解ける問題

「第 2 類型難問題」：テクニックが組み合わさった問題＝式変形などでも難しいところがある＝壁が何個もある問題

◎第 3 類型

・高校履修範囲を超えた知識・定理・公式が前提となっていてその知識をあらかじめ有していないと解答が不可能な問題

・細かい知識・マニアックな知識を要求する知識問題

☞【難問の 2 分類】

　大学入試の難問には第 2 類型の難問 (得点可能な難問) と第 3 類型の難問 (得点できない・すべきではない難問) がある。

【オリジナルロジックからの帰結】

　第 3 類型の問題は受験対策でも本番でも一切かかわる必要がない。第 3 類型の問題は切り捨てろ！

　以上の「試験問題の 3 類型・難問の 2 分類」理論がこれから先のお話の前提知識です。

🏃2.　第一志望校・難関大学合格を阻害している要因

　第一志望校・難関大学合格を阻害しているのは以下の事実の認識不足、分析不足から導かれる誤った方向への戦略・勉強・努力が大きな要因であると言えます。

① 第 2 類型・第 3 類型の問題の混同と分類の知識の欠如による対処の過誤

② 第 1 類型の問題の試験におけるモンスター化の認識の欠如と日々の

　勉強での軽視

の2つです。

　端的に言えば、先ほどの合格の天使の「試験問題の3類型・難問の2分類」理論について何もわかっていないということです。

　このことに気付いていない、はっきりと認識できていない、したがって分析できていない受験生がほとんどであり、ましてや、これを十分に分析して対策ができている受験生などほとんどいないのが現状なのです。
　だからこそ本書を読んでいただいている皆さんは徹底的に理解・納得してください。
　逆転合格も難関大学楽勝合格も可能になります。

🏃 3. 難関大学合格に要求されている知識・思考の範囲

　多くの難関大学の入試問題は高校履修範囲の受験基礎標準知識とそれを前提とした一定の問題分析力、論理的思考力、論理的表現力があれば合格点に達するように作られていると断言できます。

　先ほどの類型で言うと、第1類型と第2類型までの問題の範囲で合格者は決まっているということです。
　本当か？　と思われる方も多いかもしれません。

　しかし、よく考えてください。

　東大を含む旧帝大や国公立医学部医学科等の難関国公立大学や早稲田・慶應をはじめとする難関私大や私立医学部等にも皆、理念や信念があります。そのような大学が求めているのは、大学での教育を生かして社会に貢献できる人材であり、学んだことを応用して発揮できる思考力・

行動力を持った人間です。

　このような大学が特定の都市部の超有名進学高校に通える生徒のみや塾・予備校に高額なお金を支払うことができる人間のみを合格させようと考えているはずなどありません。何か特殊専門的な知識を学ばなければ合格できないというような問題設定にするはずなどありません。全国に多数ある公立高校の生徒でもしっかり基礎を理解し使いこなせるようになれば解けるような問題設定にしてあるはずなのです。国公立大学であるならばそうしなければならないということも言えます。もしそうでないのならその存在価値自体が疑われます。疑っていいと思います。

　また難関私大も含めて、もし高校履修範囲以上の細かい知識や、基礎標準知識を用いた一定の問題分析力、論理的思考力、論理的表現力以外のもので合否が決まってしまうような試験問題を出したとしたら、基礎知識を学びそこから発展的に物事を考える、応用する、思考するという発想を持った合格者を出せないことになります。それは学問の否定であり、優秀な人材の確保の否定です。

　皆さんが大学側の人間、出題者になったと考えてみてください。
　そのような問題ができた学生だけを合格させようと思いますか？
　大学に入ってからも、社会に出てからも、知識として知っていることしか対応できない・基礎から応用して物事を考えることができないという人間を合格させてどうしますか？

　もちろん各大学の年度によってとか、一部の単科の医科大学や難関私大等では高校履修範囲を超えた問題設定がされているところがあるのは事実です。しかし、そこを目指す場合でも絶対に誤解してはならないことがあります。

　そのような特殊な問題、高校履修範囲を超えた問題というのは多くの合格者も解けません。

　正確に表現すると解く必要がありません。深く関わってはいけません。
　解けなくても合否に全く関係ありません。わかりやすく言い換えると、その類の問題は受験界最高峰の実力を有する東大理三合格者でも東大トップ合格者でも一発勝負の受験という緊張状態の中で制限時間内に解き切ることは不可能です。

　そもそも、高度な戦略論を持つ人たちはその種の問題に関わりません。
　その種の問題を解けるように対策をするのは時間の無駄であり不合格への道だからです。
　本番で必要以上に関わればそれは即時間不足・不合格になります。

　この点は正しい認識を持ってください。

　以上の話を聞いても半信半疑で、その現実を受け入れられない受験生というのが少なからず存在します。そういった受験生は結局『「勉強するための」勉強法』に走ってしまいます。
　不安や焦りをごまかすために馬力で不合格への道を突っ走るのです。

「勉強していれば合格できるだろう」
「他の人よりも多く勉強すれば合格できるだろう」
「ライバルより多くの勉強量や勉強時間を確保すれば不合格になることなんてありえないだろう」
「ライバルよりも難しい問題を解けるようになれば合格できるだろう」
と。

　これを今読んでくださっているあなた自身もこのような考えが頭のどこかにありませんか？

受験戦略／総則編

受験戦略／合格への 3 大戦略編

受験戦略／受験戦略構築編

🏃 4. 多くの受験生の誤った認識を破壊する事実

本書を読んでいただいているあなたにぜひ分析してほしい事実があります。

東大・早慶大合格の併願組と先ほどのギリギリ合格者・不合格者たちのデータを比較するとよくわかることがあるのです。東大・早慶大の併願合格組は、普段の東大対策と早慶の過去問を直前期にやるのみで、いとも簡単に早慶合格を勝ち取っている人が多いのです。

またある程度余裕をもって東大に合格している合格者はほぼ他の大学に不合格になることはありません。

この事実は皆さんもお気づきでしょうが、この事実をまず直視してみてください。

分析してみてください。

何かに気づきませんか？

東大に行く人間は頭がいいからとか、難しい問題を普段から解いているからそんなの当たり前、と思う方も多いでしょう。

でもその発想自体が事実を認識できていない、すなわち難関大学不合格への道です。

大きな落とし穴への入り口です。試験の性質に関する認識不足です。

現実を考えてみてください。

東大二次試験は4教科5科目です。

理系でも二次試験には国語が課されます。

文系でも数学が課されます。その上共通テスト（旧センター試験）対策もしなければなりません。

　これよりも二次試験科目が少ない他の旧帝大や国公立医学部医学科対策のみをしている受験生や早慶等の難関私大のみの受験対策をしている受験生に比べ1科目にかけることのできる物理的な時間は圧倒的に少ないのです。

　しかし、早慶にも余裕をもって合格する併願組が多いことは皆さんの知っている通りです。現実として細かい知識など要求されていない東大二次試験対策のみで、世間一般では細かい知識が要求されていると認識されている他大学や早慶、難関私大にも余裕で合格しているのです。もし、難関大学合格に細かい知識やテクニカルな解法、高度な解法、その場でのひらめきや突飛な発想が本当に必要であるのならこの結果は絶対的に生じるはずがない結果です。

　覚えていない知識や定理・公式、普段使うことのないテクニカルな解法や高度な解法というものは、たとえもともと頭がよかったと仮定しても（それは大学入試において一切関係がない才能ですが）、本番で急に補うことは絶対に不可能な性質のものです。この事実から実際にはそんなもの難関大学に確実に合格するためにも不要なものと断言できるのです。

　ここまでの事実はしっかりとまず認識してください。

　この事実の認識は受験戦略を構築する上でも、『「合格するための」勉強法』を理解する上でも、日々の勉強のターゲットを確定させ効率的な勉強を手に入れるためにも非常に重要なことです。

　以下で徹底的に皆さんのこの点の認識の誤りを正します。

　合格したいならその意識・認識の重要性をしっかりと学んでください。

第3節　試験問題を難しくするカラクリを的確にとらえよ！

　試験問題を多くの受験生が得点できないように難しくするにはどうすればいいか考えたことはありますか？　実はこの部分が様々に混同されていることが、受験生の認識・分析・対策を誤らせている原因の一つでもあるのです。これには大きく分けて2つの方法があります。

🏃 1. 第3類型混入型

　1つ目の方法は、先ほどの第3類型の問題を2〜3割混ぜることです。それにより本番ではその科目の試験問題は非常に難しく感じます。また実際に高得点を獲得することはできません。

　もともと第3類型の2〜3割の問題は得点するのが不可能なものなのですから、その部分の得点は獲得できないことに加え、基礎標準知識の理解が曖昧な受験生は他の問題でも確実に得点を獲得することができないので得点自体も低得点にとどまります。

　この理由の詳細な解説は後ほど行いますが、ここではまず試験問題を難しくするには第3類型の問題を単に2〜3割混ぜればいいという方法があるということを理解してください。

🏃 2. 第2類型重視型

　2つ目の方法は、第1類型と第2類型の問題の出題のみに限りつつも、第2類型の問題を増やし、数段階の思考が必要な論述式の解答をさせることです。
　これを行うと多くの受験生は得点ができません。

　「数段階の思考が必要」というのは、たとえば数学なら、複数の分野

を絡めた問題であったり、問題設定が複雑でその意味を別の言葉でわかりやすく言い換えることではじめて標準問題で学んだ解法が使えるようになるようなものです。

この種の問題は、単に基礎標準知識や定理、公式を多く覚えているだけでは解答の糸口を見つけることでさえ困難ですから、その問題を得点できる受験生は大きく減ります。

第2類型の問題でも思考が要求される段階の数や切り口、視点・着眼点の設定の仕方によって難易度に差を設けることができ、思考が要求される段階の数が多い問題や視点・着眼点の発見が困難な問題を多くすることで難度は高めることができるのです。

さらに論述式の解答方式を用いれば、たとえ解答までの道筋を導けたとしても、論理的にそれが表現されていない限り高得点は獲得できません。

この部分でも得点できる受験生を大きく減らすことができます。

☆3. 実際の出題としてとられているパターン

実際の入試に用いられているパターンとして多いのが

・第3類型と第1類型を混ぜた混合パターン
・第3類型と第2類型を混ぜた混合パターン
・第2類型オール型

といえるでしょう。

単に知識、定理、公式、問題のパターンを覚えただけでは全く歯が立たないけれど、高得点を獲得できる受験生が少なからず存在するという難関大学の問題は第2類型重視型です。大問のすべてが第2類型の問題で構成されているのです。この部分は後ほど詳述します。本書を最後

まで読み終えてから自分の志望大学の過去問を前記パターンからも分析してください。

　とりあえずここまでで理解していただきたい大事なことは、難問というとなんでも一緒にされがちですが、

・試験問題を難しくするには大きく分類するとここで述べた2つの方法があるということ
・実際の試験問題ではそれを混ぜることによって数パターンの試験問題を作ることが可能であるということ

を明確化してくださいということです。

　結局、様々な見せかけが混入していても、先に述べた第1類型、第2類型、第3類型の試験問題の分類を行い、それぞれの類型への的確な対処を知っておくことが合格点を効率的に獲得していくための、日々の勉強においてどこに重点的に焦点を当てていくかを決するための肝になります。

　以下では試験問題の類型ごとの真実を分析していきます。

第4節 試験問題の類型ごとの真実を知れ！

1. 第3類型の試験問題など正解する必要はない

〜普段の勉強で追い求めるな！ その先に合格などない！〜

　まずあなたの志望大学の合格最低点を調べてみてください（この点には後掲の得点戦略論部分で得点シミュレーションを行っていますのでそちらも参照してください）。

　結論を言ってしまうと、どんな難関大学に合格するにも総合点のみならず各科目でも８割以上の得点は必要ありません（例外は、試験問題のほとんどが第１類型の問題で構成されている大学や第１類型の問題にプラスして第２類型の難度の高くない問題で試験問題が構成されている大学の場合です。この場合にはそもそも基礎標準知識がダイレクトに問われているので合格点が高くなるのです）。

　ということは、２割〜３割の問題は全く得点できなくても余裕で合格することができるのです。全くわからない問題が２割以上あっても合格できるということです。後掲の得点戦略の合格最低点のシミュレートで明らかにしているように４割、５割得点できない科目があっても合格できるのです。

　この部分で大事なことは７割、８割正解しなければならないという方向での視点ではなく、２割、３割は全くできなくても余裕で合格することができるという視点です。

　まずこの客観的な事実から第３類型の難問を本番で正解することも、得点することも必要ないということは理解できると思います。実際に細かい知識が要求されているとされる早慶の社会科科目についてもマニアックな細かい知識というのは多い年で、どんなに多く見積もっても２割程度と言えるでしょう。ここまでの客観的事実の認識はしっかりと持ってください。

＜確実合格への道と不合格への道の分岐点＞

　ここまでの客観的事実と主観的認識に大きな齟齬が生じてしまうこと、それが多くの受験生が不合格への道へ突き進む大きな要因になっているという現実があります。

　マニアックな知識や細かい知識というのは自分がそれを全然知らなかった場合に心理的にとても大きなものに感じてしまいがちになるという現実があります。だから必要以上に気になってしまう。それも正解しないと、それも得点する対策をしなければならないと考えてしまいがち

になります。そして、結果的に第一志望校・難関大学に合格するためには細かい知識や難問を正解することが必要であると解釈してしまうのです。

しかし一般的な教科書や問題集、参考書に載っていない知識をいくら追い求めたところでその範囲はキリがないのです。そして、そのキリがない範囲からたった数点を獲得するために、そこに勉強の焦点を当ててしまうことは大きく時間も労力もロスしていることに気づいてください。合格には全く関係がない努力をしてしまっていることに気づいてください。

無限に試験までの時間があれば別ですが、限られた試験までの期間で合格点を確実に獲得できる実力をつけるためには切り捨てるべき部分なのです。第3類型の試験問題で得点する必要など第一志望校・難関大学の合格のために必要ないのです。

結論として、日々の勉強でも第3類型の試験問題に重点を置いた対策は必要ありません。

意識や対策の重点をそこに置いてはいけません。それは不合格への道です。

＜例外＞

例外として細かい知識・マニアックな知識と言われているものでも正解すべき問題があります。それは一般的には細かい知識・マニアックな知識であっても志望校の問題で頻出事項となっている部分です。

これは大学側が知っておいてほしい知識として受験生に求めているものと言えます。したがって志望校の過去問分析・過去問演習の段階でこれらの知識については例外的に覚えておくべき知識になります。

あくまで頻出事項かどうかということに注意を払ってください。単なる第3類型の問題にすぎないのにそれを対策が必要なものと勘違いをしないことが重要です。

🏃2.　第2類型の試験問題の選別と対策を誤るな

～美しい解答・解法、素晴らしい解答・解法の認識を誤るな！～

(1) 得点すべき難問は第2類型の問題

　第2類型の問題には難易度の差をつけることが可能というお話を先ほどしました。

　この第2類型の問題は高校履修範囲の受験基礎標準知識、定理、公式をもとにその使いこなし、一定の問題分析力、論理的思考力、論理的表現力が問われている問題です。第3類型の問題と異なり、必要な知識は高校履修範囲の基礎標準知識だけです。しかしそれをもとに一定の問題分析力、論理的思考力、論理的表現力の部分に焦点を当てそれを鍛え上げていないと得点できない問題です。受験基礎標準知識、定理、公式をもとにその使いこなし、一定の問題分析力、論理的思考力、論理的表現力を鍛え上げた受験生だけが得点できる問題なのです。

　先ほども説明しましたが、第2類型の試験問題は、問題の切り口、視点・着眼点の設定の仕方や思考が要求される段階の数によって難易度に差を設けることができます。そして思考が要求される段階の数が多い問題や視点・着眼点の発見が困難な問題を多くすることで難度を高めることができる問題です。

　したがって、同じくこの部分を鍛えた受験生の間でもその習熟度により3割程度の得点～8割以上の得点という幅で獲得できる得点差が生じてしまう問題なのです。

　すなわち、得点できる受験生は高得点を獲得することが可能であるが、単に基礎標準知識や定理、公式、解法パターンを多く覚えているに過ぎない受験生は得点できない問題です。

　だから実際の本試験で大きく差がつくのはこの第2類型の問題なのです。

　また単に知識を丸暗記した受験生や特殊な定理や公式を知っている受

験生ではなく、受験基礎標準知識からの問題分析力、論理的思考力、論理的表現力がある受験生を合格させたいという大学側の要求をも満たすことができる問題です。だから、合格させたい受験生には得点してほしいと大学側が望む問題でもあるのです。

　したがって、「第2類型の問題でいかに得点すべきかを受験戦略・対策の核とする」

　これが第一志望校・難関大学合格への受験戦略構築の絶対的なターゲットです。

＜確実合格への道と不合格への道の分岐点＞

　第3類型の難問と第2類型の難問の区別を明確化しないで「難問」というくくりで対策をしてしまうこと

　これが不合格への道です。

　得点するべきは第2類型の問題です。

　第3類型の難問は対策の必要などありません。

　まずこの区別自体を知識・認識として持ってください。

　そして後述する志望校の過去問分析・過去問演習の段階で志望校の問題をしっかりと分析しこの区別を明確にして対策してください。

(2) 第2類型の問題への対策を誤るな！

　単に第2類型の問題と第3類型の問題を区別する知識・認識を持っても確実合格の道へは入れません。次に、第2類型の問題自体への的確な対策が必要になるのです。

　第2類型の問題の難問で求められているのは受験基礎標準知識とそこからの一定の問題分析力、論理的思考力、論理的表現力であるということは説明してきました。しかし、難関大学志望者はそれにもかかわらずとにかく差をつけようと様々知ったかぶりをしてしまいます。そして断片的な知識として頭にある難しい定理や公式、知識をひけらかそうと

する傾向にあります。そしてそれを思考や答案の中にちりばめます。

　ですが、採点者はその科目のスペシャリストです。

　あなたがどんなに素晴らしいと自画自賛してもスペシャリストから見ればたいしたことはないのです。知ったかぶりをして難しいことをいくら書いても論理的に整合性のない答案など得点すらもらえません。むしろそこに嘘・偽り・誤りが混じれば得点などありません。

　第２類型の問題は正確な知識とそこからの問題分析力、論理的思考力、論理的表現力が問われているだけ。

　そこにミスがなければ減点できないのです。減点する必要もないのです。難しい定理や公式をひけらかすことなど要求されていません。自分だけ知っている知識をひけらかすことなど要求されていません。そんなことをしても他の受験生に差をつけることなどできません。むしろ差をつけられます。

　大事なのは、誤りのない基礎知識。その基礎知識からの問題分析力、論理的思考力、論理的表現力。

　これを満たしているものこそが「最も素晴らしい答案」なのです。

　難しい論理や定理、公式を使っている答案が素晴らしい答案なのではないのです。

　この部分の認識違いを改めないとあなたの第一志望校・難関大学確実合格はありません。

　あなたがもし認識違いをしているのなら、少しでも間違った認識を持っていたのなら、絶対に今すぐその認識を改めてください。

　日々の勉強で最も重要なことは、基礎標準知識の本質的理解・習得と嘘・偽り・誤りを前提としない基礎標準知識からの問題分析力、論理的思考力、論理的表現力を鍛えることなのです。

そこからがあなたの第一志望校・難関大学合格の始まりです。

★3.　第1類型の試験問題の本番でのモンスター化を理解しろ
～基礎標準知識自体の習得や本番での取りこぼしを軽視するな！～

志望校の問題分析の前に知っておくべき試験の特性

本番でミスをするなとか、日々の勉強でもミスを軽視するなということはどこでも言われます。

しかしそれがなぜなのか現実を知っていなければ本当の意味など実感できません。

だからいい加減な対策になってしまうのです。いつまでたっても本当の意味などわからないのです。

皆さんは恐ろしい現実を知っておいてください。

国家試験、資格試験を含め、試験一般の性質として、争いがハイレベルになるほど、合格点前後の数点の間に多くの受験生がかたまる（団子状態になる）という傾向があります。これは、確実に取れる問題で得点してくる受験生が多くなるからです。

また試験問題が難しくなればなるほど、合格レベルの受験生が確実に得点できる問題が現実として減ります。ほとんどの受験生が解けない問題が増えるので、結果として満点が下方修正されているに等しいのです。

とすると、基本問題の得点がトータル点に占める得点比率が非常に大きくなります。

したがって基本問題・確実に得点できる問題の取りこぼしは「即致命傷」になるのです。

確実に得点しうる問題での取りこぼしやミスをなくすことというのは、単にそれをしないようにという次元の問題ではなく、それをやれば難関大学の入試、競争率が激しい大学の入試ではたった1点や1問

に泣くという結果を招いてしまうということを実感として持ってください。

1問や1点で第一志望校を逃すという結果を招いてしまう現実は「悲劇としてではなく、試験制度の性質として、あらかじめ大学側が予期したものとして、当然のこととして毎年起こりうる」ものであるということを認識してください。

「1問や1点に泣くことは偶然起きる悲劇なんかではない」のです。

日々の勉強において、本番でミスに注意しようというだけの話ではなく、普段から基礎知識は確実に理解・整理・記憶していかなければならないということをまず肝に銘じて日々の勉強に取り組んでください。後述しますが、過去問演習を通じて、基礎知識は自在に使いこなせるようになるまで習得しておかなければ難関大学合格はありません。その上で本番でも絶対に基本問題を取りこぼしてはならないのです。

第5節 出題者・大学側の出題意図・心理からの分析

第4節までは試験問題に対する客観的な事実・データからの分析を加えてきました。
この節では反対方向からの分析も加えます。

試験問題の真実を究明するには出題者である大学側の意図・心理を分析することが最も大切なのです。

🐾1. 第1類型と第2類型の問題の得点で合否が決まる根拠

大学入試というのは大学側の意図としては、大学で学問を学ぶ受験生を採用する試験です。

　したがって大学側の出題意図・心理を分析するには「学問を学ぶ受験生を採用する試験」という観点が非常に大事になってきます。

　学問に限らず世の中のすべての理論や技術は基礎知識や基礎理論から成り立っていて、その部分の知識と本質的な理解なくして応用も発展もない、新たな理論も発見も生まれないのです。

　突飛なひらめきや発想というのは、基礎理論に基づいていない限り単なる戯言です。

　基礎理論に基づいていないひらめきや発想は単なるデタラメです。

　基礎理論から論理的に証明できない理論は虚偽です。

　それは誰でも簡単に発想はできるけれど使い物にならない代物でしかないのです。

　そんなものを優秀な人材を確保したい大学側が求めているはずなどないのです。

　難関大学の問題で合格点を取るには、基礎知識を本質的に理解しているか、つまり基礎知識を基に一定の論理的思考から一定の結論が導けるかが重要になってくるのです。

　なぜならそれこそが学問上の研究を極めていくうえでも社会に出て様々なものに対処していくにも欠かせないもっとも重要なものだからです。

　難関大学の入試問題で合否を分けるのはこの種の問題で如何に得点できるかです。

　基礎標準知識を使いこなす、すなわち基礎標準知識を本質的に理解しそれを積み重ねたり組み合わせたりして解答を導くことが要求されている問題が多いのが難関大学の入試問題の特徴なのです。すなわち先ほどからお話ししている第2類型の問題の重視です。

　これをそれまで勉強してきた知識や暗記だけで解こうとすればとても

難しいということになるのです。得点も取れないです。それは当たり前なのです。

　出題者側が本番で高校履修範囲までの基礎標準知識を使って一定の論理的思考をもとに一定の結論を導くように、問題分析も含め「現場で」考えるように問題をあえて作成しているのに、それをそれまで勉強してきた既知の知識やパターンを単純にあてはめることだけで対応しようとすれば、解答の糸口すら見つけられないのは当然です。難しいのは当たり前だし、得点できないのも当たり前なのです。

　このことを本当の意味で理解できていない受験生が非常に多いのです。
　逆に理解できれば受験戦略も勉強法も日々の勉強も非常に合理的かつ効率的なものへと変えていけます。

第6節　合格者選抜試験であるという入試の性質の核心を突く

　各難関大学が要求しているものは細かい知識や高度な知識や定理・公式、解法を知っている受験生ではない、覚えている受験生ではない、だからそのような出題で合格者を選抜することはない、ということをここまで説明してきました。しかし、一部の大学では実際に細かい知識や高度な知識・定理・公式を知っていないと解けないような問題を出題していることも事実です。
　この事実は、弊社合格の天使が科目・質問数・質問事項無制限指導をしており、全国の難関大学の過去問についても質問回答指導・添削指導を行っていることから明確に言えることです。

　各難関大学が要求しているものは細かい知識や高度な知識や解法を知っている受験生ではない、覚えている受験生ではない、だからそのよ

うな出題で合格者を選抜することはない、ということが真実であるならば、なぜ大学側はわざわざ細かい知識が要求されるような出題をするのかという疑問がわきますよね。

　大学側はなぜそんな問題を出題するのでしょうか。

🐦 1. 第3類型の問題に隠された真実を知れ

（1）各大学の試験問題の理想像と現実論

　ここまでの分析で推測できることは、各大学が試験問題の理想として考えているのはすべての大問を第2類型の問題で構成することです。この第2類型の問題をメインに試験問題を構成している典型が東大を筆頭とする難関大学です。

　しかし、現実問題としてこの本に書いてあることを知らない受験生がほとんどであるという現時点での現状からすると、すべての大学で第2類型の試験問題、その中でも難度の高い第2類型の問題のみで試験問題を構成してしまった場合、

　大学側が問題作成時に意図した合格点を獲得できる受験生などほとんど存在しない状態になる

⇩

　結果、低得点の争いになり、合否が運によって決まってしまう状態が生じてしまう

　すなわち、大学側が求める受験生を合格させられないという問題が生じてしまうのではないかと推測できるのです。

・第2類型の問題と第3類型の問題の区別をできていない受験生が多いという現実
・第2類型の問題への的確な対処に日々の勉強の焦点を当てている受験

生など少ないという現実

　この２つの現実から、難度の高い第２類型の問題で高得点を獲得できる受験生など一部を除いてほとんど存在しない状況であると予想できるからです。

　この仮定を正とするなら、試験結果を偶然にゆだねないために第３類型の問題を混合させ、第２類型の問題は難度を下げるという方法を取る必要が出てくるのです。また受験者のレベルによっては第１類型の問題をメインに第３類型の問題を混合させるという方法を取らざるを得ない大学もあるでしょう。

　もちろん中には教授の趣味？　と思われるような第３類型の問題を出題しているところもありますが、上記事項は大学側の意図を善解した場合の推論です。

(2) 第３類型の問題の有用性

なぜ第３類型の問題を混合させなければならないのか。

　大学入試は言うまでもなく合格者選抜試験です。
　しかし、一般の高校入試までと異なり多くの受験生の中から、圧倒的に少ない合格者を選抜しなければなりません。

　大学入試以降、各種国家試験・資格試験は受験生を落とすための試験、選別するための試験に変化していくのです。
　基礎標準知識の習得とその使いこなしができれば誰でも難関大学に合格できる問題を出題するという条件・出題意図を満たしながら、他方で合格者選抜試験という性質を有する入試で受験生に差をつけて選抜しなければならないとしたら、あなたならどうしますか。

　ここに第3類型の問題を出題する難関大学の入試問題の真実を知る核心があります。

　まず次のことを真剣に考えてみてください。

　仮に「真の意味の難問」＝「第3類型の試験問題」＝「基礎標準知識をしっかりと習得しかつ過去問演習を通じて基礎標準知識の本質的理解、使いこなしができるようになっているにもかかわらずそのような受験生にも解けないような問題」が3割あったとしましょう。

　この場合に合格するために重要なことは何ですか？
　ここまでずっと大事なことをお話ししてきましたが、ちゃんと理解できていればこの答えは正しいものが導けるはずです。
　難問といえども3割もあるのだから1割〜1割5分くらいは正解しないと合格できない、他の受験生に差をつけられないと考えましたか？
　実際の調査結果、データからもそのような考えを持っている不合格者やギリギリ合格者が非常に多いです。
　しかしこの考え自体が不合格への道、『「勉強するための」勉強法』への道です。

　この場合、合否を決するのは残りの7割の基礎標準知識とその使いこなしで正解しうる問題、得点しうる問題を如何にミスなく時間内に解ききるか、できる限りの得点をそこで確保するかです。
　試験というものの性質を客観的にとらえた場合、難問が増えれば増えるほどどのような現象が起きるかということは先ほど説明したとおりです。

　一部の国公立大学や難関私大の入試問題を見てみると時間設定が厳しい上、第3類型の類の問題の出題があるところも確かにあります。しかしこれが意図しているところは何かというと実は基礎標準知識の重視

以外の何ものでもないと合格の天使は分析し結論づけています。

　それはどういうことかというと、先ほど説明したように試験問題が難しくなればなるほど、合格レベルの受験生が確実に得点できる問題が現実として減ります。ほとんどの受験生が解けない問題が増えるので、現実的には満点の下方修正が行われているに等しいのです。

　100 点満点とされている試験科目でいえば、第 3 類型の問題を 3 割混ぜることによってその科目で合格レベルにある受験生の満点は 70 点ということになります。

　すなわち最初から得点できる問題が狭められた範囲での争いになります。実質的には 70 点満点の試験の中で争いをしていることになります。第 3 類型の問題を混ぜることにより、一方で簡単に 70 点を超えるような高得点を取りにくいという結果を導くことができます。

　他方で残り 7 割の基礎標準知識とその使いこなしで得点できる問題を多く取りこぼせば、その取りこぼしが 100 点満点の配点がある場合に比べ致命傷になる確率を高めることができるという結果を導けるのです。

　高得点を獲得することはどんな受験生にも不可能であるが、基礎標準知識に曖昧な部分がある受験生には簡単に低得点を獲得させることができるということです。

　まさしく基礎標準知識がすべてものを言う試験と化すのです。

　基礎標準知識とその使いこなしを重視し、他方で合格者選抜試験である入試においては受験者に差をつけて選抜しなければならないという相反する要請を満たそうとするなら、この形式で出題することがその目的にかなうのです。

(3)　第 3 類型の問題に隠されたもう一つの有用性

　科目によって知識のみで8割を大きく超えてしまうような得点を取ることが可能な出題をしてしまったならその科目のみで合否がほぼ決してしまうことも起きえます。しかし、前述した優秀な人材を確保するという観点から考えた場合、一般入試でそのような偏った入試結果を大学側が望むはずはないという推測も成り立つのです。

　得点戦略論で詳述している得点シミュレーションを見てみてください。現に試験科目が少ない大学や学部によっては、1科目でも8割を大きく超える得点が可能と仮定すると、他の2科目は4割取れれば楽に合格できてしまうということも起こりうるのです。傾斜配点のされている学部で、配点の高い科目でこのようなことが起きると、残りの1科目は1〜2割の得点でも合格してしまうという結果も生じうるのです。

　もちろん結果論としてそのような例も毎年あるのですが、大学側が望んでいる結果とは言えないのではないでしょうか。
　その結果を望むなら試験科目自体を単純に減らせばいいわけです。
　実際、科目ごとに基準点を設けている大学・学部もあります。また特定科目の成績のみで合格させる制度をわざわざ設けている大学もあるのですから一般入試の合格者を1科目のみの高得点により合格させようとは意図していないはずなのです。

　優秀な人材を確保するという観点から考えた場合、一般入試で一点突破型の入試結果を望んでいるはずがないと考えられるのです。
　この目的を実現するためにも第3類型の試験問題を出題する意味はあるのです。

🎯 2. 試験本番での第3類型の試験問題に課せられた役割

　第3類型の試験問題の役割は試験本番にもあります。
　第3類型の問題を出題することにより、基礎標準知識があいまいな

受験生はそれが他の合格レベルにある受験生の多くも得点できない、解答できない第３類型の難問なのか、基礎標準知識を積み重ねていけば解答できる第２類型の問題なのかの区別をつけることができないという状態を招くことができます。基礎標準知識がしっかりしていない受験生は、ある時点で見切りをつけることが不可能になるのです。本番においても、関わる必要がない部分に必要以上に関わってしまう、重点を置いてしまうのです。

　これは基礎標準知識を用いれば解答できるが異常に時間がかかるという類の問題に関しても同じことが言えます。時間がかかるかどうかは基礎標準知識がしっかりないと本番では見通しが立たないのです。

　この場合、試験本番で時間と労力を注ぎ込むべき問題の区別がつかない、多くの時間を浪費する、確実に得点すべき問題を焦りや時間不足によって得点できないという現象を簡単に引き起こすことができるのです。

　結果的に得点すべき問題にかける時間が足りなくなる、落ち着いて対処すれば得点できる問題も得点できなくなる、それまで蓄積してきた力を出し切れない、結果、不合格ということになります。

　試験になると力が発揮できないという受験生がいますが、それは実は力を発揮できていないのではなくて、本物の実力をつけていない受験生を選別するための出題者側の意図にはまっているに過ぎないのです。

　あなたが特別小心者だとか、試験本番に弱いから本番で実力を発揮できないのではありません。メンタルを鍛えていなかったから得点できなかったのではありません。そこに逃げてしまっているといつまでたっても真実は見えません。

　基礎標準知識とその使いこなしを重視しつつも、合格者選抜試験である入試においては差をつけなければならないという矛盾する要請を満た

そうとしたら、第3類型の問題を混ぜることにより基礎標準知識が曖昧な受験生をその部分に関わらせることにより大学側の当初の意図通りそのような受験生を排除することができるのです。

🐾3. 第3類型の試験問題の正体

　以上から導かれること、それは第3類型の問題など大学側が最初から得点させようなどと思っていないという結論です。得点してほしいなどと思っていないという結論です。

　基礎標準知識を駆使しても解けない第3類型の問題の出題意図は基礎標準知識の本質的理解を「裏から」聞いてきていると結論付けることができるのです。すなわち、基礎標準知識が曖昧な受験生を不必要な問題に関わらせることによって選別し不合格にするために第3類型の問題を出題しているということです。

　現実の入試問題とその結果を見る限り、少なくともこう考えてしまっても確実に合格するという受験戦略を構築する上では誤りではないのです。

　難関大学に合格するには難問が解けないとならない⇒どうしたら難問を解けるようになるか、難問まで解けるようにするにはどうしたらいいのか、という方向ばかりに意識がいき、対策もその方向へと流れてしまいます。結果的に合格するために最も重要な基礎・標準知識の習得とその使いこなしに焦点を当てるということがおろそかになります。

　難関大学側が求めているものと異なるものを一生懸命1年かけて、1日10時間以上かけて、試行錯誤して、どんなに頑張って勉強しても合格などできないことは明らかなのです。

　厳しい言い方をしますが、出題意図を考えていない、とらえていない受験戦略論や勉強法、そこから導かれる日々の勉強など合格にとって有害無益です。

　合否を分けるのはあくまで基礎・標準知識の習得とその使いこなしをできるようにすることであるということは肝に銘じてください。

第7節　第1章のまとめ〜合格へのターゲットの確定〜

🐧1.　第3類型の問題に対処する勉強はバッサリと切り捨てろ！

　第一志望校・難関大学に合格するには第3類型の問題で得点することは不要。

　⇒第3類型の問題で得点できるように対策をする必要は一切ない

　難関大学志望者は難問の区別もなく第3類型の問題も含めて、この部分を得点しなければならない、ここでこそ差がつくととにかく誤解しやすいですが、この本を読んでいるあなたはその認識を改めることができます。それによって多くの時間も努力も無駄にならなくて済むのです。

　難関大学志望者で試験問題の正体も不明なまま勉強している受験生というのはこの部分に勉強時間と意識の大半を費やしています。特に直前期の大事な時期を多くの受験生は試験問題の本当の真実もわからずこの部分に費やしているのです。

　勉強しているのに実力が伸びない、合格しないのは実は当たり前なのです。

　この本を読んでいるあなたはもう全国の受験生に対して大きなアドバンテージを得ています。

🐧2.　まずは基礎標準知識の理解とその習得に全力を注げ！

　基礎標準知識は確実に得点すべき第1類型の問題の取りこぼしをしないこととともに、「第2類型の問題で得点するための道具である」からこの部分が曖昧では、第1類型の試験問題重視の試験では当然ですが、第2類型重視型の試験問題では決して合格点を取れないことになります。

　基礎標準知識の習得とその理解は「第2類型の問題で得点するための道具である」ということは決して忘れないでください。第2類型の問題ができない原因は思考力や応用力が足りないのではなくてそもそも基礎標準知識の理解と習得が足りていないことによって生じている受験生が多いという事実をまず謙虚に見つめてください。

　また、第1類型の試験問題自体の本番でのモンスター化という部分を改めて読み直してください。1問や1点に泣くことは偶然起きる悲劇なんかでは決してないことを肝に銘じてください。難関大学や競争率が激しい大学では当たり前に予定された結果なのです。

　戦略として、基礎標準知識の習得とその理解には全力を注ぐ、そして曖昧な部分は極力なくしていく勉強をするということに重点を置くことが大事です。

3. 第2類型の試験問題への対処こそが受験戦略構築の最終的ターゲット

　第2類型の問題というのは今まで見てきたように合格者を選抜するという試験の性質においても、出題者である大学側が合格させたい受験生を選抜するという観点から見ても、すべてを満たす問題です。

　そしてこの第2類型の問題の難問というのは、正確な基礎知識を根気よく積み重ねることによって解ける問題であったり、正解を導いたりする過程や問われ方が一般的な問題と異なる切り口、視点から作成されているものです。

　問われているもの、要求されているものは、高校履修範囲内での基礎標準知識の正確な理解とそこからの一定の範囲の問題分析力、論理的思考力、論理的表現力。

　しかし、このことに気付いていない多くの受験生は、第2類型の問題で得点するには特殊な知識が必要と考えたり、多くの定理、公式やパターンを覚えておけば対処できると考えてより多くの難問といわれるものに闇雲に取り組み、その難問のパターンを覚えることで対応しようとします。その結果、表面上の難しさに惑わされて、日々の勉強で基礎知識の習得とそこからの思考を軽視してしまうのです。そして入試本番で大学側が「基礎標準知識の本質的理解をもとに思考ができますか」という問いかけをしているのに、現場思考部分として要求されている部分も含めて既知の知識やパターンを"頭"の中から探し出し、それを"単純"にあてはめることのみで対応しようとするので、とても難しい問題に感じることになるし、得点もできないのです。

　大学側は基礎標準知識を前提とした問題分析力、思考力、表現力を問うために、あえて受験生の体験したことのない角度から、知識やパターンの丸暗記では解けないような問題を作成してきているのですから、そのような考え方や対策では得点できないのは当たり前なのです。

　問題作成にあたって、基礎知識をもとにしているものの、知識を覚えただけの多くの受験生が解ける問題ではなく、基礎知識を本質的に理解した受験生だけが解答しうる問題を作成するというのはとてつもなく難しいことです。能力が高い教授をはじめとする問題作成陣でないとなしえないことなのです。一般的な受験生が知らないような知識をもとに、正答率の低い問題を作ることは誰にでもできます。しかし難関大学側が合格させたい受験生に得点してほしいと考えている問題はそうではなく、基礎の本質的理解とそれを前提とした問題分析・思考・応用で解答しうる、得点を獲得できる問題なのです。

　だからこそ難関大学側はこの第2類型の問題には力を入れてくるのです。
　試行錯誤してくるのです。そこに大学側の意思や求めている知識、思

考というものがすべて現れるのです。

　第一志望校、難関大学に合格したいなら基礎標準知識の習得と本質的理解、第2類型の問題への的確かつ徹底的な対処を明確なターゲットに据えてください。

合格の天使メソッドポイント

　一般に「問題分析力を含めた思考力・論理的思考力」というのは語られることがなく、盲点になっている概念だと思います。しかしこれは難関大学の問題＝第2類型の問題で顕著に問われている力であると分析しています。

　第2類型の問題の説明の中でもお伝えしましたが、問題を解くにあたって数段階の思考が必要なもの、たとえば数学なら、問題設定が複雑でその意味を別の言葉でわかりやすく言い換えることで初めて標準問題で学んだ解法が使えるようになる類の問題ではこの「問題分析力を含めた思考力・論理的思考力」というものを鍛えないと得点できません。

　多くの受験生が誤解をしてしまっているのはこの部分です。

　特殊な知識や定理や公式や解法が決して要求されているわけではないのです。

　「標準問題で学んだ解法や知識を使えるようにするために基礎標準知識をもとにした問題分析を含めた思考・論理的思考が要求されているに過ぎない」のです。

　先ほども説明しましたが、大学側が「基礎標準知識の本質的理解をもとに問題分析も含めしっかりと思考ができますか？」ということを問うためにあえて角度や視点を変えた出題をしているのに、その部分の思考力を日々の勉強で鍛えることをせず、思考すべき部分まで含めてすべて既知の問題やその知識、パターンのそのままのあてはめだけで対処しようとするならば、それは日々の勉強では取り組むべき問題

や覚えるべき知識、パターンを無限に増やし、本番では決して得点できないという結果を招くのです。

　日々の勉強で鍛えるべき部分というものを明確にし、そこに焦点を当てていきましょう。

　以下では、この現実から受験戦略論・勉強法・日々の勉強への取り組み方を的確に導き、あなたの第一志望校・難関大学合格を可能にしていきます。

受験戦略／総則編

受験戦略／合格への3大戦略編

受験戦略／受験戦略構築編

第2章

「得点戦略」理論

限られた時間で難関大学・第一志望校に合格する実力を確実かつ効率的につけるためのターゲットの確定としてもう一つの絶対的な視点として必要になるのが得点戦略です。

第1節 トータル得点で2〜3割、1教科で5割得点できなくても合格可能

難関大学に合格するためにはなんでもかんでも高得点を取らないとならないわけではありません。また、すべての科目で高得点を獲得しなければならないわけではありません。

この部分を多くの受験生が誤解しています。

志望校の問題特性に応じてある程度の高得点が必要な大学とそうでない大学があります。

さらには各大学の各教科の問題特性によっても取るべき得点は異なってきます。

「試験問題の3類型・難問の2分類」理論で示したとおり、第3類型の問題が出題される大学であるのか、第2類型の易問題が主として出題される大学であるのか、第2類型の難問題が主として出題される大学であるのかによっても合格点や目標とすべき得点は大きく異なります。それに加えて受験者層によっても合格点は異なってきます。

これらすべてを考慮してまず合格最低点を超える戦略を立てるという意識を持ってください。闇雲に難しい問題集や参考書を何冊もこなす必要などない、闇雲に問題解説講義を受ける必要はない、ということをまずは現実として認識してください。この意識、認識を持つことで日々の勉強でやるべき優先順位やターゲットを絞っていけるのです。

以下、東大や早慶の合格点を例に具体的にこの点を分析していきます。

第2節 得点シミュレーションから現実を知る

ここでは代表的な例として東京大学、早稲田大学、慶應義塾大学について取り上げます。**あなたの志望校についてこの本をすべて読み終わってから同じようにシミュレートしてください。**

医学部志望受験生につきましては、『医学部』受験の叡智【受験戦略・勉強法の体系書】も併せてご覧ください。

全国の医学部の試験問題を、当塾東大理三合格講師陣が独自に分析を加え、13パターンに分類し、パターーンごとに得点戦略を示しています。

各自の志望校の得点シミュレーションの大きな着目点としては以下の3点です。

❶ 合格最低点を知る

❷ 共通テストの得点を勘案する (国公立志望受験生)

❸ 二次試験・私大試験の各科目の得点シミュレーションをする

※以下のシミュレーションでは従来のセンター試験の得点を用いていますが、共通テスト施行後は「志望大学の合格点に占める二次試験得点と共通テスト得点の比率・圧縮率」は必ず各自チェックして志望校のシミュレーションを行ってください。

＜得点シミュレーションの注意点＞

　志望校によっては年度によって問題が易化したり難化したりします。しかし、その場合でも大事なことは**「試験問題の３類型・難問の２分類」理論の本質を常に念頭に置く**ことです。

　例えば、近時、東大の数学は非常に易化しています（この東大側の意図について当塾は明確に情報として掴んでいますが、ここで公表すべきことではないので割愛します。2020年度にはここ数年度よりも難化しました）。大事なことは、問題が易化しているから高得点での合格点になっているに過ぎないという事実です。決してレベルが上がっているのではありません。したがって、レベルが高いことをやらないと合格できないと考えるのは大きな間違いです。他の大学についての合格最低点を考える場合も同様です。

　合格最低点が上下する場合には以下の視点と意識を持つことが大事になります。
・合格最低点が上がっている＝第２類型の易問題の出題が増えている
・合格最低点が下がっている＝第２類型の難問題の出題が増えた、もしくは第３類型の問題の出題があった
という事実を捉えること。

　そして、この事実から皆さんが学ぶべきことは、
・第２類型の易問題が増えればそれを取りこぼせば合格最低点に達しなくなるという現実を知ること
・第２類型の難問題や第３類型の問題が例年より多く出題されれば合格最低点が下がるので、そのような現象に本番で出くわしたときには、第１類型の問題と第２類型の易問題から確実に得点していく戦略に本番で臨機応変に切り替える
ということです。

　これは、今からしっかり意識に叩き込んでおいてください。

　どんなに勉強しても、合否の結果を左右する以上の重大事項を意識していないと合格に結びつきません。

◎東京大学入試の合格最低点の現実

☞ 【手順 1】合格最低点を見る

過去 5 年間の二次試験＋センター試験合格最低点。

東大二次試験は文系、理系とも 4 教科 5 科目で、満点は 440 点である。

センター試験の成績は 900 点満点を 110 点に換算したものである。

これらを合計し、550 点としたものが以下の表の満点である。

注意：ここ数年の合格最低点の上昇は数学の極端な易化傾向によるものである。

2020 年度

科類	満点	合格最低点	得点率
文科一類	550	343.9444	約62.5%
文科二類	550	337.6111	約61.4%
文科三類	550	338.8667	約61.6%
理科一類	550	320.7222	約58.3%
理科二類	550	313.0222	約56.9%
理科三類	550	385.6111	約70.1%

2019 年度

科類	満点	合格最低点	得点率
文科一類	550	351.8333	約64.0%
文科二類	550	358.0667	約65.1%
文科三類	550	342.7222	約62.3%
理科一類	550	334.6667	約60.8%
理科二類	550	330.3778	約60.1%
理科三類	550	385.3778	約70.1%

2018 年度

科類	満点	合格最低点	得点率
文科一類	550	354.9778	約 64.5%
文科二類	550	350.6333	約 63.8%
文科三類	550	343.5778	約 62.5%
理科一類	550	319.1889	約 58.0%
理科二類	550	310.9667	約 56.5%
理科三類	550	392.3444	約 71.3%

2017 年度

科類	満点	合格最低点	得点率
文科一類	550	354.5778	約 64.5%
文科二類	550	348.5222	約 63.4%
文科三類	550	343.6111	約 62.5%
理科一類	550	347.1889	約 63.1%
理科二類	550	335.3667	約 61.0%
理科三類	550	407.7111	約 74.1%

2016 年度

科類	満点	合格最低点	得点率
文科一類	550	351.5111	約 63.9%
文科二類	550	349.0889	約 63.5%
文科三類	550	343.9889	約 62.5%
理科一類	550	328.4556	約 59.7%
理科二類	550	314.9778	約 57.3%
理科三類	550	388.6667	約 70.7%

　　表からわかるように、文系各科類では、数学が易化した 2017 年であっ
てもセンター、二次合計で 65％前後取れれば合格できる。
　　理科一類、理科二類でも 65％前後取れれば合格できる。

理科三類でも 75％前後あれば合格できる。

まずこの点を明確にしよう。

決して完璧に試験問題のすべてを解ける必要もないし、普段の勉強でも、満点を取るための特別高度な教材を使う必要もない。

トータルで 7 割前後得点できれば、数学が易化した 2017 年以外の理科三類以外なら、十分合格できるのである。3 割は全くできなくてもかまわないのである。

☞**【手順 2】共通テストの得点を勘案する**

さらに合格最低点を分析するためにセンター試験の得点を見てみよう。以下の合格最低点及び平均点は第一段階選抜合格者のセンター試験の得点。

2020 年度

	満点	合格最低点	平均点
文科一類	900	621	750.22
文科二類	900	612	763.49
文科三類	900	575	780.21
理科一類	900	681	791.72
理科二類	900	626	770.70
理科三類	900	611	780.01

2019 年度

	満点	合格最低点	平均点
文科一類	900	628	765.14
文科二類	900	728	794.58
文科三類	900	750	798.20
理科一類	900	698	799.62
理科二類	900	720	786.59
理科三類	900	630	801.68

2018 年度

	満点	合格最低点	平均点
文科一類	900	582	756.22
文科二類	900	703	781.30
文科三類	900	738	788.77
理科一類	900	715	802.00
理科二類	900	717	785.31
理科三類	900	630	793.45

2017 年度

	満点	合格最低点	平均点
文科一類	900	571	764.18
文科二類	900	623	777.24
文科三類	900	732	787.97
理科一類	900	660	794.99
理科二類	900	701	777.69
理科三類	900	695	796.89

2016 年度

	満点	合格最低点	平均点
文科一類	900	257	735.92
文科二類	900	314	755.50
文科三類	900	718	774.26
理科一類	900	728	800.40
理科二類	900	265	765.07
理科三類	900	694	802.86

　2016 年度前期日程試験文科一類、文科二類、理科二類は、予告倍率（文科一類、文科二類は約 3.0 倍、理科二類は約 3.5 倍）に達しなかったため、第 1 段階選抜を実施しなかった。なお、表には無資格者を除く志願者（文科一類は 1,202 人、文科二類は 1,048 人、理科二類は 1,875 人）の成

績を記載している。

この数字がどういうことかを具体的に検証してみよう。

センター試験で平均点近辺の 780 点を取ったと仮定すると、二次試験に加算されるのは 775 × 110/900 ＝約 95 点である。

年によって異なるが、数学が易化した 2017 年度を例にとり、合格に必要な点数が文系学部で 355 点と仮定すると

355 − 95 ＝ 260 点

二次試験では 440 点満点中 260 点（約 59%）取ればよいことになる。

理系学部では 350 点必要と仮定すると

350 − 95 ＝ 255 点

二次試験では 440 点満点中 255 点（約 58%）取ればよいことになる。

二次試験そのものは 6 割得点できれば十分合格ラインに届くのである。4 割は得点できなくてもよいのである。

☞【手順 3】二次試験の各科目の得点シミュレーションをする

具体的に各科目でどのくらい得点する必要があるかを考える。

【配点】

（文類）		（理類）	
外国語	120 点	外国語	120 点
数学	80 点	数学	120 点
国語	120 点	国語	80 点
社会	120 点	理科	120 点
合計	440 点	合計	440 点

①文系

英語 84 点（70%）

数学 36 点（45%）

※数学が易化した年度を対象に得点戦略を考えたもの。それ以前の年度の数学の難度であれば35％で合格点に届く。

国語60点（50％）

地歴2科目合計84点（70％）

得点できたと仮定すると、二次試験トータル264点になる。

これにセンター得点95点を加えると359点となり、合格である。

* 数学が易化した年度より前の数学の問題であれば、数学が35％しか取れなくてしかも最高で他の科目で70％得点できれば合格できてしまうのだ。**実際の調査結果から、数学易化前の試験で数学が20点台で合格している受験生がかなりの数存在していることは事実である。**

②理Ⅰ、理Ⅱ

英語72点（60％）

数学78点（65％）

国語28点（35％）

理科2科目合計78点（65％）

得点できたと仮定すると、二次試験トータル256点になる。

これにセンター得点95点を加えると351点となり、合格である。

* **国語が35％しか取れなくて、しかも1科目も70％に届かなくても合格できてしまうのだ。**

③理Ⅲ

理Ⅲではセンターは800点前後が平均点であるから、800点と仮定すると、

二次試験に加算されるのは

$800 \times 110/900 =$ 約98点

合格に408点必要として、

$408 - 98 = 310$ 点

二次試験では440点満点中310点取ればよいことになる。

二次試験合格に必要な得点率は約70％となる。

英語 84 点（70％）

数学 96 点（80％）

※数学が易化した年度を対象に得点戦略を考えたもの。それ以前の年度の数学の
　難度であれば 60％で合格点に届く。

国語 40 点（50％）

理科 2 科目合計 90 点（75％）

得点できたと仮定すると、二次試験トータル 310 点となる。

これにセンター得点 98 点を加えると 408 点となり、合格である。

＊ やはり理Ⅲの場合は他の科類に比べ要求される得点率は高いが、**決して圧倒的
高得点ではない。何か一つ得意科目で余裕を持った得点を取れれば、他の科目
で要求されるのは着実に点を集めることであり、完璧は求められていない。**

　以上のことから言えることは、東大入試といえども特別高得点が必要
なわけではなく、しかもすべての科目で満遍なく得点しなくても、合格
できるということである。

　最難関大学といえども、難問を見極めて確実に得点できる問題から解
いていき、時間内に基礎や標準問題をミスなく得点できるかが合否を決
するということである。

◎早稲田大学入試の合格最低点の現実

◆ 2020年度政治経済学部

試験科目	配点	受験者平均点	
外国語	90	英　語	61.513
		ドイツ語	150.500
		フランス語	178.375
国語	70		42.107
地歴 または数学	70	日本史	36.148
		世界史	32.939
		数　学	25.057
合　計	230	―	

＊外国語、地歴または数学については成績標準化による得点調整を行っています。

＊ドイツ語、フランス語は大学入試センター試験の配点（200点満点）を政治経済学部外国語の配点（90点満点）に調整して利用しています。

◆ 2019年度政治経済学部

試験科目	配点	受験者平均点	
外国語	90	英　語	53.391
		ドイツ語	114.000
		フランス語	173.250
国語	70		44.924
地歴 または数学	70	日本史	46.642
		世界史	41.357
		数　学	38.020
合　計	230	―	

＊外国語、地歴または数学については成績標準化による得点調整を行っています。

＊ドイツ語、フランス語は大学入試センター試験の配点（200点満点）を政治経済学部外国語の配点（90点満点）に調整して利用しています。

◆ 2018 年度政治経済学部

試験科目	配点	受験者平均点	
外国語	90	英　　語	57.812
		ドイツ語	160.400
		フランス語	163.667
国語	70		43.836
地歴 または数学	70	日本史	41.205
		世界史	44.373
		数　　学	38.496
合　　計	230	―	

＊外国語、地歴または数学については成績標準化による得点調整を行っています。

＊ドイツ語、フランス語は大学入試センター試験の配点（200 点満点）を政治経済学部外国語の配点（90 点満点）に調整して利用しています。

◆ 2017 年度政治経済学部

試験科目	配点	受験者平均点	
外国語	90	英　　語	46.178
		ドイツ語	179.000
		フランス語	181.875
国語	70		38.218
地歴・公民 または数学	70	日本史	36.739
		世界史	36.386
		政治・経済	34.450
		数　　学	32.880
合　　計	230	―	

＊外国語、地歴・公民または数学については成績標準化による得点調整を行っています。

＊ドイツ語、フランス語は大学入試センター試験の配点（200 点満点）を政治経済学部外国語の配点（90 点満点）に調整して利用しています。

【配点】

外国語　　　　90点

国語　　　　　70点

地歴・公民または数学　70点（2018年度以降は政治・経済の選択不可）

合計　　　　　230点

【合格最低点】

2020年度　　170.5点

2019年度　　162.5点

2018年度　　167点

2017年度　　150点

2016年度　　148.5点

＊ 合格最低点は得点調整後の点数です。学科により若干異なり、上記合格最低点はその中でもっとも高い合格最低点を示しています。

【分析】

※ 2020年度の分析は以下のシミュレーションを参考に各自行ってみてください。志望校が違う場合もここでシミュレーションのやり方を練習しましょう。

・2019年度

英語、地歴または数学で7割5分獲得すれば（英語67.5点、地歴数学52.5点）国語で受験者平均点（44.924点）しか取れなかったと仮定しても164.924点になる。合格ラインを超えるのである。

ただし国語の仮想得点はあくまで**受験者平均点**である。決して合格者平均点ではない。

国語で50点（7割強）取れれば英語、地歴または数学は7割5分を切っても合格できる。

・2018年度

英語、地歴または数学で7割5分獲得すれば（英語67.5点、地歴ま

たは数学52.5点）国語で50点（7割強）取れたと仮定したら170点になる。合格ラインを超えるのである。

・2017年度

英語、地歴・公民または数学で7割獲得すれば（英語63点、地歴・公民または数学49点）国語で受験者平均点（38.218点）しか取れなかったと仮定しても150.218点になる。合格ラインを超えるのである。

国語で50点（7割強）取れれば英語、地歴・公民または数学は7割を切っても合格できる。

◆ 2020年度法学部

試験科目	配点	受験者平均点	
外国語	60	英語	27.736
		ドイツ語	164.000
		フランス語	182.700
		中国語	183.367
国語	50		26.248
地歴・公民または数学	40	日本史	24.023
		世界史	26.212
		政治・経済	23.979
		数　学	144.813
合　計	150	―	

＊全教科について成績標準化による得点調整を行っています。

＊ドイツ語、フランス語、中国語は、大学入試センター試験の配点（200点満点）を法学部外国語の配点（60点満点）に調整して利用しています。

＊「数学」は大学入試センター試験「数学Ⅰ・数学A」「数学Ⅱ・数学B」両科目の合計配点（200点満点）を法学部地歴・公民または数学の配点（40点満点）に調整して利用しています。

◆ 2019 年度法学部

試験科目	配点	受験者平均点	
外国語	60	英語	30.474
		ドイツ語	173.000
		フランス語	181.167
		中国語	163.788
国語	50		23.938
地歴・公民または数学	40	日本史	26.717
		世界史	26.183
		政治・経済	23.160
		数　学	160.573
合　計	150	—	

＊全教科について成績標準化による得点調整を行っています。

＊ドイツ語、フランス語、中国語は、大学入試センター試験の配点（200 点満点）を法学部外国語の配点（60 点満点）に調整して利用しています。

＊「数学」は大学入試センター試験「数学 I・数学 A」「数学 II・数学 B」両科目の合計配点 (200 点満点) を法学部地歴・公民または数学の配点 (40 点満点) に調整して利用しています。

◆ 2018 年度法学部

試験科目	配点	受験者平均点	
外国語	60	英語	33.338
		ドイツ語	156.857
		フランス語	175.111
		中国語	171.385
国語	50		27.427
地歴・公民または数学	40	日本史	23.679
		世界史	24.331
		政治・経済	26.686
		数　学	161.149
合　計	150	—	

＊全教科について成績標準化による得点調整を行っています。

＊ドイツ語、フランス語、中国語は、大学入試センター試験の配点（200 点満点）を法学部外国語の配点（60 点満点）に調整して利用しています。

＊「数学」は大学入試センター試験「数学 I・数学 A」「数学 II・数学 B」両科目の合計配点 (200 点満点) を法学部地歴・公民または数学の配点 (40 点満点) に調整して利用しています。

◆ 2017 年度法学部

試験科目	配点	受験者平均点	
外国語	60	英語	30.487
		ドイツ語	129.250
		フランス語	192.667
		中国語	183.194
国語	50		26.793
地歴または公民	40	日本史	26.435
		世界史	27.356
		政治・経済	27.209
合　計	150	―	

＊ドイツ語、フランス語、中国語は、大学入試センター試験の配点（200 点満点）を法学部外国語の配点（60 点満点）に調整して利用しています。

【配点】

外国語　　　　　60 点
国語　　　　　　50 点
地歴・公民または数学（数学は 2018 年度以降）　40 点
合計　　　　　　150 点

【合格最低点】

2020 年度　　　90.295 点
2019 年度　　　92.745 点
2018 年度　　　91.745 点

2017 年度　　　88.995 点

2016 年度　　　88.995 点

＊ 合格最低点は、得点調整後の点数です。

【分析】

※ 2020 年度の分析は以下のシミュレーションを参考に各自行ってみてください。志望校が違う場合もここでシミュレーションのやり方を練習しましょう。

・2019 年度

英語、地歴・公民または数学で 7 割（英語 42 点、地歴・公民または数学 28 点）得点できれば、国語で**受験者平均点**（23.938 点）しか取れなかったと仮定しても 93.938 点で合格である。

国語で 6 割（30 点）取れれば英語、地歴・公民または数学で 6 割 5 分を切っても合格できる。

・2018 年度

英語、地歴・公民または数学で 6 割 5 分（英語 39 点、地歴または公民 26 点）得点できれば、国語で**受験者平均点**（27.427 点）しか取れなかったと仮定しても 92.427 点で合格である。

国語で 6 割（30 点）取れれば英語、地歴・公民または数学で 6 割 5 分を切っても合格できる。

・2017 年度

英語、地歴または公民で 6 割 5 分（英語 39 点、地歴または公民 26 点）得点できれば、国語で**受験者平均点**（26.793 点）しか取れなかったと仮定しても 91.793 点で合格である。

国語で 6 割（30 点）取れれば英語、地歴または公民で 6 割 5 分を切っても合格できる。

◆ 2020 年度商学部

試験科目	配点	受験者平均点	
外国語	80	英語	44.227
		ドイツ語	183.000
		フランス語	169.333
		中国語	182.821
		韓国語	165.818
国語	60		38.011
地歴・公民 または数学	60	日本史	33.801
		世界史	40.227
		政治・経済	26.627
		数学	9.504
合　計	200	—	

・全教科について成績標準化による得点調整を行っています。

・ドイツ語、フランス語、中国語、韓国語は大学入試センター試験の配点（200 点満点）を商学部外国語の配点 (80 点満点) に調整して利用しています。

◆ 2019 年度商学部

試験科目	配点	受験者平均点	
外国語	80	英語	39.559
		ドイツ語	156.677
		フランス語	177.167
		中国語	165.855
		韓国語	152.444
国語	60		37.676
地歴・公民 または数学	60	日本史	38.029
		世界史	40.008
		政治・経済	22.604
		数学	16.226
合　計	200	—	

・全教科について成績標準化による得点調整を行っています。

・ドイツ語、フランス語、中国語、韓国語は大学入試センター試験の配点（200 点満点）を商学部外国語の配点（80 点満点）に調整して利用しています。

◆ 2018 年度商学部

試験科目	配点	受験者平均点	
外国語	80	英語	36.775
		ドイツ語	160.667
		フランス語	165.143
		中国語	170.297
		韓国語	159.000
国語	60		36.663
地歴・公民 または数学	60	日本史	38.107
		世界史	40.050
		政治・経済	31.700
		数学	12.850
合　計	200		

・全教科について成績標準化による得点調整を行っています。

・ドイツ語、フランス語、中国語、韓国語は大学入試センター試験の配点（200点満点）を商学部外国語の配点(80点満点)に調整して利用しています。

◆ 2017 年度商学部

試験科目	配点	受験者平均点	
外国語	80	英語	44.789
		ドイツ語	183.333
		フランス語	179.556
		中国語	182.397
		韓国語	157.778
国語	60		31.131
地歴・公民 または数学	60	日本史	30.655
		世界史	36.479
		政治・経済	30.244
		数学	9.919
合　計	200		―

＊ドイツ語、フランス語、中国語、韓国語は、大学入試センター試験の配点（200点満点）を商学部外国語の配点（80点満点）に調整して利用しています。

【配点】

外国語	80 点
国語	60 点
地歴・公民または数学	60 点
合計	200 点

【合格最低点】

2020 年度	127.45 点
2019 年度	129.25 点
2018 年度	130.55 点
2017 年度	128.6 点
2016 年度	128.4 点

＊ 合格最低点は、得点調整後の点数です。

【分析】

※ 2020 年度の分析は以下のシミュレーションを参考に各自行ってみてください。
志望校が違う場合もここでシミュレーションのやり方を練習しましょう。

・2019 年度

英語、地歴・公民または数学で 7 割（英語 56 点、地歴・公民または数学 42 点）得点できれば、国語で**受験者平均点**（37.676 点）しか取れなかったとしても 135.676 点で合格である。

国語で 7 割（42 点）取れれば、英語、地歴・公民または数学で 6 割5 分を切っても合格できる。

・2018 年度

英語、地歴・公民または数学で 7 割（英語 56 点、地歴・公民または数学 42 点）得点できれば、国語で**受験者平均点**（36.663 点）しか取れなかったとしても 134.663 点で合格である。

国語で 7 割（42 点）取れれば、英語、地歴・公民または数学で 6 割

5分を切っても合格できる。

・2017年度

　英語、地歴・公民または数学で7割（英語56点、地歴・公民または数学42点）得点できれば、国語で**受験者平均点**（31.131点）しか取れなかったとしても129.131点で合格である。

　国語で6割(36点)取れれば、英語、地歴・公民または数学で7割を切っても合格できる。

◆ 2020年度基幹理工学部

試験科目　　　学系	配点				合格最低点
	外国語	数学	理科	合計	
学系Ⅰ	120	120	120	360	207
学系Ⅱ					221
学系Ⅲ					210

＊「得意科目選考」の合格最低点は除きます。

◆ 2019年度基幹理工学部

試験科目　　　学系	配点				合格最低点
	外国語	数学	理科	合計	
学系Ⅰ	120	120	120	360	209
学系Ⅱ					215
学系Ⅲ					223

＊「得意科目選考」の合格最低点は除きます。

◆ 2018 年度基幹理工学部

試験科目 / 学系	配点				合格最低点
	外国語	数学	理科	合計	
学系 I					206
学系 II	120	120	120	360	222
学系 III					220

＊「得意科目選考」の合格最低点は除きます。

◆ 2017 年度基幹理工学部

試験科目 / 学系	配点				合格最低点
	外国語	数学	理科	合計	
学系 I					182
学系 II	120	120	120	360	187
学系 III					182

＊「得意科目選考」の合格最低点は除きます。

【配点】

外国語	120 点
数学	120 点
理科	120 点
合計	360 点

【合格最低点】

2020 年度	学系 I	207 点
	学系 II	221 点
	学系 III	210 点
2019 年度	学系 I	209 点

	学系Ⅱ	215 点
	学系Ⅲ	223 点
2018 年度	学系Ⅰ	206 点
	学系Ⅱ	222 点
	学系Ⅲ	220 点
2017 年度	学系Ⅰ	182 点
	学系Ⅱ	187 点
	学系Ⅲ	182 点
2016 年度	学系Ⅰ	173 点
	学系Ⅱ	175 点
	学系Ⅲ	170 点

【分析】

※ 2020 年度の分析は以下のシミュレーションを参考に各自行ってみてください。
　志望校が違う場合もここでシミュレーションのやり方を練習しましょう。

・2019 年度

　学系Ⅰ、Ⅱは全科目 6 割（216 点）で合格。

　配点が均等なので、1 科目 8 割得点できれば残り 2 科目 5 割ずつでも 216 点で合格。

学系Ⅲは、全科目 6 割 5 分（234 点）で余裕を持って合格。

・2018 年度

　学系Ⅰは、全科目 6 割（216 点）で余裕を持って合格。

　学系Ⅱ、Ⅲは、全科目 6 割 5 分（234 点）で余裕を持って合格。

配点が均等なので、1 科目 8 割得点できれば残り 2 科目 5 割 5 分ずつでも 228 点で合格。

・2017 年度

　全学系、全科目 5 割 5 分（198 点）で余裕を持って合格。

　配点が均等なので、1科目7割5分得点できれば残り2科目4割5分ずつでも198点で余裕を持って合格。

◆ 2020年度創造理工学部

学科 ＼ 試験科目	配点					合格最低点
	外国語	数学	理科	空間表現	合計	
建築学科				40	400	215
総合機械工学科						197
経営システム工学科	120	120	120		360	211
社会環境工学科						202
環境資源工学科						197

＊「得意科目選考」の合格最低点は除きます。

◆ 2019年度創造理工学部

学科 ＼ 試験科目	配点					合格最低点
	外国語	数学	理科	空間表現	合計	
建築学科				40	400	222
総合機械工学科						212
経営システム工学科	120	120	120		360	203
社会環境工学科						222
環境資源工学科						195

＊「得意科目選考」の合格最低点は除きます。

◆ 2018年度創造理工学部

試験科目 / 学科	配点					合格最低点
	外国語	数学	理科	空間表現	合計	
建築学科	120	120	120	40	400	227
総合機械工学科					360	204
経営システム工学科						215
社会環境工学科						213
環境資源工学科						188

＊「得意科目選考」の合格最低点は除きます。

◆ 2017年度創造理工学部

試験科目 / 学科	配点					合格最低点
	外国語	数学	理科	空間表現	合計	
建築学科	120	120	120	40	400	205
総合機械工学科					360	179
経営システム工学科						173
社会環境工学科						185
環境資源工学科						175

＊「得意科目選考」の合格最低点は除きます。

【配点】

（建築学科）

外国語　　　　　120点

数学　　　　　　120点

理科	120 点
空間表現	40 点
合計	400 点

（その他の学科）

外国語	120 点
数学	120 点
理科	120 点
合計	360 点

【合格最低点】

2020 年度	建築学科	215 点
	総合機械工学科	197 点
	経営システム工学科	211 点
	社会環境工学科	202 点
	環境資源工学科	197 点
2019 年度	建築学科	222 点
	総合機械工学科	212 点
	経営システム工学科	203 点
	社会環境工学科	222 点
	環境資源工学科	195 点
2018 年度	建築学科	227 点
	総合機械工学科	204 点
	経営システム工学科	215 点
	社会環境工学科	213 点
	環境資源工学科	188 点
2017 年度	建築学科	205 点
	総合機械工学科	179 点
	経営システム工学科	173 点
	社会環境工学科	185 点
	環境資源工学科	175 点

2016 年度	建築学科	190 点
	総合機械工学科	172 点
	経営システム工学科	178 点
	社会環境工学科	172 点
	環境資源工学科	164 点

【分析】

※ 2020 年度の分析は以下のシミュレーションを参考に各自行ってみてください。
　志望校が違う場合もここでシミュレーションのやり方を練習しましょう。

・2019 年度

　全学科、全科目 6 割 5 分（建築学科 260 点、その他の学科 234 点）で合格である。

　建築学科、社会環境工学科を除く学科について、

　全科目 6 割で 216 点。これで全学科で合格。

・2018 年度

　全学科、全科目 6 割（建築学科 240 点、その他の学科 216 点）で合格である。

建築学科を除く学科について、

　1 科目 8 割、残り 2 科目 5 割でも 216 点。これでも全学科で合格。

・2017 年度

　全学科、全科目 5 割 5 分（建築学科 220 点、その他の学科 198 点）で合格である。

　建築学科を除く学科について、

　2 科目 6 割、残り 1 科目 4 割 5 分で 198 点。これで全学科で合格。

◆ 2020 年度先進理工学部

学科＼試験科目	配点				合格最低点
	外国語	数学	理科	合計	
物理学科	120	120	120	360	230
応用物理学科					210
化学・生命化学科					207
応用化学科					202
生命医科学科					219
電気・情報生命工学科					196

＊「第二志望学科」については補欠合格は適用されないため、上記の合格最低点を上回っていても不合格の場合があります。

◆ 2019 年度先進理工学部

学科＼試験科目	配点				合格最低点
	外国語	数学	理科	合計	
物理学科	120	120	120	360	235
応用物理学科					223
化学・生命化学科					205
応用化学科					209
生命医科学科					211
電気・情報生命工学科					209

＊「第二志望学科」については補欠合格は適用されないため、上記の合格最低点を上回っていても不合格の場合があります。

◆ 2018 年度先進理工学部

学科＼試験科目	配点				合格最低点
	外国語	数学	理科	合計	
物理学科					232
応用物理学科					221
化学・生命化学科					211
応用化学科	120	120	120	360	215
生命医科学科					221
電気・情報生命工学科					207

＊「第二志望学科」については補欠合格は適用されないため、上記の合格最低点を上回っていても不合格の場合があります。

◆ 2017 年度先進理工学部

学科＼試験科目	配点				合格最低点
	外国語	数学	理科	合計	
物理学科					199
応用物理学科					175
化学・生命化学科					194
応用化学科	120	120	120	360	196
生命医科学科					201
電気・情報生命工学科					183

＊合格最低点は正規合格および補欠合格の最低点を表します。ただし、「第二志望学科」においては補欠合格は適用されないため、上記の点数を上回っていても不合格の場合があります。

【配点】

外国語	120 点
数学	120 点
理科	120 点
合計	360 点

【合格最低点】

2020 年度	物理学科	230 点
	応用物理学科	210 点
	化学・生命化学科	207 点
	応用化学科	202 点
	生命医科学科	219 点
	電気・情報生命工学科	196 点
2019 年度	物理学科	235 点
	応用物理学科	223 点
	化学・生命化学科	205 点
	応用化学科	209 点
	生命医科学科	211 点
	電気・情報生命工学科	209 点
2018 年度	物理学科	232 点
	応用物理学科	221 点
	化学・生命化学科	211 点
	応用化学科	215 点
	生命医科学科	221 点
	電気・情報生命工学科	207 点
2017 年度	物理学科	199 点
	応用物理学科	175 点
	化学・生命化学科	194 点
	応用化学科	196 点
	生命医科学科	201 点

2016年度	電気・情報生命工学科	183点
	物理学科	192点
	応用物理学科	177点
	化学・生命化学科	180点
	応用化学科	184点
	生命医科学科	183点
	電気・情報生命工学科	170点

【分析】

※ 2020年度の分析は以下のシミュレーションを参考に各自行ってみて下さい。志望校が違う場合もここでシミュレーションのやり方を練習しましょう。

・2019年度

物理学科は全科目7割（252点）で合格である。

物理学科を除く学科において、全科目6割5分(234点)で合格である。

化学・生命化学科、応用化学科、生命医科学科、電気・情報生命工学科においては、全科目6割（216点）でも合格。

・2018年度

全学科、全科目6割5分（234点）で合格である。

化学・生命化学科、応用化学科、電気・情報生命工学科においては、全科目6割（216点）でも合格。

1科目8割、残り2科目6割で240点。これで全学科で合格である。

・2017年度

全学科、全科目6割（216点）で合格である。

応用物理学科、化学・生命化学科、応用化学科、電気・情報生命工学科においては、全科目5割5分（198点）でも合格。

1科目8割、残り2科目5割で216点。これで全学科で合格である。

◎慶應義塾大学入試の合格最低点の現実

◆ 2020 年度法学部

〈法律学科〉

試験科目	配点	受験者平均点
外国語（英語）	200	124.06
地理歴史（日本史）	100	51.05
地理歴史（世界史）	100	43.61
論述力	100	47.27
計	400	

・合格最低点 252 点（満点 400 点）

〈政治学科〉

試験科目	配点	受験者平均点
外国語（英語）	200	124.43
地理歴史（日本史）	100	54.72
地理歴史（世界史）	100	45.95
論述力	100	48.44
計	400	

・合格最低点 258 点（満点 400 点）
（注 1）「外国語（英語）」の平均点には「ドイツ語」、「フランス語」は含まれていません。
（注 2）「地理歴史（日本史・世界史）」の科目間の難易度の違いから生じる不公平をなくすため、統計的処理により得点の補正を行いました。上記「地理歴史（日本史・世界史）」の平均点は補正前のものです。
（注 3）「論述力」は「外国語」および「地理歴史（日本史・世界史）」の合計点、および「地理歴史（日本史・世界史）」の得点、いずれもが一定の得点に

達した受験生について採点し、3科目の合計点で合否を決定しました。
(注4)「合格最低点」は、正規合格者の最低総合点です。
＊2021年度の配点については変更ありません。

◆ 2019年度法学部

〈法律学科〉

試験科目	配点	受験者平均点
外国語（英語）	200	90.25
地理歴史（日本史）	100	48.03
地理歴史（世界史）	100	48.02
論述力	100	49.27
計	400	

・合格最低点227点（満点400点）

〈政治学科〉

試験科目	配点	受験者平均点
外国語（英語）	200	93.23
地理歴史（日本史）	100	50.25
地理歴史（世界史）	100	50.30
論述力	100	48.08
計	400	

・合格最低点224点（満点400点）
(注1)「外国語（英語）」の平均点には「ドイツ語」、「フランス語」は含まれていません。
(注2)「地理歴史（日本史・世界史）」の科目間の難易度の違いから生じる不公平をなくすため、統計的処理により得点の補正を行いました。上記「地理歴史（日本史・世界史）」の平均点は補正前のものです。
(注3)「論述力」は「外国語」および「地理歴史（日本史・世界史）」の合計点、および「地理歴史（日本史・世界史）」の得点、いずれもが一定の点数に達した受験生について採点し、3科目の合計点で合否を決定しました。
(注4)「合格最低点」は、正規合格者の最低総合点です。

＊2020年度の配点については変更ありません。

◆ 2018年度法学部

〈法律学科〉

試験科目	配点	受験者平均点
外国語（英語）	200	112.27
地理歴史（日本史）	100	47.27
地理歴史（世界史）	100	43.04
論述力	100	48.36
計	400	

・合格最低点246点（満点400点）

〈政治学科〉

試験科目	配点	受験者平均点
外国語（英語）	200	116.34
地理歴史（日本史）	100	49.76
地理歴史（世界史）	100	44.54
論述力	100	50.15
計	400	

・合格最低点249点（満点400点）

(注1)「外国語（英語）」の平均点には「ドイツ語」、「フランス語」は含まれていません。

(注2)「地理歴史（日本史・世界史）」の科目間の難易度の違いから生じる不公平をなくすため、統計的処理により得点の補正を行いました。上記「地理歴史（日本史・世界史）」の平均点は補正前のものです。

(注3)「論述力」は「外国語」および「地理歴史（日本史・世界史）」の合計点、および「地理歴史（日本史・世界史）」の得点、いずれもが一定の点数に達した受験生について採点し、3科目の合計点で合否を決定しました。

＊2019年度の配点については変更ありません。

◆ 2017 年度法学部

〈法律学科〉

試験科目	配点	受験者平均点
外国語（英語）	200	116.90
地理歴史（日本史）	100	64.68
地理歴史（世界史）	100	54.08
論述力	100	48.07
計	400	

・合格最低点 263 点（満点 400 点）

〈政治学科〉

試験科目	配点	受験者平均点
外国語（英語）	200	121.07
地理歴史（日本史）	100	67.20
地理歴史（世界史）	100	56.96
論述力	100	48.90
計	400	

合格最低点 266 点（満点 400 点）

(注 1)「外国語（英語）」の平均点には「ドイツ語」、「フランス語」は含まれていません。

(注 2)「地理歴史（日本史・世界史）」の科目間の難易度の違いから生じる不公平をなくすため、統計的処理により得点の補正を行いました。上記「地理歴史（日本史・世界史）」の平均点は補正前のものです。

(注 3)「論述力」は「外国語」および「地理歴史（日本史・世界史）」の合計点、および「地理歴史（日本史・世界史）」の得点、いずれもが一定の点数に達した受験生について採点し、3 科目の合計点で合否を決定しました。

＊ 2018 年度の配点については変更ありません。

【配点】

外国語（英語）　　　　200 点
地理歴史（日本史）　　100 点

地理歴史（世界史）　　　100 点
論述力　　　　　　　　　100 点
合計　　　　　　400 点（※ 日本史・世界史から 1 科目選択）

【合格最低点】

2020 年度　　法律学科　　252 点
　　　　　　政治学科　　258 点
2019 年度　　法律学科　　227 点
　　　　　　政治学科　　224 点
2018 年度　　法律学科　　246 点
　　　　　　政治学科　　249 点
2017 年度　　法律学科　　263 点
　　　　　　政治学科　　266 点
2016 年度　　法律学科　　242 点
　　　　　　政治学科　　249 点

【分析】

※ 2020 年度の分析は以下のシミュレーションを参考に各自行ってみてください。
　志望校が違う場合もここでシミュレーションのやり方を練習しましょう。

・2019 年度

　英語、地歴で 6 割（英語 120 点、地歴 60 点）、論述力の受験者平均点（法律学科：49.27 点、政治学科：48.08 点）を取れば、法律学科：229.27点、政治学科：228.08 点で合格である。

・2018 年度

　英語、地歴で 7 割（英語 140 点、地歴 70 点）、論述力の受験者平均点（法律学科：48.36 点、政治学科：50.15 点）を取れば、法律学科：258.36点、政治学科：260.15 点で合格である。

・**2017 年度**

　英語、地歴で 7 割（英語 140 点、地歴 70 点）、論述力の受験者平均点 +10 点（法律学科：58.07 点、政治学科：58.90 点）を取れば、法律学科：268.07 点、政治学科：268.90 点で合格である。

◆ **2017 〜 2020 年度経済学部**

【A 方式】

試験科目	配点
英語	200（90）
数学	150（70）
小論文	70
計	420（160）

【B 方式】

試験科目	配点
英語	200（90）
地理歴史	150
小論文	70
計	420（90）

（注 1）カッコ内の配点は 1 次選考分です。

（注 2）「地理歴史」の科目間の難易度の違いを考慮した結果、統計的処理による得点の補正を行いませんでした。

（注 3）最終選考では、1 次選考で「選抜最低点」に達した受験生のみを対象とし、1 次分も含んだ総点をもとに選考しました。

なお、最終選考の「合格最低点」は正規合格者の最低総合点のことです。

　＊ 2021 年度の配点については変更ありません。

【配点】

（A 方式）

英語	200（90）点
数学	150（70）点
小論文	70 点
合計	420（160）点

（B 方式）

英語	200（90）点

地理歴史	150 点
小論文	70 点
合計	420（90）点

【合格最低点】

2020 年度	A 方式	1 次選考	92 点
		最終選考	234 点
	B 方式	1 次選考	54 点
		最終選考	240 点
2019 年度	A 方式	1 次選考	110 点
		最終選考	265 点
	B 方式	1 次選考	58 点
		最終選考	259 点
2018 年度	A 方式	1 次選考	94 点
		最終選考	207 点
	B 方式	1 次選考	49 点
		最終選考	243 点
2017 年度	A 方式	1 次選考	86 点
		最終選考	218 点
	B 方式	1 次選考	47 点
		最終選考	245 点
2016 年度	A 方式	1 次選考	98 点
		最終選考	238 点
	B 方式	1 次選考	55 点
		最終選考	268 点

＊最終選考の「合格最低点」は正規合格者の最低総合点のことです。

【分析】

※ 2020 年度の分析は以下のシミュレーションを参考に各自行ってみてください。
　 志望校が違う場合もここでシミュレーションのやり方を練習しましょう。

受験戦略／総則編

受験戦略／合格への 3 大戦略編

受験戦略／受験戦略構築編

　この学部は採点方式が特殊。

　1次選考でA方式は英語（外国語）と数学の問題の一部の合計点が一定の得点に達した受験生に対して、残りの英語（外国語）と数学の問題と小論文について採点するというもの。

　B方式は英語（外国語）の問題の一部が一定の得点に達した受験生について英語(外国語)の残りの問題と地歴、小論文を採点するというもの。

　各自最新の募集要項は必ず確認のこと。

　問題の一部と指定された問題が、年により異なるが6割〜8割は取れないと合格できない。

　ただ最終選考の合格点を見てもらえばわかるがトータルでの合格最低点は2019年度でA方式6割5分程度、B方式6割程度、2018年度でA方式5割程度、B方式6割程度、2017年度でA方式5割程度、B方式6割程度である。

　ここから考えると問題の一部として指定されているものは、基礎標準知識の本質的理解があれば充分8割は確保できるものが出題されているといえる。

　まずこの問題の一部として指定されている問題でミスなく確実に得点することが最も重要である。ここで得点を稼げば1次を確実に通過するとともに、総合点でもかなり有利になる。

　また、来年以降、たとえここで難しい出題がなされてもあきらめてはいけない。

　ここでお話しする対策をきちんとやっておいてそれでも難しいと本番で感じれば1次通過の点数は確実に下がると思ってよい。

　しっかりとした受験戦略・対策は本番でも強い味方になる。

◆ 2017 〜 2020 年度医学部

試験科目	配点
英語	150
数学	150
物理	100
化学	100
生物	100
計	500

(注)「理科(物理・化学・生物)」の科目間の難易度の違いを考慮した結果、統計的
　　　処理による得点の補正を行いませんでした。

＊ 2021 年度の配点については変更ありません。

【配点】

英語　150 点

数学　150 点

物理　100 点

化学　100 点

生物　100 点

合計　500 点（※ 物理・化学・生物から 2 科目選択)

【合格最低点】

2020 年度　303 点

2019 年度　303 点

2018 年度　305 点

2017 年度　266 点

2016 年度　282 点

【分析】

※ 2020 年度の分析は以下のシミュレーションを参考に各自行ってみてください。

　　志望校が違う場合もここでシミュレーションのやり方を練習しましょう。

・2019年度

全科目6割5分取れれば325点で合格である。

配点が高い英語と数学で共に7割を取れればそれだけで210点。残りの理科2科目は5割ずつでも、計310点で合格である。

・2018年度

全科目6割5分取れれば325点で合格である。

配点が高い英語と数学で共に7割を取れればそれだけで210点。残りの理科2科目は5割ずつでも、計310点で合格である。

・2017年度

全科目5割5分取れれば275点で合格である。

配点が高い英語と数学で共に6割を取れればそれだけで180点。残りの理科2科目は4割5分ずつでも、計270点で合格である。

◆ 2017 ～ 2020年度理工学部

試験科目	配点
英語	150
数学	150
物理	100
化学	100
計	500

＊2021年度の配点については変更ありません。

【配点】

英語　150点

数学　150点

物理　100点

化学　100点

合計　500点

【合格最低点（平均値）】

2020 年度　309 点

2019 年度　280 点

2018 年度　260 点

2017 年度　271 点

2016 年度　271 点

(注)「合格最低点（平均値）」は、各学門における正規合格者の最低総合得点を各学門の合格者数で重み付けして平均した値です。

【分析】

※ 2020 年度の分析は以下のシミュレーションを参考に各自行ってみてください。志望校が違う場合もここでシミュレーションのやり方を練習しましょう。

・2019 年度

全科目 6 割（300 点）で合格である。

英語、数学で 7 割（105 点＋ 105 点）、残りの理科 2 科目で 3 割 5 分（35 点＋ 35 点）でも、計 280 点で合格である。

・2018 年度

全科目 5 割 5 分（275 点）で合格である。

配点が高い英語、数学で 6 割 5 分を取ればそれだけで 195 点（97.5 点＋ 97.5 点）。残りの理科 2 科目の一方で 3 割 5 分（35 点）を取れば、もう一方は 3 割（30 点）でも、計 260 点で合格である。

・2017 年度

全科目 5 割 5 分（275 点）で合格である。

配点が高い英語、数学で 7 割を取ればそれだけで 210 点（105 点＋ 105 点）。残りの理科 2 科目の一方で 3 割 5 分（35 点）を取れば、もう一方は 3 割（30 点）でも、計 275 点で合格である。

受験戦略／総則編

受験戦略／合格への3大戦略編

受験戦略／受験戦略構築編

(3) まとめ

> ### 合格の天使メソッドポイント
>
> 　以上見てきたように難関大学といえども合格するためにはすべての科目で高得点を獲得しなければならないわけではありません。**闇雲に難しい問題集や参考書をこなす必要などないということを、まずは現実として実感してください。**

　年度ごとに合格最低点の幅がありますが、それは各大学の年度ごとの問題の難易度の若干の差によるものです。ここで大事なことは、この本に書いてある合格の天使の受験戦略・勉強法を実践すればたとえ合格点が上がろうが下がろうがそれに影響されずに余裕をもって合格点をクリアーできるだけの実力をつけることができるということです。それがなぜかはこの本を最後までご覧いただければ明確にわかります。

─────────── 第3章 ───────────

「ターゲットを絞る」戦略の帰結

🏃 1. 「試験問題の3類型・難問の2分類」理論と「得点戦略」理論から得るべきもの

　第1章で「第3類型の問題への対策を一切排除」すべきことはお伝えしました。

　そして第2章で「各自の志望校の出題パターンを分類・分析」すること、「得点シミュレーション」「得点戦略」理論から「合格最低点」を取るということにまずは焦点を当てることをお伝えしてきました。

　これによって日々の勉強でやるべき優先順位とターゲットをさらに絞り込むことが可能になります。

　本書を読んでくださっている皆さんは、まずこの部分の分類と理論をしっかり頭に叩き込んでください。これだけでも相当有利に受験対策をすすめていけます。

🏃 2. 合格者と不合格者を分けているある秘密

　ここまで読んでいただいただけでもおわかりの通り、世の中でひとくくりにされている受験対策とは異なり、本当は受験対策と一言に言っても合格点を取るためには様々な要素があります。それをすべて分析してあぶり出し、焦点を当てることができたらどれだけ確実かつ効率的にあなたが第一志望とする難関大学合格への対策をしていけるか実感していただいていると思います。

　当塾には、「試験問題の3類型・難問の2分類」理論の節でお伝えした

1．第1類型＋第2類型易問題型
2．第2類型易問題「多」＋第2類型難問題「少」型
3．第2類型易問題「少」＋第2類型難問題「多」型
4．1～3に第3類型を混入させる型
5．第2類型難問題オール型

について、より詳細に分類・分析したデータがあります。

　皆さんに注意していただきたいのは、これが的確かつ正確にできるのは、実際に全国のどこの大学の問題でも解きうる、したがって分析を加えうる実力があって初めてできることという事実です。

　例えば、同じく最難関大学合格者であっても数Ⅲを受験していない＋二次試験や個別試験の理科を受験していない＝受験科目として数Ⅲ＋理科科目を極めていない人が全国の難関大学の問題を的確に分析できるかと言ったらそれはノーです。最難関大学理系合格者であっても数学や理科科目を得意としていない人についても同じことが言えます。

　皆さんが第一志望とする大学について的確な対策をとっていきたいのなら、できる限り高い実力の人にアドバイスを得てください。ここまで説明してきた事柄だけでも多くの要素があり、それについて一つ一つ的確なものを得られるか否かで大きな差がついてしまうことはもうおわかりだと思います。

　どのような実力の人からアドバイスや指導を得ることができるかということは、やるべきことを的確に選別し焦点を絞れるか＝確実かつ効率的に実力をあげていけるか、ということに直結してきてしまう重大な要素なのです。

　この部分の意識が非常に薄い受験生が多いのです。でも個人の努力や能力と関係がないこの部分で大きな差をつけられてしまっているのが現実です。皆さんはこの現実をしっかり認識するとともに悔しい思いをしないように十分注意していってください。

第2部
ターゲットへの的確なアプローチ

　第1部でターゲットを絞るという視点を示しました。

　ただ、難関大学・第一志望校に合格するためにはこれに加えターゲットへの的確かつ効率的なアプローチが必要になります。ターゲットを絞る＋さらにそのターゲットに的確に焦点を当てる、この2つを組み合わせることで数倍ではなく数乗の効果で合格へ向かっていけます。

　このターゲットへの的確なアプローチをとるために必要となる絶対的な視点、それが

● 「勉強ターゲットの3類型」理論

です。

　以下、第1章では「勉強ターゲットの3類型」理論について詳細に説明していきます。

第1章

「勉強ターゲットの3類型」理論

この章でも、**合格の天使のオリジナル理論**を用います。

この節のキーワード・キーポイントは

☑ 「勉強ターゲットの3類型」理論

　とそれを構成する要素である

☑ 「基礎習得の3分類」理論

☑ 「一般化脳」理論

☑ 「得点脳」理論

です。

第1節 「勉強ターゲットの3類型」理論とは

🏇 1. まずは確認　多くの受験生が軽視する勉強の順番

　合格の天使オリジナル理論である「勉強ターゲットの3類型」理論に入る前に以下のあたり前の部分をまず皆さんに確認しておきます。あたり前のことなのに多くの受験生が軽視してしまうのが以下の勉強の順番です。

難関大学や医学部を志望する受験生の場合、自分は難関である大学を受験するのだから2をできなければ始まらない、合格できないとして1を軽視します。

いきなり2のレベルの問題集や参考書から勉強を開始してしまうのです。

しかし、すべての学問は基礎の上に成り立っています。

突飛なひらめきや発想というのは、基礎理論に基づいていない限り単なる戯言です。

基礎理論に基づいていないひらめきや発想は単なるデタラメです。

基礎理論から論理的に証明できない理論は虚偽です。

基礎というのはすべての根幹をなすものという意識は高みを目指すなら絶対に忘れないでください。

当塾講師陣が圧倒的受験結果に至っているのはまずこの基礎の部分で他の受験生とは理解と網羅性に大きな差があるからです。

こう言っても「基礎が大事なんてことはわかっている」「そんなのあたり前」という人がいます。でも、実際の受験対策として取られていることは、このわかりきった、あたり前と言われることを無視しているといっても過言ではないのです。

基礎が大事であるということはわかっています、という方に問いたいのですが、本当に上記図の順番で皆さんは勉強していますか？ そしてその順番が意味することを理解していますか？

　受験における授業や講義と言われているものの関係性を見てみてください。

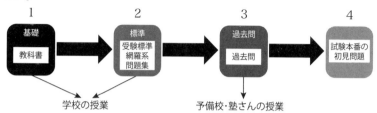

予備校さんや塾さんの授業や講義と称するものがこの図の分類にすべて当たるわけではありませんが、多くの予備校さんはじめ、ことに難関大学対策予備校さん、医進系予備校さんの授業や講義というのは特に3の部分に当たることをしていることが多いと言えます（ここでいう過去問とは各自の志望校の過去問ではなく、様々な大学の大学入試問題一般を指します）。

　基礎や標準知識の習得をしっかりと行っていないのに、受験年になったからと言っていきなり3から始まる講義や授業に参加する、これが難関大学を目指す多くの受験生の失敗の典型パターンです。

　さらに医学部や最難関大学志望の多浪生に多いのが、そのようなカリキュラムの予備校さんや塾さんに通い続け、毎年毎年3の部分からの勉強を繰り返しているだけというパターンです。

　これではいくら勉強しようが、得ているものはその授業や講義で扱った問題だけを解けるようになるだけ＝丸暗記＝初見の問題には一切使えない思考なのです（この点の論拠は後程説明します）。

　現役生であればこのような失敗を犯さないように、あたり前のことであっても十分に認識してください。浪人生の方はこの現実をしっかりと見つめなおしてください。

　ここに「現役生は伸びるけど浪人生は伸びない」と言われている秘密も隠されているのです。世間一般や場合によっては受験指導機関でさえ、浪人生の試験結果の現状の現実面だけを捉えて、浪人生＝もう伸びない受験生、のように捉えてしまうのですが、それは大きな誤りです。

　浪人生がなぜ実際の受験結果として伸びる人が少ないのかについて解明することなく、安易に浪人生＝できない人のようなレッテルを貼られているのです。この誤った認識を皆さんは覆してやってください。

　浪人生が伸びないのは、上記のように基礎とその本質的理解の習得をないがしろにしていた人が、浪人後その部分に焦点を当てることなく、いきなり2や3の部分に焦点を当てた勉強をしてしまっている、もしくはさせられてしまっているからだけなのです。

　多浪生の場合は、毎年毎年それを繰り返してしまっているだけなのです。

　決して能力が低いわけでも、天性の才能が足りないわけでもありません。

　浪人生であっても1の部分から2の部分について着実に実力をつけてきたけれど、その後の部分の習得が時間的に間に合わなかったという人は、現役生よりも大きく伸びます。

　ですので、1の基礎の部分の習得があいまいな浪人生の皆さんはまずは自分の勉強を見つめなおしてください。そしてこの理論をよく理解して、おかしなレッテルを覆しましょう！

🥷 2. 巷では分類・ロジック化されていないターゲット「基礎習得の3分類」理論、「一般化脳」理論、「得点脳」理論

　基礎が大事、勉強の順番が大事ということはそれなりに認識できてい

る方も多いかと思います。しかし、この先に一般には明らかにされていない圧倒的実力者とそうでない人を分けているターゲットがあるのです。

それは当塾がオリジナル理論として命名している「基礎習得の3分類」理論、「一般化脳」理論、「得点脳」理論です。この概念も当塾のオリジナルなものですので説明を加えていきます。

まず、先ほどの図を再び掲載します。

この順番や項目は誰でもが勉強の順番として認識できるものです。

しかし、実は、この図は合格に必要なすべての段階をあらわしていません。

難関大学・医学部に合格する、すなわち受験において高い実力をつけるために攻略すべきもの、得るべき最も重要なものは1、2、3、4の間にそれぞれ存在する

● 「基礎習得の3分類」理論

● 「一般化脳」理論

● 「得点脳」理論

なのです。

この「基礎習得の3分類」理論、「一般化脳」理論、「得点脳」理論でご説明する部分こそ、当塾講師陣が他の東大合格者やその他の大学の合格者よりも優れたものを持っている部分です。そして圧倒的受験結果を叩き出している秘密の部分です。これは天性の才能とかそういったものは無関係なものです。的確な対策で誰でもが得られるものなのです。

しかし、一般的にこの部分がロジック化されたものは巷には存在しません。なぜならこれは突き抜けた受験結果を有する東大理三合格講師や東大「首席」合格講師を束で抱える当塾が「通常の東大合格者や他大学合格者」と「突き抜けた実力を限られた受験期で身につけた当塾講師陣」の実力の違いに分析と検証を加え解明した部分だからです。

だからこそ多くの受験生は受験勉強において最大限焦点を当てるべき部分をわからないまま、教えてもらえないまま、無駄な勉強や的確でない勉強を繰り返してしまうのです。

これを読んでくださっている皆さんはこれからご説明する当塾のこの理論をしっかりと学んでください。

🏃 3. 合格の天使オリジナル理論の説明

合格の天使オリジナル理論

☞【「勉強ターゲットの3類型」理論】

通常の実力をつけていく勉強の手順・フローとしては以下の図のイメージで捉えているのが多くの受験生や世間一般の受験対策です。

しかし、この図の⇒部分にこそ本来得なければならないターゲットがある。

それが「勉強ターゲットの3類型」理論 ＝「基礎習得の3分類」理論、「一般化脳」理論、「得点脳」理論です。

☑ **「基礎習得の3分類」理論**とは基礎の習得対象を「関連記憶」「単純記憶」「理解記憶（本質的理解）」の3つの要素に分類し、基礎を高い次元で習得する理論

☑ **「一般化脳」理論**とは、受験基礎標準問題集の個々の問題からエッセンスを抽出し一般化されたエッセンスを蓄積する理論

☑ **「得点脳」理論**とは、「一般化脳」理論で一般化し抽出・蓄積したエッセンスを個々の問題に適用・運用させる思考力を形成する理論

　この「基礎習得の3分類」理論、「一般化脳」理論、「得点脳」理論は、"参考書や問題集をとにかく繰り返すという回数を重視・基準とした勉強法"や"勉強時間や勉強量を単に重視した勉強法"では決して得ることができない部分です。しかし大学受験で高得点をとるためには最も必要な力なのです。

【結論】
　「基礎習得の3分類」を前提とした「一般化脳」と「得点脳」にアプローチせよ。

第2節 「基礎習得の3分類」理論・「一般化脳」理論・「得点脳」理論とは

　「勉強ターゲットの3類型」理論の構成要素は、いずれも決して天性の才能ではなく、勉強の焦点を的確に分類・把握しそこにターゲットを絞って勉強していくことで誰もが得られる能力です。そしてここには特殊なひらめきや発想など一切必要ありません。

　多くの受験生がこの部分の力を得られないのは、そもそも、受験において突き抜けた結果を出している人とそうでない人の差がどこにあるのかしっかりと論理的に解明されたものがないがゆえに日々の勉強で焦点を当てるべき部分を知らないからです。

　だから、多くの受験生は、問題集の問題や授業や講義の問題そのものを攻略することに焦点を当てた勉強を繰り返してしまうのです。この勉強の典型が基礎はとにかく繰り返して覚えろ、問題集はとにかく繰り返せ、とにかく回数を重視して即座にその問題に答えられるようにしろ等の回数・問題数を重視した勉強法です。これは当塾が提唱する「合格するための勉強法」ではなく、合格に直結しない「勉強するための勉強法」の典型です。

　このような焦点がずれている勉強を繰り返しても、的確なターゲットを知りそこに焦点を当てて勉強してきた受験生にはかなわない、追い越せない、追い越されてしまうのです。
　また実力も効率的には絶対に伸びませんし、どんなに勉強してもそこそこの実力でとどまってしまうのです。

　以下「勉強ターゲットの3類型」理論の構成要素についてひとつずつ理論の説明を加えていきます。

第３節 「基礎習得の３分類」理論

先ほどご説明したように **「基礎習得の３分類」理論**とは、基礎の習得対象を
- ☑ **「関連記憶」**
- ☑ **「単純記憶」**
- ☑ **「理解記憶 (本質的理解)」**

の３つの要素に分類し、基礎を高い次元で習得する理論です。

この「基礎習得の３分類」理論は記憶効率を高めることに直結する理論です。

一般に「基礎」とされるものは単に覚えろ、繰り返せと言われますが、大学受験となれば覚えなければならないことは膨大な量になります。

これを単に覚えようとすれば
- ●覚えてもすぐ忘れる
- ●覚えることが多すぎて頭の中が整理されない
- ●すぐに引き出すことができない使えない知識を集積しているに過ぎない
- ●本質的理解をすべき部分まで丸暗記

という結果を招きます。

これを一生懸命やってしまっているのが多くの受験生です。
しかし、単純記憶しなければならないものを減らす、ということを行えば記憶効率は数倍高まりますし、心理的な負担も減ります。

🏃 1.「関連記憶」と「単純記憶」

　「関連記憶」とは、覚えるべき対象について根本原理、関連事項などの視点でグループ化し記憶する、イメージと結び付けて記憶する等を行うことです。

　「単純記憶」とは、言うまでもなく、単に丸暗記することです。

　勉強法編の各教科でこの関連記憶の対象部分についてところどころご紹介していますが、英単語、古文単語、物理の公式、化学の有機・無機の知識、生物の知識、社会科目の知識、これらすべてに実は「関連記憶」を行える部分が多数存在しているのです。

　当塾講師陣は突き抜けた受験結果を持っているので多くの方はとてつもない記憶脳を持っていると思われている方もいるかもしれませんが、これは完全に事実と異なります。

　当塾講師陣も暗記物は大嫌いな講師陣が多いです。要するに頭の構造は変わらないし、暗記物を覚えるのは面倒だし、なかなか覚えられないのです。

　でも各教科で「関連記憶」できる部分は関連記憶を行うことで、それ自体の記憶効率を高めるとともに、「単純記憶」しなければならないものを減らすことによって単純記憶しなければならないものの記憶効率も高めているのです。

　ここに記憶効率の差が出ているのです。

🏃 2.「関連記憶」と「単純記憶」の関係

　「関連記憶」できるものを増やせば「単純記憶」をするものを減らせる＝両者の記憶効率を高めることができることは説明したとおりです。

　ここから導かれることは、覚えなければならないものを覚える際には、まず「関連記憶」できるものは関連記憶をする、そこから漏れたものだけを仕方なく「単純記憶」する、ということを常に意識して行うことです。

　もちろん、自分で取り組む場合には最初からこれを区分けすることはできません。ある程度暗記を繰り返していくなかで「関連記憶」ができないかを考えてみてください。

　大学受験という範囲に限って言えば、記憶効率の差は天性の才能ではなくて、この分類自体にあると断言できます。

　実際に当塾の受講生はこの部分の対象についても質の高いノウハウを持っている講師陣から常に個別指導を通じて伝授を受けることができるので実力を効率的に伸ばすことができるのです。

🏃 3.「理解記憶（本質的理解）」

　「理解記憶（本質的理解）」については説明するまでもないと思いますが、原理や定理・定義の仕組みを根本から理解することです。

　基礎には単純に覚えなければ始まらないものも多くあります。それが先ほど説明した「関連記憶」と「単純記憶」の対象です。

　しかし、他方でただ覚えただけでは使える範囲が限られる、応用が利かないという基礎もあります。数学の公式の一部や物理の定理や公式、化学の反応式の仕組みなどがその典型です。
　原理原則に戻って理解する、これが単なる暗記と異なる基礎の本質的理解です。

　この本質的理解も、自分で勉強する場合は、最初から得られるものではありません。勉強が進んでいく中で基礎に立ち返る必要があるポイン

トを見つけ立ち返る中で得ていくものです。

　これを繰り返すことで基礎を使いこなせるようになるのです。

🏃 4. 突き抜けた受験結果を有する当塾講師陣の「頭の中」

　「関連記憶」すべき対象を的確に掴んでいる、「本質的理解」が必要な対象を的確にわかっている、そしてそこから漏れたものを仕方なく「単純記憶」する、この分類が行われているのが当塾講師陣の頭の中です。

　もし「これをすべて教えてもらうことができるなら」と考えた場合、あなたが基礎の習得において他の受験生に劣ることは考えられますか？

　ありえません。

　とするなら、あなたの実力が上がらない原因は、天性の才能とか生まれ持った能力とは一切関係がないということです。

　日々の勉強において決して自分の能力を疑うことなく、そして、言い訳することなく、まずは基礎の習得段階では、ここでご説明した「基礎習得の3分類」理論を実践して合格へ突き進んでください。

第4節 「一般化脳」理論と「得点脳」理論

　「一般化脳」理論とは、受験基礎標準問題集の個々の問題からエッセンスを抽出し一般化されたエッセンスを蓄積する理論、
　「得点脳」理論とは、「一般化脳」理論で一般化し抽出・蓄積したエッセンスを個々の問題に適用・運用させる思考力を形成する理論、
ということはご説明しました。

この「一般化脳」、「得点脳」は問題演習・過去問演習への取り組みで取得するものなのですが、多くの受験生がこの部分に的確に対処できていません。受験における実力の差はどこから生まれるのか、という観点から以下の説明を見てください。

1. 多くの受験生の問題集への取り組み方

多くの受験生、特に問題集に取り組む際に、単に回数を基準にしたり、反復至上主義のような勉強をしている受験生というのは、その問題を解けるだけの知識と思考しかその問題から得られていません。

したがって、問題の数だけ解法や思考があることになってしまうのです。

それを図示したものが以下の図です。

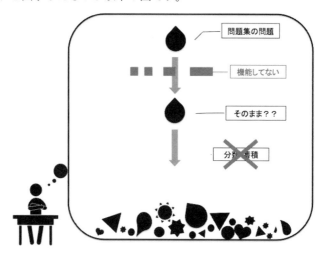

端的に表現すると、多くの受験生は試験問題や初見の問題を解くのに役立たない、「がらくた」を一生懸命日々の勉強で収集しているにすぎないのです。このような問題演習をいくら重ねても、同じ問題や同じような問題しか解けるようになりません。初見の問題である大学入試問題

に対応できる力はつかないのです。

このような問題演習を重ねている多くの受験生の初見の問題の対する思考や入試本番での頭の中を図示すると以下のようになります。

得るべき力に焦点を当てられずに、闇雲に問題演習をこなしたのでは試験本番の初見の問題に対して全く太刀打ちができないのです。「たまたま」同じような問題が出れば、「たまたま」得点できるだけです。

🥷 2.「一般化脳」を形成するアプローチ

受験標準問題集とされるものに取り組む際に大事なことは、単に個々の問題を解けるようになることが目的ではないということを明確に意識することです。個々の問題に対して「どうしてこのようにして解けるのか」ということを考えて、それを『一般化』して「こういう場合はこのようにして解く」というポイントを学ぶことで、その問題だけではなく、それとエッセンスを共有した初見の問題に対処できるようになるのです。

【合格の天使オリジナル理論「一般化脳」理論の概念図】

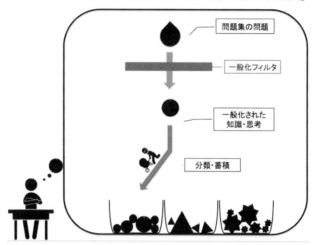

3. 「得点脳」を形成するアプローチ

　上記、「一般化脳」理論に焦点を当てた問題演習を行いそこから抽出・蓄積されたエッセンスを初見の問題に運用・適用できるように焦点を当てた「得点脳」理論の概念は以下の図で示す通りです。

【合格の天使オリジナル理論「得点脳」理論の概念図】

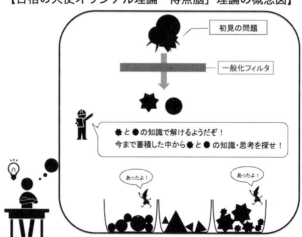

　初見の各自の大学の過去問や入試レベルに応じた問題演習をする際に焦点を当てるべきものは上記の図に示してあるとおり、一般化されたエッセンスを運用・適用する訓練です。

　例として、当塾の東大理三「次席」合格講師小団扇が数学の入試問題を解く際の実際の頭の中をロジック化したものをここに示します。ここに掲載する問題自体は個々人の状況により解ける必要はありません。まず前記図の具体的なロジックを理解してください。勉強が進んで問題が解けるようになってからこの部分はもう一度見直してみてください。

問題

　a を正の実数とする。座標平面上の曲線 C を
$$y = x^4 - 2(a+1)x^3 + 3ax^2$$
で定める。曲線 C が 2 つの変曲点 P, Q をもち、それらの x 座標の差が $\sqrt{2}$ であるとする。以下の問いに答えよ。

(1)　a の値を求めよ。

(2)　線分 PQ の中点と x 座標が一致するような、C 上の点を R とする。三角形 PQR の面積を求めよ。

(3)　曲線 C 上の点 P における接線が P 以外で C と交わる点を P′ とし、点 Q における接線が Q 以外で C と交わる点を Q′ とする。線分 P′Q′ の中点の x 座標を求めよ。

2015 年　神戸大学医学部医学科　第 3 問

解答へのプロセス

　座標の問題→グラフを描きたいけど a が入っていて描けなそう

　変曲点→ 2 階微分して $f''(x)=0$ を解けばいい！とりあえず 2 階微分してみよう

$$f'(x) = 4x^3 - 6(a+1)x^2 + 6ax$$
$$f''(x) = 12x^2 - 12(a+1)x + 6a$$

$12x^2 - 12(a+1)\,x + 6a = 0$　2つの実数解を持って、その差を$\sqrt{2}$にしたい。→2次関数の典型問題になった

解をα , β（$\alpha < \beta$）とおけば、$\beta - \alpha = \sqrt{2}$を満たせばよい→解と係数の関係を使う　……(1)

P,Q,R のy座標を求めたい

→$y = x^4 - 2(a+1)x^3 + 3ax^2$ に代入するのは面倒なので、計算の工夫をしよう

三角形の面積を求める

→S$= \dfrac{1}{2}\,ab\sin C$ ？　ヘロンの公式？　底辺×高さ÷2？……

今回は3点の座標がわかっているので、$S = \dfrac{1}{2}\,|ad - bc|$ を使おう　……(2)

接線→微分して$y - f(t) = f'(t)(x - t)$ に代入

接線と C のもう1つの交点を求めたい

→接しているなら$(x-t)^2$で割り切れるはずだから因数分解できる！

→求められる　……(3)

　多くの受験生はこの部分について前記の図で示したような明確なイメージをもって取り組めていません。したがって問題演習で何を得るべきかをわからないまま、ただ演習をしているに等しいのです。結果として、この部分の差が実力の差になって最終的には現れます。

　以下ではこの点について掘り下げます。

第5節 成績が伸びない場合にチェックすべきポイント

　前記で説明してきた通り、最終的に合否を分けているのは「得点脳」の差です。しかしこの部分だけを捉えてしまうと大きく対策を誤ってしまいます。

🏃 1. 「基礎習得の3分類」理論、「一般化脳」理論、「得点脳」理論の相関関係

　「得点脳」はいきなり手に入れることはできません。

　必要な段階を意識的に踏む必要があります。

　この章の最初の部分に掲載した合格の天使オリジナル理論である「勉強ターゲットの3類型」理論は何をやり・何をやらず・何を得ていくべきかという点で重要なことはもちろん、成績が伸びない場合に何が原因なのかを検証するためにも非常に重要な理論なのです。

　再び以下の図をご覧ください。

図1

多くの受験生や世間一般の受験対策

図2

本来得なければならないターゲット

「基礎習得の3分類」「一般化脳」「得点脳」

　勉強法として世間一般に言われていることは、図1に示される四角の部分をとにかく繰り返せとか○○回やれ、それで合格する力がつくとかそういった類のものです。

　しかし、やるべきこと・得るべきことを的確に捉えしっかりロジック化すると図2のようになります。

　要するに各段階の□で囲われた部分をやる＋そこから○で囲われた部分を得るという**明確な目的意識が重要**です。

　まずはこの目的意識が明確かを検証してください。

🏃 2.　検証を加えるべき遡りポイント

　ここで注意していただきたいことはもしあなたが勉強しても実力が伸びないとするなら、それは「得点脳」が十分でないからということが原因ではない場合が多々あるということです。

　優れた「得点脳」を習得するためには、

　基礎の習得⇔基礎の本質的理解の習得⇔受験標準問題集の演習⇔「一般化脳」理論から導き出された一般化されたエッセンスの抽出・蓄積⇔過去問演習⇔「得点脳」の習得

という段階を経る必要があります。

　そして、この各段階は、矢印で示した通り、別個独立に存在するのではなく、相互に関連しているのです。

　したがって、ある段階ができない場合にはその前の段階だけでなく、それ以前のすべての各段階における習得度を検証する必要があります。

　教科によって、さらには教科内の分野によってそれぞれこの状況が違う場合もあります。

　個人個人で異なるのは当然です。

　勉強しているのに成績が伸びない、実力がついてこない場合には、こ

れらの各段階の要素をしっかり習得しているかをきっちり検証してください。今後成績が伸びないという現象が起きた場合には、受験が終わるまでいつでもここに立ち返って読み返してください。

第6節　得るべき必要がある「得点脳」は志望校により差がある

最終的な実力の差は「得点脳」の差です。

しかし、この「得点脳」については**得なければならないもののレベルに差**があります。

その理由は、「試験問題の3類型・難問の2分類」理論と「得点戦略」理論の部分で説明した事情からです。

＜得るべき「得点脳」は志望校の「第2類型の問題」の難易度と相関関係＞

得点しなければならない問題、そして最も差がつく問題である「第2類型」の問題は難易度の幅が各大学によって大きく異なります。

例えば、旧帝大等は最難関とされています。

ではなぜ合格点を獲得するのが難しいのでしょうか？

この点を分析できていますか？

最難関大学の問題というのはほぼすべての問題が「第2類型の難問題」で構成されます。そして合格最低点もその問題構成からしたら高いのです。すなわち優れた得点脳を鍛えてきた受験生のみが太刀打ちできる問題構成であり、さらにその中での合格枠の争いになります。したがって非常に難関となるのです。

これに対して、「第2類型の易問題」の出題が主の大学であれば受験者の「得点脳」の差が大きく影響することなく「一般化脳」をしっかり

鍛えておけば合格が可能となります。

　前記各例にプラスして、「第3類型の問題」が混じれば、「試験問題の3類型・難問の2分類」理論のところで述べた通り満点の下方修正が行われるに等しく相対的に合格点が下がるだけです。

　このカラクリを理解すればあなたの志望校がどこであるかによって鍛えるべき「得点脳」が異なってくる＝対策もおのずと異なってくるということを理解していただけると思います。

　このことは、優れた「得点脳」を手に入れられればどこの大学でも合格できることを意味します。「得点脳」を鍛えた方が、あなたの志望校がどこであっても合格しやすいことは間違いありません。

　しかし、個人個人の状況によっては優れた「得点脳」を得ている時間がない方もいます。その場合には「試験問題の3類型・難問の2分類」理論、「得点戦略」理論で述べてきたことと、この節で述べていることを総合的に考慮して、戦略的に志望校を決定すれば十分難関大学・第一志望校合格を手にできるということなのです。

　志望校に応じて的確な対策をとっていきましょう。これによって優れた勉強効率を手に入れることができ、ワンランク、ツーランク上の大学・学部も射程圏内に入ってきます。

第7節 「得点脳」には2つの種類がある

　「得点脳」には2つの種類があります。
　これも合格の天使オリジナル理論ですので以下に説明を加えます。

【得点脳の2分類】

　☑ 志望校特化型得点脳

　☑ 万能型得点脳

　得点脳は以上の2つに分類できます。

　最短距離で志望校の合格最低点を獲得するためにまず得るべきは、「志望校特化型得点脳」です。

　以下、説明を加えます。

1.「志望校特化型得点脳」と「万能型得点脳」

　「志望校特化型得点脳」とは、各自の志望校の試験問題で合格点をとるために必要となる得点脳。

　「万能型得点脳」とは、どこの大学の入試問題でも合格点をとるために必要となる得点脳。

　「得点脳」を鍛えることが大事であるということはご説明してきました。

　ただ、目的意識を持たずに問題演習や問題解説講義を受けている多くの受験生はここでも大きな勘違いをしています。

　志望校に確実かつ効率的に合格するためにまず得るべき「得点脳」は「志望校特化型得点脳」なのです。

2. 最大効率で志望校の合格点を得るために「志望校特化型得点脳」の形成を最優先しろ

　多くの難度の高い問題集や、参考書をこなしきれれば「万能型得点脳」まで手に入れられます。

　しかし、これができるのはそれまでに基礎をしっかり固めてきており、かつ「一般化脳」理論で説明した、一般化されたエッセンスをそれまでに十分に蓄積してきた人だけです。

受験年に多くの時間的余裕がある人のみが可能なことなのです。

まずこの部分を勘違いしないことが重要です。

こんな受験生は全国に数えるほどしかいません。

そしてここからが最も重要な核心なのですが、この「万能型得点脳」を合格のために手に入れる必要があるかと言えば答えは「ノー」です。実はこの「万能型得点脳」は大学入試において合格に役立つかという観点から見た場合、不要なものです。

よく合格体験記にものすごい難度の高い問題集まで何冊もこなしたというような自慢がのっているのを見て、自分もその大学に合格するにはそのレベルの問題集を何冊もこなす必要があると思い込んでしまう受験生がいます。しかし、どんな受験生であっても本来は志望校の問題で十分合格点が取れる「志望校特化型得点脳」さえ形成できればそれ以上は不要です（そもそもそういった合格体験記自体、見栄や虚栄心から事実と異なることが書かれたものも多いということは知っておいてください）。

仮に、「万能型得点脳」を形成できた受験生がいるとしても、その受験生は「万能型得点脳」が役立って合格しているのではなくて「万能型得点脳」の一部である「志望校特化型得点脳」を使って合格しているのです。端的に言ってしまうと「万能型得点脳」はほとんどの部分が合格という観点から見た場合、「無駄」ということです。

にもかかわらず、闇雲に多くの問題集や参考書をこなしたり、問題解説講義を受ける受験生というのは、合格に必要不可欠な「志望校特化型得点脳」を十分に鍛えることに意識を向けず、受験期という限られた時間で形成する必要がない、また形成が不可能な「万能型得点脳」を手に入れようとしているのです。

　この「得点脳」理論を知らない多くの受験生は、目的意識もなく無駄な問題演習や問題解説講義に多くの時間を使ってしまっているのです。受験期という限られた時間の中で、闇雲に、完成することが不可能な「万能型得点脳」を追い求めている受験生が、志望校の問題で合格点をとるという目的意識のもとに「志望校特化型得点脳」の形成に焦点を当てて的確に対策している受験生に勝てるはずなどないのです。

　あなたの今までの認識は間違っていませんか？

第8節 「過去問至上主義」を貫け

★ 1. 問題集・参考書学習に究極的価値を見出すな！

　あなたの第一志望校がどこの大学であろうが、どんな難関大学であろうが、大学入試対策として行うことは、難しい参考書、問題集等を究めることでは決してありません。

　あなたの第一志望校がどんな難関大学であっても問題集や参考書を何冊もこなす必要など全くないのです。

　世の中で語られている勉強法と比較すると「？」と思う方もいるかもしれませんがこれが合格の天使が一貫して導いている理論です。

　勉強法と言うと一般的には問題集や参考書のレベル別使用法とか、参考書の学習法、詰め込み式の問題集・参考書の順番解説のようなものが多いですが、合格の天使ではそもそもの問題集・参考書の位置づけが全く異なっているのです。したがって過去問の位置づけも異なります。

　具体的なお話は勉強法編で後述しますが、合格の天使の受験戦略論や

勉強法における問題集・参考書の位置づけに関する理論は、教科書及び傍用問題集（もしくはそれに準拠した参考書・問題集）をマスターした後は、各科目1〜2冊の問題集・参考書をマスターすれば十分であるという理論です。科目によっては問題集や参考書は使用する必要はないという理論です。

🕊 2. 「志望校特化型得点脳」と「過去問至上主義」の相関関係

当社、合格の天使の受験戦略論や勉強法における過去問の位置づけに関する理論は、一般に言われている過去問の重要性を超えた**「過去問集こそが最高の問題集であり参考書である」**という理論です。**「過去問集を日々使用する問題集として捉えよ」**という理論です。

合格の天使における問題集や参考書の位置づけは、あくまで過去問分析、過去問演習ができる実力をつけるための手段にすぎないというものなのです。すなわち、わかりやすく言うと、志望校の過去問分析、過去問演習を行える実力がついたなら志望校の過去問分析、過去問演習にできるだけ早い段階で取り掛かれという考えです。

今まで述べてきたことをすでに理解している方はこの理念の本質がなんであるのか理解できると思います。

入試で得点すべき問題というのは、第1類型、第2類型の問題です。差がつくのは第2類型の問題、ことに第2類型難問題です。そしてその問題で得点するために必要になるのが「志望校特化型得点脳」の形成です。

「志望校特化型得点脳」を確実かつ効率的に形成していくためには、今まで述べてきた通り基礎標準知識を完全に習得する⇒エッセンスを抽出・蓄積する⇒一般化して抽出・蓄積したエッセンスを運用・適用する訓練をするために過去問分析・過去問演習をしっかりやって、大学側の

要求している知識、問題分析力、思考力、思考方法、応用力、表現力を身につけることが最も大事なことなのです。

　大学の要求している問題分析力・思考力・応用力・表現力＝「志望校特化型得点脳」を身につけるには、大学側が多くの時間と労力をかけて作成した試験問題、すなわち過去問から学ぶのが最も優れた方法なのです。何冊も知識的、学問的に難しい問題集や参考書をこなしたところで、知識自体や頭の使い方、問題分析・思考・応用の方向性が大学側の要求しているものと異なれば、それは志望校合格にとって全く意味がないのです。

　各大学の入試問題というのは、受験生にどういう思考をしてほしいのか、どういう思考を鍛えてきてほしいのか、すなわちどういう「得点脳」を鍛えてきてほしいのか、という大学側からの要望・意思表示・メッセージととらえてよいのです。

　とするならば、それを研究し、対処するのが合格のために最も必要なことです。
　これによって努力と合格が初めて比例関係になるのです。

　予備校の模試等の出題予想が当たることがありますが、それらとて過去問の出題傾向を根拠に予想をしているのです。特定の大学に特化した単語集や参考書、問題集もすべて過去問をベースにしています。もしそうでないものがあれば、それは全くその大学合格にとって意味がないものであるし、デタラメなものです。

　このことをきちんと認識した上で対策をとれば、時間もお金も大きく節約できます。予備校等の講義を受けるにしても参考書を買うにしても、自分にとって、合格のために本当に必要なものがわかるし、主体的な学習が可能になるのです。

　ここまで本書を真剣に読んでいただいた皆さんは、難度の高い参考書や単語帳等をやみくもに何冊もこなしたり、みんなが通うからという理由で塾や予備校に行ったりする必要がないことを理解でき、この本でお話ししていることを明確に意識できていない多くの受験生に比べ、難関大学・第一志望校合格に向け大きなアドバンテージをすでに得ています。

　ぜひここまで述べてきた理論をしっかりと理解してください。

🐧 3. 過去問の位置づけを誤るな！

　世の中には、過去問は所詮過去問、同じ問題は出ないのだから重視しても意味がないということを言う人もいます。その発想は先に見た第２類型の問題にも既知のパターンや知識で対処しようとする発想がある人＝「得点脳」理論の何たるかを知らない人の主張であると推測できます。試験問題の出題意図や問題の性質を理解していないがために、過去問から何を学ぶべきかを全くわかっていないことから出てくる発想です。

　過去問から学ぶべきことはすでに述べた通りです。
　そしてそれは過去問からしか学べないものなのです。

　マーク式の問題であっても、大学側はどのような思考でどのような根拠を基に正解を要求しているのかを、あくまで本番の問題を作成し正解を決める「全権」を持っている出題者である大学の要求の分析から学ぶべきです。その思考や根拠さらには出題の癖、感覚に至るまであくまで大学側の要求に合致しなければ本番では確実に正解は導けません。得点にはなりません。

　極論すると模試の正解肢の選び方と大学側の正解肢の選び方の思考、根拠、癖、感覚が異なるなら大学側の要求に従うのが合格するための絶対条件です。

　共通テストについても同じです。
　あくまで共通テストの出題側の癖に従う、要求に従うのが絶対条件です。

　二次試験、私大入試になればさらにこの重要度は増します。
　なぜなら先ほどから述べているように大学側の要求、意思がダイレクトに反映されたものが二次試験問題、私大の入試問題だからです。

　試験問題で高得点を獲得する極意は、出題側の要求に的確に答えること、出題側と試験問題を通して対話することにあるのです。

🏃 4.　まとめ　合格の天使メソッドポイント

　【『得るべき「得点脳」のレベルの把握』『「志望校特化型得点脳」のターゲットを絞った形成』は志望校の過去問がすべてを決める】

　「志望校の各科目の問題について、誰よりも得意科目にすれば絶対に合格は確実」
　これは異論の余地がない事実。
　そうであるならば、
　「過去問こそがあなたの第一志望校合格にとって最高の問題集・参考書である」

　過去問は決して問題演習や力試しのためにとっておくものではない！

第3部
志望校・併願校と選択科目の戦略的決定

第1章
志望校と併願校の戦略的決定方法

　多くの受験生は単に偏差値を基準にして志望校や併願校を決定しよう
とします。

　しかし、ここまでご説明してきた通り、難関大学と一口に言っても試
験問題の難度や問題構成さらには得点のしやすさなどの観点からそれに
応じてとるべき得点戦略や日々の勉強でどの程度重点的にどこに焦点を
当てるべきかが異なります。

　したがって、志望校や併願校の決定の際に大事になる視点は「試験問
題の3類型・難問の2分類」理論や試験問題の形式を前提とした各志望
校の問題特性です。この問題特性をしっかり見極めることで同じ対策で
合格率が上がる難関大学が存在するのです。

・問題構成が類似している
・問題の傾向が類似している

・問題の難易度が類似している

　これらの各観点から合致するものが多ければ「同じ対策」で複数の大学の合格可能性が高まります。

　これに加えて、実際に複数の志望校候補の過去問を解いてみると、自分と相性がいい出題というものが人によってはあったりします。これは過去問分析や過去問演習の段階に入ったら検証してみるとよいです。

　志望校や併願校を決定する際には単に偏差値のみを基準とするのではなく、今まで述べてきた様々な要素を勘案し、決定してください。
　これだけでも合格可能性は大きく異なってきます。

第2章
理系受験生の理科科目の
戦略的決定の方法

第1節 選択の基準

理科の選択科目の決定に悩む受験生も多いかと思います。
選択科目を決定する基準はまずは以下の3点を重視して構いません。

● 志望校の試験科目に何があるか
● 自分が興味を持てるか
● 好きか嫌いか

第2節 戦略的視点 = 科目特性の加味

理科の選択科目を決定する際に参考にしてほしいものに以下の科目特性があります。

● 知識を覚える量の多い少ない
● マスターした後のメンテナンスのしやすさ
● 本番での得点のしやすさ

以下この3点について具体的に説明します。

🏃 1. 知識を覚える量の多い少ない

物理、化学、生物を比較すると以下のことが言えます。

生物 ＞ 化学 ＞ 物理

左から順番に覚えるべき知識量が多くなる科目です。

単純に理科だけを考えるなら覚えることが多くても負担にならないと考える方でも、社会科目の選択で覚えるべきことが多い科目を選択してしまうと受験勉強として暗記事項が非常に多くなるという点には注意してください。

🏃 2. マスター後のメンテナンスにかかる労力

この点についても、結局覚えるべきことが多いか少ないかによって左右されます。

暗記事項は誰にとっても忘れてしまうものであり、それゆえ常にメンテナンスとしての反復が必要となるということです。

物理、化学、生物を比較すると以下のことが言えます。

生物 ＞ 化学 ＞ 物理

左から順にメンテナンスにかかる労力が大きい科目です。

🏃 3. 本番での得点のしやすさ

ここでも物理、化学、生物を比較すると以下のことが言えます。

物理 ＞ 化学 ＞ 生物

左から順に一般に得点しやすい科目になります。

　ここで注意ですが、この得点のしやすさというのはあくまで一般的にという前提で見てください。多くの大学の問題を試験時間内に解ききれるか、明確な解答が出るかという観点から客観的に分析した結果にすぎません。

　生物の問題に考察問題が含まれていなかったり、比較的簡単な知識問題や知識論述だけで問題が構成されている場合には上記検証結果は変わります。

第3節　受験結果の現実からの戦略的考察

🕴 1．多くの受験生が取る組み合わせ

　理科2科目が課される大学を受験する受験生が現実的に取る組み合わせは「物理・化学」選択か「化学・生物」選択です。

🕴 2．受験生物に隠されたある事情

　前記、第2節のところで記した本番での得点のしやすさという点に関連して受験生物という科目には多くの受験生が気づきにくい事実と一般的に受験界で明らかにされていないある事実があります。

　以下この点について一部を公表します。

(1) 生物は得点できないから捨ててもいい的な発想は難関大学合格にとって致命傷

　1．の部分でお伝えした、多くの受験生が選択する組み合わせを思い出してください。

　「物理・化学」か「化学・生物」、これが多くの受験生が選択する理科2科目の組み合わせです。

　ここで大事なことに気づいてください。

　多くの大学で最も本番で得点しやすい、そして実際に難関大学に合格する多くの受験生がきっちり得点を獲得してくるのが物理です（これは志望校の問題やその年度によってもちろん異なります）。

　この事実が何を意味するかわかりますよね？

　「物理・化学」、「化学・生物」がほとんどの受験生が理科 2 科目を選択する場合の組み合わせである、そして化学部分は共通している、ということは生物選択者は物理選択者と生物 VS 物理という構図で得点を競わなければならないということです。

　生物が得点しにくいからと言ってそれなりの対策で済ませるのは得策ではないのです。

(2) 試験本番の生物で多くの受験生が高得点を獲得できない事情

　これには明確な原因があります。

　しかし、世の中の受験指導ではこの部分が明らかにされることがありません。

　多くの受験生が試験本番の生物で高得点を獲得できない理由、それは受験生物という科目は受験基礎標準知識と試験問題の乖離が大きい科目の一つだからです。

　これは「得点脳」の部分と関連するのですが、物理や化学という科目は一般に受験標準とされる問題集をしっかりとこなせば、試験本番の問題との乖離はそう大きくありません。しかし生物はこの部分の乖離が現状大きいのです。現状の乖離を大きくしている原因は、出題自体に問題があるのではなくて、この部分を埋めるための優れた指導やノウハウが

非常に少ないことによるものです。

　問題を作成する大学側としては、受験生が理科2科目を選択する場合の組み合わせとして「物理・化学」と「化学・生物」が多いことくらい当然承知しています。

　したがって問題の難度に大きな差を設ける意図はないはずです。

　また、医学部の場合は当然ですが、入学後も生物は非常に重要になる科目であり大学側としても生物選択者が不利になる状況は避けるはずです。むしろ生物選択を推奨したいくらいでしょう。

　この現実からしても多くの受験生が生物で高得点を獲得できないのは決して出題の難度が高いからではなくて、的確な対策が取れないからという理由であると分析できます。

　（もちろん第3類型の出題をする大学は除きます。）

　実際に当塾の東大理三合格講師の一部や東大理二「首席」合格講師は「化学・生物」選択で日本最難関学部、最難関学府を突破しています。

　彼らもやはり生物については優れた指導やノウハウが巷にないことに苦労した挙句、自分自身で知識を一般化しエッセンスを抽出し、その後「得点脳」を鍛えてきたという経緯があります。

　生物選択の皆さんにお伝えしたいことは、生物は一般的に得点しにくいと言われているだけであって、物理などと同じく理科の試験科目である以上、的確に対策すれば十分に高得点を獲得できる教科であるということは忘れないでください。

　「一般化脳」理論と「得点脳」理論のところでお伝えした、どこに焦点を当てるべきかという事柄について本書をご覧いただいている皆さんにはアドバンテージを得ていただいているので、しっかりと焦点を当てるべき部分に焦点を当て生物で高得点を獲得してください。

第4節 最終決定の方法

　以上の要素と各自の「得点戦略」、計画編の勉強計画の立て方、勉強法編の各教科の勉強法も参考にして理科科目の選択の最終決定を行ってください。

第3章
理系受験生の共通テスト社会科目の戦略的決定の方法

第1節　選択の基準

　共通テスト社会選択科目を決定する基準は理科の選択と同じ基準を重視して構いません。

- ●志望校の試験科目に何があるか
- ●自分が興味を持てるか
- ●好きか嫌いか

第2節　戦略的視点 = 科目特性の加味

　共通テスト社会の選択科目を決定する際に参考にしてほしいものに以下の科目特性があります。

- ●マスターするための所要時間 = 知識を覚える量の多い少ない
- ●高得点獲得のしやすさ = 本番での得点のしやすさ

以下この2点について具体的に説明します。

❊ 1. マスターするための所要時間 = 知識を覚える量の多い少ない

　従来のセンター世界史、日本史、倫理政経、地理を比較すると以下のことが言えます。

　共通テストでは細かい知識が問われなくなっていってもこの性質は変わりません。

　※以下、あくまで当塾独自の分析です。

世界史 ＞ 日本史 ≧ 倫理政経 ≧ 地理

　左から順番にマスターするための所要時間 = 覚えるべき知識量が多くなる科目です。

　先に説明した理科の選択科目を考えると共通テスト社会で世界史をとり、理科で生物を選択すると非常に暗記すべき事項が多くなります。

❊ 2. 本番での得点のしやすさ

　ここでも共通テスト世界史、日本史、倫理政経、地理を比較すると以下のことが言えます。

　※あくまで当塾独自の分析です。

世界史 = 日本史 ＞ 倫理政経 ＞ 地理

　左から順に一般に得点しやすい科目になります。

　ここでの得点のしやすさというのは覚えた知識に比例して得点できる、本番での考慮要素が少なく得点にブレが出にくいということを意味します。共通テストと二次試験の得点比率で共通テスト重視の大学・学部を受ける場合で、さらに社会科目も総合得点に関係してくる場合には得点の取りやすさという点も加味する要素です。

✎ 3.　多くの理系受験生が選択する共通テスト社会科目

　あくまでセンター試験における当塾の独自に集積したデータに基づきますが、倫理政経もしくは地理を選択する受験生が多いと言えます。共通テストでも社会科目それぞれの科目特性が変わるわけではありませんのでこの傾向は大きく変わることはないと言えます。

　参考までに当塾東大理三合格講師・東大医学部医学科講師の従来のセンター社会の選択科目の割合を示すと以下のようになります。

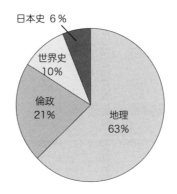

第3節 最終決定の方法

　以上の要素と各自の「得点戦略」、計画編の勉強計画の立て方、勉強法編の各教科の勉強法も参考にして共通テスト社会科目の最終決定を行ってください。

第4章
文系受験生の社会科目の
戦略的決定方法

第1節 選択の基準

社会の選択科目を決定する基準はまずは以下の3点が基本となります。

● 志望校の試験科目に何があるか
● 自分が興味を持てるか
● 好きか嫌いか

社会の入試科目としては1科目ないし2科目が要求されることになります。はじめから私立専願で1科目でよいとわかっている場合には、その1科目に絞った勉強をすればよいです。国公立等を受験する場合で2科目必要な場合には科目の組み合わせが重要になるので、必ず以下を最後まで読み進めてください。

第2節 戦略的視点 = 科目特性の加味

社会の選択科目を決定する際に参考にしてほしいものに以下の科目特性があります。

● 知識を覚える量の多い少ない
● 社会1科目選択の場合の戦略的視点

177

●社会2科目選択の場合の戦略的視点

以下この3点について具体的に説明します。

🏃 1.　知識を覚える量の多い少ない

世界史、日本史、地理を比較すると以下のことが言えます。

$$世界史 \geqq 日本史 > 地理$$

左から順番にマスターするための所要時間＝覚えるべき知識量が多くなる科目です。

※あくまで当塾独自の分析です。

社会科目共通の特徴として、身につけておくべき知識量が他の科目と比べ圧倒的に多いということがあります。特に世界史・日本史は知識の蓄積に膨大な時間と労力を割く必要があります。一方、地理は世界史・日本史と比べて暗記の負担は軽いですが、決して軽視できる量ではありません。地歴は純粋な暗記科目ではないが、基本的な事柄（これが非常に多い）は頭の中に正確かつ大量にストックしておく必要があるので、短期間で完成させることがほぼ不可能な科目であることをはっきりと認識しておきましょう。

🏃 2.　社会1科目選択の場合の戦略的視点

共通テスト施行前のセンター試験を参考にすると、一定の得点までは地理が最も難易度が低く、世界史、日本史の難易度が高いといえます。というのも、センター試験では各科目の平均点を合わせなければならないので、二次試験に向けて本腰を入れて対策をしている受験生の多い世界史や特に日本史は、理系受験の学生が多く選択する地理と比べて難しく作らざるを得ないからです。

しかし、**文系の受験生に限って言えば地理選択はお薦めできません。**国立一本ならばまだ良いですが、私大では地理受験を認めていないところが多く、受験校の幅が大きく狭まってしまうからです。

したがって、1科目しか入試で使わない場合には、世界史あるいは日

受験戦略／総則編

受験戦略／合格への３大戦略編

受験戦略／受験戦略構築編

本史を選択すると良いでしょう。いずれを選択するかは、ずばりどちらが好きなのか、ということに尽きます。どの科目であっても覚えなければならない知識量が膨大なので、興味が全くないと精神的に厳しいからです。同じくらいしか興味がないという人は、両方の教科書や参考書を読み比べてどちらが自分にあっているか見極めるとよいですが、それでもよくわからない人は世界史を選択すると良いです。二次試験での難易度は大学によりますが、少なくとも、従来のセンター試験では世界史のほうが日本史よりも簡単だったと言えるからです。この傾向は共通テストになっても大きく変化することはないでしょう。

🥷 3.　社会２科目選択の場合の戦略的視点

　続いて２科目受験の場合ですが、私大対策も兼ねて世界史を軸にして、地理あるいは日本史のいずれかを選択することをお薦めします。世界史と地理、あるいは世界史と日本史を選択した場合、共通する部分も多いため記憶すべき量を減らすことができるのに対し、日本史と地理では分野の重なりもほとんどなく、記憶の上で不利になります。特に世界史と組み合わせがよいのは地理ですが、学校によっては文系が地理選択できない場合もあるので、その場合は学校にあわせた勉強をすると良いでしょう。独学だと定期テストなどがないので力を着実に身につける機会が乏しく、リスクのわりにリターンが小さいからです。

　結論としては、２科目選択の場合は、世界史（＋地理）または世界史（＋日本史）のいずれかの選択を文系受験生にはお薦めします。

第3節 最終決定の方法

　以上の要素と各自の「得点戦略」、計画編の勉強計画の立て方、勉強法編の各教科の勉強法も参考にして社会科目の選択の最終決定を行ってください。

───── 第5章 ─────
文系受験生の共通テスト理科基礎科目の戦略的決定方法

第1節 選択の基準

　共通テスト理科基礎科目の選択科目を決定する基準もまずは以下の3点が基本となります。

- ●志望校の試験科目に何があるか
- ●自分が興味を持てるか
- ●好きか嫌いか

第2節 戦略的視点＝科目特性の加味

　難関国立大学を志望する文系受験生の多くは共通テストの理科基礎科目を2科目受験することになります。物理基礎，化学基礎，地学基礎，生物基礎の4科目の中から選ぶことになります。

　理科基礎科目の選択科目を決定する際に参考にしてほしいものに以下のものがあります。

- ●知識を覚える量の多い少ない
- ●計算量の多い少ない

●本試験での得点のしやすさ
●現役生の場合の戦略的視点
●浪人生の場合の戦略的視点

以下この5点について具体的に説明します。

🏃 1.　知識を覚える量の多い少ない

生物基礎 ＞ 地学基礎 ＞ 化学基礎 ＞ 物理基礎

左から順番に覚えるべき知識量が多くなる科目です。

※あくまで当塾独自の分析です。

🏃 2.　計算量の多い少ない

物理基礎 ＞ 化学基礎 ＞ 地学基礎 ＞ 生物基礎

左から順番に計算量が多くなる科目です。

※あくまで当塾独自の分析です。

🏃 3.　本試験での得点のしやすさ

物理基礎 ＝ 化学基礎 ＝ 地学基礎 ＝ 生物基礎

理科基礎科目については本番での得点のしやすさという観点からは大差がありません。

※あくまで当塾独自の分析です。

🏃 4.　現役生の場合の戦略的視点

　まず、現役受験生に関しては学校の授業で履修する科目を優先して選ぶのが良いです。多くの学校では理科基礎科目の4科目全てが授業として開講されていないので、この場合，授業として提供されていないものは受験科目として選択しないほうが良いだろうという観点からです。共通テストの理科基礎は受験全体の得点に占める割合が少ないため、かける時間をなるべく少なく抑える必要があるのです。

　共通テスト理科基礎は一次試験である共通テストの中の、点数配分の少ない教科という位置付けにあります。大きく合否を揺さぶるのは英語・数学などの他の教科になることが多いです。そのため、理科基礎の勉強に割く時間はなるべく抑えて、他の科目に対策の時間を費やすことが望ましいです。

　このタイムマネジメントは、勉強のできる時間の限られている現役生にとってはなおさら求められることです。学校の授業を受けることは避けられない以上、この学校の授業で対策を十分にすることが時間の節約になるのです。

　また，理科基礎は全国統一で行われる共通テストのみの出題であり、その出題は教科書に記載のある内容のみが対象になります。この点でも，学校の基礎・基本を大切にした教科書中心の授業は、共通テスト対策にも有効です。

　さらに、理科基礎は基礎科目であり、各科目50点分の配点しか与えられていないことに表れているように各科目扱う範囲は理系と比べて浅くて比較的容易に理解可能なものとなっています。それゆえに、各科目に対する苦手、得意に関わらず、ある程度の時間をかけられれば問題を解けるようになることが多いので、科目選択が実際の得点に与える影響は小さいです。

　学校の科目で取ることができないからという理由だけで選択が決まってしまうことに抵抗を感じるかもしれませんが、その不安はあまり必要ないと考えます。

🥷 5. 浪人生の場合の戦略的視点

　浪人生及び科目の選択の余地がある現役生にとっては暗記が得意か、それとも計算が得意かの各自の適性に合わせて決めるのが良いでしょ

う。

　冒頭で記したように、暗記型の比重が大きいのは、大きい順に生物基礎、地学基礎、化学基礎、物理基礎です。一方、計算型の比重が大きいのは、大きい順に物理基礎、化学基礎、地学基礎、生物基礎となります（各科目の性質については図 1 を参照されたい）。

　各科目の得点の取りやすさについては、基本的に 4 科目とも同じであると考えて良いです。理科基礎科目は 2015 年度から導入されましたが、2020 年度までの 6 回分の本試験の平均は科目間であまり差異はありません（図 2 参照）。各科目の難易度にあまり違いがないということもあり、自分が暗記，計算どちらが得意かによって科目選択をしていくと良いです。

　また、もし自分が計算、暗記の適性が同じぐらいということであれば、物理基礎→化学基礎→地学基礎→生物基礎という優先順位をつけて選択することをお勧めします。というのも、暗記が求められる科目ほど習得しなければならない内容が多くなり、完成に至るまでの勉強の総時間がその分長くなるからです。計算系の科目は内容についての比較的深い理解が求められはするものの、その内容もある程度のパターンの中に留まるし、扱う内容自体は比較的少なくなっています。

（図 1：理科基礎各科目の性質）

計算の比重

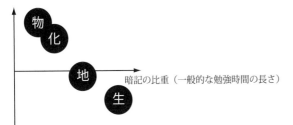

（図２：センター本試験　理科基礎平均点の推移）

科目	2015	2016	2017	2018	2019	2020	6カ 平均
物理基礎	31.52	34.37	29.69	31.32	30.58	33.92	**31.**
化学基礎	35.30	26.77	28.59	30.42	31.22	28.20	**30.**
地学基礎	26.99	33.90	32.50	34.13	29.62	27.03	**30.**
生物基礎	26.66	27.58	39.47	35.62	30.99	32.10	**32.**

第3節 最終決定の方法

　以上の要素と各自の「得点戦略」、計画編の勉強計画の立て方、勉強法編の各教科の勉強法も参考にして理科基礎科目の選択の最終決定を行ってください。

受験戦略構築編
〜各自の受験戦略を構築せよ〜

　受験戦略3大戦略編で述べてきたことをしっかりと頭と意識に留めた上であなたの受験戦略を構築していきましょう。

　ここでは各自が受験戦略を構築していく上でいつ、どこまで、何をすればいいのかの手順について解説を加えていきます。各自の受験戦略構築の手順としては以下のものをまず順番に考えて、分析していってください

> 1　受験戦略論の重要性とその内容を学ぶ
> 2　志望校を決める
> 3　志望校の問題の特性を知る
> 4　得点のシミュレーションをする・得点戦略を立てる

　以上の内容については、本書のこれまでの部分で皆さんは全国の受験生に対して大きなアドバンテージをすでに得ています。以下では各自が受験戦略を立てる際に注意すべきポイントを述べていきます。

　あくまでも、受験戦略3大戦略編の理論や説明をしっかりと理解した上で各自の戦略の構築に入ってください。3大戦略編の理論が前提です。

　曖昧な方は3大戦略編をもう一度読み返してから以下を読んでください。

　また、適宜3大戦略編へ戻ってください。

第1章

志望校を決める

　受験戦略を構築するにはまず志望校を確定させるということが重要になります。

　しかし、実際には受験年の夏くらいにならないと確定できない受験生もいます。

　このこと自体は問題ありません。なぜなら、**どこの大学を志望校にしようが、本格的な過去問分析、過去問演習に入る前の基礎標準知識を身につける過程自体は何も変わらないからです。**

　基礎標準知識の習得レベルによって科目によっては本格的な過去問分析・過去問演習を始めたい受験年の夏頃までには志望校を決定しましょう。志望校が決まっていない受験生は焦って志望校を決める必要はありませんが、いくつかの候補を挙げてそれについて第2章以下の分析を加えるということはしてみてください。

第2章

志望校の問題の特性を知る

　志望校の問題の特性の分析はここまで述べてきたように、受験戦略を構築するためにも、日々の勉強のターゲットを確定させる上でも、そして第一志望校合格のためにも最も重要なものです。ただし、この過去問分析についてはいろいろなことが混同されて語られていることがあるので注意してください。

　出題者の要求している思考や思考の方向性等という合格にとって最も大事なものを過去問から学ぶには、基礎標準知識をひととおり勉強してからでないと分析できません。必要なものを的確に得ていくことなどできません。志望校の問題の特性の分析には実力に応じた段階があるということを明確に理解してください。

　以下では、「いつ」「どこまで」「何を」分析すればいいのかについて「受験対策に入る前・基礎標準知識が身につく前にやっておくべきこと」と「基礎標準知識が身についてから本格的にやるべきこと（本格的な過去問分析、過去問演習の段階でやるべきこと）」に分けて解説します。

第1節　受験対策に入る前、基礎標準知識が身につく前にやっておくべきこと

　赤本等の過去問集に掲載されている志望校の問題の傾向と対策の部分にはとりあえず目を通しておきましょう。

　　その際、試験科目の

- 試験時間
- 配点、試験科目
- 出題形式（ex. 記述式、マークシートの割合）
- 出題内容・出題範囲（ex. 英語なら文法語彙、長文読解、会話文、英作文、リスニング等）
- 出題傾向、頻出分野

まではとりあえずチェックしておきましょう。

　　ここまでは基礎標準知識が身につく前でもチェックできます。
　　この分析を行うことで、どのような方向で勉強していくべきか、重点的に勉強していくべき分野・科目は何か、不要なものは何か、勉強しなくていい分野はどこか等がわかり、基礎標準知識を身につけていく上での大まかな方向が定まります。
　　単に上記事項を眺めるのではなくその情報を分析して考えてみてください。
　　たとえば、

〈試験時間の分析〉
　　試験時間に対し設問量が多く、時間内にすべて解ききるのが難しい
　　⇒問題をざっとでも見てこれを感じることで、ある程度の処理スピードが必要であること、基礎標準知識に曖昧な部分があればそこで考え込んだり時間をロスしてしまうことを実感できます。

〈配点、試験科目の分析〉
　　配点が高い科目⇔配点が低い科目
　　⇒この区別によって配点が大きい科目に関しては当然ですが合格するためには重点対策科目になります。また試験科目に何があるかによって

志望校や併願校を決定する目安にもなります（ex. 理科の選択科目に物理 or 生物必須が課されているか否か等）。

〈出題形式の分析〉

　解答のほとんどが論述式であり、設問に対応した理解力・表現力が問われている or マーク式が主である

　⇒論述式の解答がとられている場合、単に解答までの筋道がわかっている、理解できているとしてもそれを論理的に表現できなければ得点になりません。数学や理科に関してこの点の意識が薄い受験生がほとんどですが、解答が論述式の場合には論理的な表現力ということまでしっかりと意識を置いて対策していかなければなりません。逆にマーク式が主の場合、問題を難しくするには基礎標準知識がある受験生なら2択まで選択肢を絞り込むがその後の対処が難しいという出題をしてきます。この場合に得点するためには一定の根拠をもった消去法というものを使えるように対策していかなければなりません。

〈出題内容、出題範囲の分析〉

　全試験範囲から満遍なく、幅広い種類の出題がされている or 特定の出題内容に試験範囲を限っている、特定の分野から例年重点的に出題されている

　⇒この区別によって最終的には満遍なく幅広い知識を身につけていくべきなのか、特定分野を重点的に対策すべきなのかが明確になります。

　以上は、あくまで一例ですが、受験対策に取り掛かる前や基礎標準知識が身につく前でもここまでの分析をしておけば日々の勉強の大まかな方向性を定めることができるのです。

　分析の視点をもってまず赤本を眺めてみてください。

第2節　基礎標準知識が身についてから本格的にやるべきこと
（本格的な過去問分析、過去問演習の段階でやるべきこと）

・設問の形式、癖、要求されている思考、思考の方向性等を過去問から徹底的に学ぶ

・第2類型重視型か第3類型と第1類型、第2類型混合型の出題なのか等を見極めて的確に対策を考える

・科目の目標得点（出題内容別に傾向を分析した上で目標点を定めトータルの目標点を具体的に算出する。この点については第1部の得点戦略を参照してください）

・上記項目を考慮し自己の現状の実力分析に応じた対策と学習計画を再構築する

・時間配分、問題を解く順番を決定する

　以上を過去問演習を繰り返しながら徐々に分析・確定させていってください。

　これを行うことでどの程度まで得点脳を鍛えなければならないかがわかります。

第3章
得点シミュレーションをする・
得点戦略を立てる

得点シミュレーションをする・得点戦略を立てる

　得点戦略に関しても過去問分析と同じように、徐々に実力をつけていくにしたがっての段階がありその主たる目的も異なるということを明確にしてください。　一般的に過去問の重要性とか得点戦略については本書『受験の叡智【受験戦略・勉強法の体系書】』初版出版以来、なぜか同じようなことが語られるようになったのですが、目的や段階が様々混同されているので注意が必要です。

　「受験対策に入る前、基礎標準知識が身につく前にやっておくべきこと」が「得点シミュレーション」です。

　「基礎標準知識が身についてから本格的にやるべきこと（本格的な過去問分析、過去問演習の段階でやるべきこと）」が「得点戦略」を構築することです。

　以下この2つを分けて解説します。

🏃 1. 受験対策に入る前、基礎標準知識が身につく前にやっておくべきこと

　この段階では細かい得点戦略にこだわらない

　この段階で細かな得点戦略を立てることは不可能ですし、細かいものを立てても意味がありません。それは過去問分析が本格的にできない段階だからです。

　この段階での得点戦略の目的は

・各科目の得点と総合得点のシミュレーションをしてみることによって
　合格点の大まかな目安を実感すること
・第一志望校や難関大学に合格するには、すべての科目で高得点を取る
　必要などないこと、トータルでも高得点を獲得する必要がないことを
　実感すること
・最終的に達するべき到達点の実力がどの程度のものか漠然とでも知る
　こと

にあります。

　受験対策に入る前、基礎標準知識が身につく前でもここまではできます。
　そしてこの実感を得ることで第1部、第2部で解説してきたことの
真実もより具体的に理解できます。

　まず、この段階では得点シミュレーションを行っておけば十分です。
この段階で最も大事なことは、本書の第1部、第2部の説明・理論が
的を射たものであることを実感することです。そのために得点シミュ
レーションは早い段階で行ってください。徐々に実力がつくにしたがっ
て本格的な得点戦略を構築していってください。
　年度ごとに合格最低点の幅がありますが、それは各大学の年度ごとの
問題の難易度の若干の差によるものです。ここで大事なことは、本書に
書いてある合格の天使の受験戦略・勉強法を実践すればたとえ合格点
が上がろうが下がろうがそれに影響されずに余裕をもって合格点をクリ
アーできるだけの実力をつけることができるということです。それがな
ぜかはこの本を最後までご覧いただければ明確にわかります。

🏃 2. 基礎標準知識が身についてから本格的にやるべきこと
（本格的な過去問分析、過去問演習の段階でやるべきこと）

　この段階で確実に合格するための得点戦略を構築していってください。
目標得点を定める場合多くの受験生は高得点を取ることを目標にしが

ちです。そして高得点を取るために勉強計画を立てます。

　しかし、志望校の入試問題の性質や、試験までにかけることのできる物理的な時間をしっかり考慮できていません。したがって計画は勉強するための勉強の計画になってしまうし、合格にとって本当に正しい方向への戦略になるはずなどないのです。

　確実に合格する戦略としては、まず試験科目トータルで、合格最低点を確実に、可能なかぎり早い時期にクリアーする戦略を立てることが、第一志望校合格にとって最も重要です。

(1) 得点戦略を立てる上での注意点①

　1科目のみでトータル点を上げる方法は戦略的にとるべきではありません。

・その年の志望校の問題によって当該科目が得点しやすければ、多くの受験生が皆得点してくるので効果が半減してしまうリスクが高いから
・1科目で8割以上の得点を狙うより、各科目6割〜7割くらいの得点まで伸ばす努力のほうがはるかに少ない努力で効率的に実力をつけることができるから

です。

　3割しか得点できない科目を6〜7割にまで引き上げる努力のほうが、8割得点できる科目を9割以上確実に得点するように努力するよりはるかに効率がいいことはおわかりだと思います。

　基礎標準知識をしっかりと身につけさえすれば、3割〜6、7割の得点の差は比較的簡単に埋めることができます。

　しかし、合格点のデータをご覧いただいたように、8割以上の得点は多くの合格者でも難しいのです。8割以上の得点というのは獲得できる

かどうかはどんなに時間をかけても不確実と言えるということです。

　先に見たように、合格するためにはトータルではもちろんのこと、各科目ですら8割を大きく超える必要はないのです。8割を大きく超えるような対策をするより、基礎標準知識やその使いこなしが要求されている問題を確実に正解する、ミスをしない、確実に得点を積み上げていくということのほうがはるかに重要なのです。

　そして結果的にこの戦略で勉強していけば、8割を超えて得点できる科目も出てくるのです。第2類型重視型の問題を出題している難関大学では基礎標準知識の習得とそこからの一定の問題分析力、論理的思考力、論理的表現力が得点のすべてなのですから、この部分に磨きをかけることで結果的に高得点を獲得することが可能になるのです。

　ただし、戦略論と結果論は異なります。

　確実に合格するための受験戦略を構築するということは**試験結果を偶然にゆだねないために、自分自身で試験結果をコントロールするために必要**なのです。
　特定のずば抜けた得意科目を作るより、限りある時間を極端な弱点科目を作らない対策に使うことのほうがトータル得点を上げることが容易であり、確実な合格にとってはるかに重要です。

(2) 得点戦略を立てる上での注意点②

　苦手科目があってもトータルで合格最低点を超えればよいという視点を持つことが大切です。
　極端な苦手科目は作るべきではないということと、どうしてもある程度までしか伸びない科目ができてしまうということは次元が異なる話です。

　得意不得意は個人によってどうしても生じます。

　受験勉強にかけられる時間というのも個人個人の状況により異なります。

　苦手科目があるからと言って第一志望校合格をあきらめる必要はありません。

　まず、得意科目、平均科目、不得意科目を自分の中で明確にしてください。

　さらにその各科目の入試問題の特徴を分析し、残された時間から費用対効果を考慮して対策を考えてください。

受験戦略／総則編

受験戦略／合格への3大戦略編

受験戦略／受験戦略構築編

第4章

得点戦略構築の具体的手順

　志望校の各科目の問題の性質と配点、あなたの現状をしっかり考慮してください。

　「問題自体の客観的な性質」と「個人個人の事情」を明確に区別してください。

🏃 1. 効果を上げるのに時間が必要な科目

・客観的な問題の性質として難しく誰にとっても高得点の望めない科目
・苦手意識がある、どうやっても点数が上がらない科目

　こうした科目については5割程度取れればいいやくらいの感覚でも仕方ないと割り切る（※ただし、本書で的確な受験戦略と勉強法を学び、しっかりと実践すれば主観的・個人的事情による苦手科目は存在しなくなります！）。

　断っておきますが、これはあくまでも日々の勉強や直前期にいたずらに焦って時間を浪費しないための戦略です。

　受験生の状況によっては勉強時間を十分に取れない人もいます。

　個人個人に応じた受験戦略があり、全科目満遍なく完璧にしようと思わなくても合格できるという認識を持つことが何より大切なのです。

☞ 【ポイント】：「それなり」の対策の認識を誤るな

　「それなり」の対策というと基礎標準知識の習得もそこそこやって、難度の高い問題集もそれなりにやればいいと考えてしまうのが受験生の

感覚です。ここが大きな誤りです。

「それなりの対策」をするということは、基礎知識や標準知識を「そこそこ」「それなりに」やればいいということではありません。

「それなりに」「そこそこの」対策をするという場合に絶対に誤解してはならないことは、

基礎知識は完璧に習得する方向で対処するということです。その部分だけはまず完璧に仕上げる方向で対処するということです。

難度の高い応用問題には最悪対処できなくても仕方ない、そこまでじっくり問題演習をして思考力を鍛えている時間がないという場合の次善の策であるということは明確にしてください。

🏃 2. 平均点が取れる科目

そこそこ点は取れるが、

・試験時間に対して設問量が多い

・高得点が取りにくい性質の科目

この種の科目ではとりあえず6割程度を目標にする。

7割程度で満足、5割程度でも仕方ないという割り切りが必要です。

🏃 3. 得意科目

7割〜8割を目標にする。

ただし常に費用対効果を考えて目標得点を定めてください。

目標得点とは「このくらい取りたい」という願望ではなく、「このくらいはまず取ろう」という予定です。安易な高望みは避けましょう。

☞ **【ポイント1】：安易に高得点を設定するな**

各科目で8割以上の得点は、特別に得意という人以外は目標にしたり見込んだりしないことが大切です。費用対効果、到達点設定、達成割り切りが重要なのです。

多くの合格者が認める現象として志望校の問題特性や科目特性にもよりますが、8割を超えた一定の得点から全く伸びなくなるという現象が

起きます。**志望校の問題特性と各科目特性を勘案した得点戦略が必要で**す。

☞【ポイント2】：得意科目のとらえ方を誤るな

　一般的な模試や学校や塾のテストでの得意科目と志望大学のその科目の性質が全く異なる場合があることに注意が必要です。

　各大学によって○○英語とか○○数学、○○物理、○○現代文というように英語、数学、物理、現代文という科目として一般的にとらえられるものではなく、**『別箇の独立した科目』として扱うべき類の試験問題が存在する場合がある**ことに注意してください。たとえば東大現代文。これに関しては得意という人はまず存在しません。

　これは過去問分析によって明らかになりますが、そのような難解な科目については高得点を目標としない、見込まないことが大切です。もちろん対策もそれに見合ったものにすることが大切です。

☞【ポイント3】：リスクは分散せよ

　目標点まで達したら、細かい知識を詰め込んだり、新しい参考書等をやるのではなく、他科目の補強に時間をあてつつ、その科目の力を落とさないように適時復習していくのが戦略上重要です。

　確実に合格するには、とびぬけた得意科目を持つよりも弱点科目を作らないことのほうがはるかに重要なのです。得意科目といったところで、その年の問題の難易度により本番で確実に高得点が取れるかどうかなどわかりません。リスクは分散したほうがよいのです。

　しっかり戦略の重要性を認識できれば、苦手科目の勉強も嫌いではなくなります。

　なぜならその科目こそあなたを合格へ導く科目となりうるからです。

☞【ポイント4】：あまり細かい点数まで最初からこだわるな

　得点戦略論の目的は日々の勉強の方向性を定め、どの科目にどれだけの労力を費やしていくのが効率的かということを考慮して計画を立てる

ことにあります。

　日々の勉強を充実させていく段階で再考、変更を臨機応変にしていってください。

　いくつかの得点戦略パターンをあらかじめ構築しておくことで様々な視点を持つことができます。

受験戦略／総則編

受験戦略／合格への3大戦略編

受験戦略／受験戦略構築編

第5章

得点戦略表と無料ダウンロード

🏃 1. 得点戦略表

　以下の得点戦略表を使って各自の志望校に対する得点戦略を書き込んでください。

　第一志望合格まで本書とともに歩んでいきましょう！

【国公立】得点戦略表1

目標得点 _____ 点

共通テスト得点	英語	数学	国語	理科 or 社会	理科 or 社会	合計

【国公立】得点戦略表2

目標得点 _____ 点

共通テスト得点	英語	数学	国語	理科 or 社会	理科 or 社会	合計

【国公立】得点戦略表3

目標得点 _____ 点

共通テスト得点	英語	数学	国語	理科 or 社会	理科 or 社会	合計

【国公立】得点戦略表4

目標得点 _____ 点

共通テスト得点	英語	数学	国語	理科 or 社会	理科 or 社会	合計

【国公立】得点戦略表5

目標得点 _____ 点

共通テスト得点	英語	数学	国語	理科 or 社会	理科 or 社会	合計

受験戦略／総則編

受験戦略／合格への3大戦略編

受験戦略／受験戦略構築編

【私大】得点戦略表1

目標得点 _____ 点

英語	数学	国語	理科 or 社会	理科 or 社会	合計

【私大】得点戦略表2

目標得点 _____ 点

英語	数学	国語	理科 or 社会	理科 or 社会	合計

【私大】得点戦略表3

目標得点 _____ 点

英語	数学	国語	理科 or 社会	理科 or 社会	合計

【私大】得点戦略表4

目標得点 _____ 点

英語	数学	国語	理科 or 社会	理科 or 社会	合計

【私大】得点戦略表5

目標得点 _____ 点

英語	数学	国語	理科 or 社会	理科 or 社会	合計

🏃 2.　無料ダウンロードページのご案内

前記表のほかに、読者の皆さんには前記表をダウンロードできる特別
ページへご案内します。

当塾公式 HP の以下の URL ページで無料配布しています。一切無料
ですのでお気軽にダウンロードしてください。

https://www.goukaku-tensi.info/dl-tokuten-senryaku.html

～受験戦略編のおわりに～

この受験戦略編を読んでいただいて何を感じていただけましたか?

合格の天使の各種コンテンツやブログをご覧いただいている方はご存知かと思いますが、合格の天使では「やる気不要論」「集中力不要論」を唱えています。

やる気や集中力を高めることや精神論それ自体に焦点を当てることは「合格するための勉強・勉強法」ということに対する焦点をずらしてしまうからです。

また、いくらそんなものを追い求めてもそれは所詮一時的な現実逃避にすぎません。
あなたの目標が第一志望校・難関大学合格であるならば。

この受験戦略編を読んでいただいただけでも、「自分にも第一志望校・難関大学合格は確実に可能だ」と**明確な根拠に基づく自信と具体的な道筋**を持っていただけたと思います。

それこそが合格の天使がやる気や集中力そのものに焦点を当てる必要がないと考えている理由なのです。
本物の受験戦略や勉強法があるならば、またそれを踏まえた圧倒的実力による学習指導ができるならば受験生を第一志望校・難関大学合格に導くことができる。

そしてこの真実こそ受験生がやる気をもって勉強に取り組むことができる最高の手段である。

この本を徹底的に何度も読み返してください。理解し実践してください。

それこそがあなたに最高のやる気と集中力をもたらすものなのです。

第一志望校・難関大学確実合格の道へたどり着くには、

受験戦略を知る→理解する→分析する→的確な対策を導く→実践する

この各段階すべてで的確なものを得る必要があるということをご説明しました。

この受験戦略編は主として**的確な対策を導く**という過程までを受験生の「**意識革命**」を目的に理論的根拠とともに主として取り上げたものです。

以下の勉強計画編及び勉強法編では、的確な対策を**具体的手段として提示**しあなたを第一志望校・難関大学合格へ導いていきます。

勉強計画編

第1部
勉強計画の立て方

多くの受験生は優れた勉強計画を有していない。そもそも本書の「受験戦略編」で説明してきた優れた受験戦略を知らないからである。

皆さんはもうお気づきだと思うが、本書に記載している合格の天使メソッドでは、「受験戦略編」で受験対策としてやるべきことをすでに大きくそぎ落としている。

優れた受験戦略を前提とすることで、全国の受験生よりも皆さんはターゲットを大きく絞れ、かつその絞ったターゲットにピンポイントで焦点を当てていくことができる。ものすごく大きなアドバンテージを得ていただいている。

更なるアドバンテージを獲得するため、次の段階は受験戦略に基づく勉強計画の立て方と実践法を学ぶことである。

受験における計画の重要性は言うまでもない。その理由は入試当日までに合格できるだけの実力をつけて臨まなければならない、つまり、受験勉強は有限の時間で行わなければいけないということだ。したがって、有限の時間で最大限の実力をつけることが重要であり、当然そのためには効率の良い勉強が必要になる。

その一環として、適切な勉強計画を立てることが重要になってくる。後ほど計画の立て方のポイントの箇所で詳しく述べるが、計画を立てることの意義は、各科目バランスよく実力をつけること（入試は全科目の合計点で決まる）や自分のできない所を効率よく潰すことにある。有限の時間でなるべく多くの点数に結びつけるためには、既にできることをさらに続けるのは得策ではない。できないことを少しでも減らすことが点数に結びつく。なので、これを実行するための手段は、自分の現状を客観的に分析し、それに適した計画を立てることなのである。

総　則

勉強計画を立てる際の
絶対的なポイント

　優れた勉強計画を立てるために考慮すべき絶対的なポイントは以下の2つである。

- ☑ 受験戦略編で述べてきた「受験戦略」に基づいた計画を立てること
- ☑ 受験における勉強計画は「何をやるか」ではなく「何をやらないか」という視点で線引きをすること

この2つである。

　そして、実際に勉強計画を立てる際のポイントは以下の3つの順番に従うことである。

- ☑ 年間計画
- ☑ 中期計画 (年間計画から落とし込む)
- ☑ 短期計画 (中期計画から落とし込む)

　上から順番に確定していくこと、これが勉強計画を立てる際のポイントである。
　以下、解説していく。

第1章

年間計画の立て方

第1節 各科目に共通の視点

　1年間のどの時期に、どの段階まで終わらせるかという年間計画を、各科目について立てておこう。とは言っても、科目ごとに大きな差がある訳ではない。以下の事項は各科目共通しているので、それを元に年間計画を考えてみよう。

❦ 1.　9月の終わりを目途にする

　9月の終わりを目途に、教科書、教科書傍用問題集あるいはそれに準拠した同レベルの参考書、問題集と標準的な問題集を使って基本知識や標準問題の解き方を定着させる。最終的に受験勉強のメインとなるのは過去問である。過去問演習に入れる段階に進むため、そして過去問演習を実りのあるものにするために、この段階は必要である。

合格の天使メソッドポイント

　9月の終わりを目途に基本知識や標準問題の解き方を定着させる⇒その時点で基本知識や標準問題の解き方がすべて完璧になっていなければならないということではない。

　この真意は、

「基礎標準知識の習得と過去問演習のサイクル学習」＝「一般化」の
チェックと「得点脳」の形成
「基礎標準知識を過去問基準で捉えなおす」＝「得点脳」の形成（受
験戦略編参照）
ということであり、過去問分析と演習を繰り返すことで常に理解不
十分、弱点部分に戻り完璧になるよう仕上げていくということであ
る。

🏃 2. 過去問に取り組む時期

　その後、第一志望校の二次試験・個別試験の過去問に取り組む。入試
直前までにすべて解きつくしてしまうと、直前に新規の過去問に触れる
機会がなくなるので、配分を考えて直前に解く問題を残しておくか、模
試や問題集から、過去問と同じレベルの問題を選んで解くことで、新規
の問題に取り組む感覚を鈍らせないようにする。

【注意点】

　過去問数が多く傾向が直近5年分程度を見ても変化していない大学
であるならば過去問自体を数年分残しておくという方法でもよいが、過
去問が数年分しか手に入らない大学では過去問演習・過去問分析を優先
してほしい。新規の問題に触れる機会は傾向の似た大学や学部の過去問
や模試や問題集から、過去問と同じレベルの問題を選んで解くという方
法で代用することをおすすめする。これは受験戦略編でも再三述べた「過
去問は力試しのためにとっておくものではない」「過去問至上主義を貫
け」「過去問こそが最高の問題集・参考書である」という理由からである。
この点が曖昧な方はもう一度「受験戦略編」を読んでほしい。

🏃 3. 共通テスト対策の位置づけ

　共通テスト対策（＝過去問を解く）は、教科によるが10月を目途に
対策に取り掛かり12月に入ってから全体の半分くらい、1月に入った

ら90％くらいの時間を割いて行う。ただし、共通テストの過去問を解くことで基礎知識の確認ができる科目もあるので、その場合はより早い時期から過去問演習を始める（この点の詳細は各科目のスケジューリングと各教科の勉強法の部分で詳述する）。

☞【重要ポイント】

過去問演習を始めた後も、基礎事項の見直しは必要に応じて入試直前まで継続する。

　「基礎標準知識の習得と過去問演習のサイクル学習」「基礎標準知識を過去問基準で捉えなおす」（受験戦略編参照）

　大事なのは夏休み前までになるべく基礎を固めることである。「基礎を固める」の意味は科目ごとに異なるが、概ね「入試における標準的な難易度の問題、頻出の問題を自信を持って解けるようになること」である。過去問を開始する時期は、この基礎固めが終わり次第で良い。早ければ夏休み明け、遅い人では冬休みなどでも構わない。しっかり基礎ができてから過去問に入ることで、最大の効果が得られる。

第2章

中期計画の立て方

　1年間のスケジュールだけでは毎日何をすれば良いか途方にくれてしまうので、もう少し範囲を狭めてみよう。具体的には、1年間のスケジュールを確認したら、次に中期目標を設定してみるのが有効だ。ある期間を決めて、その期間で「問題集を1周する」とか、「〇〇の分野まで終わらせる」という目標だ。中期目標を立てる期間については、たとえば年間を通して散りばめられている模試などが有効活用できる。「この模試までにここまでは終わらせる、ここまではできるようになる」といった感じである。

　実際に勉強を進める上では、もっと短期間ごと（1週間や1日ごと）の目標を設定する必要があると思われる。こうした日々のスケジューリングの仕方について次に述べたい。

第3章

短期計画の立て方

第1節　短期計画のポイント

　毎日の学習の指針となる計画は具体的にどのように立てれば良いのだろうか。スケジュールを立てる上で一番大切なのは、自分が実行できる予定を立てることである。人によって向き不向きがあるので、自分に合った予定の立て方をしてほしい。

第2節　短期計画を立てる際のポイントと手順

1. 短期計画を立てる前提として必要なこと

　まず前提として、自分が1日にどのくらいの時間を勉強するのか、そしてどのくらいのペースで勉強を進められるのかを早い時期に掴んでおくことが大切である。これがわからない限り、計画を立てることはほぼ不可能である。

2. 計画は時間基準ではなく内容基準で立てること

　次に意識するのは、幅を持たせた計画を立てることだ。たとえば1日を細かく「8：30〜9：30を数学、9：30〜11：00を英語……」と時間基準でスケジュールを立てる人がいるが、これはおそらく多くの人

215

にとって得策ではない。なぜなら、この場合計画を実行することに気を取られてしまい、実際の勉強の内容が頭に入りにくいし、どう過ごしていても時間は経ってしまうため、中身のある学習ができないからだ。「何時間するか」という勉強時間ではなく「何をするか」という勉強内容で計画を立てるべきである。

🐾 3. 実際に何を意識して計画を立てるのか

　実際にどのように計画を立てるかというと、「計画」というよりは「やらなければいけないことのリスト」を作るのである。たとえば1週間でどの科目の何を終わらせるのか、というリストを作るわけである。このリストをこなしていくことで勉強を進めていく。そして、期限までに終わらなかった分は次の週にまわす。この1週間でのやるべきことリストは、1日ごとに割り振っても構わない。

　この方式の最大の利点は、勉強の内容を中心に計画が構成されていることである。ある科目の勉強に集中しているときは、その科目を1時間など短い時間で終わらせるよりも、3時間などまとまった時間で勉強したほうが頭に入る。時間に細かく制約されずに、なおかつ1週間というスパンの中ではバランスの良い学習配分を守ることができるので、精神的な負担を減らすことができる。

合格の天使メソッドポイント

「時間基準」でなく「内容基準」で計画を立てるメリット

・日々の勉強に取り組む意識が勉強時間ではなく勉強内容に向けられるため得るべきものを得られるという効果が大きい＝合格のためには「何を得るか」が最も重要。

・得るべきものをどの時期までにどれだけ得ればよいのかという年間・長期計画から導かれた日々の計画であるから、それを地道にこなしていきさえすれば合格に確実にたどり着けるという絶対的

な道標を得ることができる＝不安ややる気の問題が軽減される⇒年間計画から落とし込まれたその日の計画が終われば一日の残り時間は自由時間でよい。受験生だからといって一日中勉強していなくてはいけないという強迫観念を持つ必要はない！

・計画が遅れてしまった場合に「時間基準」で計画を立てていると時間は絶対的に取り戻すことができないので強度の自己嫌悪や罪悪感、やる気のなさを招く。しかし「内容基準」で計画を立てていればやるべきことが明確に視覚化されているので遅れを挽回することは可能であり自己嫌悪や罪悪感、やる気の問題を軽減できる＝継続的でコンスタントな勉強を可能にする。

4. 短期計画のスパン

　短期計画を立てる際、中期計画から落とし込んだ1週間という期間について、さらに細分化して日ごとに立てるか、週ごとにとどめるか、これは個人個人自分にあったほうを選んでほしい。以下、双方のメリットとデメリットを記す。

(1) 日ごとに計画を立てる場合のメリット

・その日のノルマが終わればあとは自由時間と割り切り毎日好きなことに時間を使える
・目の前に目標がないとだらけてしまう人は日ごとの計画であれば自己を律することが可能となる
・計画を管理しやすい
・全教科に毎日触れることが可能な計画になりやすい

(2) 日ごとに計画を立てる場合のデメリット

・計画に縛られているという意識が働く
・日々ノルマに追われるという圧迫感を感じる人は感じる

・ある程度一気にノルマを片付けたいという性格の人には合わない

(3) 週ごとに計画を立てる場合のメリット

・部活や仕事がある高校生や社会人受験生など、一日に勉強に使える時間が変動することが頻繁にある人にとっては計画の調整ができる
・日々計画に追われているという圧迫感がない
・1週間で帳尻を合わせればよいので計画が崩れにくい
・よいリズムに乗ればノルマを一気にこなせる

(4) 週ごとに計画を立てる場合のデメリット

・さぼり癖のある人はノルマがたまってしまう
・自分を律する意志の弱い人にはむかない
・ノルマをためてしまった場合1日ごと計画を立てる場合に比べて挽回の負担が大きくなる

　いずれも一長一短であるから、自分に合ったほうを選んで継続すべきである。

第2部
年間計画のサンプルプラン

　第1部で計画を立てる際のポイントの大枠は掴んでいただいたと思う。ただ勉強計画というのは実際に合格点をとりうる次元まで到達した人でないと各教科をマスターするのにどの程度の時間が必要で、どの時期までに何をやればいいのかの判断は不可能である。

　その点を考慮してここでは年間計画のサンプルプランを示す。

☑ 国公立理系受験生のサンプルプラン（二次試験に国語なしのパターン）

　　数学、英語、理科と国語（共通テストのみ）、社会（共通テストのみ）を受験する場合のサンプルプラン

☑ 国公立理系受験生のサンプルプラン（二次試験に国語ありのパターン）

　　数学、英語、理科、国語（二次含め）、社会（共通テストのみ）を受験する場合のサンプルプラン

☑ 私大理系受験生のサンプルプラン

　　英語、数学、理科（私大）を受験する場合のサンプルプラン

☑ 国公立文系受験生のサンプルプラン（二次試験に数学ありのパターン）

英語、国語、社会、数学（二次含め）、理科（共通テストのみ）を受験する場合のサンプルプラン

☑ 国公立文系受験生のサンプルプラン（二次試験に数学なしのパターン）

英語、国語、社会と数学（共通テストのみ）、理科（共通テストのみ）を受験する場合のサンプルプラン

☑ 私大文系受験生のサンプルプラン

英語、国語、社会（私大）を受験する場合のサンプルプラン

の６つを示す。

当然のことであるが、受験生各自により受験する大学も受験科目も志望校の合格点における共通テスト得点の比率も現状も大きく異なる。

ここでの目的は、この「サンプルプラン」と「受験戦略編で述べた得点戦略」や「各科目勉強法で述べる各科目のスケジューリングや勉強法」を総合的に勘案して各自が各々の計画を考えることである。

この総合的な視点を持つことで自分はいつまでに何をやらなくてはならないか、何をやらなくてよいか、ということを自分の現在の実力、現状に応じて導き出すことができるのである。

あくまでこれは目安であり、個人個人の状況によって時期的なものが多少異なってよいし、異なってくるのは言うまでもない。

年間計画を構築する際には、各科目のスケジューリング（詳細は各教科の勉強法を参照）をまとめ、年間の各時期でどの科目にどれくらいウェイトを置くのかを考える。その際、何に時間を使うか？　ではなく、何に時間を使わないか？という発想でスケジュールを立てることが重要である。

合格の天使メソッドポイント

計画を立てる際には「何に時間を使うか」ではなく「何に時間を使わないか」という発想が大事。

⇒この視点が後述する各科目の二次試験対策と共通テスト対策のスケジュールや兼ね合いを考慮する際に重要！

第1章
国公立理系受験生の
年間計画のサンプルプラン

第1節 二次試験に国語なしのパターン

◎数学、英語、理科、国語（共通テストのみ）、社会（共通テストのみ）
を受験する場合のサンプルプラン

🏃 1. 夏休み前まで

　まず、夏休み前のメインとなるのは数学、英語である。この2科目の
基礎作り＋標準問題集をメインとし、他の科目はサブとして学習する配
分で良い。サブの科目の中では、理科を優先したい。教科書の内容を理
解して、基礎レベルの問題を解いていこう。物理であれば力学・気体、
化学であれば理論、生物であれば細胞・遺伝子くらいまでは終わらせて
おくとかなり順調といえる。国語に関しては、あまり時間はかけないで
いいが、隙間時間に早い段階から少しずつコツコツと学習しよう。国語
の中でも、古文、漢文の基礎（文法、古文単語、句形、重要漢字）につ
いては、この段階から少しずつでも継続的に学習して身につけたい。こ
れらは二次試験に国語ありのパターンと何ら変わらない。

　ただし、国語ありのパターンと比べて、国語にかける時間は削れる。
現代文に関しては、時間のある夏休みに始めればよい。ただし、古文、
漢文は暗記が多い科目なので、一気に詰め込むのではなく、この時期か
らコツコツと進めたい。

勉強計画編／第1部
勉強計画編／第2部
勉強計画編／第3部
勉強計画編／第4部

2. 夏休み頃（7、8月）

　理科の比重を大きくしたい。まとめて勉強したほうが理科は向上しやすいし、物理などは数学の基礎ができていると理解しやすいからだ。

　理科をメインとしつつ、数学、英語の問題集は継続して欲しい。現代文に関しては夏休みの間に読解の参考書を一通り終わらせて、夏休みが終わったら過去問演習に移れる状態にしたい。また、共通テスト社会の対策はこの時期からでも十分間に合う。

3. 9月〜

　9月頃になると、各科目の基礎が完成してくる頃だと思う（この段階で間に合っていなくても大丈夫）。英語・数学・理科のうち、基礎が完成した科目から、過去問演習に入ろう。記述答案を意識し始めたい。

　この時期以降の科目ごとの配分は、おおよそ本番での配点と同じような配分にすると良い。

　国語に関しては、現代文は基礎の有無というよりは経験が結果に響いてくるので、共通テスト対策として共通テスト過去問（共通テスト過去問が一定程度蓄積するまでは試行調査問題、センター過去問）を解き始めたい。古文・漢文に関しては、文法の基礎が固まっている場合は解き始めてもよいが、そうでなければまだ文法などの基礎固めをしていてよい。
また、化学や生物を受験する人は、10月頃から共通テスト対策として共通テスト過去問（共通テスト過去問が一定程度蓄積するまでは試行調査問題、センター過去問、共通テスト対策問題集等）を解くようにすると、知識の補完ができる。

4. 11月〜

　共通テスト社会で高得点を狙う人は、11〜12月頃から過去問を解いてインプットとアウトプットを繰り返すと、知識が盤石になる。

　共通テスト国語の古文・漢文もこの時期には過去問に手を付け始めたい。

🏃 5. 12月～

　共通テスト前の12月頃は、前述の通り、およそ半分を共通テスト対策に充て、残りを二次試験対策に充てると良い。そして、1月に入ってから共通テストまでの数週間は、共通テスト対策に専念したい。ただし、完全に共通テスト対策に絞ると、共通テスト後に二次試験対策に移行するのが大変なので、割合としては多くても90％程度にして、少しずつでも二次試験対策は継続しておこう。

🏃 6. 共通テスト後

　共通テスト後は、当然ながら二次試験対策に専念する。これまでに過去問中心で学習していると、問題がすべて解けてしまう科目が出てくるかもしれない。そうならないよう直前に解く分を残しておくか、模試や問題集から同じレベルの慣れていない問題を選んで新しい問題に取り組むことは継続しよう。また、この段階でも教科書などの基礎に立ち返ることは面倒臭がらず行って欲しい。「今更教科書なんて」などとは考えない。すべての基礎になるのは教科書だから、この根幹に不安要素を残さないようにしよう。

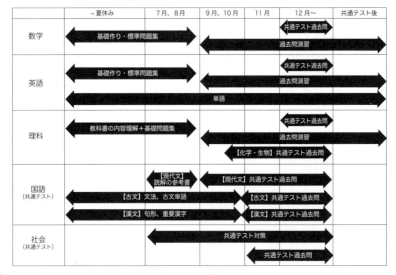

※基礎の習得が遅れている場合過去問開始時期を遅らせてよい。

※9月の段階で基礎標準知識がすべて完璧になっている必要はなく過去問演習を始めた後も基礎知識の見直しは必要に応じて入試直前まで継続する。これが合格の天使メソッドポイントである。

「基礎標準知識の習得と過去問演習のサイクル学習」

「基礎標準知識を過去問基準で捉えなおす」

の真意。

<画面右側>
勉強計画編／第1部

勉強計画編／第2部

勉強計画編／第3部

勉強計画編／第4部

＜無料ダウンロードページのご案内＞

読者の皆さんには前記の白表をダウンロードできる特別ページへご案内します。

本書を通読した後、各自の年間計画を書き込んでください。

当塾公式HPの以下のURLページで無料配布しています。一切無料ですのでお気軽にダウンロードしてください。

https://www.goukaku-tensi.info/dl-schedule.html

第2節 二次試験に国語ありのパターン

◎**数学、英語、理科、国語（二次含め）、社会（共通テストのみ）を受験する場合のサンプルプラン**

🏃 1. 夏休み前まで

まず、夏休み前のメインとなるのは数学、英語である。この2科目の基礎作り＋標準問題集をメインとし、他の科目はサブとして学習する配分で良い。サブの科目の中では、理科を優先したい。教科書の内容を理解して、基礎レベルの問題を解いていこう。物理であれば力学・気体、化学であれば理論、生物であれば細胞・遺伝子くらいまでは終わらせておくとかなり順調といえる。国語に関しては、あまり時間はかけないで

いいが、隙間時間に早い段階から少しずつコツコツと学習しよう。国語の中でも、古文、漢文の基礎（文法、古文単語、句形、重要漢字）については、この段階から少しずつでも継続的に学習して身につけたい。読解の基礎が不十分である場合は、現代文の読解の参考書（『入試現代文へのアクセス』など）に手をつけたい。

🏃 2. 夏休み頃（7、8月）

理科の比重を大きくしたい。まとめて勉強したほうが理科は向上しやすいし、物理などは数学の基礎ができていると理解しやすいからだ。

理科をメインとしつつ、数学、英語、国語の問題集は継続して欲しい。後述の各科目スケジューリングと勉強法に記した計画によれば、国語は過去問に入る人もいると思うが、あまり比重を大きくする必要はない。また、共通テスト社会の対策はこの時期からでも十分間に合う。

🏃 3. 9月〜

9月頃になると、各科目の基礎が完成してくる頃だと思う（この段階で間に合っていなくても大丈夫）。基礎が完成した科目から、過去問演習に入ろう。記述答案を意識し始めたい。

この時期以降の科目ごとの配分は、おおよそ本番での配点と同じような配分にすると良い。大抵の場合は、数学、英語、理科がメインになるはずだ。

🏃 4. 11月〜

共通テスト社会で高得点を狙う人は、11〜12月頃から過去問を解いてインプットとアウトプットを繰り返すと、知識が盤石になる。

🏃 5. 12月〜

共通テスト前の12月頃は、前述の通り、およそ半分を共通テスト対策に充て、残りを二次試験対策に充てると良い。そして、1月に入ってから共通テストまでの数週間は、共通テスト対策に専念したい。ただし、

完全に共通テスト対策に絞ると、共通テスト後に二次試験対策に移行するのが大変なので、割合としては多くても90％程度にして、少しずつでも二次試験対策は継続しておこう。

6. 共通テスト後

　共通テスト後は、当然ながら二次試験対策に専念する。これまでに過去問中心で学習していると、問題をすべて解ききってしまう科目が出てくるかもしれない。そうならないよう直前に解く分を残しておくか、模試や問題集から同じレベルの慣れていない問題を選んで新しい問題に取り組むことは継続しよう。また、この段階でも教科書などの基礎に立ち返ることは面倒臭がらず行って欲しい。「今更教科書なんて」などとは考えない。すべての基礎になるのは教科書だから、この根幹に不安要素を残さないようにしよう。

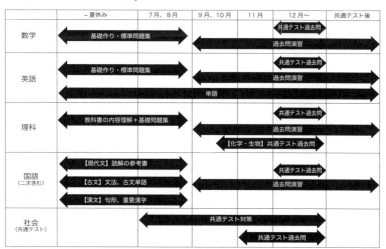

	～夏休み	7月、8月	9月、10月	11月	12月～	共通テスト後
数学	基礎作り・標準問題集				共通テスト過去問	
			過去問演習			
英語	基礎作り・標準問題集				共通テスト過去問	
			過去問演習			
	単語					
理科	教科書の内容理解＋基礎問題集				共通テスト過去問	
			過去問演習			
					【化学・生物】共通テスト過去問	
国語 (二次含む)	【現代文】読解の参考書				共通テスト過去問	
	【古文】文法、古文単語				過去問演習	
	【漢文】句形、重要漢字					
社会 (共通テスト)		共通テスト対策				
			共通テスト過去問			

※基礎の習得が遅れている場合過去問開始時期を遅らせてよい。
※9月の段階で基礎標準知識がすべて完璧になっている必要はなく過去問演習を始めた後も基礎知識の見直しは必要に応じて入試直前まで継続する。これが合格の天使メソッドポイントである。

> 「基礎標準知識の習得と過去問演習のサイクル学習」
> 「基礎標準知識を過去問基準で捉えなおす」
> の真意。

＜無料ダウンロードページのご案内＞

　読者の皆さんには前記の白表をダウンロードできる特別ページへご案内します。

　本書を通読した後、各自の年間計画を書き込んでください。

　当塾公式 HP の以下の URL ページで無料配布しています。一切無料ですのでお気軽にダウンロードしてください。

　　　　　https://www.goukaku-tensi.info/dl-schedule.html

第2章
私大理系受験生の年間計画のサンプルプラン

◎英語、数学、理科を受験する場合のサンプルプラン

第1節 全体方針

　3科目ならばすべての科目について十分時間を掛けた対策ができるが、その中でも優先すべきは英語と数学である。まずはこの2科目について基礎を固めることを目標にしよう。

　ただし、志望校の科目ごとの配点も把握する必要がある。志望校の配点に偏りがあるなら、もちろん配点の大きい科目により重点を置くべきである。

　各科目の対策については、各科目勉強法で述べることを基本的に踏襲すれば問題ない。以下に各科目の注意点を述べる。共通しているのは、大学により多様な形式の問題が出されるので、過去問からその形式を把握することが最優先だということである。

🏃 1. 英語

　基本的には各科目勉強法の英語のスケジューリング編で述べるスケジュールに沿って進めれば良い。ただ私大の場合、問題形式に偏りが見られるので、志望校の出題形式は過去問からなるべく早めに把握しておこう。英作文が出題されなかったり、全て長文問題だったり、大学ごとに形式が大きく異なるので、その対策法も変わってくるのである。出題形式に従い、必要な物を取捨選択しよう。

　また、単語学習においても志望校の単語のレベルを反映させる必要がある。特に慶應など必要な単語のレベルが高めになっている大学を志望する場合である。単語帳を増やすのではなく、レベルの合ったものを1冊やり込むという形で対処したい（この点の詳細は英語の勉強法参照）。

🏃 2. 数学

　やはり各科目勉強法の数学のスケジューリング編で述べているスケジュールと大差はないが、英語と同様、志望校の出題形式は早めに把握しておこう。例えば志望校の問題が記述式ではなく穴埋め・選択式ならば、対策においては共通テストと似た方法が必要になる。つまり、記述による部分点がないので、しっかりした記述よりも、解答のスピードと正確さに重きをおくということである。そのためには、典型的な問題に対し即座に反応し解法を引き出せるようにしておくことが重要である。問題演習を通して、典型的な問題にどう反応するかを分析しよう。

🏃 3. 理科

　数学の勉強法に準ずる。国公立の問題と比べ、出題される分野の偏りが大きく、また必要とされる知識についても同様に偏りが大きい。過去問を通して、どの分野でどのくらいの知識が必要なのかを把握し、それに備えよう。

第2節 具体的計画

　私立大学では、概して国公立よりも科目数が少ないため、科目ごとにかけられる時間が多くなる。とはいえ理科2科目が課される場合(慶應理工学部等)、それ相応の対策時間が必要になる。また、志望校によっては記述が必要ない場合もある。まだ志望校が確定していない場合は、記述問題があるものだと思って対策を進めよう。

🥷 1. 夏休み前まで

　まず、夏休み前のメインとなるのは数学、英語である。この2科目の基礎作り＋標準問題集をメインとし、理科はサブとして学習する配分で良い。やはり、教科書の内容を理解して、基礎レベルの問題を解いていこう。物理であれば力学・熱力学、化学であれば理論、生物であれば細胞・遺伝子くらいまでは終わらせておくとかなり順調といえる。

🥷 2. 夏休み頃（7、8月）

　理科の比重を大きくしたい。まとめて勉強したほうが理科は向上しやすいし、物理などは数学の基礎ができていると理解しやすいからだ。理科をメインとしつつ、数学、英語の問題集は継続して欲しい。

🥷 3. 9月〜

　9月頃になると、各科目の基礎が完成してくる頃だと思う（この段階で間に合っていなくても大丈夫）。基礎が完成した科目から、過去問演習に入ろう。記述問題の出題がある場合は、この時期から意識し始めたい。この時期以降の科目ごとの配分は、おおよそ本番での配点と同じような配分にすると良い。

🥷 4. 11月〜

　早いに越したことはないが、遅くとも11月には志望校を確定させたい。志望校が決まり次第、どの科目も過去問演習に移っておきたい。ただし、過去問2年分くらいは直前に解くために残しておきたい。早い時期から、過去問中心で学習していると、問題を解ききってしまう科目が出てくるかもしれない。模試や問題集から同じレベルの慣れていない問題を選んで新しい問題に取り組むことは継続しよう。

　ただし、私立の問題は癖があるものも多く、そっくり同じような問題を見つけてくるのは非常に難しい。その場合は、癖がないが同じレベル

の問題を解こう。癖がある問題も結局は基礎力があれば解けるし、なければ解けない。この基礎力は癖がない問題でも十分養える。

　癖がある問題でネックになるのは、問題の難しさそのものというより、出題形式であることが多い。その出題形式に慣れるように、直前で解く分として2年分くらいは過去問を残しておきたい。また、この段階でも教科書などの基礎に立ち返ることは面倒臭がらず行って欲しい。「今更教科書なんて」などとは考えない。すべての基礎になるのは教科書だから、この根幹に不安要素を残さないようにしよう。

	～夏休み	7月、8月	9月、10月	11月	12月～	共通テスト後
数学	◀ 基礎作り・標準問題集 ▶		◀ 過去問演習			▶
英語	◀ 基礎作り・標準問題集 ▶		◀ 過去問演習			▶
	◀ 単語					▶
理科	◀ 教科書の内容理解＋基礎問題集 ▶		◀ 過去問演習			▶

> ※基礎の習得が遅れている場合過去問開始時期を遅らせてよい。
> ※9月の段階で基礎標準知識がすべて完璧になっている必要はなく過去問演習を始めた後も基礎知識の見直しは必要に応じて入試直前まで継続する。これが合格の天使メソッドポイントである。
> **「基礎標準知識の習得と過去問演習のサイクル学習」**
> **「基礎標準知識を過去問基準で捉えなおす」**
> の真意。

＜無料ダウンロードページのご案内＞

　読者の皆さんには上記の白表をダウンロードできる特別ページへご案内します。

　本書を通読した後、各自の年間計画を書き込んでください。

　当塾公式 HP の以下の URL ページで無料配布しています。一切無料ですのでお気軽にダウンロードしてください。

　　　　　　https://www.goukaku-tensi.info/dl-schedule.html

第3章
国公立文系受験生の
年間計画のサンプルプラン

第1節 二次試験に数学ありのパターン

◎英語、国語、社会、数学 (二次含め)、理科（共通テストのみ）を受験する場合のサンプルプラン

🏃 1. 夏休み前まで

　夏休み前のメインとなるのは、英語、数学の2科目である。この2教科の基礎固めに大幅に時間を割きつつ、並行して国語（古典）や社会の学習も進めていく。この時点では理科基礎を始める必要はないが、もし時間に余裕があるならば、教科書や参考書を読み進めていくと良いだろう。

　英語については、文法事項を問題集で早めに盤石にした後、読解問題集をこなしていこう。読解問題集は基礎的なもので十分である。二次試験でリスニングが課される場合は、夏休み前までに共通テスト（従来のセンター）レベルのリスニング教材を1冊こなしておくと安心だ。数学に関しては、網羅型問題集の例題を1周しておくべきだろう。もちろん、その前提にあるのは教科書レベルの実力である。この段階で不安がある場合は、網羅型問題集に取り組む前に、教科書ガイド等を用いて教科書レベルの事項を身につけておかねばならない。

　以上の2科目が最優先課題であるが、古典や社会の基礎固めも忘れてはならない。古文文法・単語、漢文句法は少なくとも夏休み前までには習得しておくべきだろう。また、社会では、教科書を読み進めつつ、一

問一答（レベル分けされているもの）の共通テスト（従来のセンター）レベルの選択肢にも目を通しておくことを勧める。現代文の比重は理科基礎と同じくらいで構わない。入門的な問題集を一冊仕上げておけば足りるが、ある程度点数が取れているならば、いきなり共通テスト過去問（共通テスト過去問が一定程度蓄積するまでは試行調査問題、センター過去問、共通テスト対策問題集等）を利用した演習に入っても良い。

🏃 2. 夏休み頃（7、8月）

夏休みの時期においても、英語・数学が学習の中心であることに変わりはない。もっとも、社会や古典の問題集に取り組むことになるため、これら2科目に割く時間は多少は増えるだろう。

英語については、これまで使っていた読解問題集を続けていこう。読解系の問題集を1周で消化しきるのは困難なので、少なくとも2周はするべきだ。それでも時間が余ってしまった場合にのみ、もう一段難しい問題集に手を出すようにしよう。数学については、夏休み期間を活用して、例題の2周目を仕上げるべきだ。英語の読解問題と同様、同じ問題を何度も解いて初めて実力が付く。他の問題集に浮気せずに、まずは今取り組んでいる内容の習得に集中したい。

古典および社会に関しては、夏休みあたりからは問題集に移行する。もちろん、これは過去問演習への橋渡しとなるべきステップである。したがって難易度の高い問題集に取り組む必要は全くない。もっとも、二次試験の出題の中心が論述である場合、これらに加えて、一冊論述対策の問題集を仕上げておくことを勧める。

9月に入るまでには、理科基礎に関する教科書レベルの理解を済ませておくのが理想的だ。教科書の例題は解けるようにしておきたい。

🏃 3. 9月～

本番を意識し始める時期である。この時点ではどの科目も完成している必要はない。これまでの荒削りの基礎を、9月以降の過去問演習でブラッシュアップしていくイメージを持ってほしい。焦りを押さえて、着

実に学習を進めていこう。

　英語は、いよいよ二次試験の過去問に取り組むことになる。単語や文法事項の抜けが見つかれば、その都度単語帳や文法問題集に戻って確認してほしい。この作業こそが先に言った「ブラッシュアップ」であり、これを疎かにするといつまで経っても実力は伸びない。制限時間を気にする必要はないので、一問一問「理解しきる」ことを大切にして取り組んでいこう。社会、国語についても、この時期から二次試験の過去問に移る。英語と異なり、この二科目では共通テスト過去問（共通テスト過去問が一定程度蓄積するまでは試行調査問題、センター過去問）も並行して解くことを勧める。従来のセンター試験問題は基礎的な良問が多く、基礎のブラッシュアップに最適だからだ。一方で、英語の従来のセンター試験問題はタイムトライアル的な側面が強く、学習効果が高いとは言えない。したがって、英語の共通テスト対策は二次試験対策として読解対策をしっかり行えているなら、直前期に始めれば十分である。

　数学についても、同様に過去問演習に移行しても良い。もっとも、旧帝大以上を目指すならば、その前に網羅型問題集の例題以外の部分（類題や練習問題）を解いておくことを勧める。過去問はそれからでも全く遅くない。数学は網羅的に基礎を固めることは何よりも重要だ。理科基礎は、この時期に何か一冊問題集を仕上げておくと安心だ。

🏃 4. 11月〜

　共通テストの直前期であるため、共通テスト対策に割く時間が多くなる。二次試験の点数が占める割合が高い大学を目指すならば、二次試験の過去問演習にも半分ほど時間を費やしておくべきである。

　国語、社会に関しては、9月から共通テスト対策に取り組むことは先に述べた。11月からは英語、数学、理科基礎の共通テスト対策として共通テスト過去問（共通テスト過去問が一定程度蓄積するまでは試行調査問題、センター過去問、共通テスト対策問題集等）を解いていこう。

🏃 5. 共通テスト後

勉強計画編／第1部
勉強計画編／第2部
勉強計画編／第3部
勉強計画編／第4部

　共通テスト後は、二次試験対策のみ進めていくことになる。このスケジュールに従うならば、数学の過去問演習に入る時期が遅いため、数学に割く時間が多くなるだろう。もちろん、この段階でも、不明点があれば教科書や基礎的な問題集に立ち戻って逐一確認することを怠らないでほしい。

　過去問をすべて解き終えてしまったら、2周目に取り組もう。本番1週間前あたりからは、予備校が出版している模試等、目を通したことのないセットを用いて、本番と同じ時間割で問題を解いてみることを勧める。

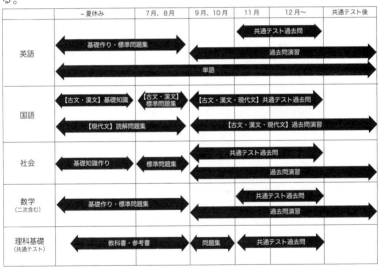

	～夏休み	7月、8月	9月、10月	11月	12月～	共通テスト後
英語	基礎作り・標準問題集		共通テスト過去問			
			過去問演習			
	単語					
国語	【古文・漢文】基礎知識	【古文・漢文】標準問題集	【古文・漢文・現代文】共通テスト過去問			
	【現代文】読解問題集		【古文・漢文・現代文】過去問演習			
社会	基礎知識作り	標準問題集	共通テスト過去問			
			過去問演習			
数学 (二次含む)	基礎作り・標準問題集		共通テスト過去問			
			過去問演習			
理科基礎 (共通テスト)	教科書・参考書		問題集	共通テスト過去問		

※基礎の習得が遅れている場合過去問開始時期を遅らせてよい。
※9月の段階で基礎標準知識がすべて完璧になっている必要はなく過去問演習を始めた後も基礎知識の見直しは必要に応じて入試直前まで継続する。これが合格の天使メソッドポイントである。
「基礎標準知識の習得と過去問演習のサイクル学習」
「基礎標準知識を過去問基準で捉えなおす」
の真意。

＜無料ダウンロードページのご案内＞

　読者の皆さんには前記の白表をダウンロードできる特別ページへご案内します。

　本書を通読した後、各自の年間計画を書き込んでください。

　当塾公式 HP の以下の URL ページで無料配布しています。一切無料ですのでお気軽にダウンロードしてください。

https://www.goukaku-tensi.info/dl-schedule.html

第2節 二次試験に数学なしのパターン

◎英語、国語、社会、数学（共通テストのみ）、理科（共通テストのみ）
を受験する場合のサンプルプラン

🐎 1. 夏休み前まで

　夏休み前のメインとなるのは英語、国語（主に古典）、社会である。この3科目の基礎作り＋問題集をメインとし、他の科目はサブとして学習する配分で良い。

　<u>サブの科目の中では、特に数学に関しては、早い段階から少しずつ学習しよう。</u>教科書の例題レベルを、夏休みに入る前に解けるようにしておけばよい。

　理科の優先順位はまだ低いが、共通テストに準拠した参考書等を用いてつまみ食い的に全体像を掴んでおきたい。この時点で問題が解ける必要は全くなく、細部にこだわる必要もない。夏休みに入って初めて見る分野がある、という状況が避けられれば十分だ。

　現代文だが、この時点では入門的な参考書を一通りこなしておけばよい。むしろ、古文の文法や古文単語、漢文の句形などの、知っていれば確実に得点できる項目を優先して学習することが重要だ。逆に、夏休みに入ってから古典の基礎知識を習得し始めるのは社会との兼ね合いを考えると危険である。

🏃 2. 夏休み頃（7、8月）

　社会の比重を大きくしたい。ある程度夏休みで目途をつけておかない
と、秋から直前期にかけて社会に時間を奪われ、本来得点すべき英語や
国語に手が回らない結果になる。

　社会をメインとしつつ、英語、国語の基礎知識の確認・問題集での演
習は継続して欲しい。共通テスト数学は共通テスト過去問（共通テスト
過去問が一定程度蓄積するまでは試行調査問題、センター過去問、共通
テスト対策問題集等）の演習に入る人もいると思うが、あまり比重を大
きくする必要はない。わからないところがあれば、教科書に立ち戻って
学習する。裏技的な解法や公式の表面的な理解はかえって危険である。
また、共通テスト理科の対策については、共通テスト過去問（共通テス
ト過去問が一定程度蓄積するまでは試行調査問題、センター過去問、共
通テスト対策問題集等）に入っていきたい。沢山解く必要はなく、1週
間に最低大問を1つ解く程度でよい。正答率を気にする必要は全くなく、
一個も解けなくても問題ない。むしろ、解いた問題に関連する参考書(や
教科書）の該当部分の復習に力点を置いてほしい。

🏃 3. 9月〜

　この頃になると、各科目の全体像がある程度把握でき、今後の学習の
目途がついてくるはずだ。この時点ではどの科目も完成している必要は
ない。過去問演習を通して、基礎知識の補充に努めたい。

　この時期以降の科目ごとの配分は、おおよそ本番での配点と同じよう
な配分にすると良い。上記の受験生の場合であれば、英語、国語、社会
がメインになるはずだ。

　英語では、過去問を解きながら、並行して文法・語彙・英文解釈など
の基盤となる部分を確認していく。国語の古典も英語と同様である。過
去問を中心に据えながら、基礎知識を愚直に確認していく。問題を大量
に解いたり、スピードを追求する必要は全くない。現代文では過去問演
習を本格的に開始し、設問の意図を分析していく。同じ問題を何度も繰

り返し解き、文章のどの部分がどの設問に対応しているかを理解する作業が重要になる。

　社会科目だが、網羅系の問題集が解き切れなかった場合でも心配はいらない（もっとも、知識に偏りができるのは避けたいので、各分野を同じ程度「手を抜いて」問題演習を行っておきたい）。この時期からは、共通テスト過去問（共通テスト過去問が一定程度蓄積するまでは試行調査問題、センター過去問、共通テスト対策問題集等）を用いて、インプットとアウトプットを繰り返し、知識の拡充に努めよう。

🏃 4. 11月〜

　11月頃からは数学、理科の共通テスト過去問（共通テスト過去問が一定程度蓄積するまでは試行調査問題、センター過去問、共通テスト対策問題集等）に、より本格的に着手していきたい。1週間に1年分を目途に解き進めていこう。

　共通テスト前の12月頃は、およそ半分を共通テスト対策に充て、残りを二次試験対策に充てると良い。

　そして、1月に入ってから共通テストまでの数週間は、共通テスト対策に専念したい。ただし、完全に共通テスト対策に絞ると、共通テスト後に二次試験対策に移行するのが大変なので、割合としては多くても90％程度にして、少しずつでも二次試験対策は継続しておこう。

🏃 5. 共通テスト後

　共通テスト後は、当然ながら二次試験対策に専念する。これまでに過去問中心で学習していると、問題がすべて解けてしまう科目が出てくるかもしれない。そうならないよう直前に解く分を残しておくか、模試や問題集から同じレベルの慣れていない問題を選んで新しい問題に取り組むことは継続しよう。

　また、この段階でも教科書などの基礎に立ち返ることは面倒臭がらず行って欲しい。「今更教科書なんて」などとは考えない。すべての基礎になるのは教科書だから、この根幹に不安要素を残さないようにしよう。

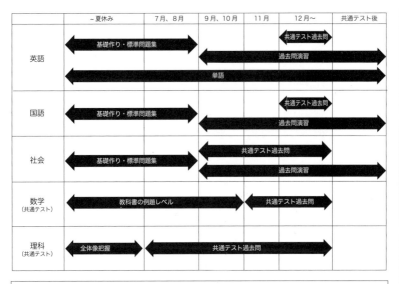

	～夏休み	7月、8月	9月、10月	11月	12月～	共通テスト後
英語	←基礎作り・標準問題集→				←共通テスト過去問→	
			←過去問演習→			
	←単語→					
国語	←基礎作り・標準問題集→				←共通テスト過去問→	
				←過去問演習→		
社会	←基礎作り・標準問題集→		←共通テスト過去問→			
			←過去問演習→			
数学 (共通テスト)	←教科書の例題レベル→			←共通テスト過去問→		
理科 (共通テスト)	←全体像把握→	←共通テスト過去問→				

※基礎の習得が遅れている場合過去問開始時期を遅らせてよい。

※9月の段階で基礎標準知識がすべて完璧になっている必要はなく過去問演習を始めた後も基礎知識の見直しは必要に応じて入試直前まで継続する。これが合格の天使メソッドポイントである。

「基礎標準知識の習得と過去問演習のサイクル学習」

「基礎標準知識を過去問基準で捉えなおす」

の真意。

＜無料ダウンロードページのご案内＞

　読者の皆さんには上記の白表をダウンロードできる特別ページへご案内します。

　本書を通読した後、各自の年間計画を書き込んでください。

　当塾公式HPの以下のURLページで無料配布しています。一切無料ですのでお気軽にダウンロードしてください。

https://www.goukaku-tensi.info/dl-schedule.html

勉強計画編／第1部
勉強計画編／第2部
勉強計画編／第3部
勉強計画編／第4部

─── **第4章** ───
私大文系受験生の
年間計画のサンプルプラン

◎英語、国語、社会を受験する場合のサンプルプラン

第1節 全体方針

　基本的に、国公立受験生と比べて科目数が少ないため、どの科目も毎日勉強することが可能である。とはいえ優先順位はあり、英語、社会は最優先である。残る国語だが、得点に直結する古典（大学によっては古文または漢文の片方しか出題されないこともあるので注意）では、基礎知識（文法・単語）を夏休みに入る前に一通りさらっておきたい。現代文に関しては週に1題程度、読解問題集に取り組む程度で十分である。ただし復習は短時間でよいので毎日するように。

　国公立の問題と比べ、出題される分野の偏りが大きく、また必要とされる知識についても同様に偏りが大きい。そのため志望校の出題形式は早めに把握しておこう。出題されない範囲や分野、出題形式の勉強をしてしまわないように志望校の過去問は早い段階で見ておくこと。

第2節 具体的計画

🏃 1. 夏休み前まで

　夏休み前のメインとなるのは英語、社会である。そして努力が得点に直結しやすい古典、この3科目の基礎作り＋問題集をメインとしたい。

現代文だが、この時点では入門的な参考書を一通りこなしておけばよい。むしろ、古文の文法や古文単語、漢文の句形などの、知っていれば確実に得点できる項目を優先して学習することが重要だ。

🏃 2. 夏休み頃（7、8月）

社会はある程度夏休みで目途をつけておかないと、秋から直前期にかけて社会に時間を奪われ、本来得点すべき英語や国語に手が回らない結果になる。

社会をメインとしつつ、英語、国語の基礎知識の確認・問題集での演習は継続して欲しい。わからないところがあれば、教科書に立ち戻って学習する。

🏃 3. 9月〜

この頃になると、各科目の全体像がある程度把握でき、今後の学習の目途がついてくるはずだ。この時点ではどの科目も完成している必要はない。過去問演習を通して、基礎知識の補充に努めたい。

この時期以降の科目ごとの配分は、おおよそ本番での配点と同じような配分にすると良い。

英語では、過去問を解きながら、並行して文法・語彙・英文解釈などの基盤となる部分を確認していく。国語の古典も英語と同様である。過去問を中心に据えながら、基礎知識を愚直に確認していく。問題を大量に解いたり、スピードを追求する必要は全くない。現代文では過去問演習を本格的に開始し、設問の意図を分析していく。同じ問題を何度も繰り返し解き、文章のどの部分がどの設問に対応しているかを理解する作業が重要になる。

社会科目だが、網羅系の問題集が解き切れなかった場合でも心配はいらない（もっとも、知識に偏りができるのは避けたいので、各分野を同じ程度「手を抜いて」問題演習を行っておきたい）。この時期からは、過去問を用いて、インプットとアウトプットを繰り返し、知識の拡充に努めよう。

🏃 4. 11月～

　過去問演習を徹底して行う。<u>過去問演習を通して、基礎知識の補充を行う学習を継続し知識・思考の精度を上げていくことが肝要。</u>

　この段階でも教科書などの基礎に立ち返ることは面倒臭がらず行って欲しい。「今更教科書なんて」などとは考えない。すべての基礎になるのは教科書だから、この根幹に不安要素を残さないようにしよう。

　各科目に言えることだが、基本に忠実に、地道な作業を厭わず何度も繰り返すことで合格の確率が上がっていく。<u>難問奇問に時間をとられずに標準的な問題を完璧にすること</u>を目標に日々の勉強に取り組んでいこう。

※基礎の習得が遅れている場合過去問開始時期を遅らせてよい。
※9月の段階で基礎標準知識がすべて完璧になっている必要はなく過去問演習を始めた後も基礎知識の見直しは必要に応じて入試直前まで継続する。これが合格の天使メソッドポイントである。
　「基礎標準知識の習得と過去問演習のサイクル学習」
　「基礎標準知識を過去問基準で捉えなおす」
の真意。

＜無料ダウンロードページのご案内＞

　読者の皆さんには前記の白表をダウンロードできる特別ページへご案内します。

　本書を通読した後、各自の年間計画を書き込んでください。

　当塾公式 HP の以下の URL ページで無料配布しています。一切無料ですのでお気軽にダウンロードしてください。

　　　　　https://www.goukaku-tensi.info/dl-schedule.html

第5章

的確な年間計画を立てるポイント

　年間のスケジューリングを考える際において最も大事なことをここに記しておく。

　当塾及び本書では従来のセンター試験の頃より一貫して、英語や数学（二次試験に数学がある場合）、理系の理科等について二次試験対策をベースに勉強を進めることをブレ無く推奨してきた。

　二次試験に近い思考力や応用力が問われる共通テストの施行により益々この方針は重要度を増す。実際に数学や理科の共通テストは二次試験の問題の性質に近づいている。

　大事なことは、各教科の本質的な理解やそこからの思考というものがどういうものかわかっているからこそ、大学入試が本来求めたい力が何であるかを明確に解明でき、かつそれへの的確な対策も解明できるのである。

　この点の詳細は各科目勉強法をご覧いただくとして、ここではその前提として非常に重要な核心を述べておきたい。

　弊社講師陣が本書に記しているスケジューリングや勉強法というのはすべて自身がその科目を受験しきっちりと高得点を獲得して合格しているという結果と実証に基づいて書かれているものである。

　すなわち、受験期という限られた時間で二次試験対策も共通テスト（センター試験）対策もしなければならない場合に戦略上この両者の折り合いをどうつけるべきなのかを示したものである。

・難関大学の英語の二次試験のバラエティーに富んだ問題や記述・論述答案で目標得点・合格点を獲得することの難しさ
・難関大学の数学の二次試験の論述答案や問題できっちり合格基準を満たした答案を書くことの難しさ
・難関大学の理科の二次試験対策には時間が必要であること、論述答案できっちり目標得点・合格点を獲得することの難しさ

等、**これらの様々な要素およびその的確さは限られた受験期の中で実際に当該科目を自身が受験して結果を出していなければ決してわかることではない。**

　これらの要素もすべて勘案し、実際にきっちりと最高峰突破という結果を出している弊社講師陣が自身の結果はもとより、多くの受験生のデータも分析したうえで、スケジューリングや勉強法の大枠を提供しているのが本書である。

　読者の方の中には弊社講師陣を「もともとできる人は違う」、だから自分は特殊な計画を実践しなければならないと考えている方もいるかもしれない（もちろん本書に示している年間計画はあくまで大枠・目安であって個人個人の状況に応じて組み直していただきたい。例えば英語、数学で中学レベルの基礎知識が大きく抜けているのであるならばまずはそこから取り組まなければならない）。

　しかし、仮に「もともとできる人は違う」（これは大学受験においては真実ではない）と考えてしまう方がいるとするなら大事なことをお伝えしておきたい。

　あなたが仮定する「もともとできる人」が英語や数学、理科に関して共通テスト（従来のセンター）対策メインの学習では「二次試験で合格点を獲得する基礎力を十分につけることができない」「対策が間に合わない」のに、どうして「もともとできる人ではない人」がその方法で基礎力をつけたり間に合わせたりすることが可能なのか？
　また本来経るべき過程（例えば標準問題集をやるべき科目についての

標準問題集）をショートカットしてどうして受験基礎力がつくのか？

　あなたが考えている前提自体、論理が破たんしていることは明白である。

　本書を執筆・監修している 30 名超の東大理三合格講師陣、東大数学 120/120 点や 112/120 点という驚異的得点を獲得している東大トップ合格講師陣という結果的に受験数学を極めるまでに至った講師陣でさえ、共通テスト（従来のセンター）対策メインでは、二次試験で合格点を獲得する基礎力を十分につけることができないし、対策が間に合わなかった恐れもあるのだ。

　弊社講師陣の圧倒的な実績からすれば、奇をてらったスケジュールや特殊なカリキュラム、勉強法を謳えば本も飛ぶように売れるであろうし、受講生であふれかえるであろう。

　しかし、受験戦略やスケジューリング、勉強法さらには受験指導というものは「受験生が合格するために最善のものを提供する」ということを第一に考えるべきであり、弊社はそれをブレなく貫いている。

　したがってここには科目特性と試験の性質・問題特性をきっちりと踏まえた明確な理論と根拠があるということを見抜いていただき第一志望校合格へ向かっていただきたい。

合格の天使メソッドポイント

　受験期という有限な時間と問題特性・科目特性を最大限考慮した実践と結果と分析に基づいた戦略と計画がここにある。

　本書では二次試験や共通テストの問題の性質や科目特性をきっちり考慮してスケジューリングや勉強法を記している。大事なことは最終目的である合格を確実に果たすこと。そのために大事なことは、サンプルプランで示したように、目先の結果や模試等での得点を闇雲に早い段階で追い求めることではなく、共通テストでも二次試験でも高得点を取るために限られた時間内で最大効果を追求することに主眼を置かなければならないということである。最終合格を果たすためには目先の小益に惑わされてはならないし、本質を逸脱した安易な方法・奇をてらった方法に逃げては結果が出ない。

第3部
計画の実践と軌道修正のポイント

- ●最初から自分が立てた計画をすべてこなせる人などいない。
- ●最初からすべてを完遂できる計画を立てられる人などいない。

これが受験勉強計画の現実である。

したがって、大事になってくるのは計画の実践とその過程における軌道修正である。

合格の天使メソッドポイント

人間、常に集中力・やる気を最大に持って頑張るのは難しい。

しかし、合格に必要なものを得るために日々の勉強の中で高度なやる気や集中力を保つ必要はない。また、計画をこなせない理由を精神論に持ち込むべきではない。

適切な勉強法で進めるのであれば、やる気があろうがなかろうが、得られる効果は概ね維持される。したがって、「やるか / やらないか」が問題なのであって、「やる気がある / ない」はあまりこだわる必要はない。

とは言っても、勉強が手に付かないほど気分が乗らなかったり、用事があって予定がこなせなかったりする日は必ずある。そこで無理をし過ぎると、その反動でさらに悪い事態になってしまう恐れがある。受験勉強期間で継続的に勉強をするためには、無理は禁物である。最終的な目標は「予定をこなすこと」ではなく「志望校に合格すること」なのだから、自分がこなせる範囲の中で、余裕を持った計画を立てることが継続的な計画の実践に結びつく。

第1章

計画の実践と軌道修正のコツ

　勉強計画編　第1部　で記したように日々実践する計画には2つのパターンがある。

● 中期計画を1週間単位で落とし込むパターン
● 中期計画を1週間単位に落とし込みさらにそれを日々の計画にまで細分化するパターン

の2つである。

　この章ではこの2つのパターンそれぞれについての計画の実践と軌道修正のコツについてお伝えする。

第1節　中期計画を1週間のスパンで落とし込む計画の場合

【合格の天使　東大理二「首席」合格⇒東大医学部医学科講師からのアドバイス】

　予定をこなしていって、終わったものについては順次印をつけるなり×をつけるなりしていくと良いです。こうすることで、たとえば1週間半ばくらいに、予定をすべてこなすことができそうなのか、ペースを上げる必要があるのかなどがわかったりします。また、科目間のバランスにも気がつくことができ、どの科目に最近触れていなかったのか、などといったこともわかります。そして、終わったものに印をつけていく作

業が、私にとっては地味にモチベーションの維持に役に立ったりしました。

　そして、やることリストの量が多すぎると感じたら翌週から少し減らすとか、少なすぎたら増やすとか、とにかく自分が良いペースを維持できる分量に保つことが長期にわたって息切れしないためのポイントです。その週で終わらなかった分は遠慮なく翌週に持ち越しましょう。

第2節　中期計画を1週間からさらに1日に落とし込む計画の場合

【合格の天使　東大理三合格・東大医学部医学科講師　槇からのアドバイス】

　毎日行うことを決めてはいましたが、やる気がなかったり用事があったりして、終わらせられなかった日も多くありました。私の場合は、あらかじめそういう日があることを見越して、1日ごとの割り当てを決めるときに余裕を持って終われるよう計算していました。

　たとえば、90問ある問題集を1ヶ月で終わらせるという中期目標を立てたとします。このとき、「1日3問解く」という計画にしてしまうと、できない日が少しでもあったら予定を完遂できません。予定を完遂できないというのは非常に焦りを感じるものですし、モチベーション維持としても良くありません。したがって、この場合なら「1日4問」と余裕を持った計画にしておけばよいのです。これなら、できない日が数日あっても問題ありません。

　また、1日の計画の中で「最低限やること」と「できればやること」の2段階で決めておくのも良い手だと思います。あまり勉強の進まない日は「最低限やること」だけを済ませてあとは気分をリフレッシュすれば、あまり罪悪感や未練を残さずいられると思います。

【合格の天使　東大理三合格・東大医学部医学科講師　安藤からのアドバイス】

　1ヶ月単位くらいの計画から計算した1日あたりの問題数のだいたいの目安は認識していましたが、自分はノルマを月単位より細かくするとできなかったので目安は目安で置いておいて1日1日は好きなことを好きな分量やっていました。

　ただ毎日やる必要があると考えたものは毎日のノルマとして設定していました。たとえば数学は感覚の醸成のため一定数以上の問題を毎日解くようにしていました。これは中期計画を落とし込んだものではありません。計算練習や英語長文なども同様です。

　また、得意科目など意欲的に勉強に臨めるものはノルマをあまり細かく設定すると勉強そのものでなくノルマをこなすことが目的になってしまい意欲が阻害されるように思います。このような科目では進捗のチェック点をある程度大まかにとったほうが日々の学習の際に意識されにくく、また自ら進めている感があって学習を進めていきやすくなるのではないでしょうか。

　一方でやりたくないことはなるべく実行手順を具体的に決めてしまうべきです。この問題集を何問、このタイミングで進めるというのを具体的に決めておいて、実行段階で迷うことがないようにすべきです。そうすれば機械的にノルマをこなすことが容易になります。これは自然と1日ごとのノルマを決めることになります。

　このように、科目やタスクの内容、目的によってノルマ管理の時間枠を使い分けることも重要ではないかと思います。

第2章
ノルマを達成できない時は 原因を分析せよ

どんなに優れた勉強計画でも実践できなければ優れた計画の立て方を知らない人と同じ成果しか生まない。

優れた受験戦略に基づいた計画の立て方について皆さんは本書で手に入れている。あとはそこから導かれた計画を継続的に実践すれば結果は自ずとついてくる。

計画を実践できない場合というのは以下の2つに大別できる。

●そもそも勉強に取り組めない場合
●時間をかけているのにノルマが達成できない場合
の2つである。

以下、それぞれの原因と対処方法を説明する。

第1節 勉強に取り組めない場合の原因と対処

計画を立てて一生懸命頑張ろうと思ったのに勉強に取り組めなくなってしまったという場合、やる気や精神論の問題に逃げ込むべきではない。精神面の問題を理由にすると「頑張ろう」で思考が停止してしまいやすく、有効な対策を打ちづらい。そうしてしまった時点で建設的な改善策は得られなくなる。

この場合は、
- ●計画が重過ぎる
- ●ゴール設定が曖昧である

という原因とその対策へ目を向けるのが得策である。

🏃 1. 計画は最初緩すぎるくらいでいい

計画を立てて一生懸命頑張ろうと思ったのに勉強に取り組めなくなってしまったという場合、その原因は「計画が重過ぎる」ことにある場合が多い。

自分で計画を立てるとどうしても高望みしてしまい、実力やリソースをいっぱいに使った（あるいはそれ以上の）計画にしてしまいがちになる。自分以外にチェックしてくれる人がいれば問題ないが、一人で進める際は厳しい。

一人で進める際、計画は、はじめは緩すぎると感じるレベルで組んでいくとよい。最低限の基準でいいのでノルマを設定して、きちんと達成していくようにしよう。そして週ごとや日ごとなどで振り返ってノルマの負担を評価し、余裕があるなら少しずつ増やしていこう。こうすると達成感が原動力となり次第にペースアップしていける。

逆に高すぎる目標を立てて頓挫するというのを繰り返していると負け癖がついてしまい、計画をこなせないことに対する忌避感が失われてしまう。これは絶対に避けたい。計画は（多少厳しくてもいいが、少なくとも）必要最低限の量に裏打ちされていなければならない。必要のない、正確に言えば必要を感じていないのに重たい計画はまず達成されない。

🏃 2. ゴール設定を明確に

勉強にうまく取り組めず計画を達成できないもう一つの原因として、ゴール設定が曖昧ということが挙げられる。

「目標達成のためには今やるべきことをやることが必要で、それをやることで一歩ずつ近づいている」というような実感が必要だ。

そしてそのためには目標地点の具体化が必要である。教科ごとの目標得点を決めたり、過去問を解いてみたり（最終的に解いていく問題内容を具体的に知る）するとよい。

重すぎる目標を立ててしまうケースも、このゴール設定が曖昧であることが多い。常に自分の全力を出せればこのくらいできるだろうという計画は、明確に設定されたゴールから逆算するという発想のない場合に生じる。

第2節　勉強時間を確保しているのにノルマが達成できない場合

十分な勉強時間を確保しているのにノルマが達成できない場合、
●勉強への取り組み方の効率が悪い
●そもそもの計画に無理がある
のどちらかである。まずは、自分の勉強方法を見直してみよう。

🏃 1. 様々試行錯誤してみる

勉強への取り組み方の効率が悪い場合、勉強する環境を変えてみたり、勉強をする教科の順番、休憩の取り方など少し変えてみたりするだけで、作業効率が上がるときもある。
まずはこの点について試行錯誤してみよう。

勉強計画自体は根拠を持って立案しているものの実行の方法にはあまり意識が向けられていないということは多く、改善の余地がある確率が

高い。だから安易に計画自体をコロコロと変える前に、まずは自分の取り組み方自体に検証を加えてみることが大事である。

🏃 2. 計画と自分の実力に齟齬がないかを検証する

　様々試行錯誤をして、それでもどうしてもノルマを達成できないのならば、無駄な勉強をしていないか、現状の実力に対応していない難しい問題集や参考書をやっていないか等、勉強の段階を飛ばしていないかを振り返ってみよう。

　ここに問題がある場合は長期計画そのものを見直す必要があるということを意味する。

　基礎から段階を追って勉強をすることは一見、合格という目的地に対して遠回りに思えるが、実は相当な近道であるということは認識しておいてほしい。

　第1節、第2節いずれの場合であっても、計画修正で重要なことは「(問題の所在を明らかにする⇄原因を探る) →対策を考える」というプロセスを踏むことである。

　計画が進まないという問題が生じたときにはまず時間をかけているかという点を判断すべきと述べたが、これは「計画が進まない」という問題を具体化、明確化する第一歩である。すなわち時間をかけているのに進まないことが問題なのか、時間をかけられないことが問題なのか、「計画が進まない」という問題の原因を探り、分析しているのである。

　まず問題の分析により着手が容易になる。「計画の進みが悪い」という問題は漠然としているためわかっていてもなかなか対処法を考えることが難しいが、例えば「帰宅してから夕食までの時間の勉強の進みが良くない」くらいまで具体的になればこの時間にやることを決めておくとか科目を負担の少ないものに変えるとか帰宅する前に間食をとるとか対

勉強計画編／第1部　勉強計画編／第2部　勉強計画編／第3部　勉強計画編／第4部

策を考えやすい。

　同時に、問題分析により対策がより効果的になる。例えば「帰宅してから夕食までの時間の勉強の進みが良くない」というのが問題であるのに他の時間の学習環境を変えてみても直接的な意味はない。問題点の分析が不十分だとこのような的外れな対策を講じてしまいやすい。

　また、「帰宅してから夕食までの時間の勉強の進みが良くない」という問題の原因を考え、「帰宅時は疲れているのに計画では苦手な科目の演習を振っていた」ことが問題だったというようにさらに明確に分析できれば、その時間は軽いタスクをこなす時間にするとか帰宅で疲れないよう通学手段を自転車からバスにするなど上にあげた対策よりもさらに精度の高い対策を実行できる。

　このように、問題の分解と具体化により具体的な対策を思いつきやすくなり、かつそれらの精度が向上する。だから試行錯誤をする前に必ずこの過程を経るべきである。なおこの手法は数学など入試問題の解法でも有用である。

　問題の解決策には優先順位をつけるべきである。実行の容易さと効果から判断すればいい。対策の効果の評価は、上述のような問題分析のプロセスを踏んでいれば可能であろう。優先順位の高いものから取り組むようにすれば改善までの道のりを最小化できる。

第4部
当塾講師陣の計画の失敗談とアドバイス

1. 東大理三合格講師　正門（地方公立高校⇒東大理三現役合格講師・センター試験864/900）の受験生時代の計画の失敗談

　高校1年生の春休み、自分の学力に不安を覚えた僕はとにかく量をこなそうと思い、1日10時間を目標に計画を立てていきました。人によって1日に集中できる時間は違うとは思いますが、1日に10時間というのは僕にとってかなり長く、10時間のうちだいたい2、3時間はただ漫然と机に向かっているだけで携帯を頻繁に見てしまったり、意味もなく何度も計画を立て直したりと、集中できていませんでした。

　勉強量を確保することは大切ですが、時間で確保しようとするとどうしても質が悪くなりがちだと思います。それよりは何をやるべきなのかということを明確にしてそれを終えれば今日の勉強は終わり、という風にしたほうがモチベーションとしても勉強の質としても高いところで維持できました。ですので、計画を立てるときには、例えば数学を3時間というふうに立てるのではなく、その3時間でやろうとしていること（この問題集の何番から何番までなど）を具体的に定め、3時間経っても終わらなければ、翌日に持ち越し適宜計画を修正し、3時間より早く終わっても、それで数学は終わりとするというやり方がオススメです。

🏃 2. 東大理三合格講師 安藤（地方公立高校⇒東大理三現役合格講師・センター試験877/900）の受験生時代の計画の失敗談

　私は高1の時から勉強の大雑把な計画を立てていて、長期休業の時などは特に、何か目標を立てて学習しようとしていました。この頃は大変意識が高かったので、例えば高1のうちに物理のインプットを『新物理入門』（かなり高度な参考書）で終える、など大分先取りを意識した計画や目標を立てていたように記憶しています。ですがそれらはほぼ全て実現しませんでした。この理由は、結局、このくらいできたらいいなという理想を書いて終わっていたからだろうと思います。つまり、計画自体が入試までの日程から逆算したものではなく、また、計画を進捗状況に合わせて修正することもなかったからだと思うのです。残り日数をもとにした、リアリティのある計画を立てられるようになったのは高3くらいからだったと思います。その頃からは、進み具合をもとにした計画の修正も適時行うようになっていったので、進捗が計画と乖離するようなことはなくなりました。

🏃 3. 東大理三合格講師 江尻（地方私立高校⇒東大理三現役合格講師・センター試験868/900）の受験生時代の計画の失敗談

　私は高2の夏休みの初めに勢い込んで各教科かなり分量の多い計画を立ててしまい、その時に自分が1日に勉強に集中できる時間に見合っていなかったためか夏休み半ばで挫折してしまいました。そこからは自分の可能な勉強時間のなかで収まるように量を調節して計画を立てることにしました。集中できていない勉強はしていないのと同じなので、現時点で自分がどのくらい集中力を保てるのかは意識的に知っておいたほうが良い計画が立てられると思います。

勉強法編

勉強法　総論

🏃 1.　基礎から過去問へとステップを積もう

　最終的には志望校の過去問演習を繰り返すのが、受験戦略編で説明した「志望校特化型得点脳」形成のために最も効率的な勉強法である。しかし、いきなり過去問を解けと言われて解けるものではない。過去問を解いて、解説を理解できるようになるため、教科書を一番下の土台として、基礎を積み重ねなければならない。

🏃 2.　教科書レベルの基礎の身につけ方

　現役生は当然ながら、学校の授業に真面目に取り組むのが、基礎を身につける最良の手段である。教科書レベルの事項を理解していなければ、いくら受験向けの問題集を解いても得るものは少ない。スタートの時点で、大きな差ができるのである。

　独学で基本を身につける場合でも、主軸となるのは「教科書」である。進め方としては、インプットとアウトプットを並行して行うことを意識してほしい。これは以降の参考書活用、過去問演習でも重要である。

【基礎の習得における教科書学習のすすめ】

　合格の天使では問題集・参考書学習を主眼とする世の中の勉強法と異なり、基礎の習得に関して現役生、浪人生、社会人受験生を問わず教科書学習をおすすめしている（科目によって若干の違いがあるのでその点は各科目勉強法も参照）。

　参考書というのは、教科書に比し著者が自由に書けるもの。

その点で教科書よりわかりやすい部分があるものもあるが、しかし弊害もある。

それは、

・受験知識として必要なこと以外が多く書かれがち

・分野に偏りがある

・著者の考えやクセによってある部分はわかりやすいがある部分はわかりにくい（詳しくない）という形になってしまいがち

という欠点があるものもあるから。

これはあくまで教科書と比較した場合の、比較での欠点なので、教科書の特性についても考察してみよう。

教科書の特性として

・高校履修範囲について過不足なく触れられている。

⇒共通テストでは当然だが、大学受験の試験問題は原則としてこの範囲から作成される。

知識の上限が定まっているので教科書をやりすぎて試験に落ちたという馬鹿なことは絶対に起こらない。参考書のように不必要な情報が多いものに比べ、不必要なものがないのが教科書なのだ。

・教科書として一般に使用されているものは、検定教科書としてしっかりとしたチェックを受けているので、分野に偏りがないように作られている。大学入試問題の基礎となる高校履修範囲についての偏りがないのだ。受験基礎をまんべんなくつけるという観点から優れている。

・上記理由から、著者の偏った見解や興味のある分野だけ詳しかったり、ページ数を割いたりという個人的な主観が入りにくいのが教科書。

以上の理由から、現役生であろうが浪人生であろうが、再受験生であろうが、受験基礎をつけるのには教科書をすすめる。

さらに教科書のメリットを付け加えると、

・教科書の構成は読み進めることにも配慮して構成されているという

こと

⇒したがって理解するという点で優れている

・全受験生共通の知識であるということ

⇒したがって出題側の大学も当然教科書で扱っている知識を基礎として
問題を作成するということ

もちろんどうしても教科書が合わないとか、参考書がいいという人には強制はしないが、既に参考書で勉強を進めている方は上記弊害に配慮して進めてくだされば結構だ。

ただ、高校1、2年生や問題演習に入るための基礎を固めたい高校3年生は、教科書や教科書傍用問題集を中心に勉強を進めることで問題はない。安易に参考書を買う必要も使う必要もない。浪人生や社会人受験生でどうも基礎知識の学習がしっくりこないという方は教科書の利用も視野に入れてみてほしい。

安易に参考書を利用する必要はない。

いろいろ迷ったら教科書をしっかりやっていただきたい。

それで受験基礎をつける手段としては万全である。

まず教科書、あるいはそれに準拠した同レベルの参考書を手に入れよう。教科書は通販や、教科書販売店で買うことができる。それに加えて、教科書傍用問題集など、基本レベルの問題集を用意すると良い。教科書を読み進めながら、読んだ単元に関する基本問題を解いていくのである。このようにインプットとアウトプットを交互に行うことで、問題に使える形として知識を身につけるのが可能になる。

教科書を使う場合は教科書ガイドを併用することをお勧めする。教科書の問題を解いてインプットとアウトプットを的確に行っていくためには解答やプロセスを確認する手段が必要になるからである。

注意：教科書にはレベル・内容に大きなばらつきが出ないように検定

制度というものがある。そして教科書のレベルの違いというのは章末問題、例題等扱っている問題のレベルに若干の差があるという違いにすぎない。扱われている内容に大きな差があるわけではないのだ。したがって基礎を身につける段階で教科書の差、違いを気にする必要はない。

教科書レベルの事項が身についたら、勉強計画編で述べた通り、標準レベルの問題を網羅した問題集を使って、受験標準問題のパターンと、それに対する解き方を習得しよう。習得の手順については以下に説明する。

🏃 3. 問題集・参考書の効率的な活用法

勉強する際に重要なことは「どの問題集・参考書を使うか」以上に「いかにして問題集・参考書をフル活用するか」である。問題集・参考書をフル活用する方法は科目ごとに大きな差異がある訳ではないので、はじめに総論として述べておきたい。この話は科目ごとに何度も繰り返し出てくるが、それだけ重要なことだと理解していただければ幸いである。

なお、「どの問題集・参考書を使うか」についても一応本章で触れており、おすすめの問題集・参考書もいくつか挙げているが、あまり詳しくは説明していない。参考書を列挙した本は無数にあるので、定評のあるものを使えば良いというのが合格の天使の考えである。多くの人が薦める参考書は、それだけ内容に偏りや癖のない、「しっかりした」参考書ということである。よって本書で挙げる参考書も、一般的に評価の高いものを紹介しているに過ぎない。大事なのは参考書の活用法であって、参考書マニアになっても意味は無いのである。

また、合格の天使の提唱する勉強法は、何度もお伝えしている通り、問題集・参考書について闇雲に回数を多くこなすことや冊数を多くこなすことに主眼を置いた多くの勉強法とは大きく異なり「過去問こそが最高の問題集であり参考書である」という理念を貫いている。したがって

使用する問題集・参考書自体、最小限のものから最大限の効果を得ればいいという考えであるので極めてシンプルにおすすめ問題集・参考書を掲載している。

　一定の評価があり、レベル・内容が同じような参考書・問題集であれば、あとは自分の好みで決めてしまって構わない。解説の書き方、レイアウト、雰囲気が気に入ったものを選ぼう。以下に述べるように、参考書・問題集は何周もして長く付き合うものだから、フィーリングも大事な要素である。

(1) 一つの役割の参考書は一種類を徹底的にやりこむ！

　たとえば「数学の標準問題を網羅した参考書」を選ぶときには、まずは、『1対1対応の演習』と『チャート式』を両方ともやるのではなく、どちらか一方を何周もしたほうが良いという意味である。同様に、英単語帳や古文単語帳を何種類も買ったりするのは得策ではない。同じような内容のダブった参考書を何冊もこなすのは非効率的であり、これと決めた1冊をまずしっかりマスターするべきである。

　では、1冊をやりこむためには具体的にどうすれば良いだろうか。

(2) 参考書はなるべく何周かして、わからない箇所がなくなるようにする！

　すなわち、ある参考書を丸ごと頭の中に入れてしまうということである。参考書や問題集というのは、その科目・分野の内容が体系的にまとまった本であるから、それを丸ごと頭に入れてしまうことで、その体系を吸収でき、知識の整理がしやすくなる。

　頭の中に入れるといっても、問題や解答をすべて暗記するということではない。その参考書で解説されている知識、考え方、問題へのアプローチをすべて理解し、自分の物として使えるようにするということだ。すなわち、「一般化脳」を通して一般化したエッセンスを抽出し蓄積するということである。どの問題についてもあやふやな箇所がなく、他人に

根本的な解説ができること、それを以って「その参考書をマスターした」ものと考えて良いだろう。

　参考書のレベルにもよるが、中々1周だけでマスターできるものではない。2、3周繰り返してはじめて、すべての内容を吸収することができるのである。それではどのように周回を重ねていけば良いだろうか。

(3) 間違えた問題は必ず印をつける！
　参考書を何周もするのは非常に時間の掛かる作業である。そこで大事になってくるのが、いかにして時間を有効活用するかである。解ける問題を何周もやっても仕方がない。2周目以降は、解けなかった問題を中心に取り組んでいくことで、解けない問題を減らしていくのが、効率の良い取り組み方である。
　そのためには、「解けなかった問題、不安の残る問題をマークすること」が必要になる。2周目に問題を見た際、どの問題に取り組むべきかを一目でわかるようにしておこう。
　「全くわからなかった」「なんとなくできたけど不安」「完全に理解した」などと段階をつけても構わない。□、△、○などの記号を問題の横に書いていくと良いだろう。小問に分かれる場合は小問ごとにもつけたほうが良い（小問同士の関連があるので、解き直しはすべての小問をもう一度解くようにしよう）。
　言うまでもなく、これは問題集のみならず単語帳の類でも重要なテクニックである。

(4) 答え合わせはその場で！
　では、間違えた問題は印をつけて終わりで良いかというと、そんな訳はない。
　間違えた問題について、解説を読んで不足している知識・考え方を分析し補うのが一番効率の良い学習方法である。勉強においてこのときが一番成長する段階である。したがって解説は念入りに読み、必要に応じ

てノートに書き写したりメモをとったりしよう。

　昔、夏休みの課題で問題集を解いて提出させられた人もいると思う。提出直前になって慌てて全部の問題を丸付けした人もいると思うが、それは受験勉強では得策ではない。大問一つ解き終わるごとに答え合わせをしよう。まとめて答え合わせをすると、そのときには問題を忘れていて、答え合わせの効果が薄れるのだ。

(5)「どうしてできなかったのか」を分析しよう！

　前項で説明したとおり、できなかった問題の解説から、自分の不足している知識・考え方を分析し吸収しなければいけない。したがって、単に解答を写すだけ、間違いを赤で直すだけでは不十分である。その問題を「どうして解けなかったのか」「何を知っていれば解けたのか」ということを分析することで、自分にとって足りていないことを参考書から学べるのである。

　参考書や問題集には、「ポイント」「注目！」などとして、その問題で大事なことが説明されている。そういったポイントは、確かにそこで躓く受験生が多いので大切なことではある。しかし、今問題を解いた「自分にとって」それが大事かどうかは、自分自身にしかわからないのだ。解答のうちの別の部分が発想できず解けなかったのかもしれないし、数学ならばちょっとした式変形の中に、自分に足りていなかった発想を見出すかもしれない。

合格の天使メソッドポイント

　あくまで「自分にとってのポイント」を考えなければいけない。自分がその問題でどこまで考えることができて、どこが発想できなかったのか、何が足りなかったのかを、自分の答案と解答を見比べながら分析することが必要である。

したがって先に述べたノートやメモ書きは、その分析により得た知識・考え方を「自分の言葉」で記していくことになる。よってそこに記されたものは単なる「間違えた問題と正しい解答」の寄せ集めではなく、そのノートやメモだけを読んでわかるような、一般的な知識事項や考え方の集積になるはずである。

🎯 4.　網羅系問題集（標準問題集）の本当の有用性

　網羅系問題集（受験標準問題集）をこなすには一般に時間がかかるので、その存在意義や有用性を誤解・曲解されがちである。しかし、網羅系問題集は、実際に出題された過去問から頻度の高いものを体系的に抽出・整理しているため入試で問われる基礎標準知識を効率的に習得することができる。反面、この過程を飛ばすと本来得点すべき第1〜2類型の問題（受験戦略編参照）で得点できず致命的な差になるのでぜひこなしておきたい。またこの過程は**「一般化脳」**理論を通して一般化したエッセンスを抽出・蓄積する過程であるため、この過程が十分でないと最終目標である優れた「得点脳」を形成する道具を十分に得ることができない。

　もちろんすべての科目で網羅系問題集が必要というわけではない。詳細は後述の各科目勉強法の部分をしっかりと読んでいただきたい。

　受験生の中にはこの部分をしっかりとこなしていないのに予備校の各種問題や志望校以外の過去問をいろいろ集めたりして代用しようとする人もいる。

　しかし以下の3点をよく考えてほしい。

【第1点】

　網羅系問題集（受験標準問題集）自体、そもそも実際に出題された過去問から出題頻度の高いものを体系的に抽出・整理したものである。そして一定の評価がある網羅系問題集（受験標準問題集）が扱っている問題の分析と抽出・体系化にはその教科の実力ある先生方が、多くの経験

と労力と時間とデータをつぎ込んでいる。したがって個人や数人がどんなに頑張ってもその的確な網羅性には到底及ばない。またこの観点から制作側の独りよがり、自己満足なものではないという客観性も担保される。これらの観点から網羅系問題集（受験標準問題集）は受験標準知識＋一般化されたエッセンスを的確かつ効率的に習得できるという点で優れている（もちろん自身の志望校の問題のレベル以上のものを使う必要がないことは当然の前提）。

【第2点】

　網羅系問題集（受験標準問題集）は「受験標準」と称されるように実際に様々な大学で出題された過去問の「ひねり」や「癖」を除いた形で問題が修正されていることもある。

　この部分を捉えて網羅系問題集（受験標準問題集）をなぜか批判する人もいる。

　しかし、網羅系問題集（受験標準問題集）から特殊な「ひねり」や「癖」に対応する力をつける必要はないし、そもそも網羅系問題集（受験標準問題集）はそれを意図していない。

　これは本書の中でも再三述べてきている合格の天使が提唱する「過去問至上主義」の核心にも関連する重要事項であるので以下をしっかりと読んでいただきたい。

　再三お伝えしてきているが、最終的に受験勉強のメインとすべきは『志望校』の過去問（＋共通テスト受験生であるなら共通テスト過去問）である。そして志望校の過去問というのは「志望校対策に特化した最高の問題集」である。

　数学を例にとると「ひねり」や「癖」に対処できるようにするということは、数学一般の問題の特殊な「ひねり」や「癖」に対処できるようにすることが重要なのではない。あなたの志望校の問題（＋共通テスト受験生であるなら共通テスト過去問）の「ひねり」や「癖」に的確に対処できるようにすることが最も重要なことなのだ。これが合格の天使が

提唱する「過去問至上主義」の真意である。

　志望大学以外の傾向が全く異なる他大学の過去問をいろいろやり、志望大学以外の問題の特殊な「ひねり」や「癖」に対処するための英語力や数学力、国語力、物理力、化学力等に時間をかけてあえて習得する必要など合格のためには必須ではないのである。この部分は「万能型得点脳」と「志望校特化型得点脳」の理論の部分を読み返していただきたい。

　網羅系問題集（受験標準問題集）というものを本書の体系の中で正確に位置付けると、志望校の過去問分析・過去問演習を的確に行うために必要不可欠な前提としての、受験基礎標準知識と「一般化脳」理論で説明した、標準問題集から一般化されたエッセンスを抽出・蓄積するためのツールということである。

　これなくして志望校の過去問分析・過去問演習を的確に行うことはできない。志望校の問題特性に応じた「志望校特化型得点脳」の形成の前提は一般化されたエッセンスの運用・適用だからである。この得点脳を形成するためには網羅系問題集（受験標準問題集）をまず1冊だけしっかりとこなし、あとはできるだけ早く志望校の過去問分析と過去問演習に十分な時間をかけるべきなのである。

【第3点】

　志望校の過去問演習とその後の十分な過去問分析を行ったうえで、受験戦略編でお伝えした、
- ●「試験問題の3類型・難問の2分類」理論
- ●「得点戦略」理論

をすべて考慮して、「志望校特化型得点脳」をもっと鍛える必要があると判断される場合に初めて、別の標準問題集を追加するという手順をとっていただきたい。

　この段階になって初めて複数の標準問題集や似た傾向の他大学の過去

問を利用するという選択肢をとるべきなのである。この選択肢をとる場合には、出来れば実力が高い人から、まずそもそもあなたが志望校の問題で十分な得点が得られないのはその問題集だけでは「志望校特化型得点脳」を形成するための演習が足りないのかの分析をしてもらうことが必須である。

次に、志望校の問題の性質を分析してもらい、それに応じた問題集や他大学の過去問を選別してもらうのがベストである。なぜならこの部分が抜けてしまうと結局、幻の「万能型得点脳」を得ようとする勉強と変わらなくなってしまい、多くの努力と時間を浪費することになるからだ。また合格も遠のいてしまうということは十分知っておいていただきたい。

🏃 5.　答案の大切さ

よく数学の勉強でありがちなこととして、「普段の勉強では途中計算だけをノートに書いて、答えが合っていたらそれでOK」という進め方である。数学に限らず、このような考え方は良くない。

どの科目でも言えるが、普段の学習の中でも本番と同様、採点されるつもりで答案を書くべきである。数学・理科であれば、言葉による説明や細かい記述を「わかってるから」と省略せず、しっかり答案にすることを意味する。英語なら、記述問題でキーワードだけ書いて終わらせるのでなく、和訳問題ならしっかり一つの文として答えを作ることなどである。

極論を言えば、入試で見られるのは「問題が解けるかどうか」ではない。「問題を解けることを、採点者にわかってもらえるか」なのだ。採点者は受験生の頭の中ではなく、答案を見て得点を決めるのだから当たり前の話である。受験生は、答案を通じて採点者とコミュニケーション

をしているのだと思ってほしい。

　それならば、問題を解く能力だけでなく、それを答案に表現する能力も必要なのは言うまでもない。普段の学習で答案作成をないがしろにしている人は、その表現力の鍛錬を怠っていると考えよう。いつもはメモだけ書いていて、本番でいきなり的確な答案が書ける、ということはあり得ない。

　また、特に理系科目ではそうだが、自分の考えを整理して、ポイントとなる考え方を定着させるという意味でも、答案をしっかり記述することは効果的である。答案をしっかり書き終えてはじめて「問題を解いた」と言えるので、そのつもりで学習に臨もう。

合格の天使メソッドポイント

　答案は採点者とコミュニケーションをするもの＝採点者に出す『手紙』と同じ！

　答案は「問題が解けるか」を示すものではなく、「問題を解けることを採点者にわかってもらう」という意識が大切。

---

6. 時間を計って問題を解くべきか

　特に二次・共通テストの過去問演習の際に、時間は計ったほうが良いのか、という疑問を持つ人が多い。答えとしては、「直前期は計って解くが、それ以前の演習では不要」である。過去問の大切さは本書で繰り返し説いているが、**意識としては「過去問集」でなく「志望校対策に特化した問題集」＝「志望校特化型得点脳」を形成するためのツール**だと考えてほしいのである。だとすれば、限られた時間の中で焦って問題を解くよりも、じっくりと考えて問題に取り組み、解説を読んでしっかり理解するという進め方をしてほしい。少なくとも１周目に解く際は、時間は気にせず取り組むようにしよう。

　共通テストでもそれは同じで、時間を計って解くのは直前期の12月後半、あるいは1月に入ってからの2週間程度でも良い。そのくらい時間制限の経験を重ねれば、時間配分の練習は十分にできる。それよりもじっくり共通テスト過去問（共通テスト過去問が一定程度蓄積するまでは試行調査問題、センター過去問、共通テスト対策問題集等）に取り組み間違えた問題、時間がかかってしまった問題等について「どうして解けなかったのか」「何が足りていなかったのか」「何を知っていれば解けたのか」等をしっかり分析するということに重点を置いてほしい。

　それでは、これらの基本を元に、各科目の勉強法を詳しく見ていこう。なお、以下で挙げる各教科の計画は、1年間を受験勉強期間とする際のあくまで目安である。既に基礎ができている科目は過去問を始める時期を早めるなど、各人の状況によって調節してほしい。

勉強法編
勉強法各論（各科目勉強法）

～はじめに～

以下では、科目ごとに
■ スケジューリング編
■ 勉強法エッセンス編
■ 勉強法実践編
■ 共通テスト対策編
■ 高校 1、2 年生の難関大学対策編
に分けて解説します。

　「スケジューリング編」は、各科目特性等に応じ何をいつまでにやるべきかの目安を記しています。各自の得点戦略、志望校の問題特性、二次試験に占める共通テストの得点比率等を勘案しこの目安をたたき台に年間スケジュールを構築してください。

　「勉強法エッセンス編」は、各科目の勉強法の核を的確に掴んでいただくことを意図しています。まずは全体像を掴んでください。

　「勉強法実践編」は、エッセンス編の各事項の実践法を含め踏み込んで解説したものであり、学習の進度に応じて何度も繰り返し読んでください。

　「共通テスト対策編」は科目ごとにお伝えすべき二次・私大試験対策との兼ね合いを考慮した共通テスト対策の位置づけや独自の対策としてなすべきことをお伝えしています。

　「高校 1、2 年生の難関大学対策編」は、スケジューリング編や勉強法編で述べてきたことを踏まえ高校 1、2 年生の段階で何をすべきかをお伝えしています。

　本書は「受験戦略」も「勉強計画・スケジューリング」も「勉強法」もこれ 1 冊で十分というものをご提供する意図で制作しています。本書を何度も読み返し第一志望校合格へ向かってください。

★第1章★

英　語

第1節 英語　スケジューリング編

🏃 1. 英語の年間スケジュール

　英語は語学である。したがって、日本人が幼少から常に日本語に触れるように、なるべく毎日、何かしらの形で英語に触れることが大切である。

　英語には文法、単語、英文和訳、長文読解、英作文、リスニングなど様々な要素がある。これらのうち、**文法と単語は他の要素の基盤**となるので、なるべく早いうちに理解を深めておくべきである。**英文を「読む」ことができるようになって初めて、英文を「書く」ことができるし、理解しながら「聞く」ことができるのである。**具体的な時期としては、夏休みが終わるまでには、文法・単語に関して不安が無いようにしておくことが理想である。

　ただし、文法・単語しか学習せず、これらが完璧になるまで他の対策をしない、というのは非効率的である。なぜなら、**英語学習においては、異なる要素間の相互作用による効果が望める**からである。たとえば、英作文は文法事項の復習に効果的であるし、長文読解や英文和訳を通して構文・単語の復習もできる。なので、文法・単語以外の項目の学習も、なるべく並行して進めていくようにしよう。文法・単語とそれ以外の要素の比重は、今までの英語学習の到達度に拠る。既に単語や文法に関してある程度身についているという人は、読解問題などに時間を多めに割

くと良いし、逆に基礎事項に不安を抱える人は、文法・単語に多めに時間をとるようにしよう（各分野の勉強法については、後述の勉強法の節参照）。

それに加え、単語帳・熟語帳に関しては、本番直前まで繰り返し目を通すようにしてほしい。熟達度が上がるに連れて割く時間は減らしても良いので、これらは最後まで継続的に使用してほしい。

また、リスニングは年間を通じて継続的に英文を耳に入れ、できるだけ慣れておくことが大切である。

どの教科にも共通して言えることだが、過去問の開始は9月以降で十分なので、それまでは参考書などを使った学習を進めよう。

🏃 2. 英語の年間スケジュールの重要ポイント

概論的な話になるが、まず受験で合格するということを考えた場合に、**「受験までの限られた時間をどのように配分すれば最も効率的か？　そして、どのような順番で学習を進めていくことが最も効率的なのか？」**という発想を持つことが、何よりも重要である。

このことを念頭に置いて考えると、リーディング部分に関しては普段の勉強で二次・個別試験対策をしっかり行い、共通テスト英語独自対策自体にはあまり時間を使わず、あくまで共通テスト直前期の独自対策に留めることが共通テスト英語の基本的な方針になる。（ただし共通テストのリスニング対策については二次試験でリスニングが課されない受験生は別途の対策が必要となる。この点の詳細は共通テスト対策・勉強法編のリスニング対策部分をご覧いただきたい。）

中には、共通テスト英語の対策を行ってから、ステップアップする形で二次試験対策を行いたいと考えている受験生もいるかもしれない。しかし、あくまで二次試験対策に最大限時間を配分することが肝要だ。共通テスト対策で二次対策まで視野に入れて対策することは原理的に不可能ではないが、特定の条件を満たす場合に限られるため、まず現実的で

はない。

　特に独学で勉強を頑張っている受験生の方は気をつけてほしいのだが、内容をなんとなく理解しただけでも正解できてしまうマーク式の問題では、英語の基礎力が身についているかどうかを明確にチェックすることが極めて難しい。マーク式では、英語の基礎的な力（英文解釈等）を疎かにしていても、一定の点数がとれてしまう。あくまでフィーリングで解いているだけなのだが、たまたま模試で高得点をとったりすると、英語の力がついてきたと錯覚してしまう。また、二次試験で出題される和文英訳や要約、英作文などは対策に時間がかかる。共通テスト後に始めるのでは時間切れになる可能性が極めて高く、おすすめできない。

　あくまで、二次試験に向けて英文を正確に読む・書く・聞くという訓練を積むこと。そして、そのことが共通テスト英語で高得点を獲得することにも役立つことを肝に銘じておきたい。

🏃 3.　英語の年間スケジューリングのフロー

～8月	・単語（年間通して継続的に）・文法・英文解釈 ・長文読解・英作文・英文法・語法問題
9月～10月	・長文読解・英作文・英文法・語法問題 ・二次対策・個別対策 ・共通テストリスニング（継続的に）
11月～12月	・共通テスト対策と二次対策・個別対策
1月～ 共通テスト	・共通テスト対策
共通テスト後	・二次対策・個別対策

> ※基礎の習得が遅れている場合過去問開始時期を遅らせてよい。
> ※９月の段階で基礎標準知識がすべて完璧になっている必要はなく過去問
> 　演習を始めた後も基礎知識の見直しは必要に応じて入試直前まで継続す
> 　る。これが受験戦略編で述べた合格の天使メソッドポイントである。
> **「基礎標準知識の習得と過去問演習のサイクル学習」**
> **「基礎標準知識を過去問基準で捉えなおす」**
> の真意。

第2節 英語勉強法　エッセンス編

✈ 1. 英語の対策手順のフロー

　英語学習においては勉強の手順が特に重要になる。手順を無視した勉
強では効率的に実力は伸びない。以下詳細な解説をしていくが、まずは
以下の図を頭に入れてほしい。

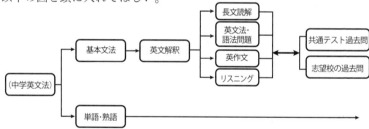

✈ 2.「勉強ターゲットの３類型」理論と英語学習の関係

　英語の勉強では特に目的意識がないまま様々な参考書や問題集に取り
組んでしまう、取り組まされてしまうのが多くの受験生である。何を得
るためにその問題集や参考書をやっているのかという目的意識が薄けれ
ば得るべきものは不完全な形でしか得られない。

　項目ごとの勉強で何を得るべきかの目的意識を明確に持ってほしい。

　以下でこの点についての詳細も解説していくが、まず以下の図をイ
メージとして叩き込んでいただきたい。

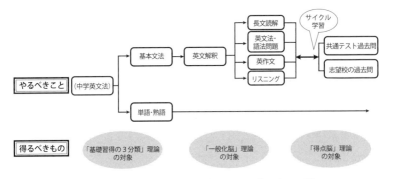

「勉強ターゲットの3類型」理論

🥷 3.　受験英語攻略のために最初にやるべきこと

　スケジューリング編で述べたが、英語は語学である。したがってなるべく頻繁に、できれば毎日、何かしらの形で英語に触れることが重要である。英語の入試問題は文法問題、英作文、リスニング、英文和訳、要約、長文総合読解といった様々な形式をとるので、最終的にはこれらの各形式に対応できる力をつけている必要がある。

　しかし、最初からこれらの形式に特化するのが得策でないことは言うまでもない。なぜなら語学一般として、外国語を適切に運用できる能力が身につけば、一定の範囲ではどんな問題形式にも対応できるはずだからだ。

　したがって、**外国語を運用するための基本的な能力を、受験期初期に確立させておく必要がある。**これが**基本文法と単語・熟語の習得**である。まずはこの二つの基礎をしっかり身につけよう。

　基本文法を身につけてこそ、英文解釈をはじめとする問題対策に入るということを理解してもらいたい。

(1) 基本文法の習得

　英語の基礎で最も重要なのは文法である。**基礎を固める段階では、単語・熟語よりも文法が最優先であるといっても過言ではない。**「今の入

試問題は長文読解が主で文法問題はわずかしか出題されないから、文法はそこそこで良い」という考え方はお勧めしない。各科目の基礎となるものは直接に出題されるか否かという観点で捉えるべきではない。

　英語を基礎からやり直そうという場合や「仮定法」や「関係詞」といった基本事項に不安をもつ場合は、教科書や『総合英語 Evergreen』などの文法書を使って基本文法を学ぶようにしよう。進め方は第1部第3章で紹介した通り、インプットとアウトプットの繰り返しに気をつけよう。アウトプットの際には基礎的な英文法を確認するための問題集を使用すると良い。

　なお、ここで言う「文法」とは、高校の通常授業で教わるような体系的な知識、すなわち「仮定法過去の用法」や「to 不定詞の使い方」といったことであり、『総合英語 Evergreen』などの文法書にまとめられている事項を指す。この点の詳細は後述の勉強法実践編をご覧いただきたい。

⑵ 単語・熟語の習得

　単語の覚え方については、日本語訳を赤シートで隠しながら、単語集を何周もするというオーソドックスな方式で良い（単語の覚え方のコツは後述の「第3節　勉強法実践編」P. 288 ～で解説する）。

　英単語集は様々な種類が売られているが、大学受験を想定した単語集ならば、どれも必要な単語は過不足なく載っている。「どの単語集がおすすめですか」と聞かれることも多いのだが、**各々が自分の実力に合っているもので、使いやすいと感じるもの**を使って良い。学校で配布されるものがあればそれを使えばよい。

　熟語についても同様である。身についている単語のレベルがまだ低いうちは単語に専念したほうが良いが、基本レベルが身についたら単語と熟語は同様に扱い、並行して進めてかまわない。

🏃 4. 出題形式ごとの問題対策

　基本文法が身についたら、各形式の問題対策をする。**志望校で出題さ**

れる形式を過去問から把握し、それに応じて対策を講じる。

(1) 英文解釈

　英作文や長文読解の土台になるのが、一文レベルで英文を読む力、すなわち英文解釈である。したがって**各形式の問題対策の中でも英文解釈は最も優先**される。

　英文解釈では典型的な和訳問題に出される構文や、見抜きにくい構文とその見抜き方を中心に勉強しよう。そのためには、各自のレベル・状況に応じて『入門英文解釈の技術 70』『基礎英文解釈の技術 100』『英文解釈の技術 100』をはじめとする英文解釈問題集を 1 冊やりこむようにしよう。

　英文解釈の学習の**優先順位としては、まずは訳せることよりも文章の構造をしっかり掴むことに重点**を置こう。構造が理解できれば、あとはでき上がった文章の「型」に訳語を当てはめていけば良いので難しくはない。とは言っても、もちろん構造把握だけでなく訳も含めて答案は完成させるべきである。自然な日本語で意味を変えず訳を作るには訓練が必要だ。

　本書は勉強法の解説なので、あまり教科内容そのものに踏み込むとキリがないのだが、**英文和訳は『文章の意味』を答える問題ではなく、『語彙と構造を理解していることを採点者にアピールする』問題**だと言える。どのような訳をすれば採点者に自分の理解が伝わるのか、参考書の訳例や解説を参考にして身につけてほしい。

(2) 長文読解

　まずは他の分野と同じように、問題集を 1 冊用意しよう。**最終的には過去問で志望校の形式に合った対策をするのが良いので、長文読解については問題集を何周もする必要はない**。また教科書・学校の教材があれ

ばそれで十分である。志望校の問題のレベルによっては志望校の過去問から始めても構わない。

　問題集を用いる場合は、『英語長文問題精講』『速読のプラチカ－英語長文』等が定評がある。要は、各人のレベルに応じて簡単過ぎもせず難し過ぎもしない、「なんとか読みきれる」レベルの英文を読む練習をすることが重要である。

　長文読解の勉強においては様々な要素がある。まずは、一文一文を読むために英文和訳と同じく、構文を取って構造を把握しなければならない。もちろん構文が取れていても基礎的な語彙力がなければ意味を理解することはできない。また、一文ずつの内容はわかっても、文章全体の流れが捉えられなければ要旨要約、内容説明の問題は解けない。問題演習の中で、何が足りていないのかを分析して補うようにしよう。基礎的な語彙・文法知識が不足しているならば、単語帳・文法書で補う。構文が取れない場合には逐次解説で確認して理解し、さらに必要なら英文解釈の問題集などで練習しよう。

　これに加えて文章をスムーズに読むためには、項目ごとに学んだ文法知識や、別々に覚えた単語を瞬時に思い浮かべて読解する訓練が必要である。長文読解の問題集でその練習を行うことを意識してほしい。これがいわゆる「速読」に繋がってくる。つまり、文法や英文読解といった各レベルでの知識と、それらを統合して素早く引き出す力が大事なのである。したがって英文和訳とはまた違う読み方が必要になる。これは中々すぐに鍛えられるものではないが、上記の意識を持ってなるべく多くの英文に触れてほしい。ある程度の量をこなすことはスムーズに読むためにどうしても必要になる。

　また上で述べた通り、一文ずつの意味を読むだけではすべての問題に正解はできない。文章全体の内容を把握しなければ、内容に関する問題、要旨要約問題は解けない。逆に言うと文章全体の内容が把握できていれ

ば、文章中に難解な単語や文があっても全体の趣旨から推測することができる。そうした推測を前提とする問題も出題され、これが英語における「第 2 類型の問題」（受験戦略編 第 1 部 第 1 章必読）だと言える。この解き方に関する勉強は現代文と共通する点が非常に多い。選択肢問題であれば文章中の該当範囲をきちんと見つけることや、記述・論述問題であれば必要な要素を過不足なく見つけ出し、簡潔に説明できること。こうした技術は、問題を解いた後に解説を読み、解答に至った自分のプロセスを検証することで最も効率的に身につくので、答え合わせの時間を大事にしてほしい。

　まずは、志望校の長文問題がどういう形式で出題されるかを確認しよう。問題集を通じて一般的な長文の読み方を練習したら、あとは過去問演習によって個々の大学の文章と問題の特性にあった対策をしよう。

(3) 英作文

　英作文の勉強では、まずは重要な構文や言い回しを正確な英語で書けることを目標にする。たとえば「〜しても無駄だ」という構文に対して、"It is no use 〜 ing" という表現を書けるようにする。典型的な構文であれば、日本語を読んで直ぐに思いつく状態が理想である。

　そのための対策としては、『基礎英作文問題精講』などの参考書をやりこみ、書けない表現がなくなるようにしよう。また、問題集の代わりに『英作文基本 300 選』などの例文集を使うのも良い。例文集を使う場合は、まず問題集と同様に日本語→英語の訳を作ってみて、その後載っている英語と比較し、重要構文・重要表現を覚えるようにしよう。

　英作文では、こうした構文・表現と同時に、語彙力も必要になる。長文読解や英文和訳とは逆に、日本語から英語への対応が要求される。したがって、普段の単語の勉強の中で、英→日、日→英の両方向の対応付けができるようになろう。具体的には、単語帳を何周か行った後、通常とは逆に、英語を隠して日本語を見て答えるという進め方をすると良い。

　自由英作文が課される大学を受験する場合も、まずは同様に、正確な英語を書けるよう上記のトレーニングを行おう。なぜなら、自由英作文では内容を自分で考えなければいけないとはいえ、多くの受験生の答案は英語の文法・スペル・単語選択などの間違いが大変多く、そこが採点の主要素となっていると考えられるためである。つまり、減点式の英作文の採点において、そうしたミスが内容面よりも大きな減点要素になっている。したがって、**まずは減点されない英語が書けることを目指してから、内容を作る練習をしたほうが良い**のだ。

　このようにして表現力を磨いたら、あとは過去問を通して、志望校で出される形式の問題を繰り返し練習しよう（これは他の形式の問題でも共通の流れである）。特に自由英作文が出される場合は、大学によりその分量・条件・課題などが大きく異なるので、志望校の出題するような条件に対して、適切な内容を素早く組み立てるトレーニングをしておくことが大切だ（この点の詳細は P.296 〜を参照）。

　なお、英作文をはじめとして、**記述答案はなるべく信頼できる人に添削してもらう**と良い。もちろん、答案を何でもすべて添削してもらうのは自分の学習のためにも良くないが、時々客観的に答案を評価してもらうこともまた大切である。添削してもらうとき以外は自己採点となるが、**自己採点は答え合わせと同じように、過ちから学ぶ絶好の機会である。**自己採点をできるようにすることは、正確な答案を書くための大事なステップなので、解説をよく読み、自分の答案を採点基準と照らし合わせて客観的に分析する練習をしよう。

⑷ 文法問題
　基本の文法が身についたら、まずは『Next Stage』や『頻出英文法・語法問題 1000』など、（四択問題や並び替え作文といった）定番の形式で重要事項を網羅している問題集を用意し、それをやりこむようにしよう。この際、単に解けなかった問題を解けるようにするだけでなく、

解説を読んで忘れていた文法知識を再確認することを心掛けよう。

　大学入試の文法問題は限られたパターンから出題される。したがっ
て、上のような網羅系の問題集でそのパターンを身につけ、あとは過去
問演習で志望校で特に多いパターンを学ぶようにしよう（この点の詳細
は P.297 〜を参照）。

⑸ リスニング

　何よりもまずは、英語の聴解力を鍛える必要がある。そのためには、**「な
んとか理解できるレベルの英文」を、継続的に聴くことが大切だ。**簡単
な文章をずっと聴いていても、あるいはとても聴き取れないレベル・ス
ピードの文章をただ聴き流しても、実力は上がらない。逆に言えば、適
切なレベルであれば、耳を鍛えるために聴く文章は何でも良いと思う。
単語帳の『DUO』に対応する CD などは、リスニング教材としても人
気である。もしくは、模試で配られる CD も良い教材になるし、無料の
ポッドキャストにも良い音声がある。

　具体的な方法としては、まずは音声だけを普通に聴いて、意味を聴き
取ってみよう。何回か聴いたら、今度はスクリプト（文章の書き起こし）
を追いながら聴き、内容を単語レベルで理解しよう。その次に、**「シャドー
イング」**を行うことをお薦めする。これは有名な方法だが、聴こえてき
た英語をそのままオウム返しに話しながら追うのである。英会話向けの
学習法で受験には無意味と思われるかもしれないが、これは単なる発音
の練習ではない。**シャドーイングをすることで英語のリズムに慣れるし、
自分の表現も増す**のである。最初はスクリプトを読みながらで良いから、
頑張って音声についていってみよう。

　後はとにかく、毎日少しずつでも英語を聴くことである。手元にある
音声素材は何でも MP3 プレイヤーにでも入れて、移動中などのちょっ
とした時間に英語を聴いて耳を慣らすようにしよう。

　しかしリスニングの問題を解くには、ただ英文を聴き取れれば良いと

いう訳ではない。単純なディクテーションを除けば、リスニングは内容理解の問題がほとんどである。したがって、内容が聴き取れるようになった後も、選択肢の選び方など読解問題向けの力が要求されていることを意識しよう。

リスニング対策として盲点になりやすいが、リスニング問題を解く際に重要になるのがメモの取り方である。いつでも文章を参照できる読解問題と違って、リスニングでは2回などに限られた放送から内容を理解して問題を解かなければいけない。放送によっては非常に長く、聴解力以前に記憶力の問題で苦戦してしまう可能性がある。それを防ぐために、リスニングの学習の中で自分に合ったメモの取り方を確立させておこう。

第3節 英語勉強法　実践編

🏃 1. 英語学習の基本方針

多量の文章に触れることは、英語をはじめとする言語学習にとって効果的である。

ただし、それを行うのは基礎があってこその話である。文法が未完成なまま長文読解等の量だけを重ねても効率は上がらないし、場合によっては「わかる単語だけを拾ってなんとなく読む」癖がついてしまう。

基礎となる文法を身につけるのが最優先である。単語や文法の習得度が上がるにつれ、学習の比率を精読・多読などにシフトさせよう。最終的には文法事項で引っかかることなく読解できるようになるのが目標である。

文法事項が身についているからこそ一文一文の意味を解釈できる（英文解釈）のであり、一文一文が読めてこそ、その集合である長文が読めるのである。その**ステップを着実に踏んでいくのが最も効率的な学習**である。

　なお、ここで言う「文法」とは、高校の通常授業で教わるような体系的な知識、すなわち「仮定法過去の用法」や「to 不定詞の使い方」といったことであり、『総合英語 Evergreen』などの文法書にまとめられている事項を指す。「英語の授業はあまり真面目に受けなかった」というような場合は、こうした文法書から基礎を学び始めることになる。そうでなくても、細かい用法などで不安がある場合は教科書・文法書を手元に置いておき、逐一参照するのが良い。

　英語の用法に関してはインターネット上に多くの情報があるが、情報をきちんと取捨選択し厳選できる人でないと有効利用は難しい。ネットで利用するのは辞書や例文程度にとどめておき、**体系的な知識は文法書を参照するのが結局最も効率的**だと思われる。

　以上で説明したような「文法」を体系的に扱う「文法書」と、『Next Stage』などの「文法問題集」が扱う事項は同一ではない。文法問題については後述するが、そうした問題集は穴埋めや並び替え問題などを通して、実践的な英語の使い方や語彙を問うものである。よって、既に習得済みの文法事項や語彙をブラッシュアップする（細かいところまで確認する）ために文法問題集を用いるのは問題ないが、これから文法を学ぼうという初学者が文法問題集をアウトプットとして活用するのは難しい。初学者は基礎的な文法書の付随的問題集や教科書のように、体系的に文法をまとめた問題集をアウトプットとして活用すべきである。

🏃 2.　単元ごとの勉強法の詳細

(1) 単語学習の注意点

　まず基本として、単語帳は何冊も使う必要はない。自分の目指すレベルに合わせたものを 1 冊、絞ってやりこむべきである。複数の単語帳を使っても、ダブっている単語が多く無駄が多い。

　また、**語彙力というのは単語帳だけで完成するものではない**。いくら単語帳で多くの単語を読めても、文章中においてそれがどう使われているかを読めないと、生きた語彙とは言えない。したがって「単語帳をい

くらやっても文章中の単語が読めない」という原因は、単語帳の種類が足りないのではなく、単語帳からインプットした語彙をアウトプットする練習が足りていないのである。

　よって、なるべく例文がセットになった単語帳を使うのが良い。例文だけですべてを覚えられるわけではないが、なるべく例文を読むことでアウトプットしつつ、1冊の単語帳を繰り返すことが必要である。

ポイント1：単語帳1冊といっても、使用するものによっては全範囲を覚える必要はないことに注意していただきたい。たとえば『ターゲット1900』ならば、PART3まで覚える必要は通常ない。まず基礎から頻出レベルの単語を最優先に覚えることを重視しよう。最終的にどこまで進めるかは、志望校で出題される文章を見て、必要なレベルを見極めよう。

　自分の語彙が現段階でどの程度あるかも単語帳選びに必要である。もし中学レベルの単語がおぼつかないのなら、『くもんの英単語1500』などを用いて、まず中学英語の範囲から固めていく必要がある。

ポイント2：慶應など英語の語彙レベルが高いとされる大学を目指す場合、複数の単語帳を使って語彙を増やす必要があるということがよく言われる。しかしそうした大学を目指す場合でも、適切なレベルの単語帳を選べば1冊で足りると、弊社では結論付けている。

　単語帳を何冊も使って難解な単語まで覚えれば、語彙は確かに他の受験生より増えるだろう。しかし、当然ながら語彙だけで問題が解けるわけではない。また、長文読解の項で述べた通り、必要な文法や構文がしっかりとれれば、単語の意味は前後の流れから推測できる（だから文法や構文は大事なのである）。

　したがって「とにかく多くの単語を覚えるべき」という勉強法は誤りであり、「どんなに勉強しても英語の実力が伸びない」という弊害を生む要因である。

　繰り返しになるが、あくまでも「志望校に必要なレベル」で、単語を

身につければ良いのである。先述の『ターゲット1900』で言えば、慶應など語彙のレベルが高い大学を志望する場合にはPART3まで覚えるようにする、というように、手を伸ばすにしても必要最小限にとどめるべきである。

⑵　英単語の覚え方のコツ

勉強法エッセンス編で述べたように英単語は基本的には暗記の繰り返しが必要になるが、以下の視点を持っておくと単語を覚えやすい。

そのポイントは**「単語の成り立ちを考えてみる」**ということである。

たとえば日本語で「再出発する」という単語があるが、私たちはその言葉を単独で学んだわけではない。「再」が「もう一度」という意味だから、「もう一度出発する」という意味だと理解するのである。

英語でも同様に、restart という単語を分解して考えているはずである。この考え方をもっと一般に広げればよい。

たとえば compassion という単語は、com（接頭辞）＋ pass（語根）＋ ion（接尾辞）で成り立っている。

com~ という接頭辞がつくと、「共に、一緒に」という意味が加わる。community, communication といった単語を連想してほしい。

pass は path と同じで「悲しみ、苦しみ」といった感情を表す。Patient は苦しみを抱える人という意味から「患者」を表す言葉になった。ion はよく見ると思うが、これを最後に付けることで名詞を形作る。

以上から、compassion は「共に苦しむこと」となり、転じて「同情」という意味を表すのである。

このように分解して考えることは可能であるが、接辞や語根は多くの種類があるので、それらを個々に覚える必要はない。

「単語を分解して成り立ちを考える」という視点自体が大切なのである。単語帳や辞書を使って単語の意味を調べる中で、なるべく成り立ちに注目してほしいということである。その視点を持ち続けることで、頻

出する接辞・語根のイメージは自然に身につく。したがって敢えてそれらを単独で覚えようとする必要はない。

つまり、たとえば maintain という単語を覚えるときに「維持する」という意味だけを覚えるよりも、main + tain で「手で保つ」という語源があるから「維持する」という意味になったのだ、ということを知ったほうが覚えやすいという話である。

最終的には maintain という言葉を見てパッと意味が浮かばないといけないのだが、最初にそれを覚える過程で、上のように「成り立ちから単語のイメージを掴む」という過程を挟むことが重要である。このようにイメージを介在させて単語を理解することで、文章を一々日本語に直すのではなく、「英語のまま文章を読む」ということができるようになるのである。

ポイント：「英語のまま文章を読める」ということは結果的に速読につながる。

またこの視点で単語学習をしておくと、知らない単語に出くわしたとき、それを分解することで意味を推測できるという大きな効果もある。

⑶　英文解釈

問題集などを通して英文解釈の演習をすることになるが、意識してほしいのは、**「英文を解釈する力」と「和訳する力」は完全にイコールではない**ということである。

長文読解などでは、和訳ができなくても内容が英語のまま理解できればそれでよい。しかし**和訳問題では、理解した内容を過不足なく日本語で表現しなければならない**ので、そのための練習が必要なのである。

具体的な進め方としては、自分の和訳を作ってみたら、それを解答と見比べて表現の違いを探していこう。そして、その違いが採点の際に許容されるのか否かを判断してほしい。許容されないと判断したら、なぜその違いが生じたのかを分析するようにしよう。

　たとえば、読者に対して you を用い、一般に呼びかけるような文がある。そういった文では you は訳出しないのがセオリーだが、「あなた」と訳した答案を作ったとする。

　そうしたら、解答を見てその違いを分析するのである。「この文章は読者全般に呼びかけたものだから、you を『あなた』とはしないで一般的な表現として書くんだな」とまで考えるのである。

　単に自分の答案の「あなた」に×を付けて終わるものでは決してない。**自分の表現が正しいのか違うのか、違うとすればそれが何故で、英文のどの部分の解釈の違いによるものか、**ということを考えて分析を行うようにしよう。

　これを積み重ねることで「和訳力」をブラッシュアップしていくのである。語尾の違いなど細かいところにまで配慮するようにしたい。

(4) 要約問題

　要約問題を解くためには、題材となる文章を理解する長文読解の能力と、それを短くまとめる現代文的な力の両方が必要である。

　後者は英語学習だけでは身につけるのが難しいだろう。身につけるための一つの方法としては、「日本語の文章を要約してみる」というものである。現代文の学習にも役立つことである。

　日本語で要約を練習するにせよ英語のまま練習するにせよ大事なことがある。それは、**「文章の論理構造のパターンを把握する」**ということである。

　要約問題の題材になるような文章は、ある水準の論理的構造を持っているため、構成自体には決められたパターンがあるのである。要約する際にはまずそれを把握することで、どの部分を要約に採用し、どの部分を捨てるべきかの指針になるのである。

　したがって問題演習の中で、文章がどのような論理構造になっているかに注目してもらいたい。そして、解答においてどのようにそれを要約しているかということを合わせて学習してほしい。

　大まかなパターンを意識すれば、ゼロから要約を書くよりも格段に手早くスマートに書けるはずである。

　以下に、代表的な論理構造のパターンをまとめる。
　それぞれの構造に対して、その理由の説明が字数次第で加わると考えてほしい。つまり、指定字数が短ければ「AはBである」という内容しか書けないが、もっと長くなれば「AはBである。なぜなら〜だからである」と理由を盛り込むのである。
　また、長い要約文ではいくつかのパターンを順接あるいは逆説でつなぎ合わせ、「AはBである。しかしAはCである。」のようにまとめるものもある。

■「AはBである」
　最も単純なパターンで、普通は理由説明を伴う。
　文章構成としては冒頭あるいは最後にこのような結論を述べ、残りが理由説明になっていることが多い。
　「AはBでなくCである」と否定が入るときもある。
■「AにはX、Y、Zがある。Xは〜で、Yは〜で、Zは〜である」
　「Aには〜種類がある。X，Y，Z…である」
　主題に対して、複数の性質や観点があるパターン。要素のすべてを説明する場合もあるし、その中のいくつかを取り上げる場合もある。
　また、「この中で一番〜はXである」「Xのほうが〜である」と、比較が続くパターン、「これらのどれも〜である」とまとめるパターンがある。
■「AはBとされている。しかし実はCである」
　「今までAはBとされてきた。しかしCとされるようになった」
　過去の考え、一般的な考えに対し、新しい考えを提示するパターン。
　文章の冒頭で過去の考えや一般的な考えを述べ、そこから逆接で筆者の考えをつなげる場合が多い。

■「AにはBが必要である」

「Bをすれば Aができる」

　主題とその条件を提示しているパターン。「Bにはさらに Cが必要だ」とさらなる条件を示す場合、「しかし実際には〜だ」と、逆接が続く場合もある。

■「AはBであるべきだ」

　筆者の考えが述べられ、たいていは理由説明が続く。このように**筆者の主張が入る場合、筆者が強調したいことは表現を変えて繰り返し述べられる**ため、要約においてはそれを必ず含める必要がある。

　いずれのパターンにしても、**要約を書く前にまず論理構成を決めることが大事である。なんとなく大事そうな部分を拾っていくだけでは点数につながらない。**

⑸ 段落整序など

　要約問題以外にも、「文章の論旨を掴む問題」がある。段落整序問題や、「文章のタイトルをつける問題」、論旨を問う選択問題などである。個々の問題についての解説はスペースの都合上できないが、共通して大事なことは、**「文章は必ずすべて読むこと」**である。

　段落整序問題で特に顕著だが、段落冒頭のディスコースマーカーや固有名詞の登場などのテクニックがよく取り上げられる。確かにそういったポイントは論理構造を掴むために有用なのだが、「それだけ見ればOK」というものではないのである。

　ディスコースマーカーなどは出題側も当然把握しているのであり、だとすればそれを見越した引っかけの選択肢を作るのが自然の流れであろう。そうでなくても、文章の一部だけを見て論旨を判断するというのは危険を伴う。そもそも「どの一部を見ればよいか」ということ自体、練習を積まないと判断できないし、文章全体を読まなければそれが正しい判断だという保証はないのである。「一部を読めば解ける」的な魔法の

宣伝文句のようなものに踊らされないことが肝要である。

　とにかく、**文章は最初から読んで考える**ということを忘れないでほしい。その上で、段落整序であればテクニックを適用して問題を解けばよい。文章をしっかり読んで理解する力をつけてこそ、その中でポイントとなる部分を見極めることができるのである。

　なお、たとえば共通テストの選択肢のように、「明らかに間違った記述」が含まれている場合は、そのように確信できた時点で選択肢を除外するのは構わない。そういった問題でも**「最初から順に読む」という点は共通**である。

(6) 英作文

　英作文には大きく分けて、「和文英訳」と「自由英作文」の２つがある。

　和文英訳については、方針は英文解釈と同じである。日本語を英語に直す場合でも、単に解答を写して終わるのではなく、自分の表現が許容されるか否か、解答との違いの原因を考えよう。

　得意・不得意の差が大きいのが自由英作文であろう。

　与えられた課題やテーマをもとに英語で表現する問題であるが、そういった問題で大事なポイントを以下に挙げる。

■英語で確実に表現できる内容を考えること

　内容を考えてから頑張ってそれを英訳する、のではない。**内容を考える段階から、英語でどう表現するかを考慮に入れる＝英文で表現しやすい内容を先に考える**のがポイントである。自分が確実に使える正しい表現のみを使うようにしよう。英作文の採点は減点式であるから、無理して難しい表現を使っても加点は無いし、得点の期待値も低い。

■内容にこだわらない

　上のポイントとも関連するが、英作文問題はあくまで英作文の正しさを見るものであるから、「素晴らしい内容」を考える必要はない。**あり**

きたりな一般論、ありがちな体験談で良いのである。**自分の体験をでっち上げるのも上等**である。内容の高度さよりも、表現しやすい内容を考えるほうが大切である。

■得意パターンを作る

　論理展開などにおいて「得意技」を用意し、そこに持ち込むようにすると書きやすい。たとえば Indeed,~ . But~.「確かに〜。しかし〜」というパターンを得意技として持ったなら、自分の意見を展開する際にそのパターンに持ち込んでしまうのである。そうした得意パターンをいくつか作っておくと良い。

⑺　文法問題

　空欄補充、並び替え、正誤訂正など様々な形の問題があるが、**それぞれの問題には「何を見たいか」というコアがある。**

　たとえば次の問題を見てみよう。

(問)　文法的な誤りを含んでいるのはどの部分か。

⑴ By the time the messenger arrives, the gate will have been opened to let in him.

⑵ One way to deal with the problems were to be suggested by the committee.

　⑴は、「let 〜 in という表現を正しく使えるか」ということを見たいのである。

　in はここでは「中へ」という副詞であるから、let him in が正解で、問題文はこの部分が間違っている。

　⑵は、「主語述語の単数複数の対応に気を配れるか」ということを見たいのである。

　この文の主語は one way で単数形であるから、動詞は were でなく was とすべきである。

　以上のように、各問題で出題側が見たいコアを抽出できる。⑴ のよ

うに熟語などの語彙力を見るものもあれば、(2) のように文法的注意点を取り上げる問題もある。

　が、その**コアだけに注目すれば、典型パターンは存在する**。同じポイントをコアとした問題が、形式を変え、文章を変えて出題されるのである。

　なので、**問題演習の中でそのコアを探す**ようにしてほしい。問題集の解説を丁寧に読もう。コアに注目するよう気をつければ、単に記号の正解不正解だけをチェックするよりはるかに大きな学習効果を得られる。**出題者が何を試したいかを普段から考えるように**してほしい。

(8) リスニング

　リスニング学習において大事なのは、とにもかくにも**継続して英文を聴くこと**である。

　リスニングでは設問として難しいものは少ない。英文さえ聴き取れれば従来のセンター以下の難易度で答えられる問題ばかりであるから、当然ながら試験に必要なレベルの英文を聴きとれることが必要である。

　しかし、ただがむしゃらに聴けば良いというものではない。**理解できない文章をどれだけ聴いても耳を慣らすことはできない**（面白いことに、この注意点が英文として東大入試に出題されたことがある。2007 年の第 2 問を参照）。

　理解できるレベルの文章から聴き始め、次第にレベルを上げていくのである。

　読まれた英文を書きとれる（ディクテーションできる）状態が、「聴き取れている」ということの指標になる。目で文章を読むのと同様に英文を理解できるというのが目指すべき状態である。

　具体的には、まず**毎日少しずつでも良いので英文を聴き続ける**ようにしよう。レベルとしては、難しすぎも簡単すぎもせず、「集中すれば大体理解できる」というくらいのものである。適切なレベルであれば、題材は何でも構わない。リスニング問題集でも、模試でもらった CD でも、

ポッドキャストでも良い。集中しなくても文章が聴きとれるようになれば、もう少し難しいレベルの英文にチャレンジしよう。

　現在聴いている文章を理解するために必要な手法について、有名なものを紹介する。

　シャドーイングという方法である。手順としては、まず最初に英文(スクリプト)を見ないで聴いてみる。次に、同じ英文を再度聴きながら、その文章をそのままオウム返しに口に出してみる。聴いた文章に影のように付いていくのでシャドーイングと呼ばれる。理解しにくい文章では、文の区切りで再生を止めて話しても良い。

　このシャドーイングを何度か繰り返したら、読まれた英文のスクリプトを見ながら文章を聴いてみる。最初に聴いたときよりも理解しやすくなっているはずである。スクリプトを読んで内容を理解したら、再度隠して音声を再生し、聴き取ってみる。この際に再度シャドーイングを行っても良い。

　結局のところ、シャドーイングなどを通して **「読まれた英文がそのまま頭に浮かぶ」状態を目指す** のである。

　なお、リスニング音声を再生するときは、なるべくイヤホンよりもスピーカーで聴くことをお勧めする。出先であれば仕方ないが、自宅では実践してみよう。イヤホンで聴くとダイレクトに耳に入ってくるので聴きとりやすい。しかしスピーカーを用いたほうが、生活の中で英語を聴く環境に近くなるのである。共通テストのみでしかリスニングは出ないという人も、普段は訓練のためになるべくスピーカーで聴いてみてほしい。

　これに加え勉強法エッセンス編で述べた **「メモ取り能力」** を上げておくことが重要である。

🏃 3. 英語の本番戦略・時間配分戦略

　まず全科目共通のポイントとして、大問ごとに大体の時間配分は決めておこう。

　特に英語の場合、文法問題、英文解釈、長文読解などが混在しているので、過去問から形式を学んで、それぞれにどのくらい時間をかけるのか決めておいたほうが良い。

　解く順番としては、**「時間調節可能な形式の問題を後に持ってくる」という方針**をお勧めする。たとえば文法問題や英文解釈、長文読解などは、急ごうとして解いても時間が大きく短縮できるものではない。

　これに対して英作文や要旨要約、長文記述などは、時間がなくなってきたら「とにかく書いてみる」ということができる（もちろん本来はしっかり時間を取って解きたいが）。なのでそういったものは後に回したほうが、時間調整が容易である。

　また、リスニングが途中で入る場合は、その時間もしっかり計算に入れよう。リスニングが始まる5～10分前にはリスニングの問題文に目を通すようにしたい。問題文を読まずぶっつけ本番で臨んではいけない。であるから、その時間も考慮に入れて、「リスニング前に解く問題」と「リスニング後に解く問題」を決めておこう。

　文法問題、英文解釈、長文読解などは、解いている途中でリスニングに移っても比較的混乱しにくい。しかし要旨要約、英作文などは、途中で移ってしまうと戻ってきたときに内容を思い出せず混乱しがちである。なので前者の種類の問題を解いているときにリスニングの時間が来るように調節したい。

　上に説明したポイントの他にも、得意分野があったらそれを先のほうに持ってきて確実に点数が取れるようにする、というのも良い。とにかくあらかじめ順番を決めておけば、本番で余計な葛藤を招かず安心して

取り組めるのである。これだけのことをあらかじめ準備しておくか否かで本番の得点は大きく変わるので実践してほしい。

🐾 4. 共通テストを見据えた二次試験英語対策

　英語に関しては、リスニング以外、共通テスト対策だからといって特別に何かをする必要はない。共通テストはセンター試験と違い、発音アクセント問題や英文法問題がなくなり長文問題だけになったので、普段から英語の基礎力をつけたうえで長文演習をしていればそれで十分である。

　強いてあげるのであれば、小説や論説文と言った普通の長文以外にも、ブログやフライヤーの問題が出題される。普通の長文と大して大きな違いはないが、あらかじめ目を通してどういう問題なのかを知っておいてもいいだろう。あとはしかるべき時期に共通テスト過去問（共通テスト過去問が一定程度蓄積するまでは試行調査問題・センター過去問・共通テスト対策問題集）などで数回の練習を積み、得点が安定させられればそれで十分である。

第4節 英語　共通テスト対策編

🐾 1. 共通テスト英語対策の基本方針

　スケジューリング編でも述べたが、あくまで、二次試験に向けて英文を正確に読む・書く・聞くという訓練を積むこと。そして、そのことが共通テスト英語で高得点を獲得することにも役立つことを肝に銘じておきたい。

　では、限られた時間配分の中で共通テスト英語対策をどう組み立てていくか。

　以下、具体例とともに見ていこう。

☆ 2. 注意点

　以下はあくまで現状での大学入試センターの試行調査問題や共通テスト改革の趣旨・意図を踏まえた当塾東大理三合格講師陣による分析である。

　ここで留意しておいていただきたいのは、新しい試験制度というのは開始後数年間、問題傾向が浮動的になるということ。この状態で重要になるのは、基本的な方針や問題の性質の核を捉えたうえで対策を行う、そのうえで本番で見慣れない形式の出題には臨機応変に対処するという意識である。是非以下の分析を参考に共通テスト導入の趣旨や問題の性質・本質を掴んでいただきたい。

☆ 3. センター試験との全体的相違点

＜大学入試センター公表 英語の問題作成方針＞

> ○ 高等学校学習指導要領では，外国語の音声や語彙，表現，文法，言語の働きなどの知識を，実際のコミュニケーションにおいて，目的や場面，状況などに応じて適切に活用できる技能を身に付けるようにすることを目標としていることを踏まえて，4技能のうち「読むこと」「聞くこと」の中でこれらの知識が活用できるかを評価する。したがって，発音，アクセント，語句整序などを単独で問う問題は作成しないこととする。
>
> ○「リーディング」「リスニング」ともに，ヨーロッパ言語共通参照枠（CEFR）を参考に，各 CEFR レベルにふさわしいテクスト作成と設問設定を行うことで，A1 から B1 レベルに相当する問題を作成する。また，実際のコミュニケーションを想定した明確な目的や場面，状況の設定を重視する。
>
> ○「リーディング」については，様々なテクストから概要や要点を把握する力や必要とする情報を読み取る力等を問うことをねらいとする。

○「リスニング」については，生徒の身近な暮らしや社会での暮らしに関わる内容について，概要や要点を把握する力や必要とする情報を聞き取る力等を問うことをねらいとする。音声については，多様な話者による現代の標準的な英語を使用する。

読み上げ回数については，英語の試行調査の結果や資格・検定試験におけるリスニング試験の一般的な在り方を踏まえ，問題の数の充実を図ることによりテストの信頼性が更に向上することを目的として，1回読みを含める。十分な読み上げ時間を確保し，重要な情報は形を変えて複数回言及するなど，自然なコミュニケーションに近い英語の問題を含めて検討する。全ての問題を1回読みにする可能性についても今後検証しつつ，当面は1回読みと2回読みの両方の問題を含む構成で実施することとする。

○ グローバル人材の育成を目指した英語教育改革の方向性の中で高等学校学習指導要領に示す4技能のバランスの良い育成が求められていることを踏まえ，「リーディング」と「リスニング」の配点を均等とする。ただし，各大学の入学者選抜において，具体的にどの技能にどの程度の比重を置くかについては，4技能を総合的に評価するよう努めるという「大学入学共通テスト実施方針」（平成29年7月）を踏まえた各大学の判断となる。

（出典：大学入試センター公式HP）

【注釈】

今回の改革で最も大きく変更されたのが英語である。変更点は大きく分けて

Reading の内容の変化

Listening の問題形式の変化

の2つである。それぞれについて以下では当塾東大理三合格講師陣の独自分析を踏まえ詳しく解説していく。

　Reading と Listening の配点は今まで 200 点と 50 点であったが、共通テストからは両方とも 100 点となった。4 技能を等しく評価しようという目的である。今まで以上にリスニングの重要度が増したと言える。

【要注意！】

　ここで注意していただきたいのは、共通テストではリーディング・リスニングの配点は 100 点・100 点となるが、リスニングの得点を含め共通テストの英語の得点をどのような比率で採用するかは各大学の判断に任されているということである。

　したがって、共通テストのリスニングの配点が上がった＝二次試験においても共通テストのリスニングの得点比重が高くなった、とは必ずしも言えない、ということには十分に留意していただきたい。

　そのため各自の志望校の公式 HP などを調べ、合格点に占める共通テストリスニングの配点比重はかならず調べていただきたい。

　これを行うことで闇雲に共通テストのリスニング対策に時間を割く必要がなくなる受験生もいることは認識していただきたい。

🏃 4. リーディングのセンター試験との相違点

＜当塾、東大理三合格講師陣による独自問題分析＞

　今までの発音アクセントや文法問題が消え、長文のみの出題となった。問題構成としては、

平成 30 年度試行調査

第 1 問	A	手紙 (2 問)　120 語	A1 レベル
	B	ウェブチラシ (3 問)　220 語	A2 レベル
第 2 問	A	レシピ (5 問)　250 語	A1 レベル
	B	記事 + コメント (5 問)　260 語	A2 レベル
第 3 問	A	ブログ (2 問)　190 語	A1 レベル
	B	記事 (3 問)　310 語	A2 レベル

第 4 問		グラフ＋レポート (5 問)	480 語	B1 レベル
第 5 問		伝記 (4 問)	540 語	B1 レベル
第 6 問	A	記事 (4 問)	530 語	B1 レベル
	B	記事 (4 問)	490 語	B1 レベル
計			3390 語	

注) A1 レベル：英検 3 級レベル　A2 レベル：英検準 2 級レベル　B1 レベル：英検
　　2 級レベル

センター試験の本文語数が

4 A	（表・グラフ）：600 語
B	（広告）：400 語弱
5	（物語）：850 語弱
6	（論説）：850 語弱

である。計 2700 語程度になる。

　比較すると、それぞれの長文ごとの語数は減っているものの、全体としての長文の語数は 700 語程度増えている。

　しかし、解答時間は 80 分のまま変わっていない。
　よりスピード・スタミナが求められるタフな試験になったと言えるだろう。

　難易度としては、長文の単語・構文の難易度はセンター試験と変わらない。
　単語も難しすぎず、あまり複雑な構文も出てこない。しかし、長文問題が多いため、解いた感触としては解きにくいと感じるであろう。
　また、「適する選択肢をすべて選べ」という正解選択肢の数が不明な出題も 2~3 題ある。一択問題に比べはるかに解きにくい。

🐝 5. リーディングへの対策方法

①具体的対策

　長文対策をすればいいので、本書で述べている英語の勉強と変わらない。文法問題がなくなったからといって文法を学習しなくていいわけではなく、文法をしっかりと身に着けないとスピードも上がらないし、正確に読めない。やはり英文法をまずは完璧にせねばならない。

　共通テストの問題構成としてはセンター試験第4問以降の長文が増えた感じである。

　長文問題ではあるが、設問数が3問程度と一文一文しっかりと読んでいては時間がたりない。そのため、普段から多くの長文に触れて持久力を付けておかねばならない。また、スピーディーに解くためには重要な部分＝問題に出題される部分とそうでない部分を区別して、メリハリをつけて読む習慣をつけるべきである。そのためにも筆者の言いたいことを正確にとらえて論理展開を把握しなければならない。

　長文読解問題にどう対処していくかで共通テスト英語の時間不足対策を克服することもできる。長文読解において「読解のスピードを上げること」「文章を読む速度を上げること」ばかりに意識がいってしまう受験生も多い。しかし、英語の長文読解の時間不足対策のポイントはそこではなく、まず「問題を解く手順」を見直すことにある。

　具体的には、「文章を読む→設問を見る」のではなくて、「設問をまず見る→文章を読んでいく」という手順で問題を解いていく。設問を見てから文章を読んだほうが、注目すべきポイントがはっきりする、文章も頭に入りやすい、2度読みもしなくなる、というメリットがあるのでお薦め。文章を読んで、設問を見て、そしてまた文章に戻り設問部分を探すということ自体すでに2度読みをしてしまっている状態であることを理解したい。

　「読解のスピードを上げること」「文章を読む速度を上げること」もも

ちろんある程度まで大事だが、英語の究極の読解対策、時間不足対策は
「無駄に読むべきことの量を増やさない」ということなのである。

②共通テスト対策におけるセンター過去問の使い方

　共通テスト対策としてのセンター過去問の活用方法としては、上にも
書いた通り、共通テストの問題構成はセンター第 4 問以降が増えた形
であるので、センター過去問の第 4 問以降の 2 年分を 1 セットとして
80 分で解くと共通テストに近づくであろう。少し文章量が多めになる
が、普段の練習としてはちょうどよいであろう。

　第 1 問の発音アクセントについては、特段やらなくてもよいだろう。
志望校の二次試験で発音アクセントが出題されるなら練習として解いて
もよい。

　文法問題については、共通テストでは直接出題されないが、英文法の
基礎力をつけるという観点から解くことをお勧めする。一通り文法問題
集を解いたあとに、演習問題として解くと丁度よいであろう。決して難
易度は易しくはないので、必ずしも満点を取れる必要はない。1,2 問ミ
ス程度に抑えられたら十分であろう。

③試行調査問題の結果から

　試行調査の結果を受け、入試センターは概ね適切なレベル設定であり、
分量も適切だと判断したとのことである。そのため、本番も試行調査と
同じ構成となっていくだろう。

6. リーディングの共通テスト対策を始める時期

　共通テストの英語は長文問題だけになったので独自の特別な対策は必
要ない。そのため、共通テスト対策として共通テスト過去問（共通テス
ト過去問が一定程度蓄積するまでは試行調査問題、センター過去問、共
通テスト対策問題集等）を解く時期に関しては、かなり自由度は高い。

　英文解釈が終わり、長文問題に多少慣れてきたら、十分解けるだろう。

　どんな問題なのかを確認しておくという目的で、夏休みごろに 1 回分を解いておくとよい。

　その後は 11 月ごろから実際の時間設定や問題セットで演習を始めれば十分間に合う。

　長文対策として夏休みごろから着々と解き始めるという手もあるが、一般の問題集を進める方が解説もしっかりしている分より有効であろう。

7. リスニングのセンター試験との相違点

＜当塾、東大理三合格講師陣による独自問題分析＞

① 今回から 1 回しか放送されない問題が出題されるようになった。
　平成 30 年度試行調査では、
　4A の 2 問、4B の 1 問、5 の 2 問、6A の 2 問、6B の 2 問が 1 回放送であった。
　2 回放送の問題も存在する。

② 問題数が増加した。
　問題数も 37 問である。今までのセンター 25 問に比べると大幅に増加した。
　英文のレベルは今までと大差ない。A1~B1 レベルである。

③ アメリカ英語・イギリス英語以外の英語の読み上げの問題があった。
　普段慣れない発音が見受けられるが、さほど気になるほどではない。

　英文自体の難易度は従来のセンター試験とさほど変わらない。

❀ 8. リスニングへの対策方法

①具体的対策

　リスニングはなるべく毎日英文を聞き、耳を作ることが大事である。試験直前に詰め込むのではなく、日ごろから空き時間に英語を聞く習慣を付けよう。

　有効な対策としてはセンター過去問のリスニングの問題を 1 回放送で解けるように訓練しておくとよい。また、1 回放送になると問題文を事前に読む余裕が減る。基本的にリスニングの問題は事前に 1 回読んでおかないと正答率はぐっと下がる。1 回放送の問題への対策は、(とくに後半の) 問題文を最初に読んでおく、2 回放送の問題への対策は、1 回で聞き取れたら空いた時間は問題文を読むのに使う、などの戦略を事前に練っておく必要がある。

②非母語話者による読み上げへの対策

　冒頭に掲載した大学入試センター公表の英語の問題作成方針に「音声については，多様な話者による現代の標準的な英語を使用する」とあるように、アメリカ英語・イギリス英語以外の英語の読み上げの問題の出題も考慮される。非母語話者の読み上げについてはなかなか対策がしにくい。『鉄緑会　東大英語リスニング』(KADOKAWA) は様々な国の人の音声が載っているが、共通テストのレベルとは隔たりがある。そもそも共通テストレベルの問題で非母語話者が読み上げる教材はあまりない。

　ただ、非母語話者だからといってそこまで発音にくせがある人を選ぶわけではない。そこまで身構えなくても特に違和感なく聞けるであろう。

❀ 9. リスニングの共通テスト対策を始める時期

　共通テストでしかリスニングを使わない場合と二次試験でもリスニングを使う場合に分けて説明する。

①共通テストでしかリスニングを使わない場合

多くの大学がこれにあたる。

共通テストのリスニングは1回しか聞けない問題もあるが、英文の難易度やスピード自体はさほど高くない。そのため、難しいリスニング教材を使うよりも単語帳などについている程度の簡単な教材で耳を慣らせば十分である。もちろん、聞き取れるようになったら少しずつレベルアップしていってよい。一日5分程度でもよいので、なるべく早く開始するのに越したことはない。遅くとも9月には開始したい。

実際に共通テスト形式のリスニング問題を解くのは11月でよいだろう。その時点である程度の点数が獲れているようであれば、今まで通りの単語帳などについているリスニング教材に戻ってよい。

なかなか点数が取れないようであれば、単語帳などについているリスニング教材に加えて共通テスト形式の問題演習を継続して続けるべきである。

②二次試験でもリスニングを使う場合

東京大学や一橋大学などがこれにあたる。

多くの場合、二次試験の問題は読み上げスピード、英文の難易度ともに高くなっている。二次試験の問題が解ける実力があれば、共通テストのリスニングは易しく思えるであろう。そのため、二次試験に向けての対策を中心に行う。

これから先の話は共通テストのリスニングの点数が二次試験で採用される場合に限るが(東京大学は令和3年度の入試から共通テストのリスニングの点数を採用することになっているので要注意)、共通テストに向けての対策は11月あたりに一度問題を解いておくことをお勧めする。これは英文の聞き取りの練習というよりは、前にも記した通り、問題に慣れ、戦略を立てるためのものである。この際、英文の聞き取りに難がある場合はリスニングそのものの実力を上げる努力が必要である。

戦略にある程度めどが立ったらこの時点では十分である。共通テスト1〜2週間前あたりから共通テスト形式の問題演習を再開しよう。

勉強法編／勉強法総論

勉強法編／勉強法各論

第5節 英語　高校1、2年生の難関大学対策編

🏃 1. 英語の位置づけ

　まず、以上述べてきた英語の勉強法についてじっくり読んで理解していただきたい。

　勉強計画編でその理由とともにお伝えしたが、英語は高校1、2年生のうちに優先すべき科目に該当する。

　優先すべき科目という意味は、部活などで時間が取れない場合も含め、勉強計画上優先的に多くの時間を割くべき科目ということである。まずはこの点を明確にしていただきたい。

　英語に関しては数学と同じく、中学校での学習内容がバックボーンとしてそのまま高校英語に引き継がれるという性質を持っている。したがって中学英語に抜けがある方は早い段階でそれを補う必要があるということも理解しておいていただきたい。

　また、共通テストの施行によって、英語の共通テストの出題内容はリスニング以外は読解のみとなった。以下に述べる高校1、2年生の段階で優先してやるべき英語の勉強は読解やリスニングの基礎力をつけるために必須となるものである。まずは最低限これだけは固めるという意識をもって取り組んでいただきたい。

🏃 2. 勉強の手順・順番に特に注意

　実際に英語の勉強に取り組む際に特に注意していただきたいのが、この英語の勉強法編で述べている勉強の手順・順番である。

　高校1、2年生の段階から英語に関してはこの手順・順番を全く意識できていない高校生が非常に多い。

　これは学校のカリキュラムや塾や予備校のカリキュラムによることも原因の1つであるが、勉強の手順や順番を守らない限り実力が伸びない、

その反面それをきっちり守り実践していけば確実に実力が伸びるのが受験英語である。

　時間が取れない場合でも、取れる場合でも、読解に必要となる基礎的な英文法、英単語、英文解釈という受験英語の基礎を先に固めるという意識と方針で取り組んでほしい。

　これだけで英語の実力の伸びは大きく変わってくる。

🏃 3. 具体的対策

(1) 高1生

　高1のうちに文法を完成させられるとよい。授業を活用しよう。この時期に文法を完成させられたら、問題演習に時間をかけることができ、英語が得点源になることが期待できる。当然単語も継続的に学習しよう。

(2) 高2生

　高2になったら、英文解釈をはじめて、短い文章を正確に読めるようになりたい。高2の後半までには英文解釈を終わらせて、短めの長文問題に手をつけられるようになるとなおよい。

第6節 おすすめ問題集・参考書

　ここに挙げるものはあくまで一例に過ぎない。

　問題集・参考書というのは、自分の現状の実力・レベルにあったものを選ぶ、そこから受験標準とされる問題集・参考書（志望校の問題のレベルに応じた）へステップを踏んでいくという点に留意すれば細かいことにこだわる必要はない。問題集・参考書の評論家になっても何の意味もないのだ。

　再三お伝えしているように上記視点さえ明確に意識できていれば「何を使うか」ではなく「何をどう得るか」が大事なのである。これが合格の天使が提唱する「合格するための勉強法」である。したがって本書で

は「何をどう得るか」ということに焦点を当てて勉強法をお伝えしているのだ。この点に留意して問題集・参考書を選別していただきたい。現役生であれば学校配布の単語帳・熟語帳、問題集・参考書で賄えるならそれで十分である。学校の授業やテストの機会も最大限活かしていっていただきたい。

♠おすすめ参考書・問題集

［単語帳］

　『DUO』（アイシーピー）

　『英単語ターゲット 1900』（旺文社）

　等何か 1 冊

［熟語帳］

　『解体英熟語』（Z 会出版）

［文法書］

　『総合英語 Evergreen』（いいずな書店）

［文法問題集］

　『Next Stage』（桐原書店）

　『頻出英文法・語法問題 1000』（桐原書店）

　等何か 1 冊

［英作文］

　『基礎英作文問題精講』（旺文社）

　『英作文基本 300 選』（駿台文庫）

　等何か 1 冊。

［英文解釈・和訳］

　『入門英文解釈の技術 70』（桐原書店）

　『基礎英文解釈の技術 100』（桐原書店）

『英文解釈の技術100』（桐原書店）

※入門70から入るか、英文解釈の技術100までを使うかは各自の現状と志望校
　による

『基礎英文問題精講』（旺文社）

等何か1冊。

［リスニング］

『DUO 3.0 /CD 復習用・基礎用』（アイシーピー）

『ESL Podcast』…無料の英語学習用ポッドキャスト

等何か1つ。

［長文読解］

　教科書・学校の教材があれば十分。あるいは過去問から始めても構わない。

　問題集を用いる場合は、

『やっておきたい英語長文』シリーズ（河合出版）

『英語長文レベル別問題集』シリーズ（東進ブックス）

等の中から、各自の現状と志望校に応じて選択。

　この後は「志望校の過去問集」へ

「基礎標準知識の習得と志望校の過去問分析・過去問演習のサイクル学習」
「基礎標準知識を過去問基準でとらえなおす」（以上受験戦略編参照）

という勉強を実践していく。

★第2章★

数　学

第1節 数学　スケジューリング編

🏃 1. 数学の年間スケジュール

　理系の受験生にとって数学は受験勉強の多くを占めるので、年間を通じたペース配分をしっかり考えておこう。

　文系の場合でも、数学の出来は合否を大きく左右する。他の科目との兼ね合いにより比重は変わるが、二次試験に数学がある受験生であるならば年間を通したスケジュールの大枠は理系の場合と変わらない。共通テストのみで数学を利用する受験生の場合はこれとは異なる。

⑴ 二次試験で数学が課される理系受験生、文系受験生

　まず教科書、教科書傍用問題集あるいはそれに準拠した同レベルの参考書、問題集をマスターした後、「標準問題とその考え方を網羅している問題集」に取り組もう。様々な種類が出ているので気に入ったものを使用すればよいが、たとえば『1対1対応の演習』『チャート式』『理解しやすい数学』などがこれに当たる。夏休みが終わる辺りまでは、ひたすらこのレベルの問題集どれか1冊をやりこむことが重要である。

　具体的には、夏休みが終わるまでに全体を通して2、3周（1周目で理解していた問題は2周目以降は飛ばしてよい）は終えたい。ただしこれはあくまで目安であって、大切なのは、この問題集に載っている問題をパッと見て、解き方のわからない問題がないようにするということで

ある。他人に教えられるまで理解してはじめて、その問題を習得したと言える。

　間に合わなければ 10 月くらいまで掛かっても問題ない。この問題集を通して基礎を盤石なものにしてから過去問に取り組もう。

　夏休み以降（標準問題集が 2、3 周終わったあと）は、志望校の二次試験の過去問に移ってよい。ただし、本番直前まで過去問オンリーで取り組んでいると、最後のほうは既に見た問題ばかりとなり、初見の問題にアプローチする勘が鈍りがちになる。それを回避するため、少しずつで良いので、過去に受けた模試や『大学への数学』などから、志望校と同じレベルで初見の問題を選んで解くことをおすすめする。

　共通テストに関しては、数学の場合二次試験対策がしっかりできていれば、対策に大きく時間を割く必要はない。ことに「共通テスト数学」はセンター数学よりも 0 からの思考力が要求されるため（この点は後述）、より二次試験に近くなっている点、数学の基礎・標準レベルの定石のバックボーンがないと高得点の獲得は難しい性質の問題である点からも基礎・標準問題集をしっかりと固める二次試験対策をきっちりやることが有効である。ただし、共通テストの形式が二次試験とは異なることから、共通テスト過去問（共通テスト過去問が一定程度蓄積するまでは試行調査問題、センター過去問、共通テスト対策問題集等）を解きしっかりと分析を行い、共通テストの形式に対応しておくことが重要である。早い段階で一度共通テスト過去問（共通テスト過去問が一定程度蓄積するまでは試行調査問題、センター過去問、共通テスト対策問題集等）に目を通すなどをして、11 月から徐々に本格的に問題を解き出し、12 月からは半分程、1 月になると完全に、共通テスト対策に費やし、マーク形式の問題に慣らしていくことが重要である。

⑵ 共通テストのみで数学を利用する文系受験生

　共通テストのみで数学を利用する文系受験生は教科書の例題レベルの

問題を夏休みに入る前に解けるようにしておきたい。夏休み頃(7、8月)からは、あまり比重を大きくする必要はないが共通テスト過去問（共通テスト過去問が一定程度蓄積するまでは試行調査問題、センター過去問、共通テスト対策問題集）に着手していけばよい。大事なことは、わからないことやできない問題、あやふやなところをしっかりと分析して教科書や普段使っている問題集に立ち戻って学習するということである。11月頃には共通テスト過去問（共通テスト過去問が一定程度蓄積するまでは試行調査問題、センター過去問、共通テスト対策問題集）に本格的に取り組んでいこう。

2. 数学の年間スケジュールの重要ポイント

　二次試験対策と共通テスト対策は大学入試全般を考えた際に、「車の両輪」ではあるが、二次試験対策のほうの比重がはるかに重いものだと考えてほしい。

　すなわち、二次試験対策だけで共通テストを乗り切ることはできないし、共通テスト対策だけで二次試験は乗り切れない。しかし、年間を通じた学習のメインは二次試験対策であるべきだということである。

　二次試験対策だけで共通テストに臨むのは、以下の理由から危険である。
◎ 共通テストでは非常に時間的に余裕がないので、共通テスト型問題の演習を通じて正確に速く解く練習が必要になる。
◎ 共通テスト数学では二次試験ではあまり扱われない分野が出題されるため落とし穴になりうる。例えば「データの分析」や「集合と論理」がこれにあたる。
◎ その他の分野でも、完全に0から自力で作り上げねばならない二次試験形式の記述式答案とある程度の誘導や条件が設定されている共通テスト形式の穴埋めでは思考過程が異なるため慣れが必要である（次に詳述する）。

　また、共通テスト対策メインで二次試験に臨むのは、以下の理由から危険である。

◎ 共通テストの穴埋め問題は、従来のセンター試験とは異なり直接的ではなく間接的ではあるが、誘導に従って答えを導くことが要求される。喩えるなら川の対岸まで与えられた「飛び石」を伝って渡るような形式である。これに対して二次試験では、問題から結論に至るまでの道筋は自分で考え、記述しなければならない。川の対岸まですべて自力で渡らねばならないのである。

　したがって、共通テスト対策の中では完全に自力で0から解法を導き出す力は養われにくい。

◎ 共通テスト対策中心のマーク式の問題対策では記述答案を書く練習ができない。当然後述のように「理解してもらえる答案」を書くには普段からの練習が必要になる。記述答案を書くことで得られる数学の実力を最も伸ばす核となる部分が得られない。

◎ 加えて、当然ながら二次試験では共通テストを遥かに超えるパターンの問題が出される。共通テスト対策メインでは受験数学に必要な基礎標準知識や定石、そこからの思考が必要十分に得られない。

　以上を鑑みた結果、「二次試験をメインに両立する」という方針になるのである。

　つまりスケジュールとしては、共通テストの2か月ほど前までは二次試験対策に専念して良いが、それ以降では共通テスト対策も徐々に取り入れるべきである。

🏃 3. 数学の年間スケジューリングのフロー

~8、9月	●教科書及び教科書傍用問題集もしくはそれに準拠する同レベルの参考書及び問題集 ●標準問題を網羅した問題集
9、10月	●二次対策・個別対策（共通テスト対策）
11月~12月	●共通テスト対策と二次対策・個別対策
1月~ 共通テスト	●共通テスト対策
共通テスト後	●二次対策・個別対策（＋新規の問題も少し）

勉強法編／勉強法総論

勉強法編／勉強法各論

※基礎の習得が遅れている場合過去問開始時期を遅らせてよい。

※9月の段階で基礎標準知識がすべて完璧になっている必要はなく過去問演習を始めた後も基礎知識の見直しは必要に応じて入試直前まで継続する。これが受験戦略編で述べた合格の天使メソッドポイントである。

「基礎標準知識の習得と過去問演習のサイクル学習」

「基礎標準知識を過去問基準で捉えなおす」

の真意。

第2節 数学勉強法　エッセンス編

🏃 1. 数学の対策手順のフロー

　数学を得意科目にすれば難関大学・第一志望校合格に非常に有利になる。しかし、難関大学を目指す受験生に特に多いのが、対策手順を段階的に踏まずに、いきなり受験レベルの問題集から演習に入ってしまうことである。これではどんなに、何冊も、標準問題集をこなしても絶対に

数学の実力はつかない。

　数学を得意科目にしたいのであれば以下のフローで示す手順は、必ず実践しなければならないことを肝に銘じてほしい。

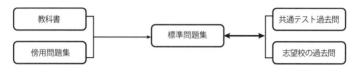

共通テストのみ受験の場合

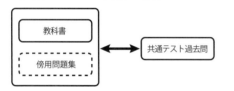

　理系受験生は当然数学の出来不出来が合否に大きく影響する。

　文系受験生でも数学の出来不出来は入試の合否に直結するものと考えてほしい。二次試験の配点を見てみるとわかるが、数学の配点は社会1科目あるいはそれ以上に相当することが少なくない。社会科目と比べて力の伸びが実感しにくいことを理由に対策が後手に回ってしまう受験生が多いが、むしろ優先的に勉強しておくほうが受験戦略上有利なので、覚悟を決めて早目に対策を始めよう。

　学習の順番としては①教科書（例題を中心に）→②網羅系問題集→③過去問演習となる。

　共通テストのみで数学が課される受験生の学習の順番は①教科書（例題を中心に。各自の状況や得点戦略に応じて傍用問題集）→②共通テスト過去問となる。

🏃 2. 「勉強ターゲットの3類型」理論との関係

　教科書や傍用問題集、標準問題集、過去問、それぞれに取り組む際の目的意識があいまいだと効率的に数学の実力をつけていくことはできない。何の目的でそのレベルの問題集をやっているのか、これについて本

書をご覧いただいている皆さんは明確に理解していただきたい。これを意識して取り組めるかどうかで数学の実力の伸び方には雲泥の差が生じる。

　数学の勉強法の詳細に入る前に、以下の図を受験戦略編の「勉強ターゲットの３類型」理論で述べたことを思い出し、まずは頭に叩き込んでいただきたい。

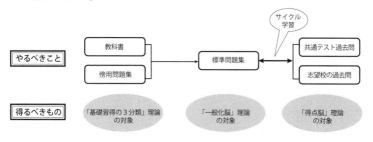

「勉強ターゲットの３類型」理論

🎯 3. 教科書マスター法

　教科書に書かれている内容をある程度理解できているかは、例題を解くことができるか否かで大まかにわかる。仮に教科書の例題が解けない場合には、時間をかけてすべての例題を解きなおすことから始めよう。その際、**なぜこのように立式するのか？　なぜこのように式変形するのか？　という数学的な発想を絶えず意識しながら勉強**してほしい。教科書の準拠版問題集を配られて大量に問題をこなさないといけないという強迫観念にかられている方も多いかもしれないが、そういった計算問題をたくさん解くことで本質を理解するよりも、**教科書の例題を味わうようにして解く、あるいは読むことで本質を理解する**ほうが結局のところ効率的である。

ポイント：「数学は暗記である」という言葉がある。それは一部では正しいが、すべてではない。確かに、「こういう問題ではこうアプローチする」ということは、頭に入っていないと応用問題を解くのは難しい。

しかし、そうしたアプローチについて「なぜそうするのか」といった理解を軽視してただ闇雲に覚えたところで、それは全く同じ問題やほぼ同じ問題にだけ使える知識でしかない。**基礎レベルから数学的な思考をせずに、応用レベルの問題になってはじめて思考するというのは不可能である。**したがって、**基礎レベルの問題の時点から、理解を放棄せず腰を据えて取り組んでいただきたい。**

　これは、数学のスケジューリング編で述べた、共通テストと二次試験の捉え方にも関係する重要事項である。

🏃 4. 標準問題集マスター法

　以下では、二次試験で数学が課される国公立理系・文系受験生、私大理系受験生を前提に日々の勉強での標準問題集への取り組み方を解説する。

　ただし、共通テストのみで数学が課される受験生も問題への取り組み方の重要なポイントを示しているので必ず読んでいただきたい。

(1) 問題演習の取り組み方

　教科書レベルの学習が終わったら標準問題集（網羅系問題集）を1冊購入し演習を始める。標準問題集（網羅系問題集）というのは、『チャート式』『1対1対応の演習』『理解しやすい数学』『Focus Gold』等を指す。

　最初は、問題がなかなか解けずに苦痛に感じるかもしれないが、模範解答をしっかりと理解することができれば数学の力は着実に伸びていくので、**答えを出すことに執着しないように**しよう。発想の方法や式変形の理由などがコメントされている問題集であればどれであっても構わない。『1対1対応の演習』などであれば問題ないだろう。一度理解したと思っても、時間が経つことで基本的な考え方が抜けたり、思いのほか理解が浅かったりするので、問題を忘れないうちに何度も見返そう。問題集を見ない状態で、独り言を言いながら問題の解説を行う、というのも理解を深める上で大変役に立つので、ぜひ実践してみてほしい。夏〜秋を目途に進めていこう。

　受験数学では基礎をマスターした後、標準問題の解き方をいかにマスターするか、ということが最も大事である。標準問題というのは、『チャート式』『1 対 1 対応の演習』『理解しやすい数学』などの「標準問題集」に載っている問題のことを指す。

　基本的に大学入試で必要な数学の知識は、こうした参考書に網羅的に書かれているので、載っている問題の解き方はすべて頭に入れる必要がある。そして、最終的にはこれらの参考書に載っている問題をちらっと見ただけで、パッと解法が思い浮かぶ状態になっていてほしい（これではじめて参考書を「マスター」した状態と言える）。

　網羅系問題集は、実際に出題された過去問から頻度の高いものを体系的に抽出・整理しているため、入試で問われる数学の基礎知識を効率的に習得することができる。反面、**この過程を飛ばすと本来得点すべき第1～2類型の問題**（受験戦略編 第 1 部 第 1 章必読）**で得点できず致命的な差になる**ので、ぜひこなしておきたい。

　この点を確認した上で、具体的に標準参考書の使い方（＝数学の勉強の仕方）の一例を紹介しよう。

　これらの参考書は、1 ページに例題とその類題が載っているという形式がほとんどである。したがって、例題で解法を学び、類題でそれを定着させるという形式が基本となる。まず、例題を解いてみる。そして、解説を読む。このとき、解説に載っている解き方で解けているかどうかを確認し、解説と違う方法で解いた場合は解説の方法で解き直してみる。解き方がわからなかったときは、解説に載っている「指針」「方針」などの一行を読み、再度チャレンジしよう。それでもだめなら、解説本文をなるべく短い時間だけ見て、再度解き直す。

補足：問題の初手自体が全くわからない場合
　普段の問題演習で5〜10分考えても「初手」自体が何もわからなければ、解説をあらかじめ隠しておいて一行ずつオープンして行くという方法を取るとよい。「初手」＝取り掛かりがわかったらできるところまで自力で解いてみる。そしてまた詰まったら上記方法で解説を一行ずつ見ていき解法のヒントを得たらわかるところまでまた自力で解く。できないからといって解説を最初からすべて見てしまうのではなく、この方法を用いることでしっかりと実力をつけていくことができる。

　ここで解けた場合もそうでなかった場合も大事になってくるのが、**解説の「指針」「方針」「ポイント」と書いてある最初の一行**である。これらの参考書の解説の一番上には必ずそういった記述があるが、**ここに一番大事なポイント（問題を解く上でのキーワード）が書いてあるので、ここを重点的に頭に入れるようにしよう。**

　解けなかった場合は特に、**「なぜ解けなかったのか」を分析することが大事**である。自分がどこまで解けたか、どこで間違ったかを、解説と自分の答案を見比べながら分析する。そうして「自分にとってのポイント」を学ぶのである。そのポイントは上で挙げたような「指針」「方針」であることが多いだろう。確かにそれらは一番重要だが、それ以外のちょっとした変形や考え方が原因で解けない場合も多々ある。何が「自分にとって」大事かは、自分にしかわからない。したがって、**解けなかった問題では、ただ「指針」「方針」だけを無思考に覚えこむのでなく、「解けなかった原因」の分析を必ず経て「自分にとってのポイント」を学ぶ**ようにしよう。そうして学んだポイントを、別のノートなどにまとめておくのも、模試や本番の前に見直したり、普段問題に詰まったら参照できるので、良い方法だ。

　問題集をマスターするとは、このようにして考え方を自分で使える形で習得することであり、**ただ解法を暗記することではない。**解き方を丸

暗記するのでは、**少しひねられた問題が出るとすぐ対処できなくなる。**問題に対して**「これはこういう問題だから、こういう方針で解くんだ」と分析・理解して頭に入れる**ことによって、**汎用性が高まる。**

　たとえば、

$y = 5\sin^2x - 6\sin x\,\cos x - \cos^2x\ (0 \leqq x \leqq \pi /2)$ の最大値を求めよ。

という問題に対して、

　「この問題は三角関数の 2 次式だから、半角の公式を使って 1 次式に次数を下げることで合成できるようになって、最大値が求められるようになるんだ」

　といった方針を理解しよう、ということである。このように、**曖昧に解法を理解するのではなく、明確な指針を立てられるように吸収していこう。**「なんとなく解けるけど……」をなくすことも、力をつけるために大事な要素である。

　そして、例題の解き方や方針を理解した上で、今度は類題にチャレンジしてみよう。例題で学んだ解法・知識を確認する目的で、自力で解くようにしよう。

　この一連の作業を、各問題について頑張って進めていく。この際、すでに述べたように、できなかった問題については必ず印をつけるようにして、2 周目以降はその問題を優先して取り組むようにしよう。

⑵　数学の実力を伸ばす核

　もう一つ数学の勉強を進める上で重要なことを述べさせてほしい。それは、**「勉強の段階でしっかり答案を記述する癖をつける」**ことである。国公立大学や私立大学の二次試験では記述答案を課しているところが多いので、その練習になるのはもちろん、経験上、記述答案をしっかり書くことで定着率が高まるからである。というのも先程、問題を解く上での指針やポイントを吸収することが大事だと述べたが、それを明確に記

述することが必要な場合が結構多いからである。ただ読むのと手を動かして書くのとでは、手で書いたほうが定着は良いだろう。

　たとえば、方程式の解の個数の問題を定数分離で解く解法があるが、これは「方程式の解の個数＝二つのグラフの共有点の個数」と読み替えることがポイントになる問題である。このポイントは実際の答案でも明記する必要がある。このように、重要な解法は、その問題を解く上で論理的に重要であることも多い。したがって、**普段から数学の答案を、きちんと、日本語での必要な説明を加えながら書くことによって、解法を理解する助けになる。**

　答案作成にあたっては、解答が参考になるだろう。その問題で大切なポイントを、答案の上ではどのように表現しているか、解答から学んで自分のものとして書けるようになってほしい。

🏃 5. 過去問最大効果奪取活用法

　網羅系の問題集が終わったら二次試験の過去問演習に入る。ここで注意すべきは、いわゆる"奇問""難問"というもの（「第3類型の問題」受験戦略編参照）を捨てていくことである。このような問題は滅多に出ないが、素直な数学的な発想では解けないと感じたら、解法を覚えるようなことはせず（素直な発想力がねじ曲がってしまう）、解説を読んで最低限の理解をしたら忘れてしまおう。また、問題を解いていく中で自分が苦手と感じる分野が見つかった場合には、3、4で使った教科書あるいは問題集に必ず立ち返って復習しよう。基本的には1で述べた方法で**1問1問を味わうようにして解いて**いく。また、ある程度過去問が解けるようになってきたら、時間制限をかけてプレッシャーの中で早く解く訓練も行いたいものだが、これは共通テスト明けからでも十分なので、まずは基本をおろそかにせず、学習に励んでほしい。

　ここからは、特に過去問演習を行う上で意識すべきことを述べたいと思う。

　過去問演習を行う意義は、蓄えた標準問題の知識を初見の問題に応用・運用する力を養うこと、そして志望校の問題とそのアプローチの方法を学ぶことである。標準問題と全く同じ問題はあまり出ないが、同じ解法や指針を立てるべき問題は多く出る。むしろ、全く新しい解法を取る問題はほとんど無いと言って良い。なので、**問題を読んで、自分の持つ知識の中から必要なものを選び出すことを学ぶのが目標**になる。

　すんなり解ける問題もあれば、「こんなの思いつく訳ない！」と思うような問題もあるかもしれない。後者については、難しすぎる問題なら解説を読んで納得する程度で構わないが、なるべく**問題集のときと同じように、解いた答案と解説を照らしあわせて分析**してほしい。というのも、「こういうときにはこの指針を立てる・この解法を選ぶ」という知識が増やせる絶好のチャンスだからである。標準問題集は確かに網羅的に問題と解法を載せているのだが、カバーしきれない隙間はどうしても存在する。**標準問題集と同様に分析をし、「自分にとってのポイント」を学ぶ**ことで、その隙間を埋めることができる。むしろ、そこで学んだポイントは、志望校が出題する問題から学ぶ以上、志望校対策にはより有益なのである。こうして新たに獲得した**「こういうときにはこの解法をとる」という知識（発想のタネ）**もノートなどに記してさらに増強することができる。

第3節 数学勉強法　実践編

🏃 1. 基本方針

入試数学の基本的な目標としては
- 入試における標準問題をマスターすること
- その知識を適切に運用して応用問題も解けるようになること

が挙げられる。

　より重視するべきなのは前者であり、標準問題のマスターのためには
まずは教科書レベルの知識・問題の解法が頭に入ることが必須である。
したがって、まずは教科書レベルの問題をマスターし、その後標準問題
集を繰り返して解いてその内容を徹底的に頭に入れるというのが基本方
針になる。その後は各自の時間的余裕や志望校の問題の傾向に応じて、
更に標準問題の知識を応用して初見の問題を解く練習をする、という形
になる。

　**どの段階においても大事なのは、一問一問、とことん理解しながら進
めることである。**間違えた問題があったら、その解答を写して終わり、
というわけにはいかないのである。**どうしてその問題が解けなかったか、
どういった視点・考え方が足りなかったか、ということを分析**しなけれ
ばならない。

　その際には、前の段階に戻って確認することも躊躇ってはならない。
標準問題を解きながら教科書に戻って基礎事項を見直したり、応用問題
や過去問を解きながら標準問題に戻って典型的なアプローチを確認する
ということも多々ある。

　つまり、その問題について「他人に解説できる」レベルを目指してほし
い。一般に教える側は、教わる側の3倍理解している必要があると言
われる。他人に教えようとすると、自分が意外と理解していないという
場合がよく見られる。

　だから、友達と問題を解説しあったり、あるいは自分自身に解説をし
てみるというのは有益である。

　とにかく肝要なのは、**「自分は本当に理解できているか?」**という疑
念を持つことである。

　これは数学に限ったことではないが、数学では特に意識すべきことで
ある。というのも数学では、難問とされる問題でも「解答を見ればわか
る」というものが多いからである。しかし解答を見て「ああそういうこ

とか」とわかるのと、試験会場で実際にその問題を解けることとは大きな格差がある。

その格差を埋めるために、先ほど説明したような分析を行ってほしいのである。**個々の問題に対して「どうしてこのようにして解けるのか」ということを考えて、それを『一般化』して「こういう場合はこのようにして解く」というポイントを学ぶ**ことで、その問題だけではなく、それと**エッセンスを共有した初見の問題に対処できるようになる。**

もちろんその際には、問題集の解説などを大いに活用しよう。単なる答え合わせではなく、「どうしてそのように解くのか」ということを説明している問題集が良い問題集である。「方針」「ポイント」といった項目も大いに活用して、自分なりに納得がいくまで考えてほしい。

🥷 2. 問題への取り組み方

数学の勉強の基本的な形は問題集をこなすことであり「一問から最大限を得る」ことである。したがって、一つ一つの問題からなるべく多くを得たい。そのために注意すべき点をいくつか挙げていく。

⑴ 記述答案の書き方

多くの国公立大学の二次試験や私立大学の個別試験では記述式の数学の試験が課されるので、**普段問題集に取り組むときから本番を意識しきちんとした答案を書くこと**が重要である。「解き方はわかったから」と言って記述を省略したり、メモ書きのようなものしか作らないのでは問題を解き終わったとは言えない。試験時と同様に答案を作って初めて「問題を解いた」と言えるのである。

きちんとした答案とは、
・最初の一行から最後の解答に至るまでの過程がすべて論理的につながっている
・重要な定理や考え方を用いる場合にはそれを明記する
・「何を求めようとしているのか」を明確にする
などといったことが挙げられる。

　肝要なのは、自分がどのように考えて答えに至ったかを、答案を読んだ他人（採点者）に理解してもらえることである。『答案とは』自分のためではなく、他人に読んでもらうために書くものである。『手紙と同じ』だと考えてほしい。

　簡単な例を用いて説明しよう。

> 例）サイコロを 3 回続けて投げるとき、出る目の最大値が 5 である
> 　確率を求めよ。

　この問題のキモは、「出る目の最大値が 5 であること」の解釈である。
　最大値が 5 というのは、「5 が少なくとも 1 回出る、かつ 6 は 1 回も出ない」という意味である。この時点で、「少なくとも」という文言が入っていることから余事象の考え方を用いることが見えてくる。これらの思考プロセスは上で述べた「重要な考え方」であるので、答案に明記する。たとえば、

> 解答例）与えられた事象は、
> 「6 の目が出ない かつ　5 の目が少なくとも 1 回は出る」と言い換えられる。
> 6 の目が出ない確率は、$\left(\dfrac{5}{6}\right)^3$ このうち、5 の目が一度も出ない確率は $\left(\dfrac{4}{6}\right)^3$ であるので、求める確率は、
> $$\left(\dfrac{5}{6}\right)^3 - \left(\dfrac{4}{6}\right)^3 = \dfrac{61}{216}　となる。$$

　これなら、ただ数式を並べるよりも論理や方針がはっきりする。

　答案を書くことのもう一つの大きなメリットとして、実際に紙の上にどこが重要かを書くことで、問題の重要なポイントが定着しやすいということが挙げられる。
　つまり、先ほど「他人に読ませるため」の答案だと述べたが、それを意識して答案を書くことで、結局自分自身の理解を深められるのである。

　いざきちんとした答案作成をしようとすると、**どこが大事な考え方なのか、論理的に整合性が取れているかを常に意識することになる。**普段の問題演習の時点でこうした訓練をしておくことは、一つ一つの問題から最大限のことを学ぶために大いに役に立つ。答案をきちんと書くのは自分の考えを整理することにもなる、という意識を持って、記述式の試験を受ける受験生はもちろん、そうでない人もぜひ勉強の中に取り入れてほしい。

(2) 問題演習の進め方

　受験戦略編で問題の 3 類型について述べた。基本的には第 3 類型の問題（すなわち相当な発想力や知識が必要とされる問題や、試験時間を考慮すると手をつけるのが難しいと思われる問題）には手をつけないほうがいい。それ以外の問題を確実に解くほうが点数の期待値を上げられることは度々述べたとおりだ。

　問題の難易度の見分け方については経験を積むことが必要になる。そのためにも、普段の学習の中で、**問題に出会ったら一度手を動かして考える習慣をつける**ことが大事だ。グラフを描いたり、変数に適当な値を代入して実験することなどがそれに当たる。

　そのようにして考えてわからない問題は、普段の学習ならば解答を見る、試験なら飛ばすという流れになる。「5 分 /10 分考えてわからなければ」というように、目安の時間を決めておくのが良いだろう。

　入試で難しいとされている問題の多くは実際には標準問題の知識を適切に応用・運用して解くもの（第 2 類型の問題）だ。このような問題と、標準問題への結びつけ方の例を挙げてみる。

　定数 p に対して、3 次方程式 $x^3 - 3x - p = 0$ の実数解の中で最大のものと最小のものとの積を $f(p)$ とする。ただし、実数解がただ一つのときには、その 2 乗を $f(p)$ とする。

1) p が全ての実数を動くとき、$f(p)$ の最小値を求めよ。

2) p の関数 $f(p)$ のグラフの概形を描け。　　　　　　（東大 1991）

勉強法編／勉強法総論

勉強法編／勉強法各論

この問題を解くに当たっては、

① 数学を勉強している人の多くが知る、「定数分離」による方程式の解の捉え方（これは、方程式に文字定数が入っていることから思いつく）。

② 解が具体的に求まらない場合に文字で置き、解と係数の関係を使って関係式を導き出す（文字定数を含む 3 次方程式の解は多くの場合具体的に求まらない）。

③ 適切な場合分けをする（定数分離の定石）。

④ 媒介変数表示された関数のグラフを書く（p で $f(p)$ を表す必要はかならずしもない。この感覚は置換積分などで養われているだろう）。

といういずれも基本的な標準問題を通して学ぶ知識（ポイント）を使う。

　参考までに、これらのポイントを用いた思考過程を概説する。

---

① まず、方程式の形の「定数分離」の方法が思いつく。p を分離してしまえば、あとは x のみの方程式になるからだ。

　もちろん、この時点では先の展開はまだ見えないし、もしかすると違う解法なのかもしれない。しかし先で述べたように、頭の中だけであれこれ悩む前に**「とにかく手を動かして考える」**ことが大事だ。その結果袋小路に陥ったら、方向転換して別の道を探せばよいだけの話だ。

　定数分離した結果、この実数解は x の 3 次方程式のグラフと、直線 $y = p$ のグラフの交点の x 座標として捉えられる。

　そうなれば、やはり手を動かしてグラフを描いてみる。

② グラフは描いてみたが、定数分離をしてもやはり具体的な解の値は求まらない。そこで解と係数の関係を用いてみる。

　すなわち実数解を α、β、γ とし、$\alpha \geqq \beta \geqq \gamma$ とすると、$f(p) = \alpha\gamma$ と表されるのだ。求めたいのは $f(p)$ と p の関係なのだから、$f(p)$ をさらに t などと置いて、解と係数の関係を用いて立てた 3 つの式から β を消去し、t と p だけが登場する式にしてみる。

$$p^2 = t^3 + 3t^2$$

という式が出てくるはずだ。

③ それでもなお $t = f(p)$ を p の式として表すことはできない。

　　しかし、(1) では t の最小値を求めればよいのである。そこで、①のポイントを再び使ってみる。つまり、上の式をやはり定数分離と見なし、st 平面（t を横軸としたグラフ）における $s = p^2$ と、$s = t^3 + 3t^2$ の交点を考えれば良いのである。

　　したがって、先ほどのグラフに加えて、この交点を示すグラフを描くことになる。

　　すると、$p^2 = 4 \Leftrightarrow p = \pm 2$ を境にして、交点の個数が変わることに気がつくだろう。

　　そこで③のポイントを意識し、$p = \pm 2$ の前後で場合分けして考えるのである。

　　場合分けして交点に注目すると、$-2 \leqq p \leqq 2$ のときは複数の交点が存在する。

　　しかしある p に対応する t の値は 1 つのはずだ。そこで、最初に描いたほうのグラフを用いると、$-2 \leqq p \leqq 2$ の範囲で t が取りうる値がわかるので、これにより適切な交点が 1 つに絞れるはずだ。

　　あとは、以上のように場合分けした中での p の最小値を求めればよい。

　　最小値となるのは $p = 0$ のときで、$t = f(0) = -3$　が最小値となる。

④ 次に (2) では、$f(p)$ のグラフを描かなければならない。しかし先ほど書いた通り、$f(p)$ を p の式として直接表すことはできない。むしろ p を $f(p)$ の式で表すことができる。

　　そこで④の考え方を用いる。(1) で行った場合分けは維持しつつ、

　　それぞれの場合について p を $f(p)$ の式で表したグラフを、$f(p)$ を横
　　軸として描けばよい。

　　それを $90°$ 回転させれば求めるグラフが得られるというわけだ。

　以上のように、複数の普遍的なポイントを組み合わせて解答が作られ
ていく。

　ただしこれらを適切に一つの問題の中で使うには、ただ知っていると
いうだけでは足りない。こうした道具（ポイント）を使うべき状況や、
それらの間を埋めるための論理的思考を普段の標準問題演習で養ってお
く必要がある。

　したがって、問題演習の中で道具の使い方を分析することが最も大事
なのである。つまり解答中の各々の展開・操作について**「どのように考
えた結果その展開・操作を行ったのか」**を分析・理解するということで
ある。

　再三述べていることであるが、**ただ解答を見て「ふーん」と納得する
だけでは足りないのだ。**どうしてその解答になるのか、**「一般化された
ポイントを抽出」**しなければならない。

　より難易度の高い問題に取り組むときほど、こういった分析のプロセ
スが大切になる。問題を解く最中よりも、**問題を解いた後こそが勉強の
本体である**と言っても過言ではない。

(3) 計算について

　数学に計算はつきものである。せっかく方針が合っていても、途中
の式変形を間違えて点数が取れなかった苦い思い出は誰にでもあると思
う。特に共通テストでは、途中の計算ミスが後にも響き、致命的な損失
となりかねない。

　普段の学習の中では、こうした計算ミスをただのミスとして放置せず
に、なるべく減らすよう努力しよう。そのためにはまず計算ミスの原因

を究明することである。

　大まかなパターンとしては、
① 問題用紙の余白などに計算する際、字が小さい・乱雑であるなどが
　　原因で数字を取り違える
② 数字は正しいが、計算プロセスを飛ばして暗算する際に間違える
というものがある。

　①ならば話は簡単で、余白の計算といえどもしっかり・丁寧に行うこ
とである。

　②の対策としては、まずは自分が間違えやすいプロセス（定積分の計
算・整式の積など）を把握し、そのプロセスを行うときは特に丁寧に、
注意して行うことである。

　その上でやはり計算が苦手という場合は、計算対策の問題集を用いた
練習が必要となる。毎日少しずつ計算の訓練をすることでミスが減れば、
結果的に大きく点数を伸ばす要因の一つとなる。たとえば『数学の計算
革命』（駿台文庫）などはその訓練に大いに役立つことだろう。

3. 本番戦略・時間配分戦略

　数学の試験の本番はとにかく解ける問題を見極め、それを確実に解く
ことが大事になる。そのためには先ほども述べた通り、普段から初見の
問題に当たったときに、手を動かして解けそうか解けないかの見極めを
つける練習が必要である。解ける問題の数はその人の得意・不得意や本
番当日の問題構成にもよるが、標準問題については必ず解けるようにし
ておきたい。

　また、解くのが難しい問題でも、途中までの展開や、ほんの少しの方
針でもいいので積極的に答案用紙に思考過程を残すべきである。部分点
も重なれば相当なものとなることは忘れないでほしい。解答用紙に何も
書かないことには点数は絶対にもらえない。諦めずに書いてみてほしい。

　時間配分については他の科目と同様、大問ごとにかける時間の目安を
あらかじめ志望校の過去問分析・過去問演習で決めておこう。何とか解
こうともがいたり部分点を取ろうと答案を書いていても、そこに時間を
かけすぎるのはもちろん良くない。次の問題の解答に移って、時間が空
いてから戻って考えたほうが良い。別の問題に取り組んでいるうちに、
新たなヒントを得ることもある。

🏃 4. 共通テストを見据えた二次試験数学対策

　共通テストの2つの特徴として、(1) 直接的な誘導から間接的な誘導
への変化 (2) 従来は二次試験でしか出なかったようなやや難しい典型問
題の出題が見受けられる。

　(1) について詳しく説明すれば、従来のセンター試験の誘導は直接
的で前の設問で求めた値を使って、それに + α の計算をして答えを出
すというものがほとんどだったが、共通テストではそのような直接的な
誘導は少なくなり、代わりに、前の設問までの考え方・解法のポイント・
何に着目して考えていたか、というところを参考にして新しい別の問題
(ただし本質的なところは前の設問と共通するところがあるような問題)
を0から解かなくてはいけないというものが多くなっている (もちろ
ん完全に0からというわけではなく、前の設問などで誘導や指針は示
されているのでそこは二次試験とは異なる点である)。

　このような特徴を持った問題は難易度が非常に高く、センター試験よ
りはむしろ難関大学の二次試験に近い性質を持っている。したがって理
系の方は二次試験の対策を共通テストの後ではなく前からすすめること
で同時に共通テストの対策ができてくる。特に誘導が少ない記述問題な
どは本質的な力を上げるために有効となる。二次試験で数学を使わない
方も誘導の少ない問題にあたってみることが有効な共通テスト対策につ
ながる。

第 4 節 数学　共通テスト対策編

🥷 1. 共通テスト数学対策の基本方針

　共通テストのみで数学を利用する場合も、まず教科書レベルの知識から身につけよう。その際には傍用問題集などの基礎的な問題集でアウトプットを並行して行おう。次に共通テスト過去問（共通テスト過去問が一定程度蓄積するまでは試行調査問題、センター過去問、共通テスト対策問題集等）を用いて演習する。本来ならば過去問のみで事足りるのだが、共通テスト施行後数年は十分な過去問が得られないので共通テスト用の問題集等を数回分解いておいたほうが良い。

　二次試験がある場合も、共通テスト対策としては共通テスト過去問（共通テスト過去問が一定程度蓄積するまでは試行調査問題、センター過去問、共通テスト対策問題集等）を演習することである。すなわち、問題を解き、解けなかったものがあれば解答をしっかり分析して「どのように考えれば良かったのか」を分析する。共通テスト数学は後述するようにセンター数学に比し、より二次試験寄りの出題と言える。思考力が問われるような誘導形式や、難しい典型題など二次試験で主に問われていた能力が共通テストでも積極的に問われるようになると考えておこう。

　基本的な解法については、今まで述べた二次・私大対策の勉強法で十分対処できる。しかし、共通テストの形式に慣れていないと、思わぬところで足元をすくわれかねない。

　したがって、共通テスト過去問（共通テスト過去問が一定程度蓄積するまでは試行調査問題、センター過去問、共通テスト対策問題集等）をしっかりと解いて共通テストの形式に慣れておくことをおすすめする。

🥷 2. 注意点

　以下はあくまで現状での大学入試センターの試行調査問題や共通テス

ト改革の趣旨・意図を踏まえた当塾東大理三合格講師陣による分析である。

　ここで留意しておいていただきたいのは、新しい試験制度というのは開始後数年間、問題傾向が浮動的になるということ。この状態で重要になるのは、基本的な方針や問題の性質の核を捉えたうえで対策を行う、そのうえで本番で見慣れない形式の出題には臨機応変に対処するという意識である。是非以下の分析を参考に共通テスト導入の趣旨や問題の性質・本質を掴んでいただきたい。

✺ 3. センター試験との相違点

＜大学入試センター公表 数学の問題作成方針＞

　数学的な問題解決の過程を重視する。事象の数量等に着目して数学的な問題を見いだすこと，構想・見通しを立てること，目的に応じて数・式，図，表，グラフなどを活用し，一定の手順に従って数学的に処理すること，及び解決過程を振り返り，得られた結果を意味付けたり，活用したりすることなどを求める。また，問題の作成に当たっては，日常の事象や，数学のよさを実感できる題材，教科書等では扱われていない数学の定理等を既知の知識等を活用しながら導くことのできるような題材等を含めて検討する。

（出典：大学入試センター HP）

＜当塾、東大理三合格講師陣による独自問題分析＞

① 難易度が上がった

　計算量はセンターと比較して、同じ〜減少だが、難易度は難化。ⅠAの制限時間は 10 分増えたが、時間に余裕ができるわけではない。記述問題は採用されないこととなり、センターとの違いはどういうところになるのだろうというふうに思っている方も多いかもしれないが、共通テストの試行調査問題を分析すると実際にセンターとの違いが一番出てく

るのは記述問題云々ではなく、各大問の後半の設問部分である。

従来のセンター試験では後半の設問は前半の設問がかなりヒントになっていて、前半の設問の意味や、やっていたことを考えることで、実はかなりの部分はすでに解決済みで、後は少し自分で付け足して何かを求めれば解ける、というものがほとんどだった。つまり流れに乗る力が大切で、大問ごとに大きな流れにうまく乗れれば、スムーズに解けた。

一方、共通テストは、そのように前半の設問が大きなヒントになっている問題は非常に少なくなっている。後半の設問のかなりの部分は自分で考える必要があり、誘導自体もセンター試験は前半部で求めた値がそのまま使えていた一方で、共通テストは前半部で与えられた考え方を参考にして、新しい問題に0から取り組む必要がある。そのため、この後半の設問の難易度はかなり高いものが多く、センター試験にくらべて高得点が取りづらくなっている。

②平均点が下がった

平成30年度試行調査の平均得点率は数学Ⅰ・数学Aは30.13点、数学Ⅱ・数学Bは36.06点である。

それに対し、現行センター試験の平均点は

数学Ⅰ・数学A

平成31年度　59.68点

平成30年度　61.91点

平成29年度　61.12点

数学Ⅱ・数学B

平成31年度　53.21点

平成30年度　51.07点

平成29年度　52.07点

と試行調査のほうが明らかに低得点である。

ただし、試行調査は現役高2・3年生を対象にしたものであり、実施

勉強法編／勉強法総論

勉強法編／勉強法各論

時点では演習不足が低得点の一因であると考えられるため、この数値のみをもって共通テストの難易度が跳ね上がるのだととらえてはいけない。

③問題の傾向が変わった

また、問題のパターンとしてはセンター試験では出されなかったような難関大で出される典型題も出題されており、典型題ではあるものの、レベルが一定程度以上の問題集にしか載っていないような問題も出されている点も違いである。二次試験対策をしなければ目にしないような問題（しかし一方で二次試験対策をしっかりとしていればその中で自然と演習経験をもつことになる問題）の出題があるため、共通テスト後から二次試験対策を始めるというようだと、このような問題への対応で差をつけられてしまう可能性がある。

最後に、身の回りの出来事を題材にするような問題が増え、それに伴って状況説明などのために問題文も全体的に長くなっている。問題を解くために全ての情報が必要なわけではないので、与えられた情報を素早く取捨選択して、重要なところだけを抜き取る力が必要となる。これは数学以外のところでも役に立ってくる力である。はじめから練習なしにできるというものではないので、典型題をある程度おさえた後に実際に共通テスト過去問（共通テスト過去問が一定程度蓄積するまでは試行調査問題、センター過去問、共通テスト対策問題集等）を通して実践の中で慣れていく必要がある。

④総括

以上の要素を考えると数学の共通テストはセンター試験の後継版であるものの、センター試験と言うよりはむしろ二次試験に似てきている。思考力が問われるような誘導形式や、難しい典型題など**二次試験で主に問われていた能力が共通テストでも積極的に問われる**ようになると考えておこう。

🏃 4. 対策方法

　上記で述べたセンター試験からの変更点を理解すると自ずと対策が出てくる。大きな変更点をもう一度整理すると

1. 誘導の違い
2. 難度の高い典型題
3. 長い問題文

という3点にまとめることができる。

① 具体的対策

　1、2に関しては二次試験対策をする中で、3に関しては実際に共通テスト過去問（共通テスト過去問が一定程度蓄積するまでは試行調査問題や共通テスト用の問題集・模試など）を解いてみることで、対策を行う。ただし、いきなり共通テストや二次試験に取り組むのは実力的に飛躍があり、共通テストの問題自体も実力的に解ける量はそこまで多くはないので、センター試験問題を積極的に活用していきたいところである。

② 共通テスト対策におけるセンター過去問の使い方

　センター試験は、過去問の量が膨大にあり、全てを解く必要はないが、典型題を計算ミスなく解ききる、丁寧な誘導にのって解答までたどり着くという2点がある程度行えるようになるまでは、有効に使えるはずである。何年分解かなければならないかは各人によって変わってくるもので、例えば二次試験対策をすでにみっちりやっており、センター試験は比較的易しく感じるという人であれば、センター試験は1、2年分確認のためにやってみる、くらいで十分だが、まだ共通テストも二次試験対策も進めていないという人であれば、少なくともセンター5年分くらいは手始めの一歩として解いてみることをお勧めする。

　センター試験過去問に関しては共通テストとの違いが上述の通りあるので、古い年度に関しては現行の教育課程と学習内容が違うため出題範囲にずれがあるという問題がある。したがって、共通テストを本格的に

解き始める前に、標準的な問題集でやった解法が大方身についているかのチェックとして、現行の教育課程と同じになった 2015 年以降のセンターの問題を 5 年分くらい解くのが良いであろう。

🏃 5. 共通テスト対策を始める時期

センター試験のときにはセンター後から二次試験対策を始めるという対策をとっていた人もいると思うが、上で述べたとおり、共通テストは**センター試験よりも二次試験に近い能力が求められる試験**になることからセンター試験時代にも増して普段の数学の勉強の軸は二次試験対策に置くべきでありかつこれが共通テスト数学で高得点を獲得するために最も有効な対策となる。

共通テストは**二次試験と共通する部分が多くなっている**ので、**標準的な問題集をまず一通りこなすことが先決**で、その後で本格的に共通テストを解いていくべきである。**この順序が逆になってしまうと、共通テストの問題をいくらやっても得点を伸ばすことができない**ということになってしまいかねない。

この観点から早い段階で一度共通テスト過去問（共通テスト過去問が一定程度蓄積するまでは試行調査問題も）に目を通すなどをして傾向を掴んでおくことは必要であるが、本格的な対策としては 11 月頃から徐々に問題を解き出し（計画に余裕がある人なら 10 月からでもよいが）、12 月からは半分程、1 月になると完全に、共通テスト対策に費やし、マーク形式の問題に慣らしていくことが重要である。

以上の点は、共通テストの性質、求められている力自体、従来から当塾が一貫して主張してきている、「センター重視の勉強ではなく基礎標準知識をまずきっちりマスターすることが重要」というブレ無き方針にも合致するものである。

第5節 数学　高校1、2年生の難関大学対策編

1. 数学の位置づけ

　まず、以上述べてきた数学の勉強法についてじっくり読んで理解していただきたい。

　勉強計画編でその理由とともにお伝えしたが、数学は高校1、2年生のうちに優先すべき科目に該当する。

　優先すべき科目という意味は、部活などで時間が取れない場合も含め、勉強計画上多くの時間を割くべき科目ということである。まずはこの点を明確にしていただきたい。ことに数学は英語以上に後にリカバリーが難しい科目であるからこの点の意識はしっかりもちたい。

　また、共通テストの施行によって数学はセンター試験よりも、よりしっかりとした基礎力とそこからの思考力・応用力が問われる教科になっている。

　したがって以下に述べる高校1、2年生の段階での数学の勉強がより重要なものとなる。この点を肝に銘じておいていただきたい。

2. 勉強の手順・順番に特に注意

　実際に数学の勉強に取り組む際に特に注意していただきたいのが、この数学の勉強法編で述べている勉強の手順・順番である。

　難関大学や医学部などの難関理系を目指す高校1、2年生に多いのが、とにかく先取り学習をしたがる傾向である。不安や焦りから、基礎をおろそかにした段階であるにもかかわらず、標準問題集に飛びついたり、入試レベルの問題を扱う予備校さんの講義などに行かなくてはと思ってしまう。

　しかし、この選択こそが数学の実力を伸ばすことを最も阻害している要因である。

　数学というのは基礎からの積み重ねによって成り立っている教科であ

る。文系科目ではないが、最も論理が重視される科目といっても過言ではないのだ。したがって、基礎があいまいなのに現状の実力を超えた問題演習を繰り返しても、数学の実力を伸ばすのに最も必要な基礎からの積み重ねの論理は学べないし身につかない。

　以上の観点から、まずはきっちり基礎を身につけるということを重視していただきたい。

　時間が取れない場合でも、取れる場合でも、教科書及び傍用問題集 (そのレベルの代用書) をきっちり身につけるということを最優先してほしい。

　部活等で時間が多く取れなくても、実力をつけていく過程で最も重要となるこの部分に焦点を当て、実践しておけば、受験年にスパートをかけられる。

　数学という教科はことに下準備がすべてを決めると考えていただきたい。

🏃 3. 具体的対策

(1) 高 1 生

　まずは数学の問題を毎日解く習慣を身につけよう。優先すべきは、既習範囲の苦手ポイントを早い段階で潰しておくことである。苦手を多く抱えた状態で受験学年になるのは精神的にかなり負担になるからだ。また既習範囲の公式、計算を徹底的に反復練習して、計算力（速さ、正確性）を鍛えておくと後の入試演習が効率よく進められる。

(2) 高 2 生

　高 1 生の勉強法と基本的に変わらない。高 1 で I A、高 2 で II B という学校が多い。ただ、II B の間に I A に全く手を付けないでいると、いかに高 1 でしっかりやったとしても、記憶の大半は失われてしまう。少しずつ、I A の問題を解くことで、忘れてしまうのを防ごう。

第6節 おすすめ問題集・参考書

　ここに挙げるものはあくまで一例に過ぎない。

　問題集・参考書というのは、自分の現状の実力・レベルにあったものを選ぶ、そこから受験標準とされる問題集・参考書（志望校の問題のレベルに応じた）へステップを踏んでいくという点に留意すれば細かいことにこだわる必要はない。問題集・参考書の評論家になっても何の意味もないのだ。

　再三お伝えしているように上記視点さえ明確に意識できていれば「何を使うか」ではなく「何をどう得るか」が大事なのである。これが合格の天使が提唱する「合格するための勉強法」である。したがって本書では「何をどう得るか」ということに焦点を当てて勉強法をお伝えしているのだ。この点に留意して問題集・参考書を選別していただきたい。現役生であれば学校配布の問題集・参考書で賄えるならそれで十分である。学校の授業やテストの機会も最大限活かしていっていただきたい。

♠おすすめ参考書・問題集

(1) 基礎

・教科書及び教科書傍用問題集（もしくはそれに準拠する同レベルの参考書及び問題集）

＜教科書代わりの参考書＞

　※全くの独学の場合は教科書及び傍用問題集の代わりに以下のものから入っても良い

・『語りかける高校数学』（ベレ出版）

　授業のように先生が語り掛けてくる構成。0から始めるのであればお勧めできる。

・『初めから始める数学』シリーズ（マセマ出版社）

　上と同じく授業のような構成。0から始める人向け。

・『沖田の数学をはじめからていねいに』シリーズ（東進ブックス）

　講義口調なので、実際に授業を受けているような感覚がある。初修の人、すっかり忘れてしまっている人にオススメ。

(2) 計算力養成

・『数学の計算革命』（駿台文庫）

　上手い人の計算の仕方を真似させようという発想のもと、入試でよく使う計算に絞って処理の仕方を教えている。特徴的な方針として、紙に書くメモ（途中計算）の量をなるべく減らす練習をさせている。

・『合格る計算』（文英堂）

　計算力をつけるための問題集。定積分や三角関数の合成といった、基本的な手法の問題が1トピックにつき何題も掲載されている。計算のテクニックも実践的なものが紹介されているので、実際の問題を解くうえで非常に役立つ。練習問題の最後のほうの問題は難易度が高めなので、そこは飛ばしても構わない。

(3) 基礎〜標準問題集

※基本的には各自の現状に応じて以下のうちから1冊をまず完璧にする。その後志望校の問題の難度や各自の得点戦略と余力によってはもう1冊挟んでもよいが、このレベルの問題集1冊を完璧にして志望校の過去問演習を行えばほとんどの大学で十分な得点を獲得できることを肝に銘じてほしい。

・『黄チャート』（数研出版）

　網羅性はかなり高い。この問題があらかた解けるようになったら、数学の難度が高くない大学であれば、高得点が期待できる。

※志望校の数学の問題の難度や得点戦略によってはこのレベルの問題集で十分足りることもあるので各自の志望校の問題の難度は実力ある人にチェックしてもらうことを勧める。

・『Focus Gold』（啓林館）

　基礎〜標準レベルを中心に幅広く出題パターンを網羅していて、掲載問題数が多く難易度の幅も広い問題集である（解答、解説は1対1

と比べると劣る印象がある)。初修で基礎を網羅するために、解説を
隠して例題だけ解けば十分。

・『青チャート』(数研出版)

　問題数がかなり多いが網羅性が高い。計算量もそれなりに多く、難
しい問題も含まれている。志望校の数学の問題の難度や得点戦略に
よっては黄色チャートや Focus Gold で十分な場合があることに注意。

・『1対1対応の演習』(東京出版)

　大学入試における典型問題を集めた網羅型問題集。Focus Gold や
青チャートと異なり教科書レベルの問題はほとんどない。特長として
は、扱っている解法自体がかなり洗練されており、またその解法を選
択する理由を平易な問題を題材にうまく一般化して解説している。こ
のため掲載している問題数は多くないのだがカバーできる問題範囲は
広い。

　その他に、『4STEP』(数研出版) など、上と同一レベルの問題集を学
校で使っていればそちらを用いて構わない。

　このあとは「共通テスト過去問集」「志望校の過去問集」へ

「基礎標準知識の習得と志望校の過去問分析・過去問演習のサイクル学習」
「基礎標準知識を過去問基準で捉えなおす」(以上受験戦略編参照)

という勉強を実践していく。

★第3章★

国　語

第1節 国語　スケジューリング編

🏃 1. 国語の年間スケジュール

　文系の場合は、当然配点が大きいので、十分対策の時間を取っておく必要がある。特に古典は努力が点数に結びつきやすい。現代文は対策に苦労する人もいるかもしれないが、以下の勉強法で述べる通り、**フィーリングに頼らない方法論を磨くことを目標に学習しよう。**

　理系の場合は、他の科目に比べて入試の点数に占めるウェイトが少ないので、中々対策が難しいかもしれない。しかし、東京大学や京都大学など二次試験で国語がある大学や、医学部など共通テストの配点が高い大学を受験する場合は、気が抜けない科目でもある。したがって隙間の時間も上手く活用して、少しずつでも早い段階から学習しよう。起床後・就寝前・食後の1時間や、電車の中など、有効活用できる時間はたくさんある。科目と科目の間に、気分転換として古文を解いてみる、という感じでも構わない。

【現代文】

　まずは、現代文の解き方を解説している参考書（『入試現代文へのアクセス 基本編』など）を1冊用意し、その内容を身につけるところから始めよう。以降の演習を実のあるものにするため、意外と大事なステップである。これをできれば夏休み前までに終わらせておくことが目標。

夏休みに入ったら、現代文に関しては過去問演習に入っても良い。国語を二次で使う人は、共通テスト過去問（共通テスト過去問が一定程度蓄積するまでは試行調査問題、センター過去問）＋二次過去問を、共通テストのみの人は、共通テスト過去問（共通テスト過去問が一定程度蓄積するまでは試行調査問題、センター過去問）の演習を行う。他科目に比べて過去問開始時期が早いのは、過去問の解説から多くを学べるという科目の性質のためである。入試直前まで過去問演習を続けよう。

【古文・漢文】

古文漢文は現代文に比べてやることが明確である。まず、**英語と同じように文法と単語をおさえることが基本**になる。古文では古文単語と文法を、漢文では重要漢字と句形を習得することがそれに当たる。古文単語集、古文の文法書、漢文句形集（重要漢字はその巻末にあることが多い）を用意し、これを頭に入れよう。範囲は狭いから時間はそれほど取られない。模試などを目標にして、なるべく夏休みが終わるまでにはこうした基本事項を完璧にしてほしい。

そして夏休みに入ったら二次、共通テスト過去問（共通テスト過去問が一定程度蓄積するまでは試行調査問題、センター過去問）を始めても良い。夏休みに入った段階でまだ基礎が不安な人や英数の基礎固めに時間を費やしていた人は、過去問を9月以降に始めても大丈夫。これを入試まで継続しよう。

🏃 2. 国語の年間スケジュールの重要ポイント

英語、数学と異なり、共通テスト対策の位置づけが異なる。

🏃 3. 国語の年間スケジューリングのフロー

| ~8,9月 | ●現代文　入門にあたる参考書を用いて基本的な読解の知識を身につける
●古文　　文法と古文単語
●漢文　　句形と重要漢字 |

| 8月~
12月 | ●共通テスト対策、二次対策・個別対策 |

| 1月~
共通テスト | ●共通テスト対策 |

| 共通テスト後 | ●二次対策・個別対策 |

> ※基礎の習得が遅れている場合過去問開始時期を遅らせてよい。
> ※9月の段階で基礎標準知識がすべて完璧になっている必要はなく過去問演習を始めた後も基礎知識の見直しは必要に応じて入試直前まで継続する。これが受検戦略編で述べた合格の天使メソッドポイントである。
> **「基礎標準知識の習得と過去問演習のサイクル学習」**
> **「基礎標準知識を過去問基準で捉えなおす」**
> の真意。

第2節 現代文勉強法　エッセンス編

🏃 1. 現代文の対策手順のフロー

　現代文は、「日本語だから読めるだろ」という前提を当たり前に多くの受験生が持っているので、試験問題でしっかり得点するための読解の基礎を学ぶという視点が欠落している受験生が多い。そして、何を現代文対策としてやればいいのかそもそもわからないという受験生も多くいる。この結果、問題演習をそれなりにやってみても全然できない、安定した得点が取れない、という状況に陥る。

　しかし、現代文も試験問題である以上、「試験問題である現代文」で確実に得点するためにはどうすべきか、そしてそのための勉強の手順というものが明確に存在する。

　以下で現代文の勉強法について詳述するが、まず以下の対策の手順の図を頭に入れてほしい。

　現代文は、知識の量がそのまま点数に結びつかず、本格的な対策に二の足を踏んでいる学生の方も多くいるかと思う。しかし、文章を筋道立てて読み、設問の要求に沿って、的確な日本語で表現する、という能力は、現代文に限らず、古典や英語、社会といった他の入試科目においても必ず求められる。入試全体を見渡した場合、努力への見返りは十分にある科目なので、必要最低限の勉強は必ずしておこう。

2. 「勉強ターゲットの3類型」理論との関係

　現代文の勉強として何をやっていいのかわからないという受験生は、現代文の勉強として何を得れば安定して得点を獲得できるかがわかっていないことが原因である。この点を明確にするためまずは以下の図をしっかりイメージしておいてほしい。

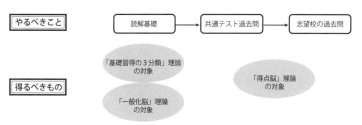

「勉強ターゲットの3類型」理論

【現代文　文系】

　現代文は、問題によっては驚くほどの高得点が取れたり、あるいは殆ど点が取れなかったりと、ムラの大きな科目という印象が強いかもしれない。しかし入試においては、いかなる課題文でいかなる設問がなされたとしても、コンスタントに合格点を取らなければ、運不運で合否が決まってしまう。したがって、**汎用性に欠ける"裏技"やフィーリングに頼らない、どんな文章にも通用する論理的な読解の仕方を身につける**、そのことを念頭に現代文の勉強を始めていこう。

　具体的な勉強法としては、まずは『入試現代文へのアクセス　基本編』等の入門的な参考書を利用して、**文章内の同値や対立、因果関係などに着目しながら文章を読むという読解の基本的なプロセスを頭に叩き込む**。やり始めは、ある程度形式的な理解に留まってしまうと思うが、それで構わない。何度も繰り返し復習することで本質的な理解を少しずつ深めていこう。

　導入にあたるテキストを1冊終えたあとは、共通テスト過去問（共通テスト過去問が一定程度蓄積するまでは試行調査問題、センター過去問）**の演習に入ろう**。特に共通テストでは、文章の論旨展開に沿って設問が比較的素直に作られており、最初の演習にはもってこいの素材である。また従来のセンター試験の過去問は、設問だけでなく解答も公開されているので、大学入試一般で、現代文においてどの程度の読解力と表現力が求められているのかを知る上でも役に立つ。

　このとき、二次試験で現代文がある人は、自分で記述式の答案の筋書きを書いてから正解の選択肢と見比べることで、読解力に加えて記述力もブラッシュアップしていくことが可能。あまり細かな表現にこだわらず、文章の構造が答案に反映されているかを意識しながらチェックすると良い。

　なお、筋書きが全く書けないという人は、初めは無理して書く必要はない。正解の選択肢が本文の論旨展開のどこに対応しているのか、一つずつ確認していこう。あるいは、正解の選択肢を一通り読んでから本文を読むと、出題者がどのように本文を読んでいるのかがわかるため、このような方法も試してみてほしい。

　いずれの方法であっても、**本文のテーマに関わる文章中の構造がそっくりそのまま設問と漏れなく重複することなく対応していることが認識できれば、共通テストの対策としては十分**である。共通テスト過去問(共通テスト過去問が一定程度蓄積するまでは試行調査問題、センター過去問)で8割程度取れるようになったら、二次対策に入ろう。

　二次対策だが、これも共通テストと全く同じ対策で挑もう。要は、本文で述べられる重要な構造が、設問において必ず問われるので、その対応関係を見失わずに解く、ということだ。ただし、二次試験では共通テストよりもレベルが上がることも事実である。たとえば、論旨展開と設問の順番が一部入れ替わったり、正解の肢が直接的な表現ではなくかなり比喩的な表現になっていて心理的に選びにくくなっていたり、などといった点には注意が必要である。そうした表面的なひっかけに惑わされないことが合格点を取る上で重要だが、そのためにも、志望校の過去問を5年分以上は必ず解くようにしよう。その中で、**すべての設問について納得のいく説明が自分の中でできるようにすれば対策としては十分**だ。

【現代文　理系】

　国語、特に現代文は対策しづらい、対策してもあまり点数が伸びないというイメージがあるが、東大のように国語が二次試験でも大きな配点を占めていたり、共通テストの国語の配点が高い大学を受ける場合は、対策を怠るとそれだけ点数が減ってしまうので、失点源にならない程度には持っていきたい。それに、**現代文で養われる力は他の科目で活きて**

くる（特に英語の長文読解や生物の実験考察問題）ので、そういう意味でも現代文対策はあまり軽視しすぎないようにしよう。

具体的な勉強法としては、まず現代文の解き方が解説してある、『入試現代文へのアクセス　基本編』などの参考書を 1 冊進めよう。こうした本には問題へのアプローチの大原則が載っているので、その後の演習で何に注意すれば良いのかを把握しておこう。理系の場合は国語にあまり多くの時間を割くことはできないので、過去問演習は早い時期から始めて良い。

過去問を中心に置く場合、他の科目以上に答え合わせの時間を重視しよう。現代文では、正しい選択肢を選び、記述答案なら要素をもらさず簡潔な答案を書くことが目標である。したがって解説を読んで、自分の考えたプロセスのどこが違っていたのかを確認し、修正することがメインの作業になる。

共通テストの選択肢式問題の場合、選択肢は消去法を基本に選ぶ。したがって、**「どうしてこの選択肢が正しいか」だけでなく、「どうして他の選択肢は間違いなのか」ということにも注目**して、解説を読もう。それにより、間違った選択肢を排除し、正しいものを選ぶために必要なノウハウを吸収することができる。

記述式の場合でも、解答解説を読む際に一般化して吸収することを心掛けよう。たとえば、ある設問で要素を欠かしてしまったのなら、「なぜその要素を入れなければいけなかったのか」、ある程度こじつけでも良いので理由を考えることが大切である。国語が苦手な人の中には、「どうして自分の答案が良くないのかわからない」という人が多いが、最初は多少強引でも、理由付けをしていくことで徐々に苦手意識を克服できるはずである。

　過去問の解答の書き方は出版社によって多少異なるが、最初のうちはあまり「上手な答案」ではなく「シンプルな、自分でも書けそうな答案」を目指すと良い。また、自分で分析・一般化して吸収するために、解答では要素ごとに配点が細かく決められているものを選ぼう。そうすれば、自分の答案で何が足りないのか、どうしてそれが必要なのかを考える助けとなる。

第3節 現代文勉強法　実践編

🎯 1. 基本方針

　二次試験でも現代文を使う受験生は、『入試現代文へのアクセス 基本編』などの初歩的な問題集→共通テスト過去問（共通テスト過去問が一定程度蓄積するまでは試行調査問題、センター過去問）→志望大学過去問（→歯が立たないようであれば応用的な内容の問題集で練習量を確保する）の順に、取り組んでほしい。

　共通テストのみの受験生は、初歩的な問題集（上記と同様）→共通テスト過去問（共通テスト過去問が一定程度蓄積するまでは試行調査問題、センター過去問）の順に取り組んでほしい。

　以下では、基本的に二次試験で現代文を使う受験生に向けた説明をしていくが、共通テストのみの受験生も点数が伸び悩んだ際に参照できる内容となっている。適宜、共通テスト過去問（共通テスト過去問が一定程度蓄積するまでは試行調査問題、センター過去問）演習だけでは解決できない部分を補ってほしい。

🎯 2. 二次試験で現代文を使う受験生へ

　まず、大まかにまとめると
① 語彙力　　② 背景知識　　③ 文章理解力　　④ 判断力
この 4 つが入試現代文では要求されている。これらの力を向上させる

ためには、以下の方法を並行して行う。

① 語彙力

　論説にせよ、随筆にせよ、どのような形式の設問文であっても語彙が不足していればそもそも理解すらできない。「注釈を読んでも理解できない言葉がある」という場合は語彙が不足している可能性が高い。学校で配布される頻出漢字・単語集、もしくは受験向けの語彙をまとめた参考書を用い、英単語と同様にして覚えるようにしよう。

② 背景知識

　文章を読む上での背景知識は、文章の理解力と密接に関連している。というのも、大学によっては問題演習、すなわち読む・書く訓練は勿論のこと、加えて一見入試とは関係の無さそうな、日々何気なく聞きかじっている知識が物を言う場合がある。ここで具体例を挙げよう。夏目漱石の有名な評論文に『現代日本の開化』があるが、これは明治期の日本が急速な近代化、西欧化を進め、欧米列強に肩を並べようとしている当時の情勢に警鐘を鳴らしたものである。この文章の言わんとするところを正確に読み解くには、日本は200年以上にわたる鎖国状態を半ば強制的にこじ開けられ、それ以来植民地化の餌食とならぬよう異常な速度での国力増強を図っていたという日本史の背景知識を持ち合わせていなければならない。他にも、環境問題についての設問であれば砂漠化、酸性雨、温暖化などについて基本的なことを理解している必要があるだろう。受験生にとってあまりに馴染みの薄い事柄については本番でも注釈がつけられるものの、やはりこうした一般教養レベルの知識が暗黙の前提とされてしまう。**この辺りが、現代文はセンスや読書経験の問題だから対策のしようがない、時間を割くだけ無駄、などと敬遠される理由である。**

　しかしながら、そこで諦める必要は全くない。まず前述のように、詳細な部分は注釈などで説明がなされるので知っておく必要はない。文章を読む上で困らない程度の一般的なことを知っていれば良いのである。

　さらに、そういった一般事項にしても、入試で出題されやすいテーマ

というのは限られているため、そうしたテーマについてのみに的を絞って学習を進めれば十分に対処が可能である（この部分は志望校の過去問演習で得ることもできる）。加えて解説の充実した問題集では、設問に対する解答法のみならず、出題文そのものについての補足説明を載せているので参考になる。

③　文章理解力

文章に対する理解力を上げるためには、問題集の演習→答え合わせという作業のみにとどまらず、勉強法エッセンス編でも述べたように、**問題文を精読して読解の基本的なプロセスを叩き込むことを実践**してほしい。

具体的には、『入試現代文へのアクセス　基本編』のように設問解説と本文自体の解説を充実させている問題集を、解説を見ずに、なおかつ問題文中に根拠を見つけて解答できるようになるまで繰り返し読み込む。そしてこの1冊を完璧に仕上げたら、ひとまず共通テスト過去問（共通テスト過去問が一定程度蓄積するまでは試行調査問題、センター過去問）を解き進めてみよう。従来のセンター試験の設問は、リード文や選択肢が本文を読解する上で大きな助けとなる。よって、従来のセンター試験問題の演習は、スピーディに本文各段落におけるエッセンスを把握する良い訓練となる。また、論述問題が含まれる二次試験を受ける場合は、問題を解き終えたらそれで終わりにするのでなく、設問に対し記述答案を独自に作成するのも良い。

共通テスト過去問（共通テスト過去問が一定程度蓄積するまでは試行調査問題、センター過去問）で感覚を掴めてきたら、志望大学の過去問（レベル、出題形式は問わない）に挑戦してみる。この時点において問題文の趣旨がつかめない、設問に対してほとんど解答ができないようであれば、一旦、問題が多くレベルの高い問題集へ移る。『入試現代文へのアクセス　基本編』→『発展編』→さらに練習量を確保したければ『完成編』のように、段階的に解き進めていくことを推奨する。その上で、再び過去問に戻れば良い。

　さらに得点戦略との兼ね合いも含め時間が許すのであれば、良質な文章と解説に触れる一環として『ちくま評論入門』『ちくま小説入門』といった参考書の利用を考えても良い。

④　判断力

　こちらは「問題文の要旨を素早くつかむ」「設問に解答するための根拠となる部分を本文中から正確に探し出す」力のことを指している。要するに、**「本文中の大切な箇所を探し出す」力**である。

　現代文で伸び悩む原因として、「本文を読んでから設問を解こうとすると、本文が長すぎると内容を覚えきれない」、もしくは「難解な箇所でつまずいてしまい中々読み進められない」、という場合がある。こうした悩みを抱える人に共通しているのは、**「問題文に書かれていることをすべて、同じくらい詳しく理解していなければいけない」という思い込み**である。

　確かに前述のように、読解の基本的なプロセスを身につける際は問題文を精読するのが良い練習になる。しかしながら、**実際に問題を解く上では、題材の文章を隅から隅まで同じ深度で理解していなくても、設問に解答することは可能**である。

　そこで、先ほど述べた「本文中の大切な箇所を探し出す」力を身につけていただきたい。具体的には、問題集や過去問を「要約」する練習をすると良い。設問文を「まだ読んでいない人にも伝わるように」要約するのである。まずは意味段落ごとに要旨をまとめる（添削を受けるとより効果がある）。次に範囲を拡大し、今度は文章全体の要約を行ってみる。最初は字数制限をかけずに「この部分は外せない」と感じた箇所をしっかり盛り込むよう心がけてほしい。その上で、時間に余裕があれば500文字、300文字、などと字数を変えて要約し直すと良い。

　要約をしてみることで、本文の趣旨を把握するためにどこが大切で、どこがそれほど大切でないかを見極める判断力が養われる。共通テストでも二次試験でも、設問では「大切な箇所」を読み取れているかを問うのである。したがって難解な箇所があって、仮にそこが設問として問わ

れていても、その前後の文章から大切な箇所を見極めて要旨を理解できていれば、答案を作成することができるのである。

　つまり**難解な箇所についての設問でも、それは即「第３類型の問題」ではない。その前後の標準的な文章が読めていれば推測が可能であるなら、それは「第２類型の問題」に相当するのである。**この点を理解して日々の勉強を行っていくことで現代文でも高得点獲得が可能になる。

第4節 古文・漢文勉強法　エッセンス編

1. 古文・漢文の対策手順のフロー

　古文・漢文は難関大学に合格するためには文系・理系受験生を問わず得点源にすべき科目である。その理由は古文・漢文は対策が明確でありかつ対策も他教科に比し短時間で高得点を獲得できるからである。

　古文・漢文が苦手、得点が上がらないという受験生の場合、その原因は単純に以下の手順で勉強していないか、手順を守っていても文法や単語、句形や基本漢字という基礎知識の習得を怠っているかのどちらかである。

　まずは以下の手順に従っているかを確認してほしい。

【古文】
文系

理系

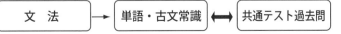

【漢文】

文系

```
┌─────────────┐
│   文　法    │
└─────────────┘
      │                    ┌─────────────┐      ┌─────────────────┐
      ↓            ┌──────→│  読解問題集  │←───→│  共通テスト過去問  │
┌─────────────┐   │        └─────────────┘      └─────────────────┘
│ 句形・基本漢字 │──┘                             ┌─────────────────┐
└─────────────┘                                 │  志望校の過去問   │
                                                 └─────────────────┘
```

理系

```
┌─────────────┐      ┌─────────────┐      ┌─────────────────┐
│   文　法    │─────→│ 句形・基本漢字 │←───→│  共通テスト過去問  │
└─────────────┘      └─────────────┘      └─────────────────┘
```

　二次試験に古文・漢文が課される文系受験生の場合、国語の配点が合否に与える影響が大きいため十分な対策を練っておく必要がある。特に古典では、文法や語彙の知識を直接問う設問が多く、努力が目に見える形になりやすい科目と言える。

2.「勉強ターゲットの3類型」理論との関係

　古文・漢文も漠然と参考書や問題集をこなしていたのでは効率的に実力はつかない。「勉強ターゲットの3類型」理論で説明したことを前提に以下の図をまずイメージしてほしい。

古文

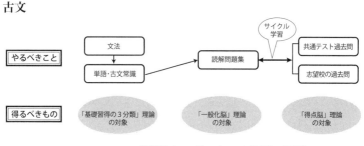

「勉強ターゲットの3類型」理論

漢文

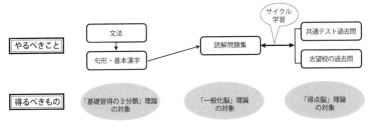

「勉強ターゲットの 3 類型」理論

【古文・漢文】

　古典では知識がそのまま点数に直結する。したがって、共通テストでも二次でもほぼ満点を取る！　という目標を立てて、語彙や文法を完璧にしていこう。完璧にするといっても、社会科目などと違って範囲は非常に狭いから時間はさほどかからない。夏の模試などを一つの目途として学習を進め、夏以降は自分の弱点分野を優先して潰していくようにしよう。以下、古文と漢文にわけて説明する。

⑴　古文

　学習の優先順位としては、①文法→②語彙→③読解演習となる。

① 　文法の学習では、学校の教科書や市販の文法の参考書を 1 冊用意してできる限り早く 1 周しよう。この際、動詞や助動詞の変化表や例文を読みあげながら勉強することで、古文の理屈だけでなく古文への親しみや感覚的な理解も深めることができ、実際に問題を解くときに精神的に非常に楽になる。

② 　語彙の学習では、『マドンナ古文単語』などの市販の単語帳を 1 冊購入して夏が終わるまでに一通り暗記する。その際、古文単語の語義などに着目してその単語の持つ大まかな意味合いを頭の中に思い描けるようにしよう。特に多義語は一つ一つの訳を覚えるのは大変骨

の折れる作業であるし、それらの意味を一つ一つ代入していくような古文の読み方は実戦的ではない。したがって、古文単語の語義をわかりやすく説明してくれている単語帳で常にイメージを豊かにしながら学習することが大切だ。

③ 読解演習では、①②で学んだ知識をフルに活かして問題を解くことになるが、1冊は市販の問題集を解いてから過去問演習に入ると良い。『古文上達（基礎編）』などがお薦め。**係り受けであったり、敬語を使った主語の特定であったりといった事柄は読解演習でしか学べない**ので、必ず1冊は完璧に仕上げる必要がある。その際に、①②で使った参考書を常に参照しながら学習することで、効率よく頭に知識を蓄え、整理していこう。また、古典常識に関するコラムなどは文章を読む上で強力な武器になるので目を通しておくと良い。

⑵ 漢文
　学習の順番としては**①句形、単語・熟語→②読解演習**で、古文とほとんど同じになる。

① 漢文の学習で最も大切なのが句形である。1冊句形の参考書を購入し、声に出して「読み」と「意味」を覚えていこう。古文と比べて覚えることが圧倒的に少なく、また句形同士の関連性も少ないので、毎日少しずつ覚えていき、夏までには7、8割は完成させておこう。また、単語、熟語は句形の参考書の末尾の小さなスペースにまとめられていることが多いが、読解の上で（注）がついていない漢字や語句の意味を推測する上で必須なので、句形と同様に夏までに覚えておこう。

② 読解演習では、『得点奪取漢文』などがお薦めである。内容もそこまでハードではないが、共通テストや私大、二次の国公立まで幅広く対応できる。また、自ら書くことで自分の知識の抜けが確認できる

ので、こうした参考書を1冊こなし、過去問演習に入ろう。その際、文章に出てきた句形は必ず①で使った参考書に立ち返って確認して、知識の整理を欠かさないようにしておこう。また、漢文では比喩と論の関係を掴んだり、対比の構造を掴むことが重要だが、この力は現代文や英語の読解となんら変わらない。仮に解説を読んで意味がよくわからなかった場合には、現代文の項目で紹介した『入試現代文へのアクセス』などの参考書をこなしてから漢文の読解演習を始めてほしい。

第5節 古文・漢文勉強法　実践編

　古文、漢文は言ってしまえば外国語に近い科目なので、英語に共通するところがある。まずは単語・文法を理解するところから始めよう。古文では古文単語と古典文法、漢文では重要漢字と句形がこれにあたる。英語と同じように多くの本が出ているので、気に入ったものを1冊買って覚えるようにしよう。漢文に関しては句形書の最後に重要漢字が載っている場合が多い。これらの本の使い方は英語の単語集と同じで、何周もしてわからないものがないようにしよう。現代文と同じく多くの時間を費やすわけにはいかないので、電車の中など隙間時間もうまく活用しよう。不安な場合は、問題集を併用しても良い。

　現代文と同じで、早めに過去問演習を始めても良い。このとき、マーク式の場合も記述式の場合も、現代語訳問題と説明問題がある。記述式の場合、現代語訳の問題は英語の和訳問題と同じで、**文法と語彙の意味が捉えられていることを採点者に伝えることが大切**なので、一語一語しっかり訳すことを心掛けよう。説明問題では、英語の長文読解や現代文の問題と同様に、該当箇所を見つけ要素を拾い出すプロセスに間違いがないかを、解答解説を読むことで確認していくことがメインになる。

　共通テストの選択肢式でも現代文と同様に、消去法が基本なので、上

記のポイントのほか、間違った選択肢の排除の仕方にも注目しよう。

【古文】

🥷 1. 基本方針

　文系受験生および、二次試験で国語が出題される理系受験生は、古文では単語・文法、漢文では句形・重要漢字の基礎を一通り学んだら、志望校の過去問演習（選択肢問題があれば選択肢の消去法や確実な選び方を過去問基準で学ぶことが重要）と共通テスト過去問（共通テスト過去問が一定程度蓄積するまでは試行調査問題、センター過去問）演習で読解力と解答力を鍛えることが基本方針である。

　共通テストしかない理系受験生は古文で単語・文法、漢文で句形・重要漢字の基礎を一通り学んだら共通テスト過去問（共通テスト過去問が一定程度蓄積するまでは試行調査問題、センター過去問）演習で読解力と解答力を鍛えていけばよい。

　どの大学であれ、題材となる文章は難解なものではなく標準的なものが出題されている。しかも注が多くつけられ、物語の一部の出題であればていねいにリード文が付されるものも多い。細かい専門的な古典の知識や作品の予備知識は要求されていない。したがって**やみくもに難しい問題集や参考書を使う必要はない**。難問奇問がなく点が取りやすいのが古典の特徴である。

🥷 2. 分野別勉強法詳細

(1) 文法

　読解の基礎として重要。文法知識は読解の前にしっかりとやること。文法知識があいまいなまま読解を数多くこなしても効果はない。助詞・助動詞、敬語等をしっかりと身につけること。実際の文章の中で訳し方を学び、文法・単語を使える知識としておくことが重要である。

　敬語の知識は文中における人物関係を把握する上で重要である。古文では頻繁に主語が省略されるため、動作の主体が掴みにくく、それを読

み違えると文全体の趣旨を誤解することになる。

　また文法上の識別が必要となる問題が出題されやすい。傍線部中の助動詞などの識別を誤ると意味が全く変わってしまうような問題である。こういった問題は文法問題的側面を持つので、「なむ」の識別など、頻出される識別問題は必ずおさえておこう。

(2) 単語学習の注意点

　標準レベルの単語集 1 冊を繰り返し、とにかく 1 冊を仕上げることに重点を置くこと。何冊もやる必要はない。古文単語についてもまず、重要な単語、頻出の単語をまずしっかりと覚えることが大事である。過去問演習で知らない単語が出てきたらそのつどこまめに補充していくこと。やみくもに多くの単語を丸暗記するのではなく、実際の文章の中で単語のどの用例にあてはまるのかを理解し使える知識にしておくことが重要である。

(3) 古文単語の覚え方のコツ
① 単語のイメージを掴む

　古文単語と現代語を一対一で対応させようとするのは、英単語でそうするのと同じく無駄である。古典では現代語より感情的、内面的なイメージがより重視される。単語の表すイメージをまず理解し、現代語と関連付けられるものであればそうするという順番で覚えよう。

　たとえば「あはれなり」という形容動詞には、

・しみじみとして趣深い、風情がある、情緒がある

・いとしい、かわいい、情愛が深い

・素晴らしい、優れている、上手だ

・かわいそうだ、気の毒だ

と 4 種類の意味がある。これらをすべてそのまま覚えるのは困難だし、実際の読解では文脈から意味を判断しなければならない。そこで、まずは単語の持つイメージを先に理解するのである。

　「あはれなり」の持つ感覚は、しみじみとした感動や共感、「ああ…」

と魂を揺さぶるような感情である。美しい風景を見たとき、深い情愛を感じたとき、素晴らしい音楽を聴いたとき、身近な人が不幸な目に遭ったときなどに浮かんでくる「ああ…」というしみじみとした感情が「あはれなり」という言葉で表される。実際に自分がそういった場面に遭遇したことを想像して、そのときに浮かんでくるのが「あはれなり」という感情なのだと覚えれば、単なる暗記よりも簡単に、深く理解できるだろう。現代人と古代人では、同じ感覚でも表し方の枠組みが異なる。古代人がどういった枠組みで感覚を表現していたのかを理解することが大切である。

② **現代語との繋がりに着目する**

　現代に残る言葉では、現代語との相違と、その成り立ちにも注意したい。

　たとえば「ありがたし」という形容詞の元々の意味は、動詞「あり」＋形容詞「かたし（難し）」で、「存在するのが難しい」ということになる。

　つまり「滅多にない」というのが元々の意味で、滅多にないものだから「珍しい」という意味になるし、希少価値があるほど「素晴らしい・優れている」という意味にもなる。また、相手から親切にされたときに、それが滅多にない尊いものだということで、「かたじけない・畏れ多い」という感情を表すようにもなった。この最後の意味が、現代語の「ありがとう」として残っているわけである。

　一方、「ときめく」という古文単語は、「栄える・時勢を得る」、特に女性の場合は「貴人の寵愛を受ける」という意味になる。これは「とき」というのが時勢や栄華を表しているのである。

　この言葉は現代語で「今をときめくアイドルたちの〜」のような使われ方で僅かに残ってはいるが、「胸がときめく」といった表現で使われるほうが多い。しかしこちらは「ドキドキする」という全く違う意味になる。

　このように、同じ言葉でも語源が違うために現代では異なる意味に

なっているものもあり、現代語との関連で覚えておく必要がある。つまり、現代に残る言葉の意味を学ぶ際には、それが現代語と同じ意味を持つのか、意味が変遷したものなのか、あるいは全く違った意味なのかを意識して関連付ける必要がある。

③ プラスの意味とマイナスの意味

　古文単語の中には、プラスの意味とマイナスの意味の両方を持つ言葉が多くある。

　プラスの意味とマイナスの意味とは、言葉の表す感情や状況が好ましいものと好ましくないものということである。こういった単語の場合、実際に解釈する際には文脈からプラスマイナスいずれかを判断する必要がある。

　たとえば「あく（飽く）」という単語を考えてみよう。現代語で「飽きる」と言えば、「嫌になる」というようなマイナスの意味で使われる。しかし古文の場合は、そのマイナスの意味の他に「満足する」というプラスの意味がある。現代でもこちらで使われることはあるが、頻度は少ない。前の項で述べた通り、このような現代語との相違・関連にも注目しておこう。

　他の例では、物事の程度を表す「いみじ」という言葉もプラスマイナス両方の意味を持つ。つまり「甚だしく良い＝素晴らしい」と「甚だしく悪い＝ひどい・とんでもない」という意味であり、「ゆゆし」もほぼ同じ意味を持つ。

　また、「こころもとなし」は心が落ち着かない感覚を表すが（①で説明したイメージで捉えることも思い出そう）、「待ち遠しい・じれったい」という「プラスの落ち着かなさ」と、「不安だ・気がかりだ」という「マイナスの落ち着かなさ」の両方を表す。

　このようにプラスマイナス両方の意味を持つ言葉があることと、文脈によりそれを判断することに気をつけよう。

④ 漢字から意味を考える

　古文の単語帳では、見出しは基本的にひらがなで表記されるが、それを漢字で表したものも軽視せずにしておけば、意味を考える助けになる。現代に残る熟語から意味を推測して訳を当てることができるようになる。

　たとえば「おろかなり」という単語は、漢字を当てると「疎かなり」となる。この「疎」が使われている単語を考えると「疎略」という熟語があるし、「疎か（おろそか）にする」という表現もある。実際「おろかなり」には「粗略だ・いい加減だ」という意味がある。心が疎か（おろそか）な状態ということである。その他「疎」を使った熟語には「疎遠」があるので、「疎遠だ・付き合いがない」という意味もある。

　他の例では、「いうなり」という単語は「優なり」と漢字が当てられるので、「優美」「優雅」「優秀」という意味を持つ。

　このようにまず漢字が頭に入っていればイメージを掴むことができ、解釈の際には大いに役に立つだろう。

⑷ 読解・設問対策
① 読解対策の方針

　単語・文法の基礎知識の習得がまず必要。英語の学習と同じ方法と考えてよい。しかし英語ほど文法の習得に労力は要らない。古文も英語と同じように多くの作品に触れることで古文に慣れスラスラ読めるようになる。語学学習において慣れは重要（古文も外国語の一種と思えばよい）。問題演習で疑問点、弱点があれば基本事項に立ち返り確認、知識の本質的理解、補充をしていくこと。

　古典常識も身につけておくこと。古典常識は内容理解の助けになる。教科書、授業や過去問演習を通じて知識を補充していけば良い。折に触れて国語便覧や古語辞典の付録を読めば十分である。

② 和歌について

　特に従来のセンター試験で出題が多かったが、和歌が出題されるこ

ともある。和歌については、まず「誰が」「誰に」「どういう状況で」詠んだものかを把握することが重要である。前後の文脈と組み合わせて歌の意味を推測できるからである。また掛詞や枕詞などの基本的なルールも意味を推測するのに重要である。問題演習においてそうした点に注意して読解すること、基本的なルールを確認しておくことを心がけよう。

③ 注釈について

　古典の問題では多くの注釈が付いていたり、文章の前に「次の文章は〜の場面である」などの説明がされていることが非常に多い。本文でないからと言って、これらを軽視したり、ましてや読み飛ばすようなことがあってはならない。**むしろ本文以外の部分は本文より重要といっても過言ではない**。この注釈・説明によって先の人間関係を把握したり、これから何が起こるかという文章の流れを理解することができるのである。問題を解くときはまずこの文章前後の注釈に目を通そう。

【漢文】
(1) 句形・基本漢字の覚え方のコツ

　句形・基本漢字の習得が読解の前提になる。

　句形については単なる丸暗記ではなく**「構造を理解したうえで記憶していく」**ことが大事である。

　基本漢字は、できるだけ日本語の熟語と関連して意味を覚えておくと良い。たとえば「固」という漢字には「もとヨリ」という読みで「もともと、以前から」という意味がある。これは「固有」という熟語と関連させると覚えやすい。

(2) 読解・設問対策
① 読解対策の方針

　漢文も原則的に現代語訳、内容説明、心情説明の設問がほとんど。難しい文章は出題されていない。授業や教科書（レベル）を中心に対

勉強法編／勉強法総論

勉強法編／勉強法各論

策しよう。

　一般的に漢文は古文よりも内容理解しやすいという受験生が多い。それは、漢字の意味を考えることで、単語を知らなくてもなんとなくわかるからである。だからこそ古文よりも丁寧な読解をしなければ差をつけることはできない。漢文を読むときは、一字一字の意味合いを丁寧に押さえていかなければならない。そのためには、漢字の意味合いは前後の文脈によって決定するので、部分と全体、全体と部分の関係を掴みながら読み進めることが重要である。なんとなく趣旨がわかるからといって、意味の捉えにくい漢字を読み飛ばしたりすると、特に和訳問題での減点に繋がる。

　また、漢文は文章が簡潔であり、比喩表現やたとえ話が多いので口語訳の解答では、わかりやすくことばを補って簡潔にポイントをついた解答ができるように訓練しておくこと。実際差がつくのは如何にこの訓練をして本番でわかりやすく正しい表現で簡潔明瞭に解答できるかである。漢文の設問では、文章の説く教訓や一般論を問われることが多く、それをまとめる力、つまり現代文的な能力も必要になってくる。過去問の解答を参考にして、まとめ方などを見ておこう。

② 漢詩について

　漢詩が出題されることもある。漢詩については、文法の参考書にある押韻や対句などの基本的なルールは覚えておこう。そうしたルールを用いて漢字の読みや意味を推測する問題もある。漢詩について特に必要なことは以上である。

第6節 国語　共通テスト対策編

1. 共通テスト国語対策の基本方針

共通テストの国語に関しては、

現代文なら読解の基礎を学ぶ⇒共通テスト過去問（共通テスト過去問が一定程度蓄積するまでは試行調査問題、センター過去問）

古文・漢文なら古文では古文単語と文法を、漢文では重要漢字と句形を習得⇒共通テスト過去問（共通テスト過去問が一定程度蓄積するまでは試行調査問題、センター過去問）

というのが対策の大きな流れになる。

共通テストの国語全体で安定した得点を稼ぐには、従来のセンター試験と同じく古文と漢文で得点することが重要になってくる。なぜなら、現代文の問題と比べて、古文・漢文は、知識をしっかりと習得して最初の文から丁寧に解釈していけば、現代文よりも解きやすく、確実に得点できるからである。つまり、やることが古文・漢文の場合はちゃんと決まっている（事前準備で対処でき本番での得点のブレは少ない）ので、それをしっかりできるようになれば、点数は確実に伸びるということが言えるのである。

2. 注意点

以下はあくまで現状での大学入試センターの試行調査問題や共通テスト改革の趣旨・意図を踏まえた当塾東大理三・東大文一合格講師陣による分析である。

ここで留意しておいていただきたいのは、新しい試験制度というのは開始後数年間、問題傾向が浮動的になるということ。この状態で重要になるのは、基本的な方針や問題の性質の核を捉えたうえで対策を行う、そのうえで本番で見慣れない形式の出題には臨機応変に対処するという

意識だ。是非以下の分析を参考に共通テスト導入の趣旨や問題の性質・本質を掴んでいただきたい。

🏃 3. センター試験との相違点

＜大学入試センター公表　国語の問題作成方針＞

> 　言語を手掛かりとしながら，文章から得られた情報を多面的・多角的な視点から解釈したり，目的や場面等に応じて文章を書いたりする力などを求める。近代以降の文章(論理的な文章，文学的な文章，実用的な文章)，古典（古文，漢文）といった題材を対象とし，言語活動の過程を重視する。問題の作成に当たっては，大問ごとに一つの題材で問題を作成するだけでなく，異なる種類や分野の文章などを組み合わせた，複数の題材による問題を含めて検討する。
>
> （出典：大学入試センター HP）

【注意】

　国語に関しては試行調査段階では記述式の導入を前提に問題が作成されているが、実際には記述式の導入は見送られており、4問80分形式となるため、試行調査問題と実際の共通テスト問題では少々形式が異なることにも注意が必要である。

＜当塾、東大理三・文一合格講師陣による独自問題分析＞
① 目新しい題材の出題

　出題される文章に関して、これまでは見られなかった詩の出題(平成30年度試行調査)が見られる。また、法律やポスターなどの図表資料が参考資料として、本編の問題文と別に用いられている。これに伴う形で、総語数も増加している。

　平成30年度試行調査実施後の発表で、当初予定されていた記述式問題の導入が見送られ、解答形式は従来のセンター試験と変わらないこと、試験時間も従来と同じく、大問4つで80分であることなど、試行調査とは少々形式が異なることにも注意していただきたい。

② 平均点が下がった

平成 30 年度試行調査の平均点は 90.81 点である。

それに対し、従来のセンター試験の平均点は

平成 31 年度 121.55 点

平成 30 年度 104.68 点

平成 29 年度 106.96 点

と試行調査のほうが明らかに低得点である。

試行調査は現役高 2・3 年生を対象にしたものであり、目新しい出題形式に対応することが難しかったことが低得点の一因であると考えられる。したがってこの数値のみを見て共通テストは難易度が跳ね上がるのだととらえてはいけない。

③ 時間的制約が厳しくなった

センター試験と同様正しく文章を読むことが求められているのは共通テストでも変わらない。しかし、従来のセンター試験であっても全てを解き切り見直しをすると時間不足になりやすかったが、共通テストではさらに文章自体が長くなっているため、より重要な箇所を正確に抽出する力が重要となる。

共通テストはセンター試験の解き方の基本的な傾向は引き継がれながらも、時間制約が厳しくなっている。つまり、時間短縮が求められる。そのためには、題材となる文章、問題文を読んだ上で、資料の中から解答に必要な箇所を正確に抽出する訓練を積むことが必要である。このような共通テストに対応した時間配分の意識がないと、全問題に解答し、高得点を狙うことは厳しくなるだろう。

以上がセンター試験との相違点である。

勉強法編／勉強法総論

勉強法編／勉強法各論

🏃 4. 対策方法

① 現代文

　上にも書いたが、共通テストの問題は時間的制約が厳しく、本文、資料、問題文にかける時間の配分が重要である。

　1度目はおおよその内容と流れを掴むために軽く通読し、問題文を正確に理解して設問に対応する箇所を精読し、解答に必要な箇所を正確に抽出することを意識して、日頃からの読解の練習に取り組むと効果的であろう。特に、参考資料として載せられている図表などの資料に全て目を通そうとすると時間の不足が予想されるため、1度目は大きな見出しのみ確認しておおよその内容を把握する程度、設問で言及されていたら初めて細かな記述まで確認する、という解き方が良いと思われる。

② 古文

　古文に関して、これまでのセンター試験から変更が目立つ点は無い。

　古典文法のみを単独で問う問題はなったが、内容把握問題で正確な選択肢を選ぶために文法の知識が必要になる。よって、共通テストでも、正確な単語、文法知識を土台として、正確に文章を理解する能力が問われている。さらに、説明文等の与えられた資料を利用する能力を用いるが、この点は問題なく対応できる程度にとどまっている。

③ 漢文

　漢文に関しても、これまでのセンター試験から変更が目立つ点は無い。

　漢文の設問も古文と同様に単純な読みを問う問題や、返り点の処理を問う問題がなくなり、代わりに読解問題がいくつか増えている。知識を直接問うより、その知識を使えるかということに問題の方向性がシフトしているのであり、決して知識が不要であるのではない。

　ただし1点注意すべきなのは、試行調査の近代的文章で詩が出題さ

れたため、今後和歌や漢詩が出題される可能性もある。前者では枕詞や縁語、後者では絶句や律詩、といった表現技法などの基礎知識も持っておくと安心だろう。

🥷 5.　具体的対策方法

① 国語を個別試験、二次試験に使う受験生

　国語を個別試験、二次試験に使う受験生は、その対策で難易度の高い問題文をしっかり読み取る訓練をした上で、共通テスト過去問（共通テスト過去問が一定程度蓄積するまでは試行調査問題、センター過去問）を中心に、時間制限を厳しくして解く、という練習が良いだろう。目新しい題材や各文章の読み方、時間配分に慣れることができれば、十分に高得点が期待できるだろう。古文の和歌、漢文の漢詩対策として、中堅〜やや難などの共通テストレベルを対象とした市販の問題集(記述式でも良い)を利用すると、こういった設問に対しても万全の準備ができる。

② 国語を個別試験、二次試験に使わない受験生

　国語を個別試験、二次試験に使わない受験生は、共通テストを見据えた対策は 10 〜 11 月ごろから共通テスト過去問（共通テスト過去問が一定程度蓄積するまでは試行調査問題、センター過去問）を中心に行えばよい。目新しい題材や各文章の読み方、時間配分に慣れることを意識したい。古文の和歌、漢文の漢詩対策が気になるところだが、平成 29 年度本試験古文の問 5、平成 27 年度追試験古文の問 5、平成 27 年度本試験古文の問 4、平成 26 年度追試験古文の問 3,4、平成 25 年度本試験古文の問 5、平成 24 年度追試験古文の問 4 などの和歌、会話文の解釈の出題、平成 29 年度本試験漢文と平成 24 年度追試験漢文の日本漢文からの出題、平成 26 年度追試験漢文の漢詩の出題など、近年のセンター試験の過去問はバラエティに富んだ出題であるため、これらの解説をよく理解すれば十分な対策になるだろう。対策に時間をかけられない分、演習の密度で補っていきたい。

国語を個別試験、二次試験に使わない受験生でしっかり共通テスト対策をしたい場合は、勉強法編各論 / 国語を参考にし、基礎的な知識、読み方、解き方を身につけた上で、共通テスト過去問（共通テスト過去問が一定程度蓄積するまでは試行調査問題、センター過去問）の演習に入ると良い。

③ 共通テスト国語におけるセンター過去問の使い方

センター過去問も共通テスト対策として十分有用である。

近年のセンター試験は大学入試改革に向けて変化する傾向があった。新しい年度のセンター試験は演習価値がある。センター過去問演習の際は 80 分まるまる使うのではなく、短くして負荷をかけて演習しよう。

試行調査問題や共通テスト過去問を繰り返し解いて対策を積むのはもちろんだが、近年のセンター試験も大学入試改革に向けて変化してきている傾向があるので、新しい年度のセンター試験もしっかりと演習することをお勧めする。**過去のセンター試験の国語の問題はどんな大学の入試問題よりも良問である。国語に関しては共通テストの過去問が蓄積するまでは従来のセンター過去問と共通テスト過去問・試行調査問題を学習の中心**に据えながら、余裕があれば予備校等の予想問題に手を出せばいいと考えていただきたい。

🏃 6. 共通テスト対策を始める時期

文系受験生や二次試験に国語が出題される理系受験生については国語の勉強法の項で説明した通りであるが、共通テストのみで国語が必要となる理系受験生の対策時期についてここでは述べる。

現代文については 8・9 月までに読解の入門に当たる参考書を用いて基本的な読解の知識を身に着け、古文・漢文についても古文は単語・文法、漢文は重要漢字・句形を徐々に習得しておき、各自の状況や得点戦略（受験戦略編参照）に応じ 8・9 月〜 12 月の間に共通テスト過去問（共

通テスト過去問が一定程度蓄積するまでは試行調査問題、センター過去問）演習を徐々に行っていけば盤石である。

第7節 国語　高校 1、2 年生の難関大学対策編

🏃 1. 国語の位置づけ

　文系受験生や二次試験に国語が課される理系受験生の場合、対策が必要となるが、高校 1、2 年生の段階ではあくまで英語と数学に主眼を置いていただきたい。

　国語のスケジューリングの部分を参照していただきたいのだが、受験年になっても国語のスケジュールはそんなに密なものではない。

　高校 1、2 年生の段階ではあくまで英語、数学の基礎固めの計画を優先していただきたい。

　そのうえで、古文・漢文の文法・単語、句形・基本漢字について学校の授業やテストの機会を活かして覚えていくことは有益である。現代文についても余力があれば読解の基礎的事項が書かれた参考書を 1 冊しっかり仕上げておけば盤石である。

　以上のことは共通テスト施行後でも変わらない。

　なぜなら、英語・数学の大学受験における比重が変わるわけではないし、共通テストの国語に従来のセンター試験と異なる特殊な力が要求されるわけではないからである。

🏃 2. 計画の時間配分と学校のテストに注意

　先ほどもお伝えしたが、あくまで高校 1、2 年生の時点での優先科目は英語と数学である。

　この 2 科目が試験科目にある場合には、この 2 科目の基礎固めを圧迫しない範囲で取り組むということに注意していただきたい。

　また、国語の勉強において特に注意していただきたいのが、学校の現

代文のテストができない＝現代文ができない、とは限らないということである。

　学校さんによっては、現代文のテスト問題の設問と解答が論理的に構成されていない場合もある。

　ここで焦って現代文を何とかしなくてはと考えるのではなく、読解の基礎をしっかり身につけることを優先していただきたい。

🏃 3. 具体的対策

(1) 高1生

【現代文】

　読解力をつけるよりは表現力をつけたい。少しフォーマルな文体を身につけておくことは、受験勉強というより社会生活のために必須である。

【古典】

　高1の間では、古典の基本中の基本が学ばれる。ここでつまずくと、高2でも当然置いてきぼりを食らう。読解などの応用を意識するのではなく、基本を完璧にマスターしよう。

(2) 高2生

　この時期に固めるべきはあくまで英語、数学である。国語は余裕があったら手を伸ばしたい。

【現代文】

　『入試現代文へのアクセス』などを読み始められるとよい。授業中の題材は教養的な面でも知っておいたほうがよい。

【古典】

　高3に入ると、授業を読解に切り替える学校も多い。授業の解説がちんぷんかんぷんだと効率が良くないので、高2のうちに文法を固めたい。定期試験を有効活用しよう。定期試験は文法事項について詳しく

出題してくれる。定期試験対策は受験勉強の観点でもかなり有効である。侮らないで対策はしっかりとしておきたい。

第8節　おすすめ問題集・参考書

　ここに挙げるものはあくまで一例に過ぎない。

　問題集・参考書というのは、自分の現状の実力・レベルにあったものを選ぶ、そこから受験標準とされる問題集・参考書（志望校の問題のレベルに応じた）へステップを踏んでいくという点に留意すれば細かいことにこだわる必要はない。問題集・参考書の評論家になっても何の意味もないのだ。

　再三お伝えしているように上記視点さえ明確に意識できていれば「何を使うか」ではなく「何をどう得るか」が大事なのである。これが合格の天使が提唱する「合格するための勉強法」である。したがって本書では「何をどう得るか」ということに焦点を当てて勉強法をお伝えしているのだ。この点に留意して問題集・参考書を選別していただきたい。現役生であれば学校配布の問題集・参考書で賄えるならそれで十分である。学校の授業やテストの機会も最大限活かしていっていただきたい。

♠おすすめ参考書・問題集 ──────────

［現代文］

　『入試現代文へのアクセス　基本編』（河合出版）

　　等読解の基礎が学べるもの何か1冊。

［古文］

・単語

　『マドンナ古文単語230 パワーアップ版』（学研プラス）

　　等何か1冊。

・文法

　『ステップアップノート30 古典文法基礎ドリル』（河合出版）

『古文上達（基礎編）』（Z会出版）

等何か1冊。

[漢文]

『漢文ヤマのヤマ』（学研プラス）

『得点奪取漢文』（河合出版）

等。

この後は「志望校の過去問集」へ

> 「基礎標準知識の習得と志望校の過去問分析・過去問演習のサイクル学習」
> 「基礎標準知識を過去問基準で捉えなおす」（以上受験戦略編参照）

という勉強を実践していく。

★第4章★

化 学

第1節 化学　スケジューリング編

　理科は理系の入試にとって大きなウエイトを占める。理科2科目の学習時間の配分の目安としては数学と同じくらいとされている。理科は、やればやるほど得点が伸びる、**努力量に比例した結果が期待できる科目**である。しっかりと対策しよう。

　また理系の現役生にとっては理科や数学Ⅲは高校3年になっても学校の授業が進み続ける科目なので、学校の授業と同時進行で学習し、入試レベルまで学力をあげるようにしてほしい。学校の授業が一段落し、まとめて勉強ができる夏休みは、理科を集中的に学習するチャンスである。**それまで数学・英語に集中してきた人も、夏休みは理科の比重を多めにとってほしい。**

🏃 1. 化学の年間スケジュール

　化学の入試ではいわゆる「変な問題」（「第3類型の問題」受験戦略編参照）があまり出ず、標準的な問題をいかに正確かつスピーディに解けるかがキーポイントである。したがって、入試対策としても標準問題をこなすというのが基本的方針になる。教科書及び教科書傍用問題集（もしくはそれに準拠する同レベルの参考書及び問題集）を一通りマスターしたら、標準的な問題集（『化学重要問題集』など）を1冊用意し、それを何周も繰り返して解き、解けない問題がなくなるまでやろう。なるべく夏休みが終わるまでにこの段階を終えたいが、間に合わなければ9

月、10月にさしかかっても大丈夫である。このステップが最重要なので、過去問に焦って入る必要はない。標準問題集を解き終わったら、秋以降は徐々に過去問に入っていこう。過去問では抜けていた知識や、標準問題集での知識を確認する気持ちでやろう。

　分野ごとの順番としては、教科書通りに、まず「理論化学」から始めるべきである。無機化合物や有機化合物の性質は、こうした理論を理解してから見たほうが理解しやすい。

🏃 2. 化学の年間スケジュールの重要ポイント

・「理論化学」から始めるべき
・二次試験の知識の確認・補充のためにも共通テスト対策の位置づけが英語や数学と若干異なる

🏃 3. 化学の年間スケジュールのフロー

~9月	●教科書及び教科書傍用問題集もしくはそれに準拠する同レベルの参考書及び問題集 ●標準問題集
9、10月	●二次対策・個別対策＋知識確認のためのセンター過去問
11月~12月	●共通テスト対策と二次対策・個別対策
1月~ 共通テスト	●共通テスト対策
共通テスト後	●二次対策・個別対策

※基礎の習得が遅れている場合過去問開始時期を遅らせてよい。
※9月の段階で基礎標準知識がすべて完璧になっている必要はなく過去問演習を始めた後も基礎知識の見直しは必要に応じて入試直前まで継続する。これが受検戦略編で述べた合格の天使メソッドポイントである。
「基礎標準知識の習得と過去問演習のサイクル学習」
「基礎標準知識を過去問基準で捉えなおす」
の真意。

第2節 化学勉強法 エッセンス編

1. 化学の対策手順のフロー

化学においてもまずは基礎から固めなければ効率的に実力はついていかない。

以下の図はしっかり意識してほしい。

2.「勉強ターゲットの3類型」理論との関連

年間スケジュールの部分でお伝えしたが、「化学の入試問題では標準的な問題をいかに正確かつスピーディに解けるかがキーポイントである。したがって、入試対策としても標準問題をこなすというのが基本的方針になる」。この前提から、化学においては「一般化脳」理論におけるエッセンスの抽出が重要となる。基礎標準問題の取りこぼしが合否に大きな影響を与えてしまうということは肝に銘じて対策していただきたい。

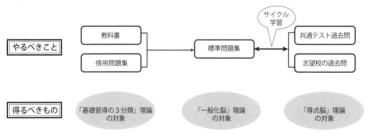

「勉強ターゲットの3類型」理論

🐾 3. 化学の勉強法と対策の全体像

　入試問題における化学は極端に難しい問題が出ることは少なく、標準問題をいかに正確に解けるかが重要になってくる科目である。したがって、勉強の方針も標準問題をマスターすることに焦点を当てることになる。教科書と『セミナー化学』等の基礎知識確認用の問題集（もしくはそれに準拠する同レベルの参考書及び問題集）をマスターしその後『化学重要問題集』等、標準問題を網羅している問題集を1冊用意して、それを解くことを通じて知識を定着させよう（現役生であるなら学校で配布される教科書傍用問題集や標準問題集レベルの問題集をそれぞれ使用すればよい）。その際、答え合わせのときに解説を読んでもわからないことは、教科書や『化学の新研究』といった参考書で調べる習慣をつけよう。何度も知識を基礎に立ち返って確認することで、よりしっかりと定着する。

　問題集に載っている問題をすべて完璧に解けるようになるまで、何周もしてほしい。その際は何度も述べた通り、わからなかった問題に印をつけて二度手間を省くようにしよう。なお、『化学の新演習』などの難しい問題集は、余力があったら（つまり、早めに『セミナー化学』や『化学重要問題集』が完璧になったら）取り組めば良い（合格のためには必須ではない）。標準問題のレベルを優先して学習しよう。

　過去問演習が始まったら、今までの知識を初見の問題に応用する訓練をして、さらに知識の穴がないかを確認するようにしよう。おそらく、過去問でも問題集と似た問題に多く遭遇することと思う。過去問演習をしながらも、不安な知識はすぐに調べて確認するようにしよう。

　共通テストの化学は、従来のセンター試験のような細かい知識は問われないが、二次試験で出題されるような考察問題や計算問題を解くために必要な土台となる基本知識は問われるので、**共通テスト過去問**（共通テスト過去問が一定程度蓄積するまでは試行調査問題、センター過去問、

共通テスト対策問題集等）を解くことで、二次試験に向けて知識の穴埋めをすることができる。これにより抜けていた知識を確認することを繰り返すことで、知識が定着しやすいのである。したがって、他の科目よりも少し早めに共通テスト対策を始めれば、二次試験対策の知識定着も期待できる。

第 3 節 化学勉強法　実践編

1. 基本方針

(1) 理系受験生の化学の基本方針

　化学という科目で学習する必要があるものには、「知識」と「原理」の二本柱があると考えてもらいたい。化学に限ったことではないが、化学においては特に意識すべきことである。

　すなわち、化合物がどういう反応をするか、どういう色の溶液や沈殿を作るかといった「知識」と、酸化還元反応や中和反応、熱化学方程式といった「原理」の部分である。

　大事なのは、この二本柱のうち**「原理」を先に頭に入れて、その後に細かい「知識」をそこに入れていく**という方針を持ってもらいたい、ということである。

　具体的には、基礎を学習する上では、細かい知識よりもまず、それらを支配する原則を理解してほしいということである。この後の項目で詳説するが、そのほうが覚える量は少なくて済むのである。それに、難問になればなるほど、それを解くのに「原理」の理解が必須なのである。高校範囲では聞いたこともないような化合物を題材にしつつ、高校範囲で扱う「原理」を用いて解かせる問題も少なくない。

　学習の進め方としては、前述のことに留意して、他の科目と同様、教科書と傍用問題集（あるいは同じレベルの問題集）で基礎を習得する。
　一通り基礎が身についたら標準問題集で演習をしよう。この段階にお

いても、細かい「知識」を覚えることよりは、学んだ「原理」の理解を確認し、それを問題に活かすことを優先してほしい。もちろん、「知識」「原理」ともに、わからないことがあったら教科書で確認することは習慣にしよう。細かい知識については『化学の新研究』などのほうがよくまとめられているので、辞書代わりに手元に置いておくのも良い。

「知識」の大本となる法則を理解していれば、「知識」を完成させるのは時間がかかっても構わないのである。共通テスト対策の中で、過去問を解きながら穴を埋めていくのでも良い。

過去問に入って応用的な内容を扱うほどに、「原理」の理解度が大事になってくる。

🥷 2. 問題への取り組み方

(1) 知識の覚え方

前で書いたように、知識を覚える際には全体に適用される法則をまず頭に入れよう。

酸化還元反応を例にとって説明する。

酸化還元の反応式を書け、という問題は良くあるし、そうでなくても問題を解くためには代表的な酸化剤・還元剤の反応式を立てられる必要がある。

大事なのは、個々の反応式を覚えようとするのではなく、「反応式の立て方」を最初に覚えるということである。

具体的な手順としては、

① 酸化剤・還元剤それぞれについて半反応式を立てる
② その2つを組み合わせてイオン反応式を作る
③ 完全な反応式にする

というものである。このうち、個々の知識が必要なのは①の過程だけである。

過マンガン酸イオン MnO_4^- について考えよう。この酸化剤について覚えておくべきことは、「酸性条件では $MnO_4^- \rightarrow Mn^{2+}$ になる」ということだけである（中性・塩基性条件では二酸化マンガンになるので注

意）。

あとは、以下のルールに従って半反応式を作る。

ⅰ）O原子の数を H_2O で揃える

ⅱ）H原子の数を H^+ で揃える

ⅲ）両辺の電荷を e^- で揃える

まず、$MnO_4^- + Mn^{2+}$ のままでは左辺のO原子が4つ多いので、ⅰ）により H_2O で揃える。

$MnO_4^- \rightarrow Mn^{2+} + 4H_2O$

次に、これだと右辺のH原子が8個多いので、ⅱ）により揃えて、

$MnO_4^- + 8H^+ \rightarrow Mn^{2+} + 4H_2O$

最後に、電荷は左辺が $-1+8=+7$, 右辺が $+2$ なので、ⅲ）により電荷を揃える。

$MnO_4^- + 8H^+ + 5e^- \rightarrow Mn^{2+} + 4H_2O$

これで半反応式が完成となる。

結局、酸化剤・還元剤の反応前後だけを覚えておけば、法則にしたがって補うことで反応式を作れるのである。

以上の覚え方は比較的有名なものであるが、他の分野についても同様、**全体に共通する法則をまず覚えれば、暗記量は最低限で済む**のである。

⑵ 問題演習の進め方

原理や知識を定着させる具体的な手順を説明する。

大事なのは教科書などの内容を頭に入れる（インプットする）だけでなく、同時に引き出す（アウトプットする）ことである。

たとえば最初に教科書から始める場合、まずある分野を読んだら、その範囲の問題に取り組もう。基礎的な問題から始めればよい。わからないことがあったら教科書・参考書に戻り確認することは忘れないようにしよう。

教科書・参考書からのインプット⇔問題へのアウトプット

という2つのプロセスを反復することで、ただインプットするよりも

覚えやすくなるし、問題で使える形で頭の中に整理することができる。

　これは化学に限らず、どの科目でも言えることである。

　このようにして基礎を固めたら標準問題集に入るが、その際にも、「問題の解き方」という大枠をまず頭に入れるようにしたい。

　構造決定問題を例にとって説明しよう。

　一般的な構造決定問題の流れは、

　① 元素分析により組成式を決定する

　② 凝固点降下などを利用して分子量を決定し、分子式を求める

　③ 化合物の持つ化学的性質を様々な実験で調べ、構造式を決定する

という手順を踏む。問題によっては①②はあらかじめ与えられているものもあり、メインとなるのは③である。したがって③の過程の中で、問題文の記述から構造式の条件を正確に集められることが必要である。

　その上で大事なのが、**「実験結果のキーワードから構造式の条件を導く」** ということである。

　たとえば

「金属ナトリウム」を加えると「水素」が発生した → ヒドロキシ基を持つ

「ヨウ素を加えて加熱」すると「黄色沈殿」→ ヨードホルム反応をする構造式

分子内脱水をするカルボン酸 →（ほとんどの場合）フタル酸かマレイン酸

というように、実験の記述を見て構造式の条件が反射的に浮かぶ必要がある。

　そのために必要なのが上で説明したインプット⇔アウトプットの反復である。

　大事なのは、前ページで説明した **「問題を解くための枠組み」をまず理解する** ことである。それをしっかり理解しておけば、あとは実験結果→構造式の条件という関係を、問題演習を通してストックしていけばよいのである。

　ちなみに、今の構造決定の話で言うと、問題演習を重ねれば出題され

るものは本当に限られた範囲であることがわかると思う。化合物そのものは無数に考えられるのだが、それを特定するために覚えておくべき知識は限られているのである。

　結論としては、基礎を学ぶ際も問題演習の中でも**まず大枠を作る**ことが大事なのである。その上で中身となる知識を収納していく、というイメージである。化合物など覚えることの多い化学では特に大事な考え方である。

⑶　論述答案の書き方

　化学の記述式答案では、記述の詳しさは点数に大きくは影響しない。しかし、特に計算問題では自分の思考過程を採点者にアピールするため、そして自分自身で確認するために、最低限の説明は加える必要がある。

　物理と同じように、自分で式を立てる際には「どのようにその式を立てたか」ということについて、簡潔な説明を加えるようにしたい。

　電子 1mol が流れると水素イオンが 1mol 発生するので、〜

　与えられた値を平衡定数の式に代入すると、〜

のように、**何をすることでその式ができたか、あるいは何を求めるための式か**を説明することは最低限必要だ。

　計算式以外、たとえば構造式を答えるものなどについては、説明をするのが難しいものもある。スペースも限られているので、あまり多くを説明しなくても良い。

　加えて、計算問題では**有効数字の扱いに注意**しよう。たとえば有効数字 2 桁で答える問題ならば、途中の計算は 3 桁で行う。そうでないと、答えの値がずれてしまう。

　計算問題は化学に付きまとうものである。掛け算・割り算といった単純計算は、中学以降の数学では中々使わないので、化学で再度使用するようになると慣れずにミスが激増する。したがって化学選択者は単純計算の腕を磨くことを心がけよう。**日々演習するときに「式は合ってるか**

ら」と計算を省略したり、間違った計算を放置することはせず、他の部分と同様丁寧に行い、間違えたものをしっかり分析してほしい。自分が間違えやすい計算を分析することで注意が向くようになり、そうした計算を慎重に行うようになるのでミスを減らすことができる。

🥷 3.　本番戦略

　二次試験での化学の問題は大抵の場合小問に分かれているが、これらは「知識だけで解けるもの」「知識＋応用が必要なもの」「知識が無くても解けるもの」に大きく分かれる。

　「知識だけで解けるもの」は、言ってしまえば「知らなかったらそこまで」である。なので、そのような問題で詰まったら、時間をかけず次の小問に移るべきである。

　逆に言えばそれ以外の問題では、特に難しい知識は不要であることが多い。したがって腰を据えて取り組むべきは「知識＋応用」あるいは「知識不要」のものである。過去問を通して、思考方法を学んでおこう。

　また計算問題については、問題用紙で計算する際でも殴り書きではなく、丁寧に式を書くようにしよう。計算ミスを減らし、仮にミスがあっても後で戻って確認するためである。

🥷 4.　共通テストを見据えた二次試験化学対策

　共通テストでは細かい知識を問う問題よりも、事項ごとのつながりを意識しなければ解けない問題が多くなっている。知識を詰め込むのではなく、どう活かして思考することができるのかが問われているといってもよい。したがって普段の勉強＝二次試験対策の勉強でも知識ごとのつながりを最大限意識して学習をすすめるとよい。例えば「沸点」を「分子間力」と「熱運動」に関連させて説明することができますか？ 個別に覚えている知識はあまり有効ではない。他の事項との関連の中ではじめてその知識は実感を伴ったものになり、真の理解へとつながり、問題も解けるようになる。そのためには普段の学習のときから、習った事柄

について他の事項との関連を考えてみたり、それがうまく説明されているような参考書を使っていくことが有効である。

第4節 化学　共通テスト対策編

🥷 1.　共通テスト化学対策の基本方針

　従来のセンター試験の化学は二次試験よりも細かい知識が要求される傾向にあったが、「共通テスト」ではそのような細かい知識は必要なくなっている。ただし知識自体が問われないというのではなく二次試験で出題されるような考察問題や計算問題を解くために必要な土台となる基本知識は問われる。

　他方で、見慣れない設定の問題で、問題文に状況や前提事項についての説明があり、その問題文で与えられたもの＋基本的な知識でその場で考えて解くような問題が増加している傾向にある。

　これらの特徴を考慮したうえで共通テスト化学対策を行う必要がある。

　共通テストは導入されることになったばかりなので過去問（サンプル問題）が非常に少なく、これはもちろん解きたいが、それだけでは演習として不十分である。センター過去問・試行調査問題・予想問題集等もうまく活用していくことが必要になる。

🥷 2.　注意点

　以下はあくまで現状での大学入試センターの試行調査問題や共通テスト改革の趣旨・意図を踏まえた当塾東大理三合格講師陣による分析である。
　ここで留意しておいていただきたいのは、新しい試験制度というのは

開始後数年間、問題傾向が浮動的になるということ。この状態で重要になるのは、基本的な方針や問題の性質の核を捉えたうえで対策を行う、そのうえで本番で見慣れない形式の出題には臨機応変に対処するという意識だ。是非以下の分析を参考に共通テスト導入の趣旨や問題の性質・本質を掴んでいただきたい。

🐦 3. センター試験との相違点

＜大学入試センター公表　化学の問題作成方針＞

　科学の基本的な概念や原理・法則に関する深い理解を基に，基礎を付した科目との関連を考慮しながら，自然の事物・現象の中から本質的な情報を見いだしたり，課題の解決に向けて主体的に考察・推論したりするなど，科学的に探究する過程を重視する。

　問題の作成に当たっては，受験者にとって既知ではないものも含めた資料等に示された事物・現象を分析的・総合的に考察する力を問う問題や，観察・実験・調査の結果などを数学的な手法を活用して分析し解釈する力を問う問題などとともに，科学的な事物・現象に係る基本的な概念や原理・法則などの理解を問う問題を含めて検討する。

　なお，大学入試センター試験で出題されてきた理科の選択問題については，設定しないこととする。

(出典：大学入試センターHP)

＜当塾、東大理三合格講師陣による独自問題分析＞

① 出題内容が変わった

　化学と言えば数学や、物理に比べて必要な知識量が多いことが一つの特徴で、センター試験では細かいところまで聞かれていた印象があるが、試行調査問題を見る限り共通テストではそのような細かい知識は必要なくなっている。

　ただ、重要な物質の代表的な製法（例えば無機化学で言うと、アンモニアソーダ法や、オストワルト法、ハーバーボッシュ法など、有機化学で言えば、クメン法など）は覚える必要があり、炎色反応や原子番号などの基本的な知識はもちろん必要である。つまり、二次試験で出るような考察問題や計算問題を解くために必要な土台となる基本知識はもちろん問われる。

　しかし、孤立した知識、例えばルビーやサファイアは酸化アルミニウムから作られるとか、フッ素は淡黄色である、と言った、考察問題・計算問題を解くためには必要ないことがほとんどで、かつ、周りとの関連もない知識は共通テストからは出題されなくなる、もしくは知らなくても解ける問題になると思って良い。

②難易度が下がったわけではない

・知識問題について

　簡単になったわけではなく、周りの事項といかに関連付けて一つ一つを理解できているか、ということを問うような問題が増えており、ただ単に用語を暗記して終わり、という学習では得点が取りづらくなっている。

・計算問題・考察問題について

　見慣れない設定の問題で、問題文に状況や前提事項についての説明があり、その問題文で与えられたもの＋基本的な知識でその場で考えて解くような問題が増えている。このような問題は問題集などには載っていないため、どの問題も初見ということになる。基礎知識をもとにして書いてあることが理解できれば、そこまで苦労はしないものの、一度解いたことがあるような典型題を機械的に解いていく練習だけしかしていないと難しく感じるだろう。このような問題は、細かい知識や問題の演習経験の幅広さが比較的必要とされないため、解ける人は解け、解けない人はなかなか解けるようにならない、というような差が付きやすい問題になるだろう。

③平均点が下がった

平成 30 年度試行調査の平均点は 49.68 点である。

それに対し、現行センター試験の平均点は

平成 31 年度　　54.67 点

平成 30 年度　　60.57 点

平成 29 年度　　51.94 点

と試行調査のほうが低得点である。

試行調査は現役高 2・3 年生を対象にしたものであり、実施時点では化学を履修しきっていなかったことが低得点の一因であると考えられる。したがってこの数値だけから共通テストの難易度が跳ね上がるのだととらえてはいけない。

🏃 4. 対策方法

①知識について

まず知識面に関しては、細かい断片的な知識を覚えることよりも、基本的な事項の有機的なつながりがしっかりと理解できているかというところがメインで問われるから、普段の学習から細かい枝葉末節の事柄にとらわれるのではなく、全体の流れを追いながら学習することが重要になる。ある範囲を学習する際にはその事項はすでに学習する事項やこれから学習する事項とどんな関連があるのかということを意識して欲しい。

例えば一見似たような働きをするものが複数あったとき、その違いやそれに伴う使い分けを、気になったらその都度調べていく、というような学習が必要になる。ただ、問題集などには積極的に記載されていることではないので、教科書や参考書だけから理解していくのは難しい。問題演習を積む中で自然とそれぞれの事項の違いに気づいていくというように、問題で手を動かしながら理解していくというスタイルの学習がおすすめである。

②見慣れない問題への対処

　センター試験との違いで述べた見慣れない問題への対応でも大切になるのは、言葉の定義や関係、法則そのもの・および成立条件からわかる諸単位の関係性である。例えば同位体とはなにか、沸点とはなにか（および、それは物体の運動や、分子間力とどのように関係しているか）、気体の圧力と温度はどのように関係しているか、その関係が成り立つ条件は、など具体的に上げればきりがないが、普段からわかっているようで説明できない言葉はないか、なんとなく法則を使っていないかを意識して、もし実はわかっていないかも……というものがあれば積極的に教科書、参考書や具体的な問題を通して理解を深めていくことが重要である。

③共通テスト化学におけるセンター過去問の使い方

　共通テストは導入されることになったばかりなので過去問（サンプル問題）が非常に少なく、これはもちろん解きたいが、それだけでは演習として不十分である。センター過去問・試行調査問題・予想問題集等もうまく活用していくことが必要になる。

　ただし、上に挙げたようにセンター試験との大きな違いとして共通テストではあまり細かい知識問題は出ないと言えるので、センター試験で毎年数問出題されていたような細かい知識問題はできる必要はない。したがって、センター過去問を使う際にはその点は意識した上で使うべきである。この点から共通テスト問題をある程度解いてから、センター過去問を利用するようにすると良い。そうすることで、センター試験ではこんなことが聞かれているけど、共通テストでは、こんな細かいところは聞かれていないから、ここは覚えなくて大丈夫だな、というふうに冷静に必要なところ、不要なところがわかるはずである。

　計算問題はセンターでも共通テストでも同じように問われている部分が多いので、センター試験を解くことは良い練習になる。

　一方、見慣れない設定の問題やグラフ問題など定性的に考える問題などは良い練習材料だと思ってぜひ取り組んで思考して欲しい。従来のセンター試験問題は共通テストを解くための基礎力をつけるものとして考えてもらうと良い。難易度は共通テストのほうが高くなっているので、共通テストを解くための基本的な問題が解けるか、知識はあるかを確認するものとしてセンター過去問を使っていこう。

　範囲としては現行の教育課程と同じになった 2015 年以降の本試験を解いてみるのが良い。それ以前のセンター試験は高分子化学が問われていないなどの違いがあるので基本的には 2015 年以降の問題を中心に解くことをお勧めする。

✖ 5. 共通テスト対策を始める時期

　共通テストではどんな問題が出るのか、出題される知識の細かさはどの程度のものなのか、など、出題内容を早めに知っておくことは重要である。化学の場合は、理論化学、無機化学、有機化学で共通テストの大問も別れていることが多いので、例えば理論化学が終わった段階で、共通テストの第 1 問だけ解いてみる、というふうに習ったところからどんどん共通テストを見ていくべきである。

　ただ、**共通テストの化学は二次試験の問題により近づいた問題傾向**になっているので、**標準的な問題集で基本となる解法を理解して使えるようになってから、本格的に解き始めるべき**である。したがって標準的な問題集を一通りやった後に、共通テスト過去問（共通テスト過去問が一定程度蓄積するまでは試行調査問題、センター過去問、共通テスト対策問題集等）を解いていきながら、標準的な問題集の 2 周目をやっていくという流れで学習を進めていくことをおすすめする。

　具体的な時期は人によってずれてくるが、11 月以降から本格的に解

き始めても、それまでに標準的な問題集の学習をきちんと出来ていれば、問題量は確保できるし、過去問に慣れることも十分できる。ただし、先にも述べたが、共通テストの化学は、従来のセンター試験のような細かい知識は問われないが、二次試験で出題されるような考察問題や計算問題を解くために必要な土台となる基本知識は問われる。

このような性質から二次試験に向けて知識の穴埋めをすることができる。したがって、標準問題集の仕上がり具合にもよるが、10月くらいから共通テスト対策を始めれば、二次試験対策の知識対策にもなる。

第5節 化学　高校1、2年生の難関大学対策編

🐿 1. 化学の位置づけ

高校1、2年生の段階では英語、数学の基礎固めを優先すべきことはすでに述べた。しかし、理系受験生、ことに難関大理系を目指すのであれば授業の機会を活かさない手はない。

また、共通テストが施行され、従来のセンター試験のような細かい知識は問われなくなった。その分、基礎的な事項の理解とそこからの思考・考察が必要となる。したがって、高校1、2年の時期に基礎的な事項を十分に理解しておくことは、共通テストにおいて高得点獲得に結び付き、また二次・私大試験の化学対策における大きなバックボーンを得られることになる。

具体的に何を中心に対策を行うべきかを以下に記す。

🐿 2. 具体的対策

⑴ 高1生

高1での授業は化学基礎を行う学校が多いだろう。とにかく学校で習ったことをしっかり理解すること。また、配られた問題集をしっかり

やりこむこと（やりこむと言っても何周もする必要はなく、答案が再現できればOK）。その際、友達に質問されても全ての問題に適切に答えられると言い張れるくらい理解するとよい。学校のペースに合わせた勉強が最も効率が良い。定期試験対策はしっかりとやろう。定期試験の際に基礎事項と基本的な解法をしっかりと押さえておくと、高3になってから本格的に勉強を始めた際に非常に有利である。習った範囲は完璧にして進めていくことが大切である。積み重ねが大切な科目でもあるので、理解していないことがあると途中で躓き、授業についていけなくなる。結合・結晶・溶解・モル・気体などは特に重要なキーワードとなるので、それら関連で理解不十分なものがあればすぐに質問しよう。学校では実験をさせてもらえるが、これは非常に貴重な機会である。入試問題で実験手法を問う問題は数多く出題されている。他人任せにしないで、楽しみながら積極的にかかわっていこう。

⑵ 高2生

　高2からは自分の選択した理科の科目を本格的に始める。化学の勉強を始める際には理論化学から始めよう。理論化学は無機・有機で出てくる反応や性質の基礎を理解するのに必要である。理論の知識を使えば、無機・有機の暗記量は減らすことができる。

　また、高2のうちに覚えた知識は高3になると忘れてしまう。暗記事項を頭に詰め込むよりは、理論をしっかりと理解することを優先しよう。

第6節 おすすめ問題集・参考書

　ここに挙げるものはあくまで一例に過ぎない。

　問題集・参考書というのは、自分の現状の実力・レベルにあったものを選ぶ、そこから受験標準とされる問題集・参考書（志望校の問題のレベルに応じた）へステップを踏んでいくという点に留意すれば細かいこ

とにこだわる必要はない。問題集・参考書の評論家になっても何の意味もないのだ。

　再三お伝えしているように上記視点さえ明確に意識できていれば「何を使うか」ではなく「何をどう得るか」が大事なのである。これが合格の天使が提唱する「合格するための勉強法」である。したがって本書では「何をどう得るか」ということに焦点を当てて勉強法をお伝えしているのだ。この点に留意して問題集・参考書を選別していただきたい。現役生であれば学校配布の問題集・参考書で賄えるならそれで十分である。学校の授業やテストの機会も最大限活かしていっていただきたい。

♠化学　おすすめ参考書・問題集

[基礎]

　教科書及び教科書傍用問題集『セミナー化学』（第一学習社）等（もしくはそれに準拠する同レベルの参考書及び問題集）

＜教科書代わりの参考書＞

・大学受験 Do シリーズ『鎌田の理論化学の講義』『福間の無機化学の講義』『鎌田の有機化学の講義』（旺文社）

　授業と並行して読み込んだり自習したりするのに最適。入試問題も数題掲載されているので、最終ゴールをとらえることができ、安心できる

[標準問題集]

　『化学重要問題集』（数研出版）

[辞書]

　『化学の新研究』（三省堂）

　この後は「志望校の過去問集」へ

「基礎標準知識の習得と志望校の過去問分析・過去問演習のサイクル学習」
「基礎標準知識を過去問基準で捉えなおす」（以上受験戦略編参照）

という勉強を実践していく。

★第5章★
物　理

第1節 物理　スケジューリング編

　理科は理系の入試にとって大きなウエイトを占める。理科2科目の学習時間の配分の目安としては数学と同じくらいとされている。理科は、やればやるほど得点が伸びる、**努力量に比例した結果が期待できる科目**である。しっかりと対策しよう。

　また理系の現役生にとっては理科や数学Ⅲは高校3年になっても学校の授業が進み続ける科目なので、学校の授業と同時進行で学習し、入試レベルまで学力をあげるようにしてほしい。学校の授業が一段落し、まとめて勉強ができる夏休みは、理科を集中的に学習するチャンスである。**それまで数学・英語に集中してきた人も、夏休みは理科の比重を多めにとってほしい。**

🏃 1.　物理の年間スケジュール

　物理も基本的には他の科目と同じく、教科書及び教科書傍用問題集（もしくはそれに準拠する同レベルの参考書及び問題集）を一通りマスターしたら、まず夏休みの終わりまでに標準的な問題集（『物理のエッセンス』『名問の森』など）をこなそう。**物理で大事なのは、いろいろな公式を単に丸覚えすることでなく、元となる原理と、そこからの公式の導出をしっかり理解することである。**教科書などを適宜参照しながら、このことを意識して進めてほしい。

　標準的な問題集が終わったら二次試験の過去問に入ろう。物理の場合

も奇問は出にくいので、『難問題の系統とその解き方』など入試レベルの問題集で補っても良いが、メインは過去問である。

　共通テストについては、10・11 月ごろから共通テスト過去問（共通テスト過去問が一定程度蓄積するまでは試行調査問題、センター過去問、共通テスト対策問題集等）を使って行えば盤石である。早い段階で一度、試行調査問題などを解いてみて問題なく対処できるようであれば本格的な対策は 12 月から始めて共通テスト形式になれるというスケジュールでも構わない（もちろんスケジュールに余裕があればそれ以前から始めるべき）。共通テスト物理では、二次試験にはあまり出ない定性的な問題（計算して式や数値を出すのではなく、言葉で答える問題）や、身の回りの現象に関する問題が出る。共通テスト過去問（共通テスト過去問が一定程度蓄積するまでは試行調査問題、センター過去問、共通テスト対策問題集等）を解いてそれらの問題に対応できるようにしておこう。

注意：物理に限ったことではないが共通テスト対策と二次試験対策の兼ね合いというのは二次試験でもきっちりと合格点を取りうる対策を考慮した上で、共通テストでも高得点〜満点を取りうる対策をするにはどうすべきなのかの戦略である。

　本書では科目特性や試験問題の性質を考慮した上でその妥協点をお伝えしている。したがって個人個人の事情により志望校の共通テストの比重が大きければ共通テスト対策は早めに始めてもよいし、またスケジュール的に余裕があるのなら共通テスト対策も早めに始めればよい。

　なお、物理には力学、波動、電磁気、熱力学、原子といった分野があるが、必ず力学から始めてほしい。力学が他の分野の基礎になるし、力学との複合問題が出る分野が多いからである。教科書や問題集でも力学を最初に扱うはずなので、その順番通りに進めていけば問題はない。

🏃 2.　物理の年間スケジュールの重要ポイント

・「力学」から始めるべき

・原理と公式の導出をしっかりと理解する時間を惜しまない

🏃 3.　物理の年間スケジュールのフロー

～9月	● 教科書及び教科書傍用問題集もしくはそれに準拠する同レベルの参考書及び問題集 ● 標準問題集
10、11月 ～12月	● 共通テスト対策と二次対策・個別対策 ● 教科書通読（共通テストの用語問題対策として）
1月～ 共通テスト	● 共通テスト対策
共通テスト後	● 二次対策・個別対策

※基礎の習得が遅れている場合過去問開始時期を遅らせてよい。

※9月の段階で基礎標準知識がすべて完璧になっている必要はなく過去問演習を始めた後も基礎知識の見直しは必要に応じて入試直前まで継続する。これが受検戦略編で述べた合格の天使メソッドポイントである。

　　「基礎標準知識の習得と過去問演習のサイクル学習」

　　「基礎標準知識を過去問基準で捉えなおす」

の真意。

第2節 物理勉強法　エッセンス編

🏃 1.　物理の対策手順のフロー

　物理においては特に基礎の理解から固めなければ効率的に実力はついていかない。

以下の図はしっかり意識してほしい。

🏃 2. 「勉強ターゲットの 3 類型」理論との関連

　物理の勉強で特に注意していただきたいのが「基礎習得の 3 分類」理論における「理解記憶 (本質的理解)」である。物理はこの部分が曖昧だと後の勉強が効率的に実力形成に結びつかない。物理では基礎の習得段階での本質的理解が非常に重要であるという意識を特に持っていただき、以下の勉強法編を読み進めていただきたい。

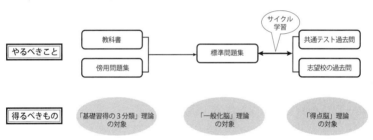

「勉強ターゲットの 3 類型」理論

🏃 3. 物理の勉強法と対策の全体像

　物理の勉強で大事なのは、基礎となる原理・公式をしっかり根本から理解できているかということである。

　勉強法としては数学と同じく、教科書及び教科書傍用問題集（もしくはそれに準拠する同レベルの参考書及び問題集）をまずマスターし『物理のエッセンス』『名問の森』『物理重要問題集』『難問題の系統とその解き方物理』（これは難易度高め）といった標準問題集どれか 1 冊を周

回して、「こういう問題は、このように解く」というポイントを、しっかり理由付きで分析・理解して身につけることである。この際、ただ「どの公式を適用するか」ということだけを考えていては、根本的な理解とはいえない。元となる原理から、各公式がどう導かれるのかを知らないと、「なぜこういう問題はこういう解き方になるのか」ということに答えられない。根本から理解していないと、少し問題の設定を変えられたりしただけで、すぐ対応できなくなってしまう。

たとえば、「なぜ」衝突の問題は運動量保存で考えるのだろう、「なぜ」コンデンサの電圧は V ＝で表されるのだろう。こうした「なぜ」に答えられる必要があるが、その答えは教科書に載っているはずである。「なぜ」を突き詰めると高校範囲を逸脱してしまうことがあるので、教科書に載っている範囲で理解すれば十分である。

つまり、数学と同じように標準問題集を進めていく中で、「なぜこういう問題はこのように解けるのか」という疑問を持ち、それを深く追求してほしいのである。**物理で必要な知識はそれほど多くない。代わりにこのような分析を通して「深く」それら知識を理解する必要がある。**あとは数学と大きく変わらないので、数学の章も参考にしながら進めてほしい。

標準問題集をマスターしたら、あとは過去問に入ろう。物理でも化学と同じく（あるいはそれ以上に）、入試で変わった問題が出ることは少ない。「どこかで見たような設定」という問題が大半である。したがって過去問演習を通して、それらのパターンに対する解法を確認しつつ、抜けているポイントを補完し、志望校向けに特化しよう。

共通テストの物理では、スケジューリング編で述べたように、二次試験で出ないような、定性的な問題が含まれる。そうした問題に答えられるためにも、各現象に対する深い理解は必須なのである。二次試験対策の中で上記のような分析・理解をしながら進めていれば、あとは直前期

に過去問を何年分か解いて、しっかりと分析を行い、共通テストの形式に慣れることで十分対応できる。

第3節 物理勉強法　実践編

🐝 1. 基本方針

　まずは他の科目と同様に、教科書と傍用問題集で基礎を習得する。特に物理で注意が必要なのが、**公式や法則を表面的に暗記するだけで済まさない**ことである。これについては後述するが、教科書で説明されている公式や法則の背景はしっかり頭に入れた上で使ってほしい。

　一通り基礎が身についたら標準問題集で演習をしよう。その際、教科書などで培った基礎知識を、問題集の中でどう使うかが大事である。たとえば「運動の3法則」を教科書から学んだところで、その知識と、実際に問題ではどう使うかという側面には隔たりがある。その橋渡しをするのが教科書と一緒に進める傍用問題集、そしてその後に解く標準問題集なのである。

　「教科書から学ぶ基礎知識」と「問題集から学ぶその実践法」は、したがってどちらも欠かすことはできない。教科書だけでは入試問題を解けるようにならないし、問題集から表面的なテクニックを仕入れるだけではその土台が作れず、ハイレベルな問題に対処はできない。

　なので、その両立を意識してほしい。特に気をつけるべきなのが、知識があやふやなのにテクニックだけで対処してしまうことである。そうならないために、問題集や過去問を解く中でも、不安なことがあったらすぐに教科書に戻って基礎から確認する習慣をつけよう。

　過去問に入ってもそれは変わらない。特に、過去問レベルになると応用的な事項ばかりに目が行きがちなので注意してほしい。

🏃 2. 問題への取り組み方

(1) 公式の理解

　先に書いた通り、教科書と傍用問題集から基礎知識を学ぶ上では、公式や法則を表面的に覚えるだけ、という事態は避けたい。**それらが何を表すか、どういう背景で成り立つか、どのように導くかということを理解**していないと、入試問題に対して「なぜその公式を使うのか」ということが説明できない。すると、そこをちょっと揺さぶるような、捻った問題や基礎から問う問題を出されると即対処できなくなる。

　それに、そもそも覚えるべき量が変わってくる。たとえば電磁気学における「合成抵抗・合成容量」などは、キルヒホッフの法則で常に考えるようにすれば、特に覚える必要のないものである。背景のわからない公式をそのまま丸暗記するのは非常に手間がかかるし、間違って覚えたらもう修正できない。**そういった公式がどうして成り立つかを知っておけば、大本の原理だけを覚えておけばよいわけだから暗記量も少なくて済むし、公式同士の繋がりが明白なら定着もしやすい。これは別の科目でも共通していることである。**

　とは言っても、すべての公式の導出を覚えろというわけではない。導出するために微積分を用いるものもあるし、突き詰めていくと高校範囲を越えてしまう場合もある。**あくまでも「教科書に載っている範囲」で、暗記ではなく「理解」しておけば良いのである。**したがって、特に最初に教科書を読む際は念入りに進めてもらいたい。そこで背景となる原理を理解しておけば、問題を解きながら確認するのが容易である。「わからないことがあったらすぐに教科書に戻って基礎から確認する」というのが前提である。それを習慣として反復すれば、確認する度に理解度は上がってくるし、実際に問題に出やすい部分・苦手分野を重点的に確認することになるので非常に有用である。

　とにかく、教科書を飛ばし読みして結論となる公式だけを拾っていくのだけは止めよう。

⑵ 問題演習の進め方

「解けなかった問題・解けても不安が残る問題について、解答をよく理解し、どうしてできなかったのかを分析する」という進め方は、他の科目と変わらない。

物理に関して特に注目すべきなのは、「最初にどういった式を立てるか」ということである。

物理の答案の半分は最初の立式によって決まる。初手で適切な式を立てることができれば、あとはそれらを連立することで答えが求まる場合が多い。

よって、**「どういう状況・問題設定の場合にどういう式を立てるか」**ということに特に注目して問題演習を進め、解答に目を通してほしい。

たとえば、「なめらかで水平な床の上に均質な板が置いてあり、その上に人が乗っている。その人が板の上を一定速度で歩くと、板も床に対して移動する」という状況を考えてみよう。

もちろん、そうした個々の状況を一々覚えろという話ではない。もっと一般的な話である。

例の状況では、人と板の「相互作用」が起こっている。人と板がお互いに力を及ぼしあっているのである。

「物体同士の相互作用」が起きているとき、それを記述するために運動量保存が用いられる。

押さえてほしいのは上のポイントである。外力が働かないのならば、人と板の運動量の和は保存されるので、運動量保存の式を立てることができる。

これが「どういう状況のときにどういう式を立てるか」ということである。他にも、力学ならば

・エネルギーの変換（位置エネルギー→運動エネルギーなど）が起きているときはエネルギー保存則の式
・「くっついていた物体同士が離れる」ときは垂直抗力＝0

　など、いろいろな状況について、どういう式をもって表すべきかとい

うポイントがある。

　したがってそうした対応を考えながら問題演習をし、解説を読んでもらいたい。具体的には、**「どうしてその式を立てるのか」**ということを考えるのである。**立式の背景にある原理・法則を考える**のである。当然そのためには、**大本の原理・法則をよく理解している必要がある**というわけである。

⑶ 論述答案の書き方

　これは問題演習の進め方と関連するが、記述答案の式で書くべきは「どういう法則を用いて、どういう式を立てたか」である。なので、「法則・公式の説明」＋「式」というのを基本形と考えれば良い。

　　　例）　　水平方向の運動方程式は、　$ma = F - \mu\,mg$

　　　　　　キルヒホッフの法則より、　$V = IR + Q\,/\,C$

といった感じである。問題の条件にしたがっていくつか式を立てたら、それらに①②③……などと適当に番号を振って、「①③より〜」という形で連立したことを説明すれば良い。

　多くの場合、記述答案のスペースは数学ほどは余裕が無いので、式変形の過程を丁寧に記す必要はない。連立する式番号と、その結果だけでも構わない。ただし、変形の過程で近似を用いる場合は、「近似の前提となる条件（「d ≪ l より」など）」と「近似を行う前後の式」を書くようにしよう。

　数学でも言えることだが、理系の記述答案というのは自分が理解できれば良いというものでは決してない。記述答案とは採点者に出す「手紙」であり、「自分はきちんとこの問題を理解して解けましたよ」とアピールするためのものである。なので当然、自分以外の人間が見て「何をしているか」が理解できなければならないし、普段の学習の中でもそれを意識して答案を書くべきである。前で説明したのは、スペースや時間の都合を鑑みて、「これなら採点者に理解してもらえる」という基準で考えた答案作成法である。

　「試験ではちゃんと書くから」と、普段はメモ書き程度にしか答案を

書かない受験生がたまにいるが、それでは問題を解ききったことにはならない。途中で投げ出したのとあまり変わらない。解法を考え、それを答案にしっかり表現する。その過程までを終えて、はじめて「問題を解いた」と言えるのである。

🏃 3. 本番戦略

　二次試験の物理の一般的なパターンについて述べる。当然ながら、小問集合の問題では最初のほうに基礎的な問題を置き、後のほうになるほど応用的な問題を出している。なので点数の期待値を上げるには、もちろん最初のほうから確実に解いていき、わからなければ次に行くという戦術になる。時間配分もしっかり決めておいて、わからない問題に時間をかけ過ぎないようにしよう。

　ただし、大問がセクションに分かれている場合（「Ⅰ まず～を～した」「Ⅱ 次に～を～に変えて～」といったように、設定や操作を若干変える場合が多い）、あるセクションの最後がわからなくても、次のセクションの最初の問題は解ける場合があるので、問題は慎重にチェックする必要がある。

🏃 4. 共通テストを見据えた二次試験物理対策

　共通テスト独自の対策としては二次では出題されない定性的問題・知識問題の対策が主となる。共通テストではセンター試験以上に定性的問題が増えた。また、グラフ作成などの実験操作的な処理も必要となる。そうした問題の対策として、教科書や図表をコラム、実験手技の記述も含めて一読しておくべきである。

　ただ、共通テストのそれ以外の問題は確かにひねられてはいるものの、結局は基礎事項を理解していれば解ける。したがって普段の勉強＝二次試験対策の中でしっかりと基礎事項を理解していくことが最重要である。

第4節 物理　共通テスト対策編

1. 共通テスト物理対策の基本方針

　共通テストの問題は一見、見たことがないような問題に見えるが、実際には、解法・使う公式は通常の物理の問題と何も変わらない。

　ただし、基礎を理解しておらず、問題とその解法を丸暗記しているような勉強方法だと、点数は取れない（これは二次試験にもいえることである）。丸暗記するのではなく、どうしてその公式を使うのかやどうして足すのか・かけるのか等の本質的な理解が必要である。

　従来のセンター試験よりもさらに、うわべだけの薄い勉強では点数は取れないことを肝に銘じよう。

2. 注意点

　以下はあくまで現状での大学入試センターの試行調査問題や共通テスト改革の趣旨・意図を踏まえた当塾東大理三合格講師陣による分析である。

　ここで留意しておいていただきたいのは、新しい試験制度というのは開始後数年間、問題傾向が浮動的になるということ。この状態で重要になるのは、基本的な方針や問題の性質の核を捉えたうえで対策を行う、そのうえで本番で見慣れない形式の出題には臨機応変に対処するという意識だ。是非以下の分析を参考に共通テスト導入の趣旨や問題の性質・本質を掴んでいただきたい。

3. センター試験との相違点

＜大学入試センター公表 物理の問題作成方針＞

科学の基本的な概念や原理・法則に関する深い理解を基に，基礎を付した科目との関連を考慮しながら，自然の事物・現象の中から本質的な情報を見いだしたり，課題の解決に向けて主体的に考察・推

論したりするなど，科学的に探究する過程を重視する。問題の作成
に当たっては，受験者にとって既知ではないものも含めた資料等に
示された事物・現象を分析的・総合的に考察する力を問う問題や，
観察・実験・調査の結果などを数学的な手法を活用して分析し解釈
する力を問う問題などとともに，科学的な事物・現象に係る基本的
な概念や原理・法則などの理解を問う問題を含めて検討する。

　なお，大学入試センター試験で出題されてきた理科の選択問題に
ついては，設定しないこととする。　　　（出典：大学入試センター HP）

＜当塾、東大理三合格講師陣による独自問題分析＞

① 問題数が見かけ上増えた

　　平成 30 年度試行調査では

　　第 1 問 10 問　第 2 問 6 問　第 3 問 5 問　第 4 問 5 問　計 26 問
となっている。

　　これに対し、従来のセンター試験では毎年計 22 〜 23 問である。
これだけを比べると問題数が増えているように見える。

　　しかし、平成 30 年度試行調査では単純な選択式ではなく、数学の
ように数字を当てはめる問題 (□□ . □のようなもの) がある . それ
を加味すると、

　　平成 30 年度試行調査でも計 23 問となり、従来のセンター試験と
変わらない。

　　大学入試センターの発表によると、本番の共通テストは平成 30 年
度の試行調査の構成を原則踏襲するとのことなので、おそらく今後も
22,23 問程度の出題となるであろう。

② 平均点が下がった

　　平成 30 年度試行調査の平均点は 37.47 点である。

　それに対し、従来のセンター試験の平均点は

平成 31 年度　　56.94 点

平成 30 年度　　62.42 点

平成 29 年度　　62.88 点

と試行調査のほうが明らかに低得点である。

　試行調査は現役高 2・3 年生を対象にしたものであり、実施時点では物理を履修しきっていなかったことが低得点の一因であると考えられる。したがってこの数値のみを見て共通テストは難易度が跳ね上がるのだととらえてはいけない

　ただし、平成 30 年度試行調査の第 1 問の問題は難しかったと判断されたらしく、そこは修正するとのことである。

③ 問題のひねりが多少強くなった

　従来のセンター試験でも見られたような定性的問題や用語問題が出題されることは共通テストでも変わらない。むしろ、定性的問題の出題は増えた。これらの問題は普段の勉強では手薄になるところなので、直前に教科書を読むなどの対策をお勧めする。

　また、二次試験との違いとして、センター試験では身近な現象を物理的に解釈させる問題が多かったが、その傾向は共通テストでも引き継がれている。

　こうした基本的な傾向は引き継がれながらも、問題そのもののひねりは強くなったという印象がある。つまり、標準・典型問題への言い換えが少しわかりにくくなったということである。結局やらねばならないことは運動方程式を立てたり、運動量保存則を立てたり、といった基本事項であることには変わらないのだが、一見すると全く見たことがない問題に見える。基礎が身についておらず、問題→解答の単純暗記に頼っている受験生は解くのは困難であろう。本質の理解が問われる。

④ グラフを使った問題の出題

平成 29 年度は方眼用紙が与えられ、実際に自分でグラフを描いて考える問題 (グラフ自体を答える問題ではない) が出題された。平成30 年度も力センサーの問題や F-t グラフの問題が出題された。センター試験でもグラフを選ばせる問題はあったが、より問題に深く関係するようになった。

しかし、グラフ問題だからといって特に新しく学ばなければならないこともない。グラフを描く・読み取る・考察するという基本操作ができればいいだけである。そのグラフ問題を解くためには普段の標準問題が解ければ十分なのである。その問題文や結果がグラフになっただけである。

本番で突然グラフを取り扱うのは少し慣れないので、多少の練習は必要ではある。ただ、標準問題を解くのと結局は変わらないことを肝に銘じておこう。

以上がセンター試験との相違点である。補足であるが、平成 29 年度試行調査では「適する選択肢をすべて選べ」という正解選択肢の数が不明な出題もあったが平成 30 年度ではなくなった。このような出題がなされていくかは共通テスト開始後の数年間を見る必要がある。

🐾 4. 対策方法

① 共通テスト特有の問題への対処

上にも書いたが、共通テストの問題は見ためはかなりひねられており、問題集ではあまり見かけない問題にみえる。しかし、解法・使う公式は普段の問題と何も変わらない。

力学であれば運動方程式・エネルギー保存則…、電磁気であればキルヒホッフの法則・左手の法則…などである。

基礎を理解しておらず、問題とその解法を丸暗記しているような勉強方法だと、点数は取れない (これは二次試験にもいえることである)。丸暗記するのではなく、どうしてその公式を使うのかやどうして足すの

か・かけるのか等の本質的な理解が必要である。

うわべだけの薄い勉強では点数は取れない。

② 具体的な対策方法

　具体的な対策方法としては、現行センター試験と変わらず、**基礎の定着＝標準問題集の完成が最優先**である。基礎なしに演習したところで少し問われ方を変えられただけで解けなくなる。単なる問題→解法の暗記にならないように十分気を付けなければならない。どうしてその解法を選ぶのか、他の解法では解けないのか、といった点まで目を向けよう。別解がないかと考えてみるのもいい手であろう。

③ 共通テスト物理におけるセンター過去問の使い方

　センター過去問も共通テスト対策として十分有用である。

　特に二次試験では出題されにくい、定性的な問題や用語問題対策としてはよい教材である。

　共通テストは少しひねりが強いので、センター過去問演習の際は60分まるまる使うよりは50分などで負荷をかけて演習しよう。

🐾 5.　共通テスト対策を始める時期

　共通テストではどんな問題が出るのかなど、出題内容・傾向を早めに知っておくことは重要であるので本格的な対策を始める前でも、早い段階で問題を見ておくことは重要である。

　上記とは別に、**本格的な対策は各自標準問題集を一通りマスターした後**、すなわち10・11月ごろから共通テスト過去問（共通テスト過去問が一定程度蓄積するまでは試行調査問題、センター過去問、共通テスト対策問題集等）を使って行っていけばよい。また、用語問題対策として教科書通読を同時期に行うことをお勧めする。身近な物理現象を題材にした問題が多いため、教科書のコラムや実験、他にも物理的に不思議な結果となる現象は出題されやすいので日々アンテナを張っておくとよい

だろう。また、普段の問題演習から題材となっている現象は何なのかを考えながら演習したい。

第5節 物理　高校1、2年生の難関大学対策編

★ 1. 物理の位置づけ

　高校1、2年生の段階では英語、数学の基礎固めを優先すべきことはすでに述べた。しかし、理系受験生、ことに難関大理系を目指すのであれば授業の機会を活かさない手はない。

　勉強法の項で述べてきた通り物理という科目で大事なのは、いろいろな公式を単に丸覚えすることでなく、元となる原理と、そこからの公式の導出をしっかり理解することである。ここが曖昧だといくら問題演習を積んでも全く実力が伸びないのが物理の特性である。この部分をじっくり理解するには授業を活かすのが最適である。

　また、共通テストの物理では、二次試験で出ないような、定性的な問題が含まれる。そうした問題に答えられるためにも、各現象に対する深い理解は必須となる。物理では理解が必須となるということを高校1、2年生の段階で物理を学ぶ際にもしっかり意識してほしい。

　具体的に何を中心に対策を行うべきかを以下に記す。

★ 2. 具体的対策

(1) 高1生

　高1では学校で物理の授業がないことも多いため、他の理科の科目をきちんとやることも大切である。高1の段階で物理の勉強を始めるのであれば、力学から始めると良いだろう。力学は目に見えるのでわか

りやすいし、楽しさを見出しやすいだろう。そして、勉強とはあまり関係なく、物理に興味を持つと楽しい。物理は身近な事象から、宇宙に関することまで幅広く応用されるため、自分の興味のある物理に関する本を読んだりすると面白いだろう。物理が面白いという感覚を持ってしまえば、物理の勉強が苦にならなくなる。

(2) 高2生

高2からは自分の選択した理科の科目を本格的に始める。物理の勉強を始める際には力学から始めよう。初めは物理という科目の特性に戸惑うかもしれないが、一度慣れてしまえば、他の分野でも習得方法が応用できるので、力学を頑張って習得することが大切である。

一つの分野が終わったら、標準問題集を解いてみよう。現役で合格するには、理科をいかに終わらせるかが大切になってくる。学校の進度が遅くても、一つ一つの分野を仕上げていきながら進めていけば、最終的に間に合わせることができる。分野ごとに独立している物理の科目特性を十分活かそう。

第6節 おすすめ問題集・参考書

ここに挙げるものはあくまで一例に過ぎない。

問題集・参考書というのは、自分の現状の実力・レベルにあったものを選ぶ、そこから受験標準とされる問題集・参考書（志望校の問題のレベルに応じた）へステップを踏んでいくという点に留意すれば細かいことにこだわる必要はない。問題集・参考書の評論家になっても何の意味もないのだ。

再三お伝えしているように上記視点さえ明確に意識できていれば「何を使うか」ではなく「何をどう得るか」が大事なのである。これが合格の天使が提唱する「合格するための勉強法」である。したがって本書では「何をどう得るか」ということに焦点を当てて勉強法をお伝えしてい

るのだ。この点に留意して問題集・参考書を選別していただきたい。現役生であれば学校配布の問題集・参考書で賄えるならそれで十分である。学校の授業やテストの機会も最大限活かしていっていただきたい。

♠物理　理系　おすすめ参考書・問題集 ────────

［基礎］

教科書及び教科書傍用問題集（もしくはそれに準拠する同レベルの参考書及び問題集）

＜教科書代わりの参考書＞

『橋元の物理をはじめからていねいに』（東進ブックス）

教科書から受験問題に出そうなところを絞って、詳しく説明している。イラストも多く、わかりやすい。独学の場合、教科書を読み進めるよりは、これを使ったほうが理解ははかどる。

［標準問題集］

『物理のエッセンス』（河合出版）

『名問の森』（河合出版）

『物理重要問題集』（数研出版）

『難問題の系統とその解き方物理』（ニュートンプレス）

等何か 1 冊。

※ 『物理のエッセンス』は基礎〜標準レベルの問題集と言える。各自の得点戦略や志望校の問題の性質によって『物理のエッセンス』のみマスターしたら過去問演習に移行してもよい。物理である程度の高得点を確実に狙う受験生は『物理のエッセンス』に加え『名問の森』or『物理重要問題集』or『難問題の系統とその解き方物理』のどれか 1 冊を過去問演習の前に挟んでもよい。

この後は「志望校の過去問集」へ

「基礎標準知識の習得と志望校の過去問分析・過去問演習のサイクル学習」
「基礎標準知識を過去問基準で捉えなおす」（以上受験戦略編参照）

という勉強を実践していく。

★第6章★

生　物

第1節 生物　スケジューリング編

　理科は理系の入試にとって大きなウエイトを占める。学習時間の配分の目安としては数学と同じくらいとされている。理科は、やればやるほど得点が伸びる、**努力量に比例した結果が期待できる科目**である。しっかりと対策しよう。

　また理系の現役生にとっては理科や数学Ⅲは高校3年になっても学校の授業が進み続ける科目なので、学校の授業と同時進行で学習し、入試レベルまで学力をあげるようにしてほしい。学校の授業が一段落し、まとめて勉強ができる夏休みは、理科を集中的に学習するチャンスである。**それまで数学・英語に集中してきた人も、夏休みは理科の比重を多めにとってほしい。**

🏃 1. 生物の年間スケジュール

　生物でもとにかく知識が大前提である。二次試験になるとこれを応用する必要も出てくるが、まずは知識の導入に全力を注いでほしい。『セミナー生物』などの基本事項を確認できる問題集を用意し、ひたすらそれをやりこむことで知識を定着させる。問題集を進める上でガイドとなる教科書も用意しよう（教科書は文科省指定の学校で使う教科書が使いやすくておすすめ）。知識に不安の多い方は該当範囲の教科書を一読してから問題集、といった順番でも良い。とにかく基本の問題集を夏休みが終わるまでに（3周くらいを目安に）やりこみ、完璧にしよう。

　夏休みに入る前くらいに、同時に定番論述（知識型論述）のトレーニングも始めて、基礎知識の文章化にも取り組み始めると良い。これには『セミナー生物』の最後にある論述問題集や、『生物記述・論述問題の完全対策』などが良いだろう。そして不安を抱えている方も多い考察問題については、夏休み後半、あるいは夏休み明けくらいから始めても十分である。この際は考察問題の基本的な考え方が紹介されている参考書（『生物 新・考える問題 100 選』や、東大志望者なら『東大の生物 27 カ年』など）を使用しよう。過去問を始めるのは他の科目と同様に秋以降で大丈夫。共通テスト問題には共通テストなりの特徴があるので 10 月を目途に共通テスト対策もしっかりしておくことをおすすめする。

　生物の勉強を進める上で、どの分野から勉強を始めるのがいいか悩んでいる受験生もいると思う。

　現役生であれば、授業で勉強した範囲から先に始めるといいと思う。特にこだわりが無ければ授業で扱った順番に勉強すれば良い。授業でまだ扱っていない範囲を自分で先取りすると多くの手間がかかるので、それはおすすめできない。

　高卒生であれば、一度全ての範囲で授業を受け終わっているのでどの単元から始めても構わない。頭から順番に勉強するのも良いだろうし、比較的よく出題される遺伝、ホルモン、神経、植物などの範囲から始めてもいいと思う。

　どちらにしても最終的に大切なのは全ての分野を勉強し終えることであり、ある分野を詳しくやり過ぎたせいで他の分野がおろそかになった、ということはないようにしたい。

🏃 2. 生物の年間スケジュールの重要ポイント

・現役生は教科書の順番、授業で扱う順番で取り組んでいくのがベター
・共通テスト対策も知識の補充・確認と独自の出題に対応するために
　しっかりと

☆ 3. 生物の年間スケジュールのフロー

~9月	●基礎知識の定着（7、8月～9月　定番論述対策も）
9、10月～12月	●論述問題・考察問題 ●二次対策・個別対策 ●共通テスト対策（10月～）
1月～共通テスト	●共通テスト対策
共通テスト後	●二次対策・個別対策

※基礎の習得が遅れている場合過去問開始時期を遅らせてよい。

※9月の段階で基礎標準知識がすべて完璧になっている必要はなく過去問演習を始めた後も基礎知識の見直しは必要に応じて入試直前まで継続する。これが受検戦略編で述べた合格の天使メソッドポイントである。

「基礎標準知識の習得と過去問演習のサイクル学習」

「基礎標準知識を過去問基準で捉えなおす」

の真意。

第2節 生物勉強法　エッセンス編

☆ 1. 生物の対策手順のフロー

　生物においては基礎知識が高得点を獲得するための大前提になる。したがって基礎知識から固めなければ効率的に実力はついていかない。以下の図はしっかり意識してほしい。

🏃 2.「勉強ターゲットの3類型」理論との関連

　基礎知識の集積がないとその後の論述問題や考察問題演習が意味のあるものとならない。また、生物は覚えるべきことも多い。したがって生物においては「基礎習得の3分類」理論が非常に重要になる。また、難関大学で出題される実験考察問題で高得点を獲得するためには、「得点脳」理論に基づき「得点脳」を鍛えることも重要となる。

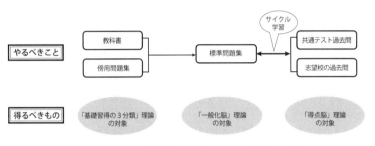

「勉強ターゲットの3類型」理論

🏃 3.　生物の勉強法と対策の全体像

　生物の勉強には大きく分けて3つの段階がある。それは基礎知識を身につける段階、定番論述問題を書けるようになる段階、そして必要があれば考察問題が解けるようになる段階である。基本的に学習はこの順番に進めるようにしよう。

　まず基礎知識を身につける段階だが、これは化学と同じように1冊基礎知識を確認できる問題集（『セミナー生物』など）を用意して、進めることで知識を頭に入れよう。この際、知識に自信のないところを調べたり、知識を統合する意味で読みものが必要な場合は、教科書（高校で使うもの）がわかりやすくておすすめだ。

　基本問題集はわからない問題がなくなるまで何周もしよう。この際、いままで通りわからなかった問題に印をつけるのを忘れないように（た

だし、理科では細かい知識は時間が経つと忘れてしまったりするので、2周目以降印がない問題も一応目を通してわかるかどうか確認しておくと良い)。

　次に、定番論述問題を身につける段階になる。この段階では、頭に入れた基礎知識を自分の言葉で説明できるようにすることが目標である。定番論述問題と呼ばれるように、知識をアウトプットする型の論述問題は定番問題が多いので、それらについてどういうポイントを盛り込めば良いのか、どうしたら簡潔に説明が書けるのかを理解してほしい。そのためには『セミナー生物』の巻末や、『生物記述・論述問題の完全対策』などといった問題集を進めるといいだろう。答え合わせのときには、どのポイントを盛り込み忘れたか、どの要素を入れなくてもいいかなど採点基準を理解することに重点を置こう（当然忘れている知識があれば再度確認する)。自分で説明できるようになると知識がより盤石なものになる。

　そして考察問題を身につける段階に入る。このステップについては、二次試験で考察問題が課されない大学を受験する方は対策しなくても良い。

　考察問題はただ知識があればいいというだけではないので、難しいと感じる受験生が多いようだ。**考察問題というのは実験データの読み取りと解釈を問うている問題**という点で、現代文や英語の長文読解に近いものだと考えてほしい。そうすると自ずと対策の仕方がわかってくる。

　まず、基礎知識がないと長い本文や実験データの読み取りができないので、基礎知識は必須である。その上で、実験データを与えられたときにそれをどう解釈するのか（そのデータが何を意味しているのかや、どのような生物学的機構が想定できるかなど）の設問に答えるためには、読み取り方の常套手段や機構を想定する方法などを知ることが大きな武器になるだろう。そうしたことは『生物 新・考える問題100選』など

といった考察問題を扱った参考書に載っているので、こうした参考書で解き方を知り、あとは過去問で練習するという形式が良い。ここでも、実験考察問題の読解問題に近いという性質上、解説を読みながら解答に至るまでのプロセスを確認し、間違った考え方をとった部分を修正することが大事になる。

　過去問演習をする際には、知識問題が多くを占める大学を受験する方は身につけた知識の確認や知識の抜け漏れを確認するように過去問を使っていけば大丈夫だ。考察問題が多く出題される大学では、過去問演習を通じて実験考察の考え方を身につけるくらいの気持ちでいる必要がある。実際、大学ごとに少し問題の傾向が違ったりする上、大学が実際に出題している問題が一番解き応えがあるように思われるので、ここが一番考察問題の力が伸びるポイントだ。

第3節 生物勉強法　実践編

🥷 1. 基本方針

　生物の勉強の基本方針（到達目標）としては
(1) 教科書レベルの基礎知識を確実に習得する
(2) 生物用語や生物学的に重要な概念について自分で説明できるようになる
(3) 教科書レベルの知識をもとに新たな仮説について考察できるようになる
の3つが挙げられる。

🥷 2. 問題への取り組み方

(1) 知識の覚え方

　生物の勉強ではどうしても暗記事項が多くなってしまう。この膨大な量の知識をただ丸暗記するのは難しい。たとえば細胞の構造や長日植物・短日植物の種類など、丸暗記しなければいけない事項は確かにある。し

かし、うまく整理すれば覚えやすい事項も数多く存在する。ここではその例を示しながら、なるべく応用の利く、なおかつ定着しやすい基礎知識の覚え方について紹介したい。

　たとえば、ホルモンを覚えることについて考えてみる。ホルモンにはそれぞれ大まかに分けると「分泌様式」、「制御様式」、「機能」という要素がある。従ってまずはホルモンを分泌臓器ごとにまとめてみる（たとえば副腎皮質からは糖質コルチコイドと鉱質コルチコイド、のように）。次に制御様式についてはほとんどのホルモンで共通である負のフィードバックという機構を理解すれば良い。その上でどのホルモンが同じ流れのなかにいるのか（たとえば副腎皮質刺激ホルモン放出ホルモン、副腎皮質刺激ホルモン、糖質コルチコイドが一つの系を形成する）。最後に機能に関してはこの現象のときにはこのホルモンが出る、というように理解する。

　あるいは、これも有名な例ではあるが、交感神経・副交感神経の働きを覚えるときにも「交感神経は興奮・闘争・逃走の状態」「副交感神経は落ち着いている状態」と整理すると覚えやすい。興奮しているときは目がギラギラしている（瞳孔が開いている）だろうし、獲物を追うための酸素需要に対応するために心拍数も上がるだろう。逆に獲物を追っているときには消化する余裕は無いので、消化管の機能は抑制されるだろう。このようにして整理すると暗記する量が減らせる。

　つまり、**原理が存在する場合はそれを理解した上で個別の場合に当てはめれば、覚えやすくなる。**すべての項目がこの方法で理解できる訳ではないが、「どこまでは仕組みを理解すれば良いのか」「どこからが個々の丸暗記なのか」「分類したり、要素に分けることで簡単に整理できないか」ということを考えながら勉強してみると、想像以上に丸暗記すべき量は減ってくる。なおかつ、この方法で知識を理解していると応用が利きやすい。実験考察問題などで高校範囲を逸脱した題材を扱い、原理を理解できているかどうかを問う問題も数多く存在するからだ。

(2) 問題演習の進め方

生物では問題を通して常に知識を確認することが大切になる。基本問題集でわからない事項や忘れている事項があったら、解説を読んでその場で頭に入れてしまうことをおすすめする。場合によっては、自分の使っている教科書や図説で再度確認するのも良いかもしれない。**この問題を解いて知識の穴を確認し、埋めるという地道な作業**が基礎となる。

定型論述問題を解く場合は、自分の答案を採点基準に照らし合わせ、自分で添削してみることが必要になる。こうした問題では与えられた**字数に応じてどういったポイントを盛り込めば良いかを覚える**ことが大事だ。そのためには自分の書いた答案を添削することが一番の近道になる。定番の論述問題を集めた問題集を何周かし、全ての問題で採点基準を押さえた答案が書けるようになることを目標にしてほしい。

考察問題は、数学の勉強と少し似ているかもしれない。まずは自分の頭で考え、問題を解く。そしてその後念入りに解説を読み、**自分がどこで思考プロセスを間違えたかを点検する**。初めのうちはどうしても考察問題ではどのように考えればいいかわからなかったり、出題者側が想定している考え方に沿えなかったりするが、解説を丁寧に読んで自分の思考プロセスを修正することを繰り返すことで、正しい解答への道筋が立てられるようになる。

(3) 論述答案の書き方

前述したことの繰り返しになってしまうが、とにかく採点基準となりそうなポイントを盛り込むことが大切である。したがって、定番の記述問題の答えでどういった要素を盛り込めばいいのかをまず覚えなければいけない。本番では出題される制限字数に応じてそれを修正すればよい。考察問題の論述答案では、素直に問題の指示に従って解答すれば良い。このとき必要以上に回りくどい表現を使わず、なるべく端的に論理がわかりやすいように書くことが重要である。

なお、漢字を正確に書くこと、読みやすい字で書くことは生物に限らず論述答案の大前提である。

🏃 3. 本番戦略

　二次試験は往々にして分量が多く、時間との戦いになると思う。もちろん丁寧に解くことが高得点の鍵であることは間違いないのだが、考察問題など考える必要のある問題に時間を割くためになるべく単純な知識を問うている問題を短時間で答える必要がある。そのためにはこうした基礎問題はほぼ反射的に解答が出てくるようになる必要がある。普段基礎知識の勉強をしているときも、そのくらいの定着度を目指してほしい。

　また、本番では択一式の問題を出す大学もあるが、中には非常に紛らわしい問題もある。本番戦略という観点でいえば、こうした問題に対応するために普段から「十分根拠をもって選択肢を消去していく」癖をつけることが必要である。

　具体的には、**普段の学習の中で正解の選択肢だけでなく不正解の選択肢にも注目し、それらがどうして不適切なのかを指摘できるようにする。**そのために、抜けている知識は逐一教科書などに戻って確認する習慣をつけよう。

🏃 4. 共通テストを見据えた二次試験生物対策

　共通テスト生物は、従来のセンター試験以上に考察問題を解く能力が重要になる。普段の勉強の際から、グラフのどこに注目するのか、複数の実験の結果をどのようにまとめて結論を導き出すかというようなことを意識しながら、論理的思考力を鍛えていく必要がある。

　生物は覚えてさえいればどうにかなるだろうと考えると痛い目にあうだろう。もしそのように思っているのなら勉強のやり方を見直して欲しい。

　この思考力は特別な練習をして身につける必要はない。今解いている問題集の問題と向き合う際に「しっかりと考えて解く」ということを改めて意識して解いていこう。

第4節 生物　共通テスト対策編

🏃 1. 共通テスト生物対策の基本方針

　従来のセンター試験に比し二次試験寄りの出題と言える。したがって二次試験に向けて定着させた知識がそのまま共通テストに対応するための知識になる。ただし共通テストは思考力を問う問題が増加している。従来のセンター試験にも増して、付け焼き刃のような対策しかしていない受験生、知識の暗記しかしていないという受験生では周りの受験生に大きく差をつけられてしまうし、点数も安定しないことになる。しっかりと思考力を鍛える訓練が必要となる

🏃 2. 注意点

　以下はあくまで現状での大学入試センターの試行調査問題や共通テスト改革の趣旨・意図を踏まえた当塾東大理三合格講師陣による分析である。

　ここで留意しておいていただきたいのは、新しい試験制度というのは開始後数年間、問題傾向が浮動的になるということ。この状態で重要になるのは、基本的な方針や問題の性質の核を捉えたうえで対策を行う、そのうえで本番で見慣れない形式の出題には臨機応変に対処するという意識だ。是非以下の分析を参考に共通テスト導入の趣旨や問題の性質・本質を掴んでいただきたい。

🏃 3. センター試験との相違点

　＜大学入試センター公表 生物の問題作成方針＞

> 　科学の基本的な概念や原理・法則に関する深い理解を基に，基礎を付した科目との関連を考慮しながら，自然の事物・現象の中から本質的な情報を見いだしたり，課題の解決に向けて主体的に考察・推論したりするなど，科学的に探究する過程を重視する。

> 　問題の作成に当たっては，受験者にとって既知ではないものも含めた資料等に示された事物・現象を分析的・総合的に考察する力を問う問題や，観察・実験・調査の結果などを数学的な手法を活用して分析し解釈する力を問う問題などとともに，科学的な事物・現象に係る基本的な概念や原理・法則などの理解を問う問題を含めて検討する。
>
> 　なお，大学入試センター試験で出題されてきた理科の選択問題については，設定しないこととする。
>
> （出典：大学入試センター HP）

＜当塾、東大理三合格講師陣による独自問題分析＞

① 問題数が減っている

　平成 30 年度試行調査では

　第 1 問 3 問　第 2 問 8 問　第 3 問 4 問　第 4 問 5 問　　第 5 問 7 問　計 27 問

となっている。

　それに対し、現行センター試験では例年 29 ～ 33 問である。

　センター試験よりも考える問題が多く出題されているため、しっかりと考える時間を持って欲しいという狙いから問題数が減っているのだろうと思われる。

　ただし、試行調査後の意見には難易度の割にはまだ時間が厳しいという意見もあったことからさらに問題数が少なくなることも考えられる。

② 平均点が下がった

　平成 30 年度試行調査の平均点は 35.52 点である。

　それに対し、現行センター試験の平均点は

平成 31 年度　　62.89 点

平成 30 年度　　61.36 点

平成 29 年度　　68.97 点

と試行調査のほうが明らかに低得点である。物理や化学と比較して最高点も低いことから難易度は上がったと考えていいだろう。

　実際の試験では難易度の調整は行われると思われるが、共通試験の目的を考えると問題形式 (考察問題メイン) が試行問題から大きく変わるとは考えにくい。後述の対策を行う必要がある。

③　受験生に考えさせる問題が多くなった

　センター試験でも年々増えていた考察問題がさらに多くなり、難易度としても高くなったという印象である。

　自分でグラフを書いたり、自分で必要な実験を考えたりとセンター試験以上に思考力が求められる問題に変化していると言えるだろう。

　生物は知識を覚えていればどうにかなるだろうと考えていると点数は伸び悩んでしまう。知識を覚えるだけでなく、その知識をもとにどのように考えるかという思考力を鍛えない限りには共通テストの問題で安定して高得点を取ることはできないだろう。

④　グラフを使った問題の出題

　先程も述べたが自分でグラフを書くことで解答を導く問題が出題されている。そのほかにもグラフの読み取り能力はセンター試験以上に問われる問題が多い。

　とはいえ、本質はセンター試験のときと変わらない。

　一つ一つのグラフが何を意味するのか、グラフのどこに注目するのかという練習は今までのセンター試験でも必要だった能力である。共通テストに変わったからといって新たにグラフ問題の対策が必要になっているわけではない。

　とはいえ、本番でいきなりグラフを書くと焦るので、事前に予想問

題なども利用しながら事前にグラフを書く練習というのもしておくといいだろう。

⑤　遺伝問題の出題

　現行のセンター試験で出題がないわけではなかったが数年に一度という頻度だったのが試行調査では二年ともに出題されている。多くの受験生が苦手にしている分野でかつ、出題されるともなると差がつく問題になる。しっかりと対策を積んだ上で試験に臨む必要があるだろう。

以上がセンター試験との相違点である。

🏃 4. 対策方法

①　難度アップへの対策

　共通テストの問題が年度にもよるが、今までのセンター試験よりも難度が上がるというのはほぼ確実になるだろう。分析のところで述べたが問題数がさらに減る可能性もある。これは一問の配点が高くなることを意味するので今まで以上に一問一問の重みが大きくなるだろう。

　付け焼き刃のような対策で知識の暗記しかしていないという受験生では周りの受験生に大きく差をつけられてしまう可能性があり、点数も安定しないため、思考力を鍛える練習が必要となる。

　とはいえ、このために特別な講習を受けたり、特別な問題集を解く必要は全く無い。今ある問題集や過去問を使うだけで十分である。

　考察問題を解いていく際に、このグラフから何を読み取るのか、どこに注目するのか、複数の実験でわかることをどのように一つの結論にまとめ上げるのかということを今まで以上に意識して欲しい。最初は難しいかもしれないので解答解説を見ても構わない。自分でその解説を再現して、「グラフのここに注目するとこういうことがわかる。だから次の実験で分かることと合わせてこういう結論が導ける」と

いったようなストーリーを言えるようになってほしい。

② 知識の確認

また、知識を疎かにしていいわけではない。共通テストでも当然知識は問われており、最低限の知識が無い限りは生物的な思考力も鍛えることはできない。

教科書、参考書、図録などをうまく活用しながら覚えるべき知識は最低限覚えていって欲しい。

③ 共通テスト生物におけるセンター過去問の使い方

センター過去問も共通テスト対策として十分有用である。

センター過去問でも考察問題が多く出題されており、共通テストで求められる考察力の基礎を鍛えるのにはいい難易度となるだろう。

普段の問題集を解いているタイミングで、従来のセンター過去問から数問程度、考察問題をピックアップして解いてみるということを行うのも考察力も身につけるいい練習になるはずだ。

🐧 5. 共通テスト対策を始める時期

以上のような対策を行った上で10月を目処に、共通テスト過去問（共通テスト過去問が一定程度蓄積するまでは試行調査問題、センター過去問、共通テスト対策問題集等）を使いながら実際の難易度に慣れ、時間配分などの練習を行っていこう。

なお、共通テストではどんな問題が出るのかなど、出題内容・傾向を早めに知っておくことは重要であるので上記本格的な対策を始める前でも、早い段階で問題を見ておくことは重要である。

最後に、ここまで生物の問題の難易度が上がると何度も書いたために不安を覚えた方もいるかもしれないが心配は無用である。時間はかかるかもしれないが、考察力は誰しも上達させることができる。

また、その論理的な思考力は生物だけでなく他の科目にも必ず活きて

くる。生物の勉強だけでなく、受験科目全体の勉強を行っていると考えれば大変なことであっても意味が見いだせるのではないだろうか。

第5節 生物　高校1、2年生の難関大学対策編

✖ 1. 生物の位置づけ

　高校1、2年生の段階では英語、数学の基礎固めを優先すべきことはすでに述べた。しかし、理系受験生、ことに難関大理系を目指すのであれば授業の機会を活かさない手はない。

　難関大学を目指す場合、生物の問題には考察問題がそもそも出題されているところが多い。これに加え共通テストでも考察力が問われる内容になっている。

　考察力というのは、根拠のない推論ではなく、あくまで受験生物の基礎知識を前提とし、そこから一定の方向性、根拠をもって論理的推測、考察できる力のことを言う。したがって考察力を身に着けるために基礎知識の習得は大前提であり、これを早い段階で身に着けることが出来れば考察力を鍛える期間も多く取れるということを意味する。このことは高校1、2年生の時点で理解しておいていただきたい。

　具体的に何を中心に対策を行うべきかを以下に記す。

✖ 2. 具体的対策

(1) 高1生

　授業に合わせて出来る限り傍用問題集をしっかりやっておきたい。逆にこれができていれば十分だろう。論述用問題集を購入し、どのような話がされているか一緒に知っておくのもかなり効果的である。

⑵ 高2生

授業で生物を履修しているなら入試を意識したい。まだ傍用問題集を進めていなければ教科書と合わせてこれをすぐに始めるとよい。

第6節 おすすめ問題集・参考書

ここに挙げるものはあくまで一例に過ぎない。

問題集・参考書というのは、自分の現状の実力・レベルにあったものを選ぶ、そこから受験標準とされる問題集・参考書（志望校の問題のレベルに応じた）へステップを踏んでいくという点に留意すれば細かいことにこだわる必要はない。問題集・参考書の評論家になっても何の意味もないのだ。

再三お伝えしているように前記視点さえ明確に意識できていれば「何を使うか」ではなく「何をどう得るか」が大事なのである。これが合格の天使が提唱する「合格するための勉強法」である。したがって本書では「何をどう得るか」ということに焦点を当てて勉強法をお伝えしているのだ。この点に留意して問題集・参考書を選別していただきたい。現役生であれば学校配布の問題集・参考書で賄えるならそれで十分である。学校の授業やテストの機会も最大限活かしていっていただきたい。

♠生物　おすすめ参考書・問題集 ━━━━━━━

[基礎]

教科書、資料集及び教科書傍用問題集『セミナー生物』(第一学習社)、『エクセル生物』（実数出版）等（もしくはそれに準拠する同レベルの参考書及び問題集）

[標準問題集]

『生物 [生物基礎・生物] 標準問題精講』(旺文社)

［記述論述対策］

『生物記述・論述問題の完全対策』（駿台文庫）

［考察問題対策］

『生物 新・考える問題 100 選』（駿台文庫）

　この後は「志望校の過去問集」へ

「基礎標準知識の習得と志望校の過去問分析・過去問演習のサイクル学習」
「基礎標準知識を過去問基準で捉えなおす」（以上受験戦略編参照）

という勉強を実践していく。

★第 7 章★
理科基礎

第 1 節 理科基礎　スケジューリング編

🐦 1. 理科基礎の年間スケジュール

　理科基礎の勉強としては、まずは網羅型の参考書または教科書で基礎的な知識を固めることが必要である。これと並行して網羅型の問題集を解き進めておくと知識の定着や公式の理解がより確実になる。それから共通テスト型の問題をこなしていくことになる。

　おおよその目安として、
　〜 10 月　教科書 or 網羅型参考書（＋網羅系問題集）
　〜 1 月　共通テスト過去問（共通テスト過去問が一定程度蓄積するまでは試行調査問題、センター過去問、共通テスト対策問題集等）
となる。

　ただし、時間がない場合かつ二次試験を含めた合計点に占める理科基礎の割合が極めて小さい場合、網羅型の参考書や教科書を読み終え次第、共通テスト型問題に入ったほうが良い。理科基礎対策に厚みを持たせるあまり、他の主要科目の勉強が疎かになってしまっては本末転倒だからだ。この点については、先述のように時間的猶予と点数の割合という個別的事情を勘案せねばならない。

　例えば、東大文系、東北大法学部、名大教育学部では、合計点にお

435

いて理科基礎が占める割合は4%未満にすぎない。これらを受験する方は、時間的余裕がある場合を除いて、ある程度の知識理解を蓄積したら共通テスト過去問（共通テスト過去問が一定程度蓄積するまでは試行調査問題、センター過去問、共通テスト対策問題集等）に入っても構わないだろう。一方で、京大総合人間学部、早稲田共通テスト利用（法学部、政治経済学部、文学部）、阪大経済学部（A方式）、一橋社会学部では10%を超える。これらの受験の際には、参考書と共通テスト対策との間に問題集を挟んで、知識理解を網羅的に深めたほうが安全だと考える。

2. 理科基礎の年間スケジュールの重要ポイント

・まず知識がまとまった参考書・教科書をアウトプットと並行しながら進める
・共通テスト型問題を解き、参考書で確認することを繰り返して知識の穴埋めと補充を行う

3. 理科基礎の年間スケジュールのフロー

| ～10月 | ●教科書 or 網羅型参考書（＋網羅系問題集） |
| 11月～
共通テスト | ●共通テスト対策 |

「基礎標準知識の習得と共通テスト過去問（共通テスト過去問が一定程度蓄積するまでは試行調査問題、センター過去問、共通テスト対策問題集等）分析・演習のサイクル学習」
「基礎標準知識を共通テスト過去問（共通テスト過去問が一定程度蓄積するまでは試行調査問題、センター過去問、共通テスト対策問題集等）基準で捉えなおす」（以上受験戦略編参照）

第2節 理科基礎勉強法　エッセンス編

1. 理科基礎の対策手順のフロー

2. 「勉強ターゲットの3類型」理論との関係

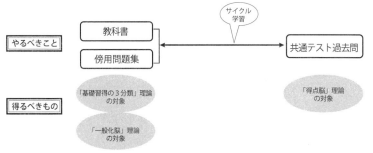

「勉強ターゲットの3類型」理論

3. 理科基礎の勉強法と対策の全体像

　まずは、大学入試センターが公表している物理基礎，化学基礎，生物基礎，地学基礎の問題作成の方針を見てみよう。

　日常生活や社会との関連を考慮し，科学的な事物・現象に関する基本的な概念や原理・法則などの理解と，それらを活用して科学的に探究を進める過程についての理解などを重視する。問題の作成に当たっては，身近な課題等について科学的に探究する問題や，得られたデータを整理する過程などにおいて数学的な手法を用いる問題などを含めて検討する。　　　　　　（出典：大学入試センター公式HP）

437

　当塾、東大文一・法学部講師陣による共通テスト試行調査問題の独自分析と上記大学入試センターの問題作成の方針から導かれる結論として、共通テストの理科基礎対策として注意してほしいのは以下の四点である。

　一点目は、理科基礎科目全般に関して言えることだが、例え大学入試改革の共通テストによって、従来よりも考える過程や思考力を問うという建前の問題が増えたとしても、非常に複雑な思考を問うてくることは共通テストでもないといって良い。この点の分析の詳細は後述するが、本書で何度もかつ従来から強調されているような「基礎」の習得を軸に据えた勉強が求められると言える。

　二点目は、現役生は学校で配布された教科書と問題集だけ用いればよいということを強調したい。参考書に関しては教科書の記述があまりにわかりにくいと感じたときのみ買えば良い。また、傍用問題集に関しても基本的には学校配布のものを徹底的にやりこむのが望ましい。理科基礎は特別な難しさを有さないゆえに、学校で教えられていることを習得すれば十分である。定期テストでもその問題集を使うことになるであろうから、それの復習という意味も込めて受験対策として使えば良い。基本的に学校で採用されるようなものは十分な網羅性を備えていると考えて良い。

　三点目は、学校で指定されたもの以外の教材を使う場合は、理科基礎対策に特化した参考書や問題集を使ってほしいということである。やむをえず基礎なし科目の内容まで網羅した教材を使うならば、理科基礎の内容と基礎なし科目の内容がページレベルで明確に線引きされているかを確認してほしい。受験戦略の視点から、出題可能性が皆無の範囲に頭を悩ませるのは時間の無駄でしかないからだ。

　四点目。理科基礎のセンター試験の過去問は数年分しかなく、共通

テストの過去問も開始後数年間は非常に少ないという点に留意してほしい。満点を目指すならば、センター過去問に加えて、各予備校が出版している共通テスト対策模試問題集等を用いて演習不足を補っておく必要があるだろう。

【物理基礎】

物理基礎における分野は、「運動とエネルギー」「熱」「波」「電気」「エネルギーとその利用」の5つである。複数の分野の内容が複雑に絡み合った問題の出題は少ないので、分野別の問題構造に対応するべく、学習する際にはどの分野の内容を学んでいるのかを意識しておくとよいだろう。以下ではまず、従来のセンター試験と共通テストの違いを簡単に述べる。

＜共通テストの新傾向＞

問題数や問題形式に大きな違いがあるわけではないが、問題の内容に一部変化がみられる。センター試験では、教科書の内容を学習した上で基本問題をしっかりと回していけば、試験で初見の問題に直面するということはなかなかなかったが、共通テストでは日常生活と関連して、基本的な概念や原理・法則などの理解や活用を求める問題が中心になってくると思われる。また、解答形式においても、試行調査問題では一つの問いに対して、正しい答えを二つ選択させるものがあった。基本問題をただ解けるようになるだけでは足りず、その原理・法則等を本質的に理解して日常生活に当てはめる思考力が求められる。

テストで問われる内容が変化したからといって対策方法が180度変わるというわけでもない。基本事項を理解した上で基本問題をこなしていけばある程度のレベルには到達することができる。ただし、以上の新傾向に対応するために、ただ解法を覚えて問題に応じて適用するというやり方は通用しなくなるので、日頃から問題演習の際に、なぜこの解法で解くことができるのか、また、どうしてその原理・法則が成立するのかを意識した学習を進めていってほしい。

　問題形式は、知識問題と計算問題の二つに分けることができる。ここでは、物理基礎特有の計算問題の性質について触れておきたい。従来のセンター試験では問題文で与えられた数字を公式に当てはめるだけで容易に答えが得られるようなシンプルな計算問題が多く、こうした問題のほとんどは知識問題といっても過言ではない程の典型問題であった。そのような中でも、グラフから読み取った値を使用する問題も稀ではあるが出題されていた。共通テストではこのグラフの読み取りが一つのテーマとなっている。試行調査問題では第２問Ａや第３問がグラフの読み取りが必要な問題になっており、その比重は非常に大きいと言える。事実、グラフの読み取りは、生徒の学習場面の設定(話し合いの穴埋めなど)や日常生活からの課題と並んで新しい出題形式として大学入試センターが設定している。そのため、今後もほぼ間違いなくグラフの読み取り問題は出題されるであろう。共通テスト型の問題演習を積んで、グラフなどの資料を使った問題に慣れておこう。

　また、公式の意味および導出過程を理解しておかなければ、どのような場面でどの公式を用いればよいのか適切に判断できないという事態に陥ってしまう。先述したように、物理基礎の計算問題は複数の分野にまたがることは少なく、単純といえる。だからこそ場面の分析および公式のセレクトが命なのだ。このセレクトを適切にこなすためには、公式自体がどのような意味を持つのか、背景にどのような成り立ちがあるのかを知ることが不可欠であろう。したがって、学習にあたっては、まずは教科書や参考書を読んで、公式の理解を深めることを最優先課題としてほしい。

【生物基礎】

　生物基礎における分野は、「生物と遺伝子」「生物の体内環境の維持」「生物の多様性と生態系」の３つである。この３分野と３つの大問は対応する形で出題される。この傾向は試行調査問題でも変わっていない。こうした問題構造に鑑みて、学習する際にはどの分野の内容を学んでいるの

かを意識しておくとよいだろう。

＜共通テストの新傾向＞

　生物基礎の問題は従来のセンター試験では知識問題と計算問題がメインで出題されており、考察問題は稀にしか出題されなかった。しかし、共通テストの試行調査問題では考察問題が明らかに増えており、共通テストの狙いを考えると考察問題は必ず出題されるだろう。**考察問題**については、後述の各論を読み、その傾向を掴んでおいてほしい。

　知識問題について、従来のセンター試験の生物基礎の設問の中には「過不足なく含むものを選べ」というものが見られた。「一つ選べ」「二つ選べ」といった従来の設問では、正答数が明示されていたため、ある程度の消去法が作用した。しかし、過不足なく選ぶ形式では、それぞれの選択肢について正誤を正しく判断しなければ正答にたどり着けない。この点で、知識にはかなりの確実性が求められると言ってよい。

　共通テストの試行調査問題では生物基礎においてこのような出題形式はなくなっているが、他の科目では出題されている場合もあり、このような問題形式の出題可能性も今後絶対にないとは言えない。

　ただし、どのような出題形式であっても問われる知識の内容はあくまでも教科書の範疇を逸脱するものではない。したがって、学習にあたっては、まずは教科書や参考書を読み、教科書レベルの知識を蓄えることを第一の目標としてほしい。そのうえで、いち早く問題集へと移行し、得た知識を確実なものにしていこう。

【化学基礎】

　化学基礎は知識を問う問題と計算を問う問題に大きく分かれるので、勉強時にはどちらの問題を解いているのかを意識すると良い。「化学と人間生活」、「物質の構成」は知識を問うもの、「物質の変化」は計算を問うものがメインである。以下、それぞれの勉強方法に関して詳述する。

勉強法編／勉強法総論

勉強法編／勉強法各論

　知識を問うものに関しては、正確な用語の理解が重要になってくるので、その整理をまずしたい。実際に、従来のセンター試験では用語の定義がそのまま問われることがあった。例えば、平成27年度のセンター本試験では、凝縮、融解、昇華の語の定義がそのまま問われた。共通テストでは単純な知識問題が少なくなるであろうことは確かだが、基本知識がなければ解けないこともまた確かである。あとは、他の科目にも共通することであるが、教科書では強調されないが、問題ではよく問われる知識もある。例えば、CO_2 が原子間では電荷の偏りがあるものの、無極性分子であることはよく問われる内容である。こういった内容は、網羅系の問題集をしていれば必ずといっていいほど出題されるものなので、問題が出るたびに覚えていくという姿勢を貫くのが良い。

　計算を問うものに関しては、mol の理解が一番受験生がつまづきがちな範囲であるが、その概念さえしっかりと消化できれば大体の問題が解けるようになることは意識したい。なので、初めに mol を扱うときに丁寧な理解を心がけると良い。知識を問う問題に関しては知識の整理が重要となる一方、計算を問う問題に関しては、mol、酸化還元などの重要概念を理解したあとは、演習を通した問題への慣れが重要となる。

＜共通テストの新傾向＞

　共通テストの試行調査問題では、身のまわりで見られる現象や身近な物質を題材にした問題が多く扱われており、物理基礎と同様に基本的な原理や法則がどのように日常に関わっているのかを正しく理解する必要がある。全体の傾向としては、従来に比べて長い問題文や資料から必要な事項を読み取らせ、実験結果を分析することや初見の概念を活用することが求められている。

　具体的な対策についてだが、化学基礎についても学習方法を大幅に変える必要はない。従来型の計算問題が出る可能性は十分にあるし、基本事項と基礎標準問題の習得で対応できる問題がほとんどだと思われる。そもそもこうした基礎の理解なしにひねられた問題を解くことはできな

い。基礎の習得が第一前提である。

　懸念事項は時間が足りなくなる可能性が出てきたことだ。問題文を読み込んで思考力を試す問題が増えた以上、思考に費やす以外の部分を短時間で終わらせる必要がある。普段の問題演習も、時間を意識して進めてもらいたい。また、化学の日常生活への応用を扱った、教科書のコラムの内容の出題可能性が高いと思われるので、そこにも目を配れるとなお良いだろう。

【地学基礎】

　地学基礎は知識の習得に始まり、知識の習得に終わる。しっかりとした知識を確実に習得できるかが鍵になってくる。知識を問われる科目として生物基礎と引き合いに出されるが、生物基礎は考察問題が出題され、それは独特の難しさを持っている一方、地学基礎はそのような問題はほとんどない。 計算問題が出るということは確かであるが、その問題も小学校の算数の範囲で対応可能なものが大半である。平成29年度は2つの計算問題が出題されたが、それは距離、速さ、時間の計算関係を正確に把握できていれば解けるような問題であった。

＜共通テストの新傾向＞

　共通テストの問題傾向として、いわゆる思考力を問う問題はセンター試験と比べて相対的に多くなる。そして、実際に出題方針でも思考力を問う類の問題を重視するとの方向性が示されている。この点をどう捉えるかについてであるが、べき論としては普段の学習から思考力といったものを習得するように努めると良いかもしれないが、常にそのように心がけるのは面倒であろうし、また地学基礎における思考力といっても大して高度なものは要求されてはいない。限られた時間の中で、幅広い範囲を問いながら高度な思考を試すことも困難である。そして、実際に中程度の思考力を試す問題については既にセンター試験で何度も出題されている。であるので、思考力対策と言っても特に意識する必要は無く、センター試験の過去問をしっかりとこなす中で十分に対応しうるほどの

思考力は習得可能であると考える。

　地学基礎は、earth science という教科が表しているように、4つの理科基礎科目の中でも特に扱う分野は広い。それゆえに、分野ごとの独立性が高い。地球・火山・地震、地史、大気・海洋、宇宙、環境の大まかな5分野からなるが、それぞれの関連性は比較的薄い。なので、1つの分野でつまずいたからといって、全てが理解できないというわけではない。実際に、上述の5分野の記述の順番は各教科書によって異なっている。また、勉強に際しては1つ1つの分野についてテーマを絞って取り組むことが重要とも言える。

　知識を正確に習得する、分野の独立性を考慮し分野ごとの勉強を心がける、これが地学基礎の勉強のエッセンスといえよう。

第3節 理科基礎勉強法　実践編

【物理基礎】

🏃 1、基本方針

　まずは教科書または参考書の内容を理解することが必須である。これを10月くらいまでには済ませておきたい。それから、時間を見て問題集を挟むか否かを判断し、共通テスト過去問（一定の共通テスト過去問が蓄積されるまでは、試行調査問題・センター過去問・共通テスト対策問題集等）に臨もう。問題集を挟まない場合は、教科書や参考書についている練習問題を必ず解いておくべきである。実際に数字を使って公式に当てはめてみないと、なかなか知識として定着しないからだ。また、単位変換などの特定の分野に属さないが重要な考え方にも慣れておく目的もある。

🏃 2、問題への取り組み方

(1) 知識の蓄積

　教科書の範囲のなかでも基礎的な知識が問われる。教科書を読み進め
て知識をストックしていこう。その際には、「なぜそうなるのか」を意
識したり、具体的な事象に結び付けたりして、頭の中にイメージを湧か
しておくと、共通テストで多く出題される日常生活と結びつけた問題に
対応できるだろう。また、力学範囲における物体の運動の軌跡や波動範
囲における波形などのグラフが出題されるため、教科書を読む段階でこ
うしたグラフも確認しておきたい。

　大問1の小問集合では、「エネルギーとその利用」という手薄になり
がちな分野からも毎年出題されている。発電方法別の特徴のような一般
常識で解ける問題もあるが、送電線の原理や電磁波の名前などの馴染み
の薄い知識問題の出題も多い。共通テストでは単純な知識問題は少なく
なるものの、より高得点を目指すのであればこうした馴染みの薄い知識
も教科書や図表を通して確認しておくべきである。

　また、試行調査の問題別正答率などを分析した大学入試センターの資
料によると、「過去からの各種調査でも理解度の低さを指摘されてきた」
「物理の基本でありながら定着が図られにくい内容」についての問題（つ
まり間違えやすい問題）を今後も出題していくとのことである。具体的
には施行調査問題でいう放物運動中の力のかかり方の問題を指してい
る。他にも「力がつりあっていると速度が0だと決めつけてしまう」や「床
からの垂直抗力と重力が作用・反作用の関係にある」などの間違いが頻
繁に見受けられる。こういった受験生が間違えやすい事項についても学
んでおくとより安心である。

(2) 公式の理解

　エッセンス編で指摘したように、物理基礎の計算問題は知識問題に近
い。もっとも、場面に応じて適切に公式を用いることができるように、
公式が持つ意味そして導出過程を把握しておこう。その際には、文字式

勉強法編／勉強法総論

勉強法編／勉強法各論

を日本語に直して説明してみるのも有効である。

(3) 問題演習

　上記のようなプロセスを経たうえで演習問題に取り掛かるという流れになる。物理基礎は範囲が狭く、そのなかでも出題されやすい内容がある程度定まっている。実際に、6年分の過去問において同じような問題が繰り返し出題されている。したがって、演習書は1冊用意すれば十分であろう。時間がなければそのまま共通テスト過去問（共通テスト過去問が一定程度蓄積するまでは試行調査問題、センター過去問、共通テスト対策問題集等）の演習に入っても良い。

🏃 3. 共通テストの本番戦略

　大問1で全分野についてまんべんなく問われる。大問2,3ではそれぞれの範囲について深く問われる。共通テストの試行調査問題のマーク数は15個と多くない。ただし、グラフや資料の読み取りの問題が増えるため、そうした問題にかかる時間は注意しなければならない。時間が足りない場合は、小問集合に拘泥せず、大問2,3から解いていくのも手である。

【生物基礎】

🏃 1. 基本方針

　まずは教科書または参考書の内容を理解することが必須である。これを10月くらいまでには済ませておきたい。それから、時間を見て問題集を挟むか否かを判断し、共通テスト過去問（共通テスト過去問が一定程度蓄積するまでは試行調査問題、センター過去問、共通テスト対策問題集等）に臨もう。生物基礎に限って言えば、よほど切羽詰まっていない限り、基礎的な問題集を1冊挟むことを勧める。後述のように、この教科の計算には典型的な出題パターンがある程度定まっている。これらのパターンを身につけるためには網羅的かつ基礎的な問題集をこなすのが最も効率的であろう。

🏃 2.　問題への取り組み方

(1)　知識問題

　まずは教科書や参考書を読んで基礎的な知識を蓄積する必要がある。知識問題のなかには、グラフや図とともに出題されるものがある。「生物の多様性と生態系」では2年連続でバイオームのグラフが出題された。これらの問題を解くにあたっては、グラフ・図の理解も不可欠である。教科書を読み進める段階で、図表やグラフにも目を通しておくとよいだろう。

　ある程度知識が固まったら、基礎的な問題集に移ることを勧める。生物基礎においては、知識問題についても典型的な出題パターンが決まっている。これらのパターンを効率的に習得するためにも、やはり過去問に入る前に問題集を1冊こなしておくのがよいだろう。

(2)　計算問題

　毎年1題程度、計算問題が出題される。「生物と遺伝子」分野からは、2015年度に遺伝子の長さ、2017年度に細胞周期、2019年度に遺伝情報、2020年度にミクロメーターに関する計算が問われた。「生物の体内環境の維持」からは、2016年度に濃縮率の計算が問われた。また、共通テストの試行調査においてアミノ酸の計算と窒素の吸収量の計算が出題された。

　これらの計算はいたって単純なものである。どれほど入門的な問題集であっても必ず載っているような典型的な問題であり、もはやパターン化していると言える。これらの計算は、教科書ではなく問題集をこなす中で身につけていくのが効率的だと考える。

　ただし、前提知識が必要になることがある。特に、2015年度の問題はヒトの遺伝子数を知らなければ答えることができない。このような計算問題と知識問題の融合も散見されるため、計算問題の復習の際には、周辺領域の知識の復習も忘れずに行ってほしい。

なお、共通テストの試行調査問題の「窒素の吸収量の計算」は、リード

文とグラフから必要な情報を読み取り、その場で計算式を考えるものである。このように、考察問題との融合問題も登場している。問題数の蓄積が少ないため、一問一問思考回路を慎重にチェックしながら復習しよう。

(3) 考察問題

2018年度センター試験までは知識問題が中心だったが、共通テストの試行調査問題、2019年度・2020年度センター試験においては、各大問につき一問ほど考察問題が出題された。中でも注意するべきは、実験に関する出題である。ある事実を確認するためにどのような実験をすればよいか、ある実験結果からどのような結論を導けるか、といった出題がなされている。また、リード文の会話に考察のヒントが盛り込まれていることがあるため、当該箇所の会話文を読み込む必要がある。いずれの問題も教科書の基礎的な内容を超えるものではないが、問題数の蓄積が少ない分野であるため、思考回路の丁寧な検討がカギとなる。

また、考察問題対策としても問題集を解いておいたほうがいいだろう。問題集の発展問題のように少し難しい問題には考察問題が含まれている。解答解説を参考にしながらでもいいので、どのように考えればいいのか、グラフや表のどこに注目すればいいのかということを学んでいきたい。

(4) グラフの読み取り

共通テストでは思考力が問われるようになるという全体の傾向を考えると生物基礎では、実験問題の中でイラストを正しく解釈したりグラフや表を読み取ったりする力が必要になる。これらの力は単に単語の意味を丸暗記するようなやり方では決して身につかない。

教科書で知識を身につける段階でも、教科書に載っている図や表をしっかりと見て理解したり、必要あれば図録なども参照したりと知識以上のものを身に着けるようにしよう。実際に問題を解く段階では、グラ

フのどこに注目すればいいのだろう、ということを考えながら問題を解くようにしよう。

🏃 3. 共通テストの本番戦略

　出題分野は「生物と遺伝子」「生物の体内環境の維持」「生物の多様性と生態系」の3つである。この3分野と3つの大問は対応する形で出題される。共通テストの試行調査ではマーク数は20弱であり、他の教科よりも多くなっているが、単純な知識を問う問題が中心であるため、この部分においては大きな時間がかかることは無いだろう。だだし、共通テストの試行調査では長めの会話文がリード文として付されたこと、考察問題が登場したことから、共通テストではこれまでよりも時間の余裕がなくなることも予想される。時間が足りない場合、計算問題・考察問題を飛ばして、先に知識問題だけ解いていくのも手である。

【化学基礎】

🏃 1. 基本方針

　定期的に問題集で問題を解き、そのたびに参考書または教科書に戻るという学習が基本になる。それは10月まで継続するのが良いだろう。化学基礎は他の理科基礎科目と比べて、計算が出るゆえに何か特別な思考が求められると考えられがちだが、エッセンス編で述べたように基本が押さえられていれば解答できるような問題がほとんどである。だから、早めに共通テストの実践演習に入る必要がなく、まずは基本を重視した勉強を丁寧にこなすことが重要である。また、実験手法に関する問題も出題されるため、日ごろから実験に積極的に参加したり、図表などで確認したりして、操作やその意味を確認しておく習慣を付けるべきである。

　ここで、化学基礎の学習に関して2つ注意してほしいことがある。

　1つ目は化学と生活に関しての出題についてである。日常生活に関わ

る物質についての知識問題は理科基礎科目が導入された平成 27 年度センター試験から毎年出題されているし、共通テストでもさらにその傾向は強まる。しかし、この問題についての完璧な対策を講じることは難しいと考えて良い。出題される範囲が大変広いからだ。まず、この分野については教科書ごとに記述がばらついており、1 つの教科書を押さえたところでそれが完璧な対策とはなりえない。また、教科書に載っていないような内容も一般教養を図るために出題されていると考えられる。平成 29 年度のセンター本試験においてはスナック菓子の中に充填されている窒素は油の酸化を防ぐためにあるという知識が問われた。他の選択肢との兼ね合いから正答を得ることもできたが、この選択肢自体の知識はなかなかマニアックと言えよう。対策としては、参考書の記述を参照することが挙げられるが、参考書は網羅性を意識しているあまり、瑣末な知識についても紹介される傾向にあり、その量は非常に多い。しかも参考書をマスターしたからと言ってそれでもこの種の問題への対処として完璧とは言えない。実際当塾講師が使った参考書でも平成 29 年度で問われた知識に関する言及はなかった。こうした設問に完璧な対策を講じるのは時間コストが大きい。また、前提知識がなくても一般常識的に考えて正答できることも多い (例えば、アルミニウムが軽く、缶の原料となっているなど)。あまり大きな比重を占めない共通テストの理科基礎で、その中の 1 つの教科で、その中の 1 つの難しい選択肢のために多くの時間を費やすかは十分に考える必要がある。それは他の科目、同科目の他の分野との兼ね合いの中で決めることになるが、化学基礎においては、時間対効果、対策の難しさの点から優先順位は低いと考えると良いだろう。最低限の知識を抑えればまずはそれで十分である。

　2 つ目は発展分野の取り扱いについてである。理科基礎の教科書では、扱う範囲自体が狭く、それだけでは浅い内容しか記述できないため、発展と題して指導要領の定めのない内容が紹介されることがある。これに呼応して、問題集や参考書ではそれに関連した記述や問題も見られる。しかし、この発展分野が共通テスト本番に出る可能性は低い。例えば、

ある教科書ではリチウムイオン電池や燃料電池が発展として取り上げられている。もちろん、万全を期すのであればこうした発展内容を知っておいて損はないが、優先順位は低い（これは電池が全く出題されないというわけではない。発展分野ではなく基礎の範囲にある鉛蓄電池などの電池分野についてはしっかりとチェックしなければならない）。こうした内容は時間に追われている場合は読み飛ばしても良いということは頭に留めてほしい。

　また、試行調査問題では、初見の概念や考え方を問題文から読み取り実際にそれを用いて具体的に考えさせるという問題が出題された。これは従来のセンター試験では見られなかった、共通テストの新傾向の問題である。一見すると難しく見えるが、結局は問題文に必要なことは書かれているのである。もちろん、その前提となる用語の理解や知識は最低限必要であるが、それ以上の深い知識は必要ない。その場で与えられているからである。対策としてできることはあまりないが、共通テスト過去問（一定の共通テスト過去問が蓄積されるまでは、試行調査問題・共通テスト対策問題集）などを使って似た形式の問題に慣れておくとよいだろう。あとは本番で見た目の難しさに惑わされずに、丁寧に問題文を読み取るのみである。

🏃 2.　問題への取り組み方

　エッセンス編でも書いたが、知識を問う問題、計算を問う問題、どちらの問題を解いているかは常に意識したい。知識を問う問題に関してはそれに付随した、知識事項を整理するほうが効果は高まる一方で、計算を問う問題に関しては演習量が求められるので、なるべく多くの問題を解くほうが効果的であろう。

　あとは、一度間違えた問題に関しては二度と間違えないように問題に取り組むということも大切であろう。理科基礎、特に化学基礎は範囲が非常に狭いため、同じような問題がセンター試験で何度も問われてきたし、この傾向は共通テストでも変わらないと思われる。

🏃 3. 共通テストの本番戦略

　問題数は 15 題前後であり、時間的には余裕があると言える。なので、慌てて解くことはないと言える。ただ、知識を問う問題もあるゆえに、知らない以上解きようがないという問題もある。それに試験時間の多くを費やすのは時間的に勿体無い。時間は無制限でない以上、知らないものは知らないとすぐにわり切り、時間があれば正答率が高まるような計算問題に時間を割いたほうが賢明であろう。

　特別な注意点はこれぐらいである。時間的余裕もあるゆえに、そこまで過去問の演習（問題の内容自体は大変有益）が重要であるとは思えない。だから、10 月までは分野を絞らずに、1 年分の過去問を解く必要性はないと考える。何よりも重要なのは正確な知識と計算のための基礎概念であるということは再び強調したい。

【地学基礎】

🏃 1. 基本方針

　定期的に問題集で問題を解き、そのたびに参考書または教科書に戻るという学習が基本になる。それは 10 月まで継続するのが良いだろう。地学基礎はエッセンス編でも記述した通り知識の習得が大変重要である。なので、問題を解きながら、知識的に曖昧なところがあれば、その分野全体の知識の習得を確認するという学習が最も効率が良いと考える。これもエッセンス編で述べているが、各分野の独立性が高い上に、分野ごとに集中して勉強していったほうが知識習得の効率性は高いと考える。

　ここで、教科書で発展内容とされているところに関しては共通テストでは出題可能性は低いということには注意したい。その記述は理解を深めるためとされているが、実質的にはその理解なしでも本質は理解できることが多い。もしそうでないならば、学習指導要領自体に欠陥がある

とも言えるだろう。時間的な余裕がないならば、発展内容に関しては読み飛ばすのがいい。また、高校では地学を専門とする教員自体が少ないことから、一つの教師が理系の地学と文系の地学基礎を同時に受け持つということもある。発展内容の多くは地学に含まれるので、その教師は発展内容に関して触れるかもしれないが、定期テスト以外で問題となることは考えられないので、受験という観点からすればあまり重視する必要はない。

　また、地学基礎の問題では発展内容ではなく、教科書にも記載されていないが、教養を問うような問題が出ることがある。それはとりわけ正誤問題に多く、受験生を困らせるが、それに関してはあまり気にしないのが得策であると考える。満点を取れるに越したことはないが、その問題に関しては具体的な策を施しにくいからだ。1つの方法としては、科学論文にいくつも目を通すなども考えられるが費用対効果の面から効率的とは言えない。知識が重要であることは繰り返しているが、その知識も基本的なものであり、教科書に載っていないようなものではないということはもう一度強調しておきたい。

🏃 2. 問題への取り組み方

　何度も述べていることだが、基本的に知識をどれくらいつけているかが、実際の本番の点数を左右すると考えて良い。なので、問題演習に際しては、該当分野の知識事項の整理を同時に行うことは常に心がけて欲しい。また、それに加えて、問題演習を終えるごとに、その問題を通してどういう具体的な知識を得たのかと整理する時間も設けると良いだろう。これは他の科目でも共通して大事なことだが、地学基礎においてはとりわけ重要であろう。

　あとは、問題演習以外での個別の知識の整理が地学基礎ではとりわけ有効だということも加えて言及したい。例えば、火成岩の分類、地史といったものは分類されたそれ全体が重要であり、その分類のされ方もシステマティックになされていることが大半である。火成岩の分類を考えれば、二酸化ケイ素の含有量は色指数や含有鉱物、粘性など他の項目に

も密接な影響を与えており、その分類全体として見ることが重要である。これは花崗岩質マグマの粘性はどうか？　といった個別な問題演習からはなかなか得られない視点である。問題演習を起点に、全体を俯瞰するような整理をするならば、それでも良いが、地学基礎においてはとりわけ、ある分野全体を整理するという勉強が効率的であることが多い。だから、問題演習以外の勉強も重視するのが良いと考える。

　共通テストの具体的な対策については何らセンター試験に対する対策と変更すべき点はないと考える。前述のように問題の内容自体の実質的な変更もなく、共通テストも過去問の演習が何よりの対策になることは何ら変わらないだろう。巷には、「共通テストにも対応」と冠した参考書が並ぶかと思われるが、その内容自体は全くセンター試験対策のものと変わっていないと考えて良いだろう。

　まとめると、何より従来のセンター過去問を徹底することがベストの対策と言えよう。理科基礎においては、理科基礎単体としての問題の蓄積はないので、理科基礎の出題が始まる前の問題も踏まえてセンター過去問を整理した、大手予備校が出版している共通テスト対策問題集を使い込むのが良いと思われる。

🏃 3、共通テストの本番戦略

　共通テストの試行調査では問題数は 14 題であり、時間的には余裕があると言える。慌てて解くことはないと言える。知らないものは知らないので、ある意味すぐに問題を終えることができると思う。したがって併用する科目に多くの時間を割くような戦略を立てても良いのではと考える。
　とにかく、基本的な知識を整理することを目標に勉強を進めて行くのが良いだろう。

第4節 おすすめ問題集・参考書

1．物理基礎、生物基礎、化学基礎
【参考書】
- 『はじめからていねいに』(東進ブックス) シリーズ
- 『大学入学共通テスト　点数が面白いほどとれる本』(KADOKAWA) シリーズ
- 『必修整理ノート』(文英堂) シリーズ
- 『きめる！共通テスト』(学研プラス) シリーズ

【問題集】
- 『ハイスコア！共通テスト攻略』(Z会) シリーズ
- 『カテゴリー別　大学入学共通テスト対策問題集』(数研出版) シリーズ
- 『35日完成！大学入学共通テスト対策』(数研出版) シリーズ
- 『リード light ノート』(数研出版) シリーズ

2．地学基礎
- 『きめる！共通テスト地学基礎』(学研プラス)
- 『ベストフィット地学基礎』(実教出版)

★第8章★

社　会

第1節 社会　スケジューリング編

🐵 1. 文系受験生の社会の年間スケジュール

　まず初めにすべきことは各科目の全体像を把握することである。特に歴史では時代区分の順番はもちろんのこと、それぞれの時代の長さを掴んでおくことも必要になる。不安な人は資料集末尾の年表を参考にしながら、たとえば一世紀を 1cm としてノートに書き起こしてみよう。

　この作業が終わった後は、通史をわかりやすく解説した参考書を購入し、一気に読み進めていこう。世界史では『青木裕司 世界史 B 講義の実況中継』、日本史では『石川晶康 日本史 B 講義の実況中継』がそれに当たる。これらの参考書を 5 月末までに一通り読んでおこう。

　あくまでも、この時期の学習には教科書ではなく参考書をお薦めしたい。というのも、ともすれば無味乾燥な記述が続きがちな教科書と比べ、参考書では読みやすさやとっつきやすさに力点をおいて記述がなされているからだ。初学者が大まかなイメージを掴むのに向いているのに加え、精神的にも比較的楽に学習を進めることができる。

　しかし、このことは教科書を軽視することを意味しない。たしかに、**学習の順序としては参考書→教科書でよいが、重要度としては教科書のほうが高いと考えてほしい。**一つには、共通テストや二次試験は検定教

科書の枠組みを踏まえて出題がなされることから、記述が最も信頼がおけることがある（これは論述試験がある受験生には特に重要なこと）。もう一つは記述の偏りの問題がある。参考書においては、一人の著者がすべての分野を書くことが殆どであり、記述の偏りは避けられない。その取りこぼしを防ぐ意味でも教科書は効果的なのである。

　まとめると、**まずは参考書で通史を概観し、そのあとは教科書をメインに問題集や過去問に取り組むという流れになる**（使い方については後述）。

　こうした参考書や教科書を読む上で注意してほしいのは、各時代や地域のイメージを自分なりに練り上げていくこと。前近代であれば各世紀のイメージを作り上げて（必要であれば各世紀を二分割などして）、一語または一、二文で小見出しをノートに書いておくと良い。このとき欲張って人物名や事件名を盛りだくさんにする人がいるが、あくまで**時代を自分なりに総括するという意識でイメージを作り上げていくことが大切**である。

　近現代に入ると聞かれる内容も細かくなってくるので、各世紀で（必要であれば分割して）イメージを作り、さらに10年刻みで年代ごとのイメージを作っていくことになる。自分なりのイメージで構わないので、夏休みに入るまでには一通り完成させておこう。

　例としては、20世紀の前半であれば「総力戦の時代。戦場となった欧州が没落、代わって米ソが台頭。」などと総括し、特に1930年代であれば「暗黒期。経済不況で各国が孤立。」などと小見出しをつける。

　このような総括をする場合、自分の見解が本当に正しいかどうかを深く悩む必要はない（のちのち修正していけばよい）。実際、このような歴史認識に関しては様々な学説があり、専門家でも意見が分かれるところである。しかし、**歴史を自分なりに考えながら学ぶことで歴史上の出来事を表面的に捉えるのではなく、その背景や理由、意義や影響といったことにも意識がいくようになり、論述問題の対策に威力を発揮する。**

また、常に自分のイメージが正しいかどうかを考えながら教科書や問題集に取り組むことになるので、記憶の定着という点でも非常に効果的である。そして、こうした自分なりのイメージが独りよがりになっていないかどうかを確かめるために、教科書や問題のリード文を隅々まで読み込めるようになる。

　続いて、通史の概観が終わったあとは、学校などで配られる一問一答系の問題集を解いていこう。このときも、人物名や事件名を覚えていくということと同時に、各時代の自分なりのイメージを必要に応じて修正していく（つまり、リード文や解説を熟読することが重要）ことを重視しよう。社会科目では、各科目を極めようと思うといくら時間があっても足りないので、ある程度見切りをつけて夏休み前の7月中には近代初期に入れるようにしてほしい**（とりあえず、教科書に書いていない記述は一切捨ててしまってよい）**。学ぶべき知識が細かくなる近代の勉強の時間配分を考える上でも、夏休み前に近代に入れるとよいだろう。

　この一問一答系の問題集を解く上で重要となってくるのが教科書の活用だ。ここでは必ず、問題を解き解説を熟読したあとに、問題で取り上げられたテーマと関連した部分を教科書で読み込むようにしてほしい（過去問演習でも同様）。初めから教科書の内容を完璧に暗記しようとすると挫折してしまうので、**読書感覚で読む習慣をつけることがポイント**。何度も繰り返し読み（この繰り返しが学習においてきわめて効果的）、**教科書の記述を自分の頭の中で筋道立てて再現できるようになれば、どの大学であれ合格できる基礎ができ上がった**といえる。

　ここで、何度も読み返すとなると、時間がかかって効率的ではないのではという疑問が湧いてくるかもしれないが、初めて読むのに比べて2回目、3回目そして10回目と読み返すにつれて読むスピードは飛躍的にあがっていくので安心してほしい（たとえば、『三匹の子ブタ』を読み返すのに20秒もかからないのではないだろうか）。さて、「繰り返しに」なるが、何度も同じ文章に目を通すことで自然と頭の中に教科書の記述

が再現され、記憶にも定着しやすくなるので、必ず教科書を問題集の横に置いて学習を進めるようにしてほしい。

夏休みには分量の多い近現代を片づけよう。ただし、戦後史は出題される可能性が低い（志望校によるが）ので手が回らなければ問題集をやりこまず、通史の理解に留めておいても良い。

夏休みが明けたら共通テスト過去問（共通テスト過去問が一定程度蓄積するまでは試行調査問題、センター過去問、共通テスト対策問題集等）を解き始めるとともに、一問一答系の問題集の復習を進めていこう。共通テスト過去問（共通テスト過去問が一定程度蓄積するまでは試行調査問題、センター過去問、共通テスト対策問題集等）演習では、解説を熟読して知識の抜けや、歴史上の出来事の意義などを理解していこう。これは想像以上に骨が折れる作業だが、1週間に1年分、あるいは2週間に1年分といったペースで進めていく。

特に現役生などは、秋ごろまでに知識が定着しきっている人はあまり多くないので、焦らず勉強していくことが心構えとして大切である。

また、論述問題のある受験生は秋ごろから記述演習をしていくことになるが、この時点で知識の漏れがあまりに多い場合には、ひたすら共通テスト過去問（共通テスト過去問が一定程度蓄積するまでは試行調査問題、センター過去問、共通テスト対策問題集等）を解き続けることをお薦めする。知識の抜けがあまりに多いと、論述上の注意に意識がいかず、結局のところ知識の蓄積のみに意識がいって効果が薄いからだ。

共通テスト過去問（共通テスト過去問が一定程度蓄積するまでは試行調査問題、センター過去問、共通テスト対策問題集等）**で9割程度取れるようになったら記述演習に入る**。志望校の過去問をメインに取り扱うことになるが、問題が単に事実の陳述をもとめているのであれば、特に対策は要らない。とにかく、知識を定着させていこう。一方で、歴史上

の意義などを答えさせる問題の場合は本格的な対策が必要である。とはいっても、別個に参考書を買う必要はなく、徹底的に過去問を研究していくことになる。

　やることとしては①答案作成→②解答、解説熟読→③該当分野を教科書で熟読（注やリード文が特に重要）の繰り返し。このとき、各時代や年代を自分なりに総括するという作業をやっていた人とそうでない人とで歴史的思考力に大きな差が出てくるので、「急がば回れ」で、この作業は必ずこなしておくことが必要だ。また、二次試験の問題と解答、解説は何度も繰り返し読み、出題者の意図を捉える訓練をしておくことで、本番においても安定して実力を発揮できるようになるだろう。

　一方、記述の不要な私大等の受験者は志望校の過去問を可能な限り遡って解いていこう。また、大学や学部（慶應や早稲田等）によっては出題される範囲が初めから決まっている場合や偏りがある場合があるので、そういった情報を見逃して余計な勉強をしないで済むように注意してほしい。

🏃 2. 社会の年間スケジュールの重要ポイント

・社会では英語、数学と異なり、共通テスト対策がそのまま二次試験や論述の前提となる
・共通テスト対策の位置づけが英語、数学と異なる

🏃 3.　社会の年間スケジュールのフロー

～5月	●通史の概観、全体像の把握
～7月	●一問一答系の問題集（遅くとも近代初期まで）↔ 教科書
～8月	●一問一答系の問題集（戦後史を除くすべて）↔ 教科書
9月～ 共通テスト	●共通テスト対策 ●一問一答系の問題集 ●（記述のある人は）記述演習、二次過去問
共通テスト後	●二次過去問

※基礎の習得が遅れている場合過去問開始時期を遅らせてよい。
※9月の段階で基礎標準知識がすべて完璧になっている必要はなく過去問演習を始めた後も基礎知識の見直しは必要に応じて入試直前まで継続する。これが受検戦略編で述べた合格の天使メソッドポイントである。
　「基礎標準知識の習得と過去問演習のサイクル学習」
　「基礎標準知識を過去問基準で捉えなおす」
の真意。

第2節　社会勉強法　エッセンス編

🏃 1.　社会の対策手順のフロー

　社会の勉強ではまず全体像を把握することが実力を効率的につけていくために重要となる。その後に細部に入っていくイメージを以下の図から掴んでいただきたい。

2.「勉強ターゲットの3類型」理論との関係

　社会科目は覚えるべきことが非常に多い。したがって「基礎習得の3分類」理論に従い知識を整理し覚えていくことが効率的な勉強を実現する。また、知識論述では「一般化脳」理論に基づいたエッセンスの集積がものをいう。さらに、難関大学の論述問題では「得点脳」理論に基づいた「得点脳」の形成も重要である。

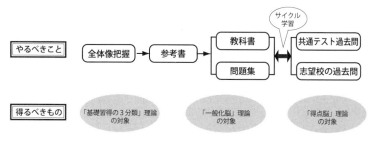

「勉強ターゲットの3類型」理論

　社会科目は安定的に点数を確保できる科目なので、普段から地道な学習を進めていこう。反面、覚えることが非常に多いため、計画的に学習を進めていく必要がある。また、英語や国語と比較すると配点が低い大学が多いため、極端に時間をかけることはやめよう。世界史・日本史選択の場合で説明するが、地理選択者も学習計画を立てる際の参考にしてほしい。

3. 社会の勉強法と対策の全体像

　冒頭でも述べたが、暗記量が膨大である。そこで、学習の順番として①通史の概観→②知識の蓄積→③記述演習（二次試験で記述のある人）を守って、できる限り効率のよい学習を心がけよう。

① 通史の概観

　まずは通史の概観を行う。世界史では『青木裕司 世界史 B 講義の実況中継』、日本史では『石川晶康日本史 B 講義の実況中継』などがお薦め。このとき注意してほしいのが、細かな知識の暗記は後回しにしてとにかく最後まで通史を終わらせるということだ。通史の概観を行うことで世界史全体の見通しがよくなり学習の効率があがるし、それぞれの分野にどれくらいの時間を割くことができるのか、自分の学習状況とあわせてスケジューリングしていくことが可能になる。特に現役生の方だと、夏までに通史が終わることはまずあり得ないので自習で進めていくことになるが、学校の授業は復習という感覚で受けるようにすると入試前に慌てずに済む。

② 知識の蓄積

　通史の概観が終わったら、次は知識の蓄積に移ろう。学校等で配られる一問一答系の問題集をこなしていくことになるが、夏休みが始まるまでに遅くとも近代初期までは終わらせておこう。そして、夏休み中には戦後史を除く近代史をすべて解き終えれば理想的だ。ただし、時間がどうしても足りない場合には、問題の通し番号が偶数の問題だけを解くなどして、分野に偏りが出ないように学習することが大切である。古代はできるけど中世以降は全くできないという事態が生じないようにしよう。また、夏休み明けからは共通テスト過去問（共通テスト過去問が一定程度蓄積するまでは試行調査問題、センター過去問、共通テスト対策問題集等）を解き始める。夏から秋にかけて二次試験の問題を一度解いてみると、自分があとどのくらい勉強すればよいのか（あるいは勉強しなくてよいのか）がわかる。

③ 記述演習

　二次試験で記述問題が出る人は記述対策を行う必要があるが、あくまで夏が終わるまでは徹底的に通史の流れや知識の蓄積に励もう。基礎的な部分が抜けたままで記述演習をしても効果が薄いと言わざるを得な

い。このとき、自分の受験する大学の過去問を数年分確認して、どのような問題が出題されるのかを確認する。大まかに、単純に歴史的事実を問うているのか、それとも歴史的意義を問うているのかで対策が異なってくる。前者の場合なら、短めの記述問題をこなしながら教科書に立ち返って知識を補充していこう。一方後者の場合では、入試の過去問をできる限り遡って解きながら、常に教科書に戻って歴史的意義を確認していくことが必要である。教科書を読むときに得てして読み飛ばしやすい細字の部分や注の部分にこうした意義が書いてあることが多いため、何度も何度も読みこんで自分の言葉で説明できるようにしておこう。

第3節 社会勉強法　実践編

【世界史】

🏃 1. 基本方針

　まずは世界史の全体像を掴む。二次・私大対策がある文系受験生は『青木裕司 世界史B講義の実況中継』等で一通り通史に目を通し、全体像とイメージを掴んでいくことをすすめる。その後、共通テスト過去問（共通テスト過去問が一定程度蓄積するまでは試行調査問題、センター過去問、共通テスト対策問題集等）を用いて知識を確認・補充していく。記述・論述対策については志望校の過去問演習を行いながら教科書に適宜立ち返り知識をブラッシュアップしていくことがおすすめ。

　また、世界史の出題は各大学によって出題範囲等に偏りがあるため、その傾向を予め確認しておくこと。たとえば東大では時代的にも分野的にも幅広く出題され、教科書のすべての分野から満遍なく出題される。ごく一部を除いて問題のほぼすべてが、知識としては教科書レベルの知識があれば充分対応できる出題である。まず教科書の知識をしっかりと整理・理解・記憶すること。本文以外でも脚注や図表・地図・図版・写真は説明も含めてしっかりと読んでおくこと。ここに出題のポイントと

なる部分があることが多い。一通り教科書の全範囲の学習は終えよう。

　また私大の一部の学部では、近代以降のみ出題する、等の指定がある場合があるため試験範囲の確認は絶対に怠らないこと。**私大対策というと、難問対策を考える受験生が多いが、基本的には教科書内容を正確に暗記・理解できていれば十分合格できる。**一度教科書をひきながら過去問を解いてみることをおすすめする。

＜共通テストの新傾向を見据えた二次試験対策＞

　従来のセンター試験では、リード文に下線が引かれ、下線部に関する選択問題が主であり、リード文自体は問題と無関係なことがほとんどだった。しかし、共通テストではリード文の文面から、歴史的事実を考察するという問題が増えたため、リード文の精読も必要になってくると思われる。また、史資料に関連する小問が急増しているため、単なる歴史的事実の暗記だけでなく、史資料に関する知識も求められる。時代や世界にまたがる問題も増えたため、各時代や各地域を結びつけた学習を心がけることも重要になってくるだろう。

　具体的な対策についてだが、問われ方が変わっただけで、問われる知識が変わったわけではない。特別に共通テスト対策をすることはそこまで必要というわけではなく、日頃から地図や史料、他の時代や地域との関連を意識して勉強を進めていけば十分であろう。

🏃 2. 出題類型別の勉強法・ポイント

(1) 知識問題対策

　単純知識問題は暗記量に比例した結果が出る。暗記がものを言う出題形式の問題対策は効率がいい。教科書を読むときは本文だけでなく脚注や、地図、写真等にも注意を払う。わからないことイメージできないことは用語集等を適宜用いて、歴史の因果関係を理解していく。

　基本的には、共通テスト過去問（共通テスト過去問が一定程度蓄積するまでは試行調査問題、センター過去問、共通テスト対策問題集等）で知識を確認・補充するという方針でよい。また、基礎固め、基礎知識を

入れるという目的で一問一答形式の問題をやるのもよい。その際、必ず
教科書を読み直すことが重要。

(2) 小・中論述対策

　史実の歴史的背景、その影響、共通点・相違点等が問われる。重要事
項や事件の原因・結果とその因果関係、経過を 30 ～ 120 字程度の短い
文章にポイント、キーワード、キーフレーズを落とさず簡潔にまとめら
れるように過去問演習を重ねる。また教科書を読むときにも、記述を再
現できるように意識することが重要。

(3) 長文論述対策

　長文論述問題は特に過去問が重要である。問題文を読んで何が要求さ
れているかをしっかり掴むこと。そして解答を作成するのに必要だと
思ったことを最初はメモしていくだけでよい。最初から完全な解答を作
る必要はない。解答例・解説を見て設問、使用指定語句と解答のつなが
り、どのような教科書的知識が必要とされているか等必要な知識を押さ
えていくという繰り返しにより要求されているポイントが明確になる。

　用語、年代暗記は論述の前提。ことに年代暗記は直接問われなくても
論述を書く上で事件・出来事の前後関係や設問要求を満たした答案を書
く上では欠かせない。

　とはいえ、**世界史で必要とされる基本知識は教科書 1 冊で事足りる**。
この基本知識を使いこなし記述、論述問題の採点基準を満たした解答を
如何に作り上げるかが高得点を取る鍵である。

　世界史の問題は一つ一つの事実を丸暗記するのでなく、事実と背景事
情の因果関係、その事実の時代背景、その後の歴史の中にその事実を位
置づけて理解、考察、記憶していくことが重要。教科書を読む際にもこ
の点を意識した学習を行う。

　合格者とそうでない人の違いは教科書・過去問の重視と勉強の仕方に
ある。教科書の勉強で重要なのは一つ一つの歴史上の事実を単に暗記す
るという勉強法でなく、一つ一つの歴史上の事実が歴史全体の流れの中

でどのような位置づけにあるのかを前後の史実との因果関係を中心に理解・整理・記憶しておくということである。難しいようだが、**要は自分の頭の中でストーリーの形式で格納されていればよい、ということである**。

　世界史の場合それに加えて同一時代の国や地域のつながり・関係についても理解・整理・記憶しておくということが重要である。一つの歴史上の事実が後の歴史や関係諸国にどのような影響を与えていったかを理解・整理・記憶する。知識は相互に関連付けて理解・整理・記憶する。一度や二度ではすべての関連付けを行うことは不可能であるため、繰り返し行う。

　この作業を行うことで、一つ一つの知識が論述問題でも使える知識になる。過去問演習を通じて知識の入れ方・使い方を学んでほしい。**聞かれていることは教科書レベルの知識でも、合格に十分な得点を取れるようになるには教科書と過去問を往復して設問とその解答に必要な形で知識の確認・補充をしていくことが必要になる**。この作業の有無が合否を分ける大きな要素になる。決して細かい知識を多く持っているからといって記述式の世界史で高得点が取れるわけではないことは頭に入れておきたい。

(4) 過去問の進め方

　入試問題は過去の問題と同一テーマ、史料が出たり、類題が出たりということがかなりある。既出問題が形を変えて出題されることも多い。この点からも過去問演習は重要である。不明な点があれば教科書、用語集等を利用して納得いくまでしっかり調べ理解、確認、記憶しておこう。

【日本史】

🏃 1. 基本方針

　とにかく最初は基本的な通史・解説のみを載せた参考書・教科書を1周する。この段階では簡易な参考書で事足りる。山川日本史など、ボ

リュームの多い教科書を通読するのはそれからで良い。日本史という科目は深掘りしようと思えば際限なくできるが、細かい個々の出来事や人物名などの暗記にとらわれ過ぎて全体像を見失えば結果的に「無味乾燥な暗記ばかりで頭に入りづらい」ということで、非効率になってしまう。そういった事態を避けるために、古代から現代へと一続きになっている直線上のどの辺りを学んでいるのかを念頭に置きつつ**まずは各時代における大まかな特徴であったり、どんなターニングポイントがあったのかをざっくりと掴んでいただきたい。**

　参考書を通読した上で、教科書準拠の問題集や定期試験に問題なく解答できるようであれば、今度は詳細まで踏み込んだ知識を拡充させるため山川日本史など詳細な教科書を通読する。一単元修了ごとに、短答問題集（『日本史一問一答』や『日本史B一問一答』など）で習熟度を確かめつつ、わかりづらい用語や概念があれば用語集（『日本史用語集』など）や学校配布の資料集で確かめておく。また、共通テスト過去問（共通テスト過去問が一定程度蓄積するまでは試行調査問題、センター過去問、共通テスト対策問題集等）に並行して取り組み始めることもおすすめしたい（私大受験をする人は、中堅レベルであれば過去問にも着手してよいだろう）。

　さらに、こうした問題演習で9割前後を得点できるようになれば実力がついてきているので、知識を前提とした考察の必要な中〜大論述、資料読み取り問題など、難関私大や国立大二次試験に向けた対策を開始する時期である。このステージに入ったのちも、上述のような教科書（もしくは参考書）→用語集や一問一答問題集などでの習熟度確認→教科書の反復は継続して行っていただきたい。これに加えて、政治史、文化史、農業史、経済史、といったジャンルごとの通史をまとめる作業も行うと理解の大きな助けとなる。というのも、通常の教科書や参考書は単純な時系列に沿った構成を取っており、たとえば鎌倉時代の政治→文化→経済→農業→室町時代の政治→文化→経済→農業→……のようになっていることが多い。ここで、たとえば奈良時代から現代に至るまでの文化史を、**教科書や資料集の分断された記述をつなげて自分なりにまとめるこ**

とで、難易度の高い並び替えや大論述といった出題にも対応が可能となる。

　以上のように、**浅く広い学習から始まり、その行間を埋めるように深掘り・補充をしていく、さらには様々な切り口から見直していくのが日本史の基本スタイル**である。細かな事件名や人物名などに拘泥する必要はない。重箱の隅をつつくような出題をする大学もあるが、そうした出題は配点も正答率もさほど高くはない。つまり時間をかけて対策をしても見返りは少ない。自分自身がさながら日本史の教師のように、たとえばある政策が採用された背景にはどんな層からの要求があったか、為政者のどんな意図があったか。事象一つ一つに対して筋の通った説明ができるようになることが最終目標であると考えるべきである。

＜共通テストの新傾向を見据えた二次試験対策＞

共通テストの試行調査では、単なる歴史の知識を問うだけでなく、その知識を前提にして思考力・判断力を測ろうとする問題が増加した。また、新たな解答形式として、正答として当てはまる選択肢を全て選択する設問、正答の組み合わせが複数ある設問が数問出題されるようになった。設問数にあまり変化はないが、史資料の増加によって問題の分量が増えたため、従来よりもタイトな解答時間になることが予想される。ただ、逆に言えば、単に読み解くだけの問題が増えたとも言えるだろう。具体的な対策方法も世界史と同様に、日頃から、史資料を意識した学習を進めていけば問題ない。

🏃 2.　出題類型別の勉強法・ポイント

(1)　知識型問題対策

　知識の定着度を測る出題とは、「正しい記述を選ぶ」といったオーソドックスな選択問題、単語や一文で基本知識を問う短答、小論述などがある。こうした形式は、詳細な教科書・参考書を通読し、整理ができていれば確実に得点できる。受験生全体の正答率も高いため、取りこぼしを避けたいところ。

　とはいえ、ひとつの教科書や短答問題集を繰り返すだけでは、見慣れた教科書通りではない問題文に戸惑い、なかなか得点に結びつかない。したがって、先述のように共通テスト型問題（センター試験の過去問等）や中堅私大志望の場合は中堅私大の過去問に早くから触れ、教科書通読と問題演習を並行させることが重要である。社会は英語、数学と異なり、共通テスト対策がそのまま二次試験や論述の前提となる。したがって、難関大学過去問の前段階として大切に取り組んでほしい。

(2) 考察型問題対策

　難関私大〜国立大試験に多い考察型の出題には、資料読み取りや中・大論述がある。こちらは知識型以上に教科書の記述の穴埋め問題や丸暗記での対策が通用しない。しかしながら、教科書・参考書以上のマニアックな知識が必要とされる訳では決してない。リード文や掲載されている資料、指定されている使用語句など手がかりが随所にちりばめられており、これらの中には受験生の知らないこと、マニアックなことはほとんど含まれていない。一見すると出会ったことのない問題であっても、「このグラフでこの年に数値が急上昇しているのは、あの出来事があったからではないか」といった、教科書で習得した知識を引っ張り出して関連付けられるような取っ掛かりがどこかしらにある。こうした取っ掛かりを手早く見つけ出すためにも、先述のようにジャンルごとの通史をまとめるなど、教科書の流れとは異なった切り口での知識整理が肝要なのである（特に土地制度、貨幣経済の通史まとめをしておくことを推奨する。出題頻度が高く、受験生にとって最も難解な分野であるからだ）。

　また、字数制限のある論述では、解答に盛り込むべきポイントを洩らさず、しかし言葉足らずにならないように網羅することが求められる。使用語句が指定されていれば盛り込むべきポイントをある程度特定しやすいが、そういったヒントが与えられていない場合は出題に関連のありそうな知識を自らピックアップし、字数に合わせて取捨選択していく作業が加わってくる。こうした高度な作業を時間内にこなせるレベルに持っていくためには、とにかく初めは教科書の記述を頼りながらでも構

わないので過去問や模擬問題の記述問題に取り組んでみること。そして、自らが作成した解答と模範解答、載っていれば採点ポイントとを照らし合わせ、何が抜け落ちていたか、何を余計に盛り込んでしまったのか、どこを自力で思い出すことができなかったかを書き出していく。その上で、教科書該当部分に立ち戻る。この作業を繰り返すごとに、設問に対し過不足なく解答する力が確実についてくるはずである（弊社の通信添削を活用しても良いが、自身での答案検討も怠らないこと）。

【地理】

🏃 1. 基本方針

　社会科目の中で暗記量は比較的少ないと言われるものの、裏を返せば教科書通りにいかない部分が多いということ。**早い段階から問題演習に入り、多様な出題形式に慣れることが大切**になる。

　まずは『山岡の地理 B 教室』といった、簡易な説明でなおかつ基本的な用語を載せている参考書を 1 〜 2 周する（地理に限った話ではないが、参考書選びの際はネット上の口コミやランキング頼みではなく実際に書店に足を運び、実物を数ページずつ読んでみた上で選定していただきたい。数多ある参考書の中から、読みづらく目が滑ってしまうものを避け、頭に入りやすい、相性の良いものを選ぶべきである）。これと並行して、『地理一問一答』、『ココが出る！地理 B ノート』といった知識を総復習できる問題集を解き、単元ごとに習熟度を確認する。6 〜 7 割程度正答できていれば、次の単元に移ってしまって良い。この段階では完璧な読み込みよりも浅く広く、全分野を網羅することが先決だからである。

　そして、簡単な参考書を 1 〜 2 周したら、早速共通テスト過去問（共通テスト過去問が一定程度蓄積するまでは試行調査問題、センター過去問、共通テスト対策問題集等）に取り掛かる。単純な知識を問う設問（正しい選択肢を選ぶなど）ばかりでなく、地図の読み取りや正しい雨温図・グラフを選択するなど、地理という科目特有の出題形式に慣れるた

めである。答え合わせの際には付属の解説を読むだけでなく、参考書や資料集などの該当ページにも改めて目を通しておくこと。また、これらの暗記作業や問題演習とは別に、サブノート式の問題集や白地図による世界地誌、日本地理対策も進めておこう。白地図を用いる場合は、①地図帳や資料集（学校配布のもので事足りるだろう）に気候区分ごとに色分けした図が掲載されているので、それを参考に自分でも世界地図を実際に塗り分けする。その上で、各国の首都や主要都市・有名都市がどの気候区分に属しているか確認しつつ白地図上に点で書き込む。スペースが余っていれば、各都市の主要農産物や工業製品なども書き込んでおこう。さらに、別の白地図を用意しそちらには地形（安定陸塊・古期造山帯・新期造山帯）ごとの塗り分け、山脈や盆地、海溝などの書き込みを行う。②日本地図については、県庁所在地・政令指定都市・その他有名都市を書き込み、特産品や主要農産物、工業製品などを併記する。さらに、こちらも平野や盆地、山脈などの地形を色分けして書き込んでおく。以上の作業を実際に手を動かして行うことで、視覚的な記憶の定着がなされる。

　サブノートにせよ白地図にせよ、こうしたひと手間が最後に活きてくることを覚えておいていただきたい。

　共通テスト形式の出題にある程度慣れ、７割以上を正答できるようになった段階で、難関私大〜国立大の過去問や論述問題集（『納得できる地理論述』など）にも着手する。この段階に入ったのちも、隙間時間を活用して参考書の通読やサブノート・白地図の見直しを継続してほしい。

🏃 2. 出題類型別の勉強法・ポイント

(1) 知識型問題対策

　オーソドックスな「正しいもの（もしくは誤っているもの）を選べ」といった選択問題では参考書の記述と食い違う選択肢を排除し消去法で正しいものをより分けるなど、基本的な解法が十分適用できる。単語を答える問題や小論述についても、教科書レベルの知識で充分対応可能だろう。しかしながら、地理には独特な出題も多い。たとえば各都市に当

てはまる雨温図やグラフの空欄にふさわしい品目を選択させる、など。こういった設問への対策としては、先述の通り共通テスト過去問（共通テスト過去問が一定程度蓄積するまでは試行調査問題、センター過去問、共通テスト対策問題集等）の問題演習に早くから取り組み、参考書や地図帳・資料集で関連項目をそのつど参照することが唯一にして一番の近道である。問題演習と関連項目の復習とを往復するうち、頻繁に出題される箇所や、受験生を「引っ掛け」やすいパターンがおのずと把握できるということだ。**社会では英語、数学と異なり、共通テスト対策がそのまま二次試験や論述の前提となる。したがって、過去問演習の前段階として大切に取り組んでほしい。**

(2) 考察型

　主に中〜大論述で、教科書通りの知識から一歩先に踏み込んだ考察をさせることが多い。だが、やはり**教科書や参考書以上の知識を要求している訳では決してないのである。**

　まずは論述問題集の設問を解き、模範解答と自分の解答とを比較してみる（はじめのうちは参考書や資料集の記述を参照し、箇条書きにまとめてから論述向きの文章へ編集しても良いだろう）。その上で、覚え違いや書き落としていた箇所を復習し、もしこれまで使用していた参考書類の説明が不十分、もしくは未習の箇所があれば『新詳地理 B』『新詳地理 B ノート』など、量・質ともに高い教科書・参考書の該当箇所に目を通す。地理の論述というのはある程度の問題数をこなしてしまうと頻出テーマがかなり絞られていることがわかってくる。似たようなテーマを、いかにも難解そうな、見たこともないような設問として問うているだけなのである。このように慣れてきたところで、志望校の過去問演習に入る。

　論述問題ではリード文に示された事象の因果関係を説明させるほか、まず統計資料やグラフから読み取れる情報を問い、そこからさらに「どうしてそうなるのか」を説明させるパターンも存在する（テーマは農牧業と気候や食糧問題の関係であったり、都市人口の経年変化であったり

と多岐にわたる）。**しかしながら、どんなに複雑そうな設問であっても参考書や地図帳、資料集で培った知識を適切に活用しさえすれば、解答できる**のである

第4節 社会　共通テスト対策編

🏃 1. 基本方針

　社会では英語、数学と異なり、共通テスト対策がそのまま二次試験や論述の前提となる。したがって、今まで述べてきた勉強法の該当箇所が共通テスト対策の基本となる。

　どの科目を選択するにしても対策の大枠は共通している。

　すなわち、

① 共通テスト向けの参考書を通して、必要な知識をおおまかに把握する

② 共通テスト過去問（共通テスト過去問が一定程度蓄積するまでは試行調査問題、センター過去問、共通テスト対策問題集等）を解く

③ 解いた問題について、参考書に戻って関連知識を確認し、知識の抜けを補充する

④ ②と③を繰り返す

という流れが基本である。以下各ステップにおける注意点を述べる。

　共通テストのみで使う科目に関しては、理系の社会の取り扱いと同じなので後述の理系の共通テスト社会の勉強法編を参考にしてほしい。

①について

　参考書にある知識は、最初からすべて覚えようとする必要はない。社会は大概どの科目も暗記事項が多いため、１周ですべてを覚えるのは不可能である。また、参考書をただ暗記するよりも**「問題の中で出てくる形」で知識を覚えるべきである**ので、②③の繰り返しの中で固めていっ

たほうが点数を上げやすい。

　その点とも関連するが、参考書からインプットのみを行うよりも、共通テスト形式の問題でアウトプットしながら覚えたほうが定着しやすい。したがって問題付きの参考書を選ぶか、分野ごとに共通テスト型の問題をまとめた問題集などと並行して学習すると良い。

② ③について

　過去問などを解いた後は、間違えた問題を中心に参考書で知識を確認する。その際、**正解の選択肢だけでなく、不正解の選択肢にも注意して知識を確認してほしい。**たとえば「適当な記述を選べ」という問題で、正解の選択肢だけを見て「①の記述は正しいから①だな」と考えるだけでなく、「②は〜の部分が違う、③は〜、④は〜」と、**不正解の選択肢がどうして不正解なのかも指摘できる状態を目指そう。**そのほうが1回分の過去問からより多くの知識を得られるし、本番ではこのような消去法で選択肢を選ぶことも珍しくないからである。

　したがって、「問題は正解したけど、2つの選択肢で最後まで迷った」「とりあえず正解はわかったけど、残りの選択肢については全然わからなかった」というような場合は、たとえ正解した問題であっても参考書で確認するようにしよう。過去問や問題集の解説も大いに役立つはずなので活用してほしい。

④について

　② ③の反復を通して基本事項がある程度定着し、およそ7、8割程度点数が取れるようになったとする。さらに9割以上に上げたい場合、より細かい事項にまで幅を広げる必要がある。その段階に至ったら、参考書とは別に、自分で補充した知識をノートなどにまとめておくと効率的である。暗記カードに書き込んでいくのも良い（もっと初期段階から始めても構わないが、あまり基礎事項が定着しないうちから始めると、「まとめ」自体が莫大な量になって大変である）。

　そして、そのノートや暗記カードを度々見るようにしよう。「これだ

け見ておけば大丈夫」というものを作っておけば直前期や試験会場での
確認が容易である。

🐧 2. 知識の覚え方について

　社会のどの科目でも、知識をまとめる際に大事なのが**「キーワードに
着目する」**という点である。たとえば倫理であれば「善のイデア」とい
うキーワードを見て「プラトンについての記述だな」というように反応
できるようになりたい。

　ただし出題側もその点は見通しているので、キーワードを覚えるのみ
では不足である。たとえば「善のイデア – プラトン」という関連しか
覚えていなかったら、「善のイデア」について間違った説明をしている
選択肢も「プラトンの思想」として選んでしまいかねない。そうした引っ
掛けが出されるということである。**キーワードの関連とともに、それら
キーワードの意味するものを覚えている必要がある。**あくまで**全体像を
理解してから、キーワードを覚えていくという順番**である。

第5節 社会　高校1、2年生の難関大学対策

🐧 1. 社会の位置づけ

　高校1、2年生の段階では英語、数学の基礎固めを優先すべきことは
すでに述べた。また、社会科目は覚えるべきことが多く、あまり細かい
知識を早い段階から詰め込んでも結局受験年には忘れてしまうので得策
ではないが、対策手順のフローの部分でお伝えしたように、社会はまず
全体像を掴むことが肝になる。したがって学校の授業の機会を活かして
まずは大枠を押さえる意識を持つとよいだろう。さらに定期テストの機
会を利用して、知識を入れておけば後々楽になる。

🥷 2. 具体的対策

(1) 高 1 生

　共通テストや二次試験で使いたい科目の授業が開講されているなら
ば、基本的に学校の授業に沿って進めていけばよい。もっとも、公立高
では 1 年時は主に公民科目を開講するため、使いたい科目を履修でき
ないことも多い。その場合は、空いた時間を用いて、教科書や参考書を
一通り読み通し、全体の流れを掴んでおくと理想的だ。

(2) 高 2 生

　基本的に学校の授業に沿って進めていけばよい。学校で配布される問
題集があるならば、授業の進度に合わせて解いていこう。無ければ、穴
埋めノートや、一問一答の基礎レベルの問題に目を通しておくとよい。

第6節 おすすめ問題集・参考書

♠文系　おすすめ参考書・問題集 ───────

<世界史・日本史>

[基礎]

　教科書及び資料集

[通史の概観]

　『青木裕司 世界史 B 講義の実況中継』(語学春秋社)

　『石川晶康 日本史 B 講義の実況中継』(語学春秋社)

[基礎知識の確認・補充]

　一問一答系の問題集　1 冊

　※ 資料集に関しては必要に応じて図表の確認などのためにサブ的に使い、記憶の
　　　定着に役立てる。

　　　一方で、教科書に関してはコンスタントに参照すべき重要度の高い教材として
　　　扱う。理由の一つとして、共通テストや二次試験が基本的には検定教科書の枠

組みで出題されることから、問題演習での取りこぼしを防げるということがある。そしてもう一つの理由として、教科書の記述は安心して入試の記述問題において使えるということがある。

労を惜しまず教科書を見直したほうがかえって見返りが大きいため、必ず教科書を問題集の隣に置き、読み込むようにしよう。

（社会の教科書の位置づけ、重要性についてはスケジューリング編参照）

[記述対策]

　教科書⇔過去問集

[共通テスト対策]

共通テスト過去問

『大学入学共通テスト　点数が面白いほどとれる本』シリーズ

(KADOKAWA)

等の共通テスト対策の網羅系参考書何か1冊。

この後は「志望校の過去問集」へ

> 「基礎標準知識の習得と志望校の過去問分析・過去問演習のサイクル学習」
> 「基礎標準知識を過去問基準で捉えなおす」（以上受験戦略編参照）

という勉強を実践していく。

＜地理＞

[基礎]

　教科書及び資料集

[全体像の把握]

　『山岡の地理B教室』（東進ブックス）

[基礎知識の確認・補充]

　『地理一問一答』

　『ココが出る！地理Bノート』（旺文社）

[記述対策]

　教科書⇔過去問集

　『納得できる地理論述』（河合出版）

　『地理記述論述問題集』（駿台文庫）

［共通テスト対策］

　共通テスト過去問

　『大学入学共通テスト　点数が面白いほどとれる本』シリーズ

(KADOKAWA)

等の共通テスト対策の網羅系参考書何か 1 冊。

　この後は「志望校の過去問集」へ

「基礎標準知識の習得と志望校の過去問分析・過去問演習のサイクル学習」
「基礎標準知識を過去問基準で捉えなおす」(以上受験戦略編参照)

という勉強を実践していく。

★第9章★

理系の共通テスト社会

第1節　理系の共通テスト社会　スケジューリング編

🏃 1.　理系受験生の共通テスト社会の年間スケジュール

　理系にとっての社会＝共通テスト対策となるが、どの科目を選択して
も勉強方法に大きな差はない。社会は理系では共通テストでのみ用いる
科目なので、あまり対策に時間を割きたくないというのが本音だと思う。
一方で医学部入試などをはじめ、共通テストで高得点を要求される大学
を目指す場合には、ここで大きく失点してしまうと全体の点数に響いて
しまう。そこで基本方針としては、なるべく少ない時間で効率よく対策
をすることである。

　対策を始める時期としては、余裕があれば早いに越したことはない
が、夏休み頃（7、8月）からで構わない。まず、共通テスト対策向け
の知識がまとまった参考書（『大学入学共通テスト　点数が面白いほど
とれる本』シリーズなど）を用意し、10月頃まではこれを覚えていこう。
ただ覚えるだけでなく、問題でアウトプットするのが効率的なので、問
題付きの参考書を選ぶか、別に共通テスト向けの問題集を用意して解き
ながら進めよう（おすすめ問題集・参考書については後述）。

　共通テスト模試の直前などは社会に集中的に取り組む良い機会であ
る。共通テスト模試の前3日間などは、1日の中で社会に取り組む時間
を長くとっても良いだろう。

　共通テスト過去問（共通テスト過去問が一定程度蓄積するまでは試行調査問題、センター過去問、共通テスト対策問題集等）に本格的に取り組み始めるのは12月頃、余裕があれば早めに11月頃が良い。それまでに覚えた参考書の知識を、問題を解きながら補完しよう。

🏃 2.　理系の共通テスト社会の年間スケジュールの重要ポイント

・まず知識がまとまった参考書を夏～秋にかけて、アウトプットと並行しながら覚える

・共通テスト過去問（共通テスト過去問が一定程度蓄積するまでは試行調査問題、センター過去問、共通テスト対策問題集等）を解き、参考書で確認することを繰り返して知識の穴埋めと補充を行う

🏃 3.　理系共通テスト社会の年間スケジュールのフロー

7、8月 ~10月	●参考書・問題集を用いて必要事項のインプットとアウトプット
11、12月 以降	●共通テスト対策

> 「基礎標準知識の習得と共通テスト過去問（共通テスト過去問が一定程度蓄積するまでは試行調査問題、センター過去問、共通テスト対策問題集等）分析・演習のサイクル学習」
> 「基礎標準知識を共通テスト過去問（共通テスト過去問が一定程度蓄積するまでは試行調査問題、センター過去問、共通テスト対策問題集等）基準で捉えなおす」（以上受験戦略編参照）

第2節 理系の共通テスト社会の勉強法 エッセンス編

🏃 1. 理系の共通テスト社会の対策手順のフロー

🏃 2.「勉強ターゲットの3類型」理論との関係

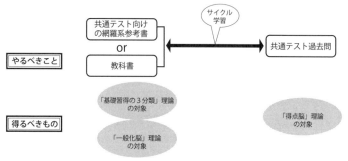

「勉強ターゲットの3類型」理論

＜共通テスト社会を勉強するにあたって＞

　社会は共通テストでしか使わないという人がほとんどである。対策は他の科目を優先してよい。ただし、当然点数は低くていいはずもなく、共通テストの社会の比重の重い大学では軽視できない。

　※科目選択については受験戦略編を参照。

　理系にとっての社会は共通テストのみの利用になるが、国語以上に対策する時間が無く配点も低いので、勉強法がわからない方も多いと思わ

れる。しかし、知識を覚えてしまえば解ける問題が多いので、隙間の時間をうまく活用して力をつけていこう。

☚ 3.　共通テスト社会の勉強法と対策の全体像

　社会もやはり問題集を使ってアウトプットしながら知識を定着させるのが一番良いので、共通テスト向けの簡単な問題集1冊と、共通テスト対策の読み物の参考書（知識をまとめたもの。『大学入学共通テスト 点数が面白いほどとれる本』シリーズなど）を1冊用意し、読んだ範囲を問題集で確認するように進めていこう。確認問題付きの参考書であれば一石二鳥である。

　参考書を読むのは、電車の中や科目ごとの間など、隙間の時間を上手に活用すると良い。ある程度頭に入ったら、共通テスト過去問（共通テスト過去問が一定程度蓄積するまでは試行調査問題、センター過去問、共通テスト対策問題集等）をひたすら繰り返して解き、知識を定着させるのが良い。

　具体的には、まず問題を解いて、答え合わせをして間違った所や不安な所については、参考書などでしっかり知識を確認する。抜けていた知識はノートや暗記カードにまとめるのも良い。これによりインプットとアウトプットを繰り返して知識を定着させよう。なお、**ただ正解の選択肢だけについて確認するのでなく、他の不正解の選択肢についても考えながら進めると効率が良い。**

第3節 理系の共通テスト社会の勉強法 実践編

【共通テスト地理の勉強法】

🏃 1. 共通テスト地理の特徴：センター地理からの変更点

＜大学入試センター公表 地理の問題作成方針＞

> 　地理に関わる事象を多面的・多角的に考察する過程を重視する。地理的な見方や考え方を働かせて，地理に関わる事象の意味や意義，特色や相互の関連を多面的・多角的に考察したり，地理的な諸課題の解決に向けて構想したりする力を求める。問題の作成に当たっては，思考の過程に重きを置きながら，地域を様々なスケールから捉える問題や，地理的な諸事象に対して知識を基に推論したり，資料を基に検証したりする問題，系統地理と地誌の両分野を関連付けた問題などを含めて検討する。　　　（出典：大学入試センター公式HP）

＜当塾、東大理三合格講師陣による独自問題分析＞

『作問のねらいとする主な「思考力・判断力・表現力」についてのイメージ』として挙げられている、

・地理に関わる諸現象の意味や意義、特色や相互の関連を多面的・多角的に考察することができる

・地理的な課題を把握し、その解決に向けて構想することができる

・考察したことや構想したことを適切な資料・内容や表現方法を選び効果的に説明したり、それらを基に議論したりすることができる

がよく表れた出題となっており、多角的な資料や図、議論を元として考えさせる問題が非常に多くなっている。

　センター試験の地理は元々、教科書に書かれた知識から考察して正答を導かせる出題が多かったが、考える材料と想定されるその知識を学習

しているかどうか、その知識を選び取ることができるかどうか、が正答を導くために最重要であった。

　共通テストの地理では、考える材料自体は多様な資料として提示され、それを読み解く理解力、合理的な答を導く論理力、ひいてはそれらを包括する国語力に正答を導くための力点が移っていることが変更点と言える。

🐾 2.　基本方針

　センター地理は一般に、7〜8割点くらいまでは少ない暗記量で到達できるが9割後半〜満点を安定して取るのはかなり難しい科目と言われている。実際、大学入試センターの公表している平均点と標準偏差から偏差値を計算して見ると、他の社会科目と比べて満点を取った際の偏差値が高くなっていることがわかる。このため、地方国立医学部などセンター配分の高い大学を受験される方にはあまりお勧めできない、とされていた。

　平成30年度試行調査　科目別分析結果によると、地理Bは平均点61.46点（世界史B 59.60点　日本史B 54.57点）標準偏差15.51（世界史B 18.90　日本史B 13.40）最高点94点（世界史B 100点　日本史B 100点）となっており、平成31年度　大学入試センター試験（本試験）が地理Bは平均点62.03点（世界史B 65.36点　日本史B 63.54点）標準偏差16.11（世界史B 21.94　日本史B 20.33）最高点100点（世界史B 100点　日本史B 100点）であることと比較すると、求められる思考力がある受験生には高得点が取りやすい科目となる可能性がある。

　実際にセンター試験では、高得点を目指すには教科書に載っているような一般的な事実や傾向に加え、それの例外としての個別の事実を覚えていかなくてはならなかった。例として2017年第5問3を見てみよう。この問題ではドイツとスペインの人口上位20都市がどのように分布しているかが問われ、選択肢として分散の小さいものと大きいものとが与えられた。教科書にはドイツは都市機能が分散した国家と書かれている

ので、この知識から考えれば答えは分散の大きいものということになる。しかし、実際は人口に限って言えば旧西ドイツ区域に集中しているため、正解は分散の小さいほうになるのだ。このように、基礎知識（全体的な傾向、概観）を押さえた上でその例外となる多くの個別の知識をカバーする必要があった。

　しかし平成30年度試行調査において正答率が低かった問題は、新旧地形図で地域の変遷を問う問題（第5問問2　正答率25.35%）、各地域におけるエネルギー資源（石油、天然ガス、石炭）の偏在を問う問題（第2問問1　正答率27.85%）であった。前者では旧版地形図の印刷が不明瞭であったこと、後者では埋蔵量と可採年数（埋蔵量÷年間生産量）が与えられており、年間生産量のデータを埋蔵量÷可採年数によって求めれば、各地域におけるエネルギー資源の年間生産量の問題にすり替えることができることを考慮すると、基礎知識の例外となる個別の知識を問う正答しにくい問題の出題は減少すると予想できる。
共通テストでは、学習事項を直接問う形でなくても、統計などを通してその背後にあるものとして問うものが依然として出題されるだろう。そのため、教科書知識のインプット、その後の問題演習、そしてどのように考えることが地理という科目において妥当、合理的かといった解法のようなものを理解し覚えていくことは従来のセンター地理対策と変わらず重要である。他の社会科目より問題演習によって得るものが多いことも変わらないだろう。

🏃 3. 具体的な勉強法

　提案する学習計画としては、学校の授業または参考書などを使って教科書に書かれている知識を入れた後、共通テスト型、あるいはセンター型の問題を使って演習するという手順になる。

(1) インプット

　まず教科書に載っている知識＝学習すべき知識＝試験で問われる知識がどういうものなのか把握しよう。この範囲はかなり限られている。理

解すべき範囲の限界を明らかにするのである。ここの部分を飛ばすと膨大なデータの前に太刀打ちできなくなる。高校生は（教師次第だとは思うが）なるべく授業時間を活用するといいだろう。

　地理に限らず、インプットの段階はただ参考書を読むのでなく何か手を動かしながら進めると理解しやすくなるのだが、地理では地図帳に書き込むなどすると効率がよくなる。自分で書き込んだ地図帳は受験を通して使え、また問題演習の際にも地図帳で確認することもできる。自分なりのデータベースとなるので、なるべくたくさん書き込んでいこう。

(2) アウトプット

　学習内容のインプットが一通り終わったら次は問題演習に移る。ここでは共通テスト型あるいはセンター型問題を使用する。基本的に共通テスト社会は予想問題をやる必要がないというのが当塾の方針だが、地理に関しては統計の古いものをやっても演習価値が低いため、最近の共通テストあるいはセンター試験の過去問をやり終えてしまったら予想問題集や模試の過去問に移っていい。共通テストの十分な量の過去問が溜まるまでは、大学入試センターが公表している試行調査問題がこの代わりになる。

　演習の際は、問題を解いた後の答え合わせの時の解説を読む時間が非常に重要である。地理の解説は、問題で扱われた事項について背景や関連知識がわかりやすくまとまっていることが多い。未知の事項や整理しきれていなかったことについてはここで押さえていこう。そして地図帳を傍に置いておき、事項を書き込んでいこう。

　解説を読む際に特に注意したいのは、この問題はどこに着目してどのように考えたら解けるようになるのか、という解法の部分である。数学などの理系科目と同じように、問題のタイプに応じて解法を一般化すると良いだろう。個別の知識も補充しつつ、解法を習得すると徐々に点数

が安定していく。

🏃 4. 注意点

(1) 地図帳、データブックの活用

　学習の2段階ともに地図帳を使うように書いたが、地図帳を活用することは地理の学習でとても重要である。地図上で情報を整理することによりそれらを覚えやすく、また引き出しやすくすることができる。人間は文字の配列よりも図などの空間的情報を含めた情報のほうが覚えやすいと言われる。そのため、地図を使って自分の知識を整理することが非常に有意義なのである。

　ここでの地図は白地図より普通の地図帳がいいだろう。例外的な個別データが必要になることは先述したが、これは（教科書や参考書でなく）生のデータに触れることでしかインプットできない。地図帳を使うことによりそういった生のデータが目に入る機会を確保できるのである。この意味ではデータブックを併用し、そこに書き込んでいくことも同様に意味があると言えよう（ただしこれはより高得点者向けになると思う）。

　データブックを使う際、8割以上を目指す人なら有名な統計を覚えてしまうべきだ。石油、天然ガス、石炭の上位産出国や人口上位国、国土面積の上位国など頻出の統計データについては、上位5カ国程度は覚えてしまったほうがいい。単純なランキング穴埋めだけでなく様々な問題に活きてくることは、上の基本方針で触れた正答率の低い問題を考えれば理解していただけるだろう。

(2) 時間配分について

思考力を問うという科目の性質上、歴史に比べると9割～満点を狙うことは難しいだろう。戦略としては8割前後の安定を目標に、なるべく時間を割かないようにするのが得策である。7割くらいまでは伸ばし

やすいので、そこまで到達していないのであれば積極的に対策を行って
いいだろう。しかし8割からは、地理の得点率が他の科目に比べ低く
ても時間を割くのは賢明ではない。

♠ おすすめ参考書・問題集 ————————

・『大学入学共通テスト 地理Bの点数が面白いほどとれる本』

(KADOKAWA)

　　通称「黄色い本」である。共通テストで問われる基礎知識はほぼ全
て載っている。何度か読み返して基礎知識を習得する際に使える。
・『地理B 統計・データの読み方が面白いほどわかる本』(KADOKAWA)
　　主にセンター試験の過去問を題材として、データをいかに読んでい
けばいいかが詳しく述べられている。学校の授業や自習では習得しに
くい"コツ"を習得することができる。知識は暗記したが得点がなか
なか伸びない人にはオススメの参考書。
・地図帳
・データブック
・過去問集・予想問題集
　　まだ共通テストは始まったばかりで過去問が出揃っていない。しか
し問題演習は知識のアウトプットには非常に重要なので、センター試
験の過去問題集を共通テスト用に構成したものや共通テストの予想問
題集に取り組むと良いだろう。「知識の範囲などにおいて必ず共通テ
ストをターゲットとしたものを使う」という点に留意すれば、教学社、
駿台、河合のものなどどれを選んでも問題はない。書店で中身を比較
してみて自分が好きなものを購入すれば良いだろう。

【共通テスト倫理政経の勉強法】

🏃 *1.* 共通テスト倫理政経の特徴：センター倫理政経からの変更点

＜大学入試センター公表 倫理・政経・倫理政経の問題作成方針＞

（倫理）

○人間としての在り方生き方に関わる倫理的諸課題について多面的・多角的に考察する過程を重視する。文章や資料を読み解きながら、先哲の基本的な考え方等を手掛かりとして考察する力を求める。問題の作成に当たっては、倫理的諸課題について、倫理的な見方や考え方を働かせて、思考したり、批判的に吟味したりする問題や、原典資料等、多様な資料を手掛かりとして様々な立場から考察する問題などを含めて検討する。

（政治・経済）

○現代における政治、経済、国際関係等について多面的・多角的に考察する過程を重視する。現代における政治、経済、国際関係等の客観的な理解を基礎として、文章や資料を的確に読み解きながら、政治や経済の基本的な概念や理論等を活用して考察する力を求める。問題の作成に当たっては、各種統計など、多様な資料を用いて、様々な立場から考察する問題などを含めて検討する。

（倫理、政治・経済）

○「倫理」「政治・経済」を総合した出題範囲から、上述の両科目の問題作成の方針を踏まえて問題作成を行う。

（出典：大学入試センター公式 HP）

＜当塾、東大理三合格講師陣による独自問題分析＞

　倫理政経の共通テストは、倫理、政経のそれぞれの出題範囲を統合した範囲から、それぞれの問題作成の方針を踏まえて出題される。

　その方針を確認してみると大きな特徴として挙げられるのは

「客観的基礎的な理解をもとに、原典資料、各種統計などの多様な資料を読み解きながら、様々な立場から考察する」
という点である。

　従来のセンター試験と比べると、基礎的な知識が必要であるのはもちろんのことであるが、センター試験以上に与えられた資料を読み解く力がカギとなってくる。高得点を狙うためには、ただ知識をインプットするのではなく、与えられた資料を基にアウトプットする力がより必要となるであろう。

　しかし、大まかな出題方針や、求められている能力はセンター試験の倫政と大きく重なるところがあるので、共通テストの対策として、センター試験の過去問に取り組むことは当然、とても有効である。

　よって、共通テストの対策として、従来のセンター試験対策と同じ流れを取ることは効果的であり、これに加えて、先に述べたようにアウトプットする練習をさらに重視すればよい。

🥷 2. 基本方針

　倫理政経の得点の伸び方の特徴として、ゆっくりと同じペースで、着実に勉強した分だけ伸びていくという特徴がある。地理は7〜8割まで伸ばすのにあまり時間はかからないが、そこから9割を目指していくのがとても時間がかかる。それに対し倫理政経は暗記がほとんどなので、7〜8割にするには地理よりは時間がかかるが、そこから9割に伸ばすのに時間がかかるということはない。今までと同じペースで着実に伸びていく。つまり、倫理政経は勉強時間が露骨に点数に反映される科目である。隙間時間を利用してコツコツ勉強しよう。

🥷 3. 具体的な勉強法

⑴ インプット

　まずは、『大学入学共通テスト　点数が面白いほどとれる本』(KADOKAWA) などの、内容を網羅して解説している参考書を読んで、大まかな流れを把握する。インプットの作業である。2周程度読めば十

分である。他の科目を圧迫しないように、隙間時間を利用して読み進めよう。

　参考書に付属している確認問題などを解いて、簡単にこまめなアウトプットもしながら読み進めたい。

　始める時期は早いに越したことはないが、遅くても9〜10月には始めたい。過去問を解き始めてからも隙間時間に読み続けよう。

⑵ アウトプット

　⑴の参考書を2周程度したら、次は過去問や問題集を使って本格的にアウトプットの作業に移る。

　共通テスト過去問（共通テスト過去問が一定程度蓄積するまでは試行調査問題、センター過去問、共通テスト対策問題集等）を解いていく。より実践的な演習を積みたいならセンター過去問や共通テスト・試行調査の過去問、範囲ごとに固めていきたいなら問題集を使えばよい。

　問題を解くときは、本番ではないので、多少時間がかかってもいいので、自信のある正解が1つ見つかったらそれを答えて終わりにするのではなく、他の選択肢も吟味して、どこが間違っているのかを考えよう。そうすることで過去問が最大限に活用できる。間違ったら、⑴の参考書に戻って間違った部分を確認しよう。

　⑴からすぐに過去問に取り掛かってもおそらく最初は点数が取れないだろう。これは仕方がないことである。アウトプットの量が足りないからである。⑴でインプットしていたものをアウトプットしながら確認するのが⑵の作業なので、最初は点数が取れないのは当たり前である。点数が取れなくても落ち込まずに、⑵の作業を続けよう。経験を積めば積むほど、だんだんと点数は上がってくるはずである。

　先にも述べた通り、共通テストではセンター試験よりも思考力を問う問題が増えているので、解いた問題の解説をしっかりと読むことで、

解答に至るまでのプロセスをしっかりマスターして、初見の問題に出会ったときに臨機応変に対応することのできる力を養うことが大切である。

🏃 4. 注意点

(1) 古い年度の問題について

　特に政経の分野では古い年度の問題を解くと、今と変わっているものもある（議員定数など）。ただ、それほど多くは変わっていないので、古い年度の過去問も十分有用である。今と変わっているところに注意しながら、答え合わせをしなくてはいけない。

　不安に思ったら、ネットなどで検索して最新の情報を確認しよう。

(2) 暗記するコツ

　倫理を暗記するときはまずは細かい単語は保留して、思想の全体的なイメージや流れをとらえよう。例えば、ソクラテスなら「なんとなく悟ってる感じ」というような感じで、人と思想のイメージをとらえよう。

　そのあとにキーワードをそこに付け加えていこう。そのイメージや流れと結びつかせることで、芋づる式に思想の内容が出てくるようになる。政経ならば、数値などは仕方がないので暗記するとして、法令や判例はそれができた背景も知っておくと覚えやすい。

♠ おすすめ参考書・問題集 ────────────

・『大学入学共通テスト　倫理、政治経済の点数が面白いほどとれる本』
　（KADOKAWA）
　　これ1冊で十分網羅できる。倫理だけのものや政治経済だけのものもあるが、一緒になっているもので十分である。
・『政治・経済用語集』(山川出版社)
　　辞書代わりにもっておくと便利である。定期試験用としても使え

勉強法編／勉強法総論

勉強法編／勉強法各論

る。高校の政治経済の教科書に載っている単語をほぼすべて掲載している。

・過去問集・予想問題集

　本書の方針としては本来は過去問集がベストであるが、まだ共通テストは始まったばかりで過去問が出揃っていない。ただ、問題演習は知識のアウトプットには非常に重要なので、センター試験の過去問題集を共通テスト用に構成したものや共通テストの予想問題集に取り組むと良いだろう。「知識の範囲などにおいて必ず共通テストをターゲットとしたものを使う」という点に留意すれば、教学社、駿台、河合のものなどどれを選んでも問題はない。書店で中身を比較してみて自分が好きなものを購入すれば良いだろう。

【共通テスト世界史の勉強法】

🏃 1.　共通テスト世界史の特徴：センター世界史からの変更点

＜大学入試センター公表 歴史の問題作成方針＞

> 　歴史に関わる事象を多面的・多角的に考察する過程を重視する。用語などを含めた個別の事実等に関する知識のみならず，歴史的事象の意味や意義，特色や相互の関連等について，総合的に考察する力を求める。問題の作成に当たっては，事象に関する深い理解に基づいて，例えば，教科書等で扱われていない初見の資料であっても，そこから得られる情報と授業で学んだ知識を関連付ける問題，仮説を立て，資料に基づいて根拠を示したり，検証したりする問題や，歴史の展開を考察したり，時代や地域を超えて特定のテーマについて考察したりする問題などを含めて検討する。
>
> （出典：大学入試センター公式HP）

＜当塾、東大理三合格講師陣による独自問題分析＞

　センター試験は、4つの大問から成り立っており、各大問は3つのリード文により構成されていた。共通テストの試行調査問題では、大問が6つに、各大問のリード文が2つになった。そのためリード文の数は変わらない。また、各リード文につき3つの小問が含まれるという点も変わらないため、合計小問数は36問のままである。このように、問題構成に大きな変更点は見られない。

　問題形式につき注意すべき点は次の二つである。まず、図表や資料を用いた出題が大幅に増加した。これらの問題は、教科書レベルの範囲にとどまるものの、センター試験よりも難易度が高いものになっており、共通テストの試行調査問題の世界史Bの難易度を底上げする要因となっている。

　次に、リード文を読まなければ正答を導けない問題が増えたことである。これまでのセンター試験では、リード文は半ば形骸化しており、いきなり小問に移っても解ける問題が多かった。ところが、共通テストの試行調査問題ではリード文を注意して読まなければ解けない問題が多く出題された。それゆえ、一問あたりにかかる時間が増えると思われる。

🏃 2. 基本方針

　共通テストでは従来のセンター試験で問われていたような重箱の隅をつつくような細かい知識問題はほとんど姿を消し、歴史の流れをおさえていなければ解けない問題が増加した。つまり、歴史の大きな流れとは深い関わりを持たない些末な知識事項をたくさん覚えることは有効ではなく、ある出来事が他の地域にどんな影響を及ぼしたのか、また、後の時代にどのような影響を及ぼしたのか、という、ヨコ方向（同時代での各地域の関連）とタテ方向（同地域での時代単位での関連）のつながりを意識して学習していく必要がある。

🏃 3. 具体的な勉強法

(1) インプット

　基本方針を踏まえて考えると、まずは歴史全体の流れをおさえることが大切であり、人名や年号、出来事の名前は大きな流れを理解した上で必要な部分だけを覚えていくようにする。全体の流れをおさえるための参考書としておすすめなものは『大学入学共通テスト　世界史Ｂの点数が面白いほど取れる本』(KADOKAWA) や『ヨコから見る世界史パワーアップ版』(学研プラス) である。後者は前者に足りないヨコのつながりの解説をメインに行なっているため、より得点を向上させたい人におすすめの参考書である。これらは読み物であるので、まずは通読して大きな流れを整理することをおすすめする。

　インプット系の読み物を１度読んだだけでは覚えられないのは当然なので、暗記に関しては具体的な問題をときながら行っていく。読み物を何度も読み直すことで覚えていく方法もあるが、アウトプットとして問題をときながら覚えていくほうが一般的には覚えやすいはずだ。

(2) アウトプット

　アウトプットの**問題集としては共通テストをターゲットとしたものを使う**ようにする。例えば従来版の『山川一問一答世界史』(山川出版社) は共通テストをターゲットとしたものではないため、知識問題としては細かい問題が多すぎて共通テストのみを考えた場合にオーバーワークになってしまう。必ず共通テスト用 (もしくはセンター試験用のものでも基本的には可) の問題集になっているかどうかというところに注目して選ぼう。おすすめの問題集は『大学入学共通テスト　世界史Ｂの点数が面白いほど取れる一問一答』(KADOKAWA) などの従来のセンター過去問を再構成して演習しやすくした問題集である。過去問をいきなり解くのは大変であるが、このような問題集は時代別に過去問を並び替えて演習しやすく、また記憶にも残りやすくしており、範囲としてもすべてがセンター試験で出た問題なのでターゲットからずれない、という利

点がある。アウトプットの問題集は一冊決めたら他の本に浮気せず最低3周はときなおす。なお、1周目では全然できないのが普通なので答えをガシガシ見て問題ない。世界史はわからない問題は知らないからわからないのであり、考えてもどうすることもできないので答えをすぐ見よう。問題集をとき、解説を見ながら、記憶が曖昧なところに関しては参考書を見直して、それがどんな流れの中にあったのかなどを確認しよう。

アウトプットの問題集をある程度やり終えたら次に解くべきは共通テスト・センター試験の過去問である。共通テストの過去問は施行開始後極めて少ないので、センター試験の過去問（もしくはそれを共通テスト用に編集した問題集）を使うとよい。センター試験過去問は難易度・問題形式ともに共通テストと似通っていた問題も多く、基礎を問う良質な問題がそろっている。はじめのうちは時間を計る必要はなく、時間をかけてでも良いので落ち着いて知識が身についているか確認しながら解いていこう。10年分ほど解けばかなり点数は安定して、解くスピードも上がってくるはずなので、そこまで達したら時間を計って演習する。ただし、1で共通テスト世界史の特徴にも示したとおり、共通テストではセンター試験と小問数が同じであるにもかかわらず、一問にかかる時間が増えるため、センター試験ほどの時間の余裕は無くなると思われる。制限時間を短めにして解くことを勧める。

最後に世界史の学習に関して、「覚える」のではなく「理解」せよとよく言われる。しかし、両者は二者択一ではない。「理解」したうえで「覚える」のである。そして「理解」とは自力で理由を推測することではなく、教科書や参考書に掲載されている因果経過を整理するということである。こうして、整理した知識を着実に蓄えていけば、形式的な変化に対応する能力だけでなく、応用問題に食らいつく実力も涵養されるだろう。

勉強法編／勉強法総論

勉強法編／勉強法各論

☀ 4. 注意点

(1) 教科書・資料集の活用

　教科書や資料集に掲載されている資料や図表にもぜひ目を通しておきたい。これは、出題可能性のある資料を知っておくためではなく、資料と知識との繋がりを意識するためである。共通テストの試行調査問題でもそうであったように、既に知っている資料や図表が出題されることの方が稀である。そういった問題に対処するためには、資料を読んで関連する知識を想起する訓練を日常的に重ねておく必要がある。また、過去問を解いて出てきた図表などはその都度、教科書や資料集を見て記載がないかを確認し、同時に関連事項としてどんな資料があるのかということについても必ずチェックする習慣をつけよう。

(2) 世界史の選択について

　勉強時間を十分に確保し正確な知識を入れることができれば、安定して9割から9.5割を確保できる科目であることは共通テストでも同様である。一方、短時間の勉強で8割が取れるような科目ではないため、社会に割く時間がない場合はおすすめできない。共通テストでの社会の傾斜が高い大学を受ける場合など、9割超の得点が欲しくて、かつ社会にかける時間が十分確保できるという場合のみ世界史は選択すべきであろう。

♠ おすすめ参考書・問題集 ────────────

・『大学入学共通テスト　世界史Bの点数が面白いほどとれる本』

(KADOKAWA)

　文章が読みやすく、流れを意識して書かれているので内容が頭に入りやすい。なにはともあれ、これを通読することから始めるのをおすすめする。

・『大学入学共通テスト　世界史Ｂの点数が面白いほど取れる一問一答』
（KADOKAWA）

　　上記の「大学入学共通テスト　世界史Ｂの点数が面白いほどとれ
る本」と対応しているため、これを読みながら一問一答を解いていく
というふうに使うとインプットとアウトプットのバランスが取れ、効
果的に記憶に残すことができるだろう。

・『ヨコから見る世界史　パワーアップ版』（学研プラス）

　　ヨコのつながりについて大変詳しく書かれている。同じ出来事でも、
タテの視点だけでなく、ヨコの視点から捉えてみることでより正確に
その出来事の意味を理解することができ、記憶にも残りやすくなるだ
ろう。

・教科書、資料集

　　共通テスト試験の大元になっているものであるから問題演習の際に
適宜参照するのに便利である。文章が硬く、初めからこれを読んで流
れをおさえようとすると大変なので、問題演習で気になった箇所だけ
ピックアップしてみたり、図表だけを確認するために使うなど、使い
方は工夫しよう。

・過去問集・予想問題集

　　本書の方針としては本来は過去問集がベストであるが、まだ共通テ
ストは始まったばかりで過去問が出揃っていない。ただ、問題演習は
知識のアウトプットには非常に重要なので、センター試験の過去問題
集を共通テスト用に構成したものや共通テストの予想問題集に取り組
むと良いだろう。「知識の範囲などにおいて必ず共通テストをターゲッ
トとしたものを使う」という点に留意すれば、教学社、駿台、河合の
ものなどどれを選んでも問題はない。書店で中身を比較してみて自分
が好きなものを購入すれば良いだろう。

【共通テスト日本史の勉強法】

🐝 1. 共通テスト日本史の特徴：センター日本史からの変更点

＜大学入試センター公表 歴史の問題作成方針＞

　　歴史に関わる事象を多面的・多角的に考察する過程を重視する。用語などを含めた個別の事実等に関する知識のみならず，歴史的事象の意味や意義，特色や相互の関連等について，総合的に考察する力を求める。問題の作成に当たっては，事象に関する深い理解に基づいて，例えば，教科書等で扱われていない初見の資料であっても，そこから得られる情報と授業で学んだ知識を関連付ける問題，仮説を立て，資料に基づいて根拠を示したり，検証したりする問題や，歴史の展開を考察したり，時代や地域を超えて特定のテーマについて考察したりする問題などを含めて検討する。

（出典：大学入試センター公式HP）

＜当塾、東大理三合格講師陣による独自問題分析＞

　共通テストは『【歴史】作問のねらいとする主な「思考力・判断力・表現力」についてのイメージ』として以下のように挙げられている、

・歴史に関わる諸事象等の意味や意義，特色や相互の関連について，概念等を活用して多面的・多角的に考察することができる。

・歴史に見られる課題を把握し，その解決に向けて構想することができる。

・考察したことや構想したことを適切な資料・内容や表現方法を選び効果的に説明したり，それらを基に議論したりすることができる。

がよく表れた出題となっており、資料読解や歴史に対する大局的な視点を問う問題が非常に多くなっている。

　センター日本史との主な違いはこれに尽きるであろう。元々センター日本史でも、資料読解問題は一部出題されていたが、その場で資料を正確に読み取ることさえできれば正答に至ることができる問題であった。一方共通テストの日本史では資料読解問題がかなり多く出題され、しかもそれは単に資料を正確に読み取るだけでなく、自分の持つ知識と組み合わせなければ正答に至れない問題となっている。また共通テストでは、単なる一問一答的な知識だけでなく、センター日本史よりもより一層に歴史的な流れや歴史に対する大局的な視点を重視した問題が数多く出題されている。例えば古代から近代に至るまでの公共事業の仕組みについて並び替えさせる問題などは、今までセンター日本史では見られなかった。

🐜 2. 基本方針

　一般に日本史は時間がかかるが高得点は取りやすい科目と言われている。しかし、8割以上を目指すのであれば地理や倫政の方が短期間で達成可能であろう。だから、あえて理系なのに日本史を選択するのであれば、安定して9割以上得点できなければ勉強時間的に地理や倫政選択者に比べて相対的に不利になるであろう。この「安定して9割」というのが実は非常に難しい。歴史なんて覚えれば終わりなどと思う人が多いかもしれないが、覚えなければいけない知識量が膨大である。そこは覚悟して日本史の勉強に取り組まなければならない。
主なスケジュールは以下のようになる。

　11月までは教科書や参考書を使って、必要となる知識をインプットしていくことが必要になる。学校の授業で日本史を選択している場合、定期試験ごとに一度は詰め込みで暗記する機会があるだろう。詰め込みはしばらくすると忘れてしまいがちだが、初期の記憶への印象付けとしてはなかなか有効であるために、定期試験や模試などを上手く活用して欲しい。一度の詰め込みでは忘れがちとはなるが、それも2周目3周目と確認していくうちに以前の断片的な記憶が繋ぎ合わさって、着実な知識体系の成立に繋がる。この時期までに教科書を3周以上は通読で

きていると望ましい。11月以降は共通テストの試行調査問題やセンター試験の過去問演習に入る。過去問演習はとても知識の整理に役に立つので、15年分程度取り組んでも決して時間の無駄にならないであろう。

🐎 3. 具体的な勉強法

(1) インプット

　今までのセンター日本史では地理や倫政よりは時間はかかるものの、とりあえず教科書を読みセンター日本史向けの一問一答を仕上げ、過去問できるだけ多く解けば9割以上安定して得点することは可能ではあった。しかし、上でも述べたように単なる一問一答的な知識だけでは対応できない問題が数多く出題されるようになり、一問一答を仕上げるだけでは高得点はもはや不可能になった。そこで必要となるのは教科書の読み込みだ。教科書を何周も（少なくとも3周は読みたい）読むことで、日本史の知識を有機的につなげることが重要だ。具体的には横のつながりと縦のつながりを意識しながら教科書を読む必要がある。横のつながりとはある時代の中での政治、経済、社会の関係であり、縦のつながりとは時代間の相違点である。横のつながりに比べて縦のつながりは最初から読み取っていくのは少し難しいので、教科書を1周目、2周目と読む段階では横のつながりを意識し、3周目、4周目と読む段階では縦のつながりを意識すると良いだろう。これくらい教科書を読んだ後は、テーマ別学習が縦のつながりの把握により一層役立つであろう。例えば、農業について古代から近現代までまとめたノート、経済について古代から近現代までまとめたノートなどを作ると良い。

(2) アウトプット

　教科書を読んで知識を有機的に整理できた後は共通テスト過去問（共通テスト過去問が一定程度蓄積するまでは試行調査問題、センター過去問、共通テスト対策問題集等）を解いてアウトプットを行っていく。この問題演習の目的は、その点数以上に、自分の知識があいまいなまま試験本番を迎えようとしていないかのチェックであるために、不正解の問

題はもちろん仮に正解した問題であっても、不安要素がある場合は、必ず教科書に戻り知識を確認すること。解説なども読み込み、関連する知識を身につけていくことが大切である。

🏃 4. 注意点

（1）資料集の活用

　資料集は教科書ほど個々の出来事の繋がりが把握しやすいわけではないが、テーマ別に様々なことが書かれていて、しかも重要な視点が数多く取り上げられている。文化については図が多く載っているので覚えにくい文化史も視覚的なイメージと重なってある程度は覚えやすくなるだろう。しかし資料集を隅々まで完璧に覚えるのは骨が折れる作業だし時間の無駄であろう。少なくとも文化史のページは一通り目を通し、他のページは勉強の息抜き程度に確認すると良いだろう。

（2）近現代史について

　近現代史はそれまでの時代と比べて非常に教科書でやる内容の密度が濃くなる。しかしここを正確に覚え切れていないと大きく失点してしまうので対策は特にしっかり行ったほうが良い。おすすめなのは、10年ごとに政治、経済、思想、社会の分野で起こったことをまとめることだ。つまり1860年代の出来事、1870年代の出来事、1880年代の出来事……などというように時代を分けて自分でノートにまとめるのだ。この範囲は教科書を読むだけだと、出来事の内容は覚えていてもそれがいつ起きたのかを忘れがちである。近現代史で困ったらぜひこのまとめ方を参考にして欲しい。

♠ おすすめ参考書・問題集

・教科書　例）山川出版社　『詳説　日本史』
　　多くの人が持っているであろう日本史の教科書。共通試験は教科書の範囲内で作られているものであり、基本的に知識の確認はすべてこ

勉強法編／勉強法総論　勉強法編／勉強法各論

の1冊で足りる。過去には教科書ページ下のコラム的な文章からの出題例もあり、いかに網羅できているかが勝負のカギとなる。

・『大学入学共通テスト　日本史Bの点数が面白いほどとれる本』
(KADOKAWA)

　文章が読みやすく、流れを意識して書かれているので内容が頭に入りやすい。日本史で高得点を狙う場合基本的には教科書をお勧めするが、教科書では読みにくいという方にはこちらもあり。

・『大学入学共通テスト　日本史Bの点数が面白いほど取れる一問一答』
(KADOKAWA)

　上記の「大学入学共通テスト　日本史Bの点数が面白いほどとれる本」と対応しているため、これを読みながら一問一答を解いていくというふうに使うとインプットとアウトプットのバランスが取れ、効果的に記憶に残すことができるだろう。

・資料集　例）浜島書店　『新詳日本史』

　文章とは別に何か図や写真・資料を確認できる参考書を手元に1つ用意しておきたい。

　特に高得点を狙うのであれば、有名な文化財については一通り写真などでチェックしておくこと。

・過去問集・予想問題集

　本書の方針としては本来は過去問集がベストであるが、まだ共通テストは始まったばかりで過去問が出揃っていない。ただ、問題演習は知識のアウトプットには非常に重要なので、センター試験の過去問題集を共通テスト用に構成したものや共通テストの予想問題集に取り組むと良いだろう。「知識の範囲などにおいて必ず共通テストをターゲットとしたものを使う」という点に留意すれば、教学社、駿台、河合のものなどどれを選んでも問題はない。書店で中身を比較してみて自分が好きなものを購入すれば良いだろう。

日々の勉強への
取り組み編

第1部　日々の勉強の核の確定

★第1章★
教科書・問題集・参考書⇔過去問分析・過去問演習というサイクル学習を中心に据えよ

🏃 1. まず受験基礎標準知識を完全に理解し習得すること

これが一番大切です。

合格の天使メソッドポイント

　基礎標準知識を一通り身につけ、できるだけ早い段階で過去問分析、過去問演習を行う。

　教科書・問題集・参考書で基礎標準知識を習得する⇔過去問分析・過去問演習というサイクル学習を実践していく。

　過去問分析、過去問演習から基礎標準知識の本質的理解、志望校の頻出事項、出題・設問の作り方の癖、要求されている問題分析力、知識、解答のコツ、方向性、頭の使い方、考え方、思考力、応用力、論理的表現力を身につける。また過去問分析、過去問演習によってこれらのうち志望校合格にとって必要でありながら自分に欠けているものも明らかになるのです。

　そしてそれを踏まえた上で、再び基礎標準知識の習得に戻り、**志望校の入試問題が要求している方向で基礎標準知識を身につけ、**さらに過去問演習を積み重ねていくというこの繰り返し、すなわち**教科書・問題集・参考書で基礎標準知識を習得する⇔過去問分析・過去問演習というサイクル学習**の中で結果的に8割以上の得点も可能になります。

　この繰り返しの重要性をどこまで本質的に理解し、目的意識を持って学習に取り組み成熟させていくかが、6割から8割以上の得点への分かれ道です。

　第一志望校の入試問題に対処するために、いろいろな難度の高い問題集・参考書にあたるより、過去問演習の中で知識を補充し、再び教科書や普段使っている問題集・参考書に戻って確認していくほうがはるかに合格を確実にします。

　決して難しい参考書や単語帳を何冊もこなしたり、やみくもに予備校等の講義を受けることが高得点を取るために必要なのではありません。この点は本書を読んでくださっているみなさんは明確に理解してください。**参考書や問題集をむやみにやり散らかし、過去問演習に当てる時間が十分に取れないというのは本末転倒、合格を自ら放棄しているようなもの**です。

　基礎標準知識を身につけ過去問演習をする中で、頻出事項や応用事項について各自必要だと感じた部分についてのみ難しめの参考書や問題集を利用してみたり、予備校の講義等をピンポイントで利用して補強していくという対策をするのがもっとも効率がよい手段です（あくまで必要だと感じた場合だけです）。

　基礎標準知識を確実に身につけ、過去問分析・過去問演習から要求されている知識、問題分析力、思考方法、思考力、応用力、表現力が何であるのかを得てしっかりと基礎標準知識の習得に還元し対策すれば十分に合格点は取れるようになります。最初から8割以上を目指して細かい知識、難問も正解しようと基礎標準知識をおろそかにし、やみくもに勉強したのでは絶対に8割を超えることがないのは当然、受験生平均点にも届かない恐れがあります。合格できないことは間違いありません。

　受験生の多くは知識をつめることについては必死になって勉強をします。
　殊に意志が強く自己に厳しい人間は、問題集・参考書を大量にこなし、塾や予備校等に行ってとにかく他人より多くの時間を勉強に費やせば、自分が不合格になることはないと考える傾向にあります。

　しかしこれこそが努力しても結果が付いてこない人の多くが陥っている誤った考え方です。多くの受験生がこのような誤った考えを持っています。
　自分より明らかに勉強時間が少ない人間が簡単に合格してしまったり、試験の成績が良かったりすると、自分は頭が悪くて、その人はとても頭が良く何か特殊な才能を持っていると思い込んでしまうのです。実際世の中はこの誤った考えに支配されています。

　もちろん努力は必要です。しかし合格するには、戦略がそれと同じレベルもしくはそれ以上に必要なのです。

　戦略を立てるのに、真剣に分析し考える時間を惜しまないでください。
　客観的に自己の成績、試験までにかけることのできる時間、到達点、試験問題の特性をじっくり吟味して勉強していれば努力は結果に確実に結びつきます。
　無駄な努力もなくなります。自分のやっている勉強が常に合格に近づ

いていることを実感できます。ますます前を向いて勉強していけるという好循環が生まれるのです。

🏃 2. 基礎標準知識と過去問の重視は普段の勉強のみならず本番でも大いに役立つ

　基礎標準知識を完全に身につけて過去問演習を十分にやっておけば、本番で「?」と思う問題が出ても、基礎及び過去問演習で培った思考方法から考えてわからなければ、合否に影響しないと判断することができます。

　潔く後回し、もしくは時間がなければ捨て問にできるのです。
　受験戦略は、日ごろの勉強の方向性を定めるのみでなく、本番でも強い武器になります。

　年により問題の難易度に違いはあります。でも本番では難しいからできないといってあきらめないでください。基礎標準知識をしっかり身につけて過去問演習を繰り返しておけば、その年の傾向も本番でしっかりわかるようになります。「例年の傾向からして、この問題はできる受験生は少ないだろう」ということがわかるようになるのです。

　本書の受験戦略・勉強法を知り実践したのにそれでも難しければ他の合格レベルの受験生にとっても難しいことは間違いありません。ここであきらめず、平常心で得点できる問題を確実に正解していくことが合格にとって最もかつ唯一重要なことです。普段の勉強でも過去問演習でも本番でもこのことは絶対に忘れないでください。

─────●★第2章★●─────
基礎標準知識の習得の仕方と
過去問の有効活用の手順

🏃 1. まずすべての基礎である教科書レベルの知識は完璧にしよう

(1) 基礎知識の重要性

　学校の定期テストや授業を有効に使って、やるべきことはきちんとやっていきましょう。

　高卒生や高3になって受験を真剣に考えた人であれば、教科書レベルの問題集、参考書をしっかりこなしてください。ここを軽視しているとどんなに頑張っても成績は伸びません。

　苦手科目のある人、頑張ったのに成績が伸びない人に共通するのは基礎の欠落です。

　基礎が身についていなければ、解けない問題に出くわしても、「何がわからないのかわからない」状態になってしまいます。しっかり基礎を身につけていれば、自分に何が足りなかったのか、何をすれば解けるようになるかを発見することができるのです。

　難しい参考書や問題集をやる前にとにかくこのレベルをまず完璧にすること。

　これが第一志望校・難関大学合格にとって最も重要なことです。

(2) 基礎の理解の重要性

　基礎知識をしっかり理解していれば応用問題は解説を読めば理解できますし、解けるようになりますが、この部分を軽視して難しい参考書・問題集をやったところで難関大学の第2類型の問題では絶対に得点できません。

合格の天使メソッドポイント

　合否を決める第2類型の問題の特徴を思い出してください。基礎知識からの問題分析力、論理的思考力、論理的表現力がしっかりしていれば得点できる。ということは、最低限基礎知識をしっかりと理解して身につけておけば本番で大問の部分点や場合によっては論理完結すれば高得点を得られる可能性があるのです。

　しかし、**基礎知識の「理解」をないがしろにして、難度の高い問題をいくら頑張って日々解いても、そこからは「基礎の理解から積み重ねられる論理」というものは決して得ることはできないのです。絶対に得ることはできないのです。**
　基礎からの問題分析、論理的思考、論理的表現をなすには「基礎の理解」がすべての肝です。
　第2類型の試験問題で求められているのは「基礎の本質的理解から積み重ねられる問題分析力、論理的思考力、論理的表現力」。だから「基礎の理解」はあなたが考えている以上に大事なものなのです。

🏃 2. 次に基礎標準レベルの問題集、参考書等を使って知識の確認、応用を学ぼう

　高卒生や高3になってはじめて本格的に受験を意識した人たちで基礎知識に抜けがある人は、焦らず、意地を張らず、標準レベルの参考書や問題集、過去問集をやる前にまず基礎的な教科書、問題集、参考書等を使ってしっかり基礎知識を身につけてください。

　これを怠ると本当にどんなに勉強しても成績は伸びません。本当に伸びません。すべての知識、応用は基礎知識の積み重ねの上にのみ成り立っているからです。

　したがって、基礎知識がないにもかかわらず、どんなに難しいことを何時間勉強しても成績は絶対に上がらないのです。応用力は絶対につか

ないのです。このことは絶対に意識してください。

　難関大学合格者の中には、苦手だと思い込んでいた科目の基礎知識を
とにかく地道に習得したらその科目が得意科目になったという人が多い
のが特徴です。**苦手科目の原因は基礎知識の本質的な理解や習得の欠落
とその放置にあります。**大学入試レベルにおいては苦手科目の原因はそ
こにしかありません。苦手科目のある方は肝に銘じてください。

👟 3. 基礎標準知識をなるべく早く一通り身につけ、過去問分析・過去問演習に十分な時間を確保しよう

　過去問演習を通じて基礎標準知識の本質的理解や、あやふやなところ
の確認、志望校の要求する知識、問題分析力、思考方法、思考力、応用
力、表現力（知識のアウトプットの仕方）を身につけてください。

合格の天使メソッドポイント

　**過去問分析・過去問演習を通じて合格に必要なすべてを補充して
いく。**納得するまで解答解説を検討してください。合格のために必
要なことはすべて過去問から学べます。

　基礎標準知識の習得⇔過去問分析・過去問演習の往復の中で、合
格にとって必要で自分にとって欠けているものを適宜、普段使用し
ている基礎的、標準的な教科書、参考書や問題集に立ち返って補っ
ていってください。

　**「基礎的標準的な教科書・問題集・参考書の知識や問題を志望校
の過去問基準でとらえなおす」**

　これが過去問分析、過去問演習を通じて合格に必要なすべてを補
充していくことの核です。

🥷 4.　論述答案への十分な対処をしよう

　過去問は何度も繰り返してください。そして常に自分の解答と正答、解説について納得のいくまで研究してください。この方法でしか第一志望校合格に本当に必要な論理的表現力（アウトプット力）は身につきません。

　各過去問集によって解説の詳しさが違っていたり、模範解答がかなり異なるものだったりしますので、過去問集はいくつか解答を見比べて、試行錯誤しながら自分が納得いく解答を作り上げてみることで大きな実力がつきます。そして、記述・論述式の解答のある科目では学校の先生や通信添削を利用するなどして必ず添削指導を受けてください。第三者の目から客観的に評価してもらうことが必要なのです。

　論述答案というのは、一定の論理的思考力の他に一定の論理的表現力が要求されているということは多くの受験生の意識が非常に薄い部分ですので特に意識的に対策してください。**どんなに知識があっても、解答までの筋道がわかっても論理的に表現されていない限り論述式の答案では点数を獲得できないという現実**は強く意識してください。

　予備校の講義の受け売りではなく、自分の感覚でなぜ、どうしてそれが正解なのか、その記述がなぜ必要なのか等を納得いくまで考えてください。

　これによって基礎知識の本質的理解、思考方法、解法のポイントが身につきます。

　あくまで**自分の感覚で理解すること**が重要です。それが本質的な理解であり、本番でも唯一役立つものだからです。

🥷 5.　本番戦略も過去問から学ぼう

　時間配分、問題を解く順番を決めるなど個人個人の本番戦略も過去問からしっかり学んでおいてください。合格にとって必要なものはすべて

過去問から吸収してください。

　模試を利用したり、最終的には過去問を時間を計って解くなどして、その時間配分や順番がきちんと機能するかを何度も試しておいてください。そうすれば本番で焦ることなく、通常通りの心持ちで臨むことができます。

🏃 6.　過去問は最初からすべて解ける必要などない

合格の天使メソッドポイント

　最初は志望校の入試問題の傾向を知り、出題内容を知り、大学側の要求を知り、思考方法を学び、対策を練るために活用してください。最初から時間を計って解いたり、時間内に解くことを目指す必要はありません。じっくり吟味し分析することが大切です。

　決して力試しのためではなく、**「過去問こそが第一志望校合格にとって最高の問題集であり参考書である」**ということは忘れないでください。

　わからないところは解説や普段使っている教科書、参考書等で確認しながら、どの程度の知識がどのように問われているのかを確認していくことが重要です。

　過去問への認識を変えること、すなわち、**過去問を問題集・参考書と位置付けてフル活用すること**が最も大事なことです。

★第3章★
高校1、2年生の
難関大学合格への注意点

　高校1、2年生のみなさんも各科目勉強法でお伝えする勉強法を日々の勉強、問題演習にしっかりと活かしていってください。高校1、2年生の段階から本書の内容を知りそれを実践していけば鉄壁な受験対策ができます。

　以下では高校1、2年生のみなさんに特に注意していただきたい点をあげておきます。

🏃 1.　教科書や授業の機会を最大限活かそう

　難関大学に合格するための受験対策というと何か特殊なことをやらなければならないと思ってしまうのがほとんどの高校生の考えです。その結果、闇雲に予備校に通ったり、教科書傍用問題集等の学校で配布される問題集や授業を軽視して、世間一般に勧められている問題集や参考書、塾や予備校のテキストをこなすべきと考えてしまいがちになります。

　しかし教科書や傍用問題集の重要性・優位性は本書の中で述べてきた通りです。

　高校1、2年生の段階で基礎をきっちりと身につけておけば受験年にはそれ自体ですでにトップ集団に位置することができます。受験年1年あれば十分な受験標準問題演習、志望校の過去問演習をこなせます。難関大学合格のためには基礎をきっちりと身につけることが最優先でありそのためにはまず教科書や傍用問題集、授業の機会を最大限活かすことに意識をおいてください。

　扱う教科書が高校によって異なることを気にされる方もいらっしゃると思いますが、教科書にはレベル・内容に大きなばらつきが出ないように検定制度というものがあります。そして教科書のレベルの違いというのは章末問題、例題等扱っている問題のレベルに若干の差があるという違いにすぎません。扱われている内容に大きな差があるわけではないのです。したがって基礎を身につける段階で教科書の差、違いを気にする必要はありません。

　学校で配布されたものを使えば問題ありません。

合格の天使メソッドポイント

　塾や予備校で「先取り学習」をするよりもまず以上の部分を最優先で固めること、これが難関大学合格への最重要事項です。

🏃 2.「もともとできる人」の本当の正体を知っておこう

　本書で第一志望校、難関大学に合格するため大事なことはしっかり掴んでいただいていると思います。ただし、個々人の状況によっては「今日から頑張るぞ」と思って実際に頑張っても成績を伸ばすことができない状況の方もいることに留意してください。

　ただし、ここで絶対に誤解してほしくないことは再三お伝えして来ているように「大学受験において、さらには難関大学合格において天性の才能、能力は必要ない」という事実は揺るがないということです。

　頑張りだしたのに成績が伸びない、それどころか教科書や授業の内容がわからないという場合の原因は決してあなたの「才能や能力が足りない」ということではありません。

　各科目の勉強法のところで触れていますが、英語、数学という科目は中学での履修が当然の前提となっています。物理や化学、生物といった

理系科目、この中でも特に物理、化学というのは物理であれば力学、化学であれば理論化学というものを前提として教科書も授業も進んでいくのです。

　この前提を鑑みずに「今日から頑張ろう」と一生懸命授業を受けても理解できない、周りの人と同じように教科書傍用問題集や参考書を勉強しても一向に成績が上がらない、できるようにならないのは「当たり前」なのです。

　「本来得るべきものを得るべき過程で得ていない」のにそれをしっかり得てきている人と同じ基準で考えてはダメです。

　「もともとできる人」という表現がよく受験には使われますよね？　でもしっかりとこのカラクリを考えてください。「もともとできる人」というのは中学や高校1、2年生で成績がよかった人、模試等の得点が高かった人のことを指しますよね。

　中学や高1、高2で「本来得るべきものを得るべき過程で得てきている人」のことを「もともとできる人」と思いこんでいる、呼んでいるにすぎないのです。

　この人たちがその前提のない人より勉強時間や努力が少なくても授業や問題集、参考書を理解できるのは「当然」です。

　だからもしあなたが頑張っているのに、頑張ろうとしているのにチンプンカンプンな状態であったり、成績が一向に伸びない状態であるならば更なる基礎に戻って本来得るべきものを得てください。

　この現実を理解せずして「天性の才能や能力」のせいにして第一志望校、難関大学をあきらめることはないようにしてください。

合格の天使メソッドポイント

　成績が上がらない、実力が伸びないのは決して「天性の才能や能力の違い」などではないのです。すべてはこのカラクリを直視して対処できていないことが原因です。

　もしあなたがこの状況にあてはまるのであれば今まででやってこなかったことのつけは払わなくてはなりません。でもこの事実を直視してしっかりと取り組んで克服すればあなたは「もともとできる人」と何も変わらないのです。

　具体的には日々の勉強や長期の休み等を利用して英数に関しては中学レベルや高校1年生、2年生の既習部分に抜けがあれば、その抜けを徹底的に補充する計画を立てて実践してください。なるべく早く実践してください。早ければ早いほどいいです。

　高校の英語・数学はもちろんですが物理や化学の授業って一度わからなくなるとその後はもう苦痛の時間でしかなくなります。

　こんなストレスも苦痛も伴う時間のことを考えたら早い段階でこの部分に対処してしまったほうがはるかに楽ですし、難関大学に合格したいのならこの部分が最優先の必須対策です。

　「大学受験、難関大学合格に天性の才能も能力も必要ない」、これは揺るぎません。このことを明確に再認識してください。やるべきことをきっちりとやれば必ず結果がついてくるのが大学受験です。本書を有効活用して自分の第一志望校へ向かってください。

3. 高校の偏差値など気にする必要はない

　高校生の皆さんの中には自分が通っている高校の偏差値があまり高くないからといって第一志望校や難関大学に挑むことを躊躇ってしまう方もいます。

しかし、前記で述べてきたことをよく考えてください。

あなたの高校受験の結果は中学までのあなたの取り組みの結果にすぎません。

決して「天性の才能や能力」があなたの合格を阻んできたのではありません。

たしかにそのような方は前記でご説明したように「今まででやってこなかったことのつけを払わなくてはならない」場合もあります。

でもそのことを本書を読んで理解できた以上、あとはあなたが頑張れば何の支障もないのです。

さらに、超のつく有名進学校で無くても熱意をもって指導してくださる高等学校・先生方というのは存在しています。これは弊社が全国の高等学校様で受験対策講義や各教科の講義等をさせていただいている中で実感している真実です。

指導内容や熱意では決して有名進学校に劣ることはありません。

是非こういった現実をしっかりと理解して、あなたが行きたい大学を第一志望校として誰にはばかることなく突き進んでください。

第2部　日々の勉強への取り組み方の重要ポイント

〜合格の天使の受験戦略・勉強法から導かれるもの〜

集中力・やる気不要論

「適切な受験戦略論、計画・スケジューリング論、勉強法で勉強を進めるのであれば、やる気があろうがなかろうが、得られる効果はほとんど変わらない」

これが合格の天使が一貫して集中力・やる気不要論を唱えている核心的理由です。

また本書でお伝えした確固たる理論があるからこそ主張している理論、導き出される理論です。

本書の受験戦略編と勉強法編をしっかりと読み込んでいただければ「勉強するための勉強法」ややる気や集中力に焦点を当てることが無力なものであることはおわかりいただけると思います。

第一志望校・難関大学合格への明確な根拠に基づく自信と具体策・具体的手段を本書をご覧いただいたみなさんは手に入れています。これこそが日々の勉強を頑張っていける最大の原動力となるものです。

どんなに「勉強するための勉強法」ややる気や集中力に焦点を当てたところで、一時的にそれを得たところで英作文や長文読解ができるようになるわけではありません。数学の問題が理解できるようになるわけではありません。結局「できる」「わかる」＝「合格に確実に近づけている」という日々の勉強を頑張っていける最大の原動力をそこからは何も得る

ことはできないのです。

受験戦略編と勉強法編を何度も読み返し**「合格するための受験戦略論・勉強法」**をしっかりと学び、実践し「勉強するための勉強法」ややる気や集中力に必要以上に焦点を当てることなく、踊らされることなく第一志望校・難関大学合格へ向かってください。

「科目特性」と「問題特性」の分類と対処

日々の勉強で得るべきものとして受験戦略編では主として必要な知識と論理というものについて取り上げました。勉強法編では科目ごとの具体的な勉強法を主として取り上げました。

効率的かつ確実に実力をつけていく上で大事なことは**「科目特性」と「問題特性」に着目しそれに応じた対策**をすることです。

「科目特性」「問題特性」というのはあくまで合格の天使の分類・用語なので定義づけを説明しておきます。

「科目特性」というのは各科目の性質です。

「問題特性」というのは志望校の問題の性質です。

この「科目特性」「問題特性」に着目した対策というのはすべての勉強の段階において必要なものですが、基礎知識、標準知識を最初に身につける段階で特に注意していただきたいのが「科目特性」です。

受験生のほとんどは「理系科目が得意な受験生」or「文系科目が得意な受験生」のどちらかに分類されます。「理系頭」or「文系頭」といってもいいかもしれません。

しかし一部には理系科目も文系科目も満遍なく得点源としている受験生もいます。

この現象や差が生じるのは**「科目特性」に着目して日々の勉強に取り組んでいるか否か**による原因が大きいと言えます。

　各科目勉強法の中で触れていますが、たとえば英語は言語・語学ですから論理では割り切れない部分があり、ある程度の慣れや感覚は必要ですし、社会系科目はある程度我慢して一定の知識を入れなければ何も始まりません。これに対し数学やことに物理に関しては論理的に基礎となる原理や定理、公式を理解しなければならない部分があったりします。

　要するに、あまり細かいことにとらわれず最初からある程度馬力をかけなければならないのか、思考して論理を追うべきなのか、科目によって、さらには科目の習得段階によっても異なるということです。

　極論すると、論理や「なぜ」「どうして」についてすべての科目で大雑把に抽象的に捉えて勉強量・馬力で押すのが「文系科目が得意な受験生」「文系頭」の受験生で、論理や「なぜ」「どうして」の部分を突き詰めるのが「理系科目が得意な受験生」「理系頭」の受験生、科目やその習得段階で臨機応変にこれを使い分けているのが一部の万能受験生と言えます。

　各科目や各科目の習得段階によって異なりますが、「科目特性」に着目するという視点にも注意して受験戦略編・勉強法編を何度も読み返してください。

　「問題特性」の重要性については過去問の重要性として何度もこの本の中で触れている通りです。「科目特性」「問題特性」に着目して日々の勉強をこなしていくという視点からこの本を何度も読み返してください。

　「科目特性」「問題特性」に着目しそれに応じた対策をしていくということは実力を効率的かつ確実につけていくために非常に重要なことです。

　これは弊社合格の天使が、具体的科目を高い次元でマスターしていな

い限り、指導できない限り、実力を効率的かつ確実につけていく勉強法など決して導き出せないという真理を主張している核心的な理由でもあります。

ぜひこの本をご覧いただいているみなさんは「科目特性」「問題特性」に対応した効率的な受験勉強を実践していってください。

その先に合格はあります。

逆転合格を可能にする方法

逆転合格や確実合格を狙う場合多くの受験生は裏技や魔法の方法、特殊な方法を追い求めがちになる傾向があります。また、逆転合格するためには特殊な方法や裏技があるかのごとき勘違いをさせられます。しかし受験戦略編や勉強法編の中でも再三触れてきたことを思い出してみてください。第2類型の試験問題の性質や出題者の出題意図をしっかりと分析すればそのようなものは存在するはずがないことは明らかです。**むしろそのようなものは出題者の出題意図から明らかにズレます**。要求されている実力、合格に必要な実力は決してつきません。

本書をご覧になったあなたは合格する実力をつけるために得るべきもの、経るべき過程自体については最大効率の方法論、無敵のものを得ています。

逆転合格や確実合格を狙う場合に重要なことは、本書に書かれた内容を実践しその習得期間を縮めていくという方向での頑張りです。本書に書かれている実力をつけるために得るべきもの、経るべき過程自体は省略してはならないのです。得るべきもの、経るべき過程は省略せずにその習得期間を頑張って短縮するという方向で合格へ向かってください。これが逆転合格を可能とするためにもっとも重要なポイントです。

　とは言え本書をご覧いただいてお気づきだとは思いますが、一般に言われているように多数の問題集や参考書を闇雲にこなす必要などないという方法論をあなたはすでに得ているのですからそれ自体すでに最大効率を実現し逆転合格を可能とする手段を手に入れているのです。この明確な根拠のもとに最後まで自分を信じて第一志望校合格へ向かってください。

最大効率を追求する方法

　前の話に関連しますが、効率を追求する場合気を付けなくてはいけないことは、実力をあげるために必要な部分は効率を追求する場合と言えども絶対に削ってはならないということです。

　では受験勉強において、日々の勉強においてどこの部分の時間を短縮し合格に必要な力をつけていけるでしょうか。あなたの日々の勉強において無駄になっているところはどこですか。

　読むべきものを読む時間は個々人で大差ありません。
　覚えるべきものを覚える時間も個々人で大差ありません。
　考えるべきものを考える時間もしっかりと取らなくてはならない時間です。
　これらは時間を削ろうにも削ることができないものということになります。
　ではどこの時間を短縮して勉強効率をあげることが可能でしょうか。
　受験戦略編で「天性の才能」「天性の能力」と誤解されているものの正体として

ということについて
・各段階すべてについて的確な知識がなく、的確な分析・解明・対策が

なされていないこと
・各段階すべてにおいて的確な知識を持ち、的確に分析・解明・対策することが非常に困難であること

したがって、
・この部分について的確なものを得ることは非常に難しい
・得ている人などごくわずかしかいない

だからこそ誰でもが努力すれば第一志望校・難関大学に合格できるわけではない

この事実こそが「天性の才能」「天性の能力」への誤解の正体である

ということをお伝えしました。

これらのうち、本書で受験戦略編と勉強法編をご覧いただいているあなたは、

受験戦略を知る ⇒ 理解する ⇒ 分析する ⇒ 的確な対策を導く

という過程まではすでに他の受験生に大きなアドバンテージを得ています。的確なものを得ています。

あとは「実践」です。

実践において受験勉強の最大効率を手に入れるために重要となるポイントは大きく2つあります。

1. 物理的にやるべきことを絞る
2. 理解、理解の過程を効率化する

肝となるのはこの2つです。

1. 物理的にやるべきことを絞る

本書を読んでくださっているみなさんはもう理解されていると思います。闇雲に多くの問題集や参考書をこなしたり、皆が通うからという理

由で予備校等に通う必要はないのです。

　本書で説明してきたように、**基礎を教科書や傍用問題集でしっかりと学びその後1〜2冊の問題集を挟んで過去問演習に移り「過去問基準で基礎標準知識を捉えなおす」「基礎標準知識の習得と過去問分析・過去問演習のサイクル学習」**によってどこの大学に合格するにも必要十分な知識・思考を得ることができるのです。

　核となるものを徹底的にやり込んでいる受験生と必要がないその他のものにあれこれ手を出して日々のノルマに追われている受験生とでどちらが効率的に実力をつけていくことができるかは明らかです。記憶の定着にも思考の鍛錬にも精神的な余裕にも雲泥の差が生じるのです。物理的に必要十分なものにやることを絞るという意識を持ってください。

2.　理解、理解の過程を効率化する

　問題集や教科書・参考書・テキストの問題、解説、解答が「わからない」「理解できない」「曖昧だ」という場合がたくさん出てくるのはしっかりと考えて学習をしていれば当然です。そここそがあなたの「自分にとってのポイント」です。

　問題集や参考書に書かれているポイントのみではなく、その「自分にとってのポイント」にピンポイントで対処していくことが最も効率を高める方法です。

　これは**授業を受けたり、一般的な指導を受けたりすることによっては決して得ることができない、実力を効率的につけていくために最も重要な部分**です。

　この部分にどう対処するかによって勉強効率と実力が大きく異なってきます。

　受験勉強においてもっとも効率を追求することが可能でかつ実力を確実に圧倒的につけていけるのがこの部分の方法論です。

　自分の持っているものを総動員して考えることは絶対的に必要です。しかし、考えてもわからないものをどんなに考えてもそれは時間の無駄です。また無意識のうちに形成されている思考の癖や思考の範囲、視点

の広狭によって気づけないものは気づけません。

　この場合多くの受験生は無理矢理丸暗記したり、曖昧にしたままにしたり、放置します。

　しかし、無理矢理理解したり、覚えているものは、既存の基礎知識との関係やその単元・分野・項目等の基礎知識、基礎理論に何も結びついていない、関連づけられていない、すなわち、本質的な理解は何もできていない状態にすぎないのです。それはその問題にしか使えない知識・理解・思考でしかないということです。そのような知識・理解・思考は本質的な理解に結びついていない、体系的に整理されていない使えない知識・理解・思考ですので、応用問題にも初見の問題にも対処する力は決してつきません。

　そのような勉強では問題の数だけ理解と思考が生じてしまいます。

　さらに、その問題の基礎知識や理論や原理と関係があるそこから派生するすべての問題についてもその後どんなに勉強しても曖昧な理解の上に勉強を重ねるという無駄な時間を費やしているのです。時間だけかけて合格に必要な得るべきものは何も得ていないということをやっているにすぎないのです。実際に合格に必要なものを十分に確実に得つつ逆転合格・確実合格をつかみ取る現実的かつ確実な具体策はこの部分でも無駄を排除し合格に必要なものを確実に得ていく手段を持つことです。

　だからこそ、日々疑問を残さない勉強を実現することが必要であり、そのためにしっかりとした実力を持った人に質問できる環境を何とか手に入れてください。

　本書の各科目の勉強法の中で説明していますが、簡単に説明すると「こういう時にはこの指針を立てる・この解法を選ぶ」とか「こういう場合はこういう解法を使う（こう解く）」とか「こういう条件・キーワードのときはこの解法を疑う」等といった各科目の各単元・分野・項目につ

いて大学受験の範囲では網羅的に対処することができます。これが合格の天使が講座や映像講義でお伝えしている**合格の天使の提唱する各科目の各単元・分野・項目の具体的問題についての一般法則化・普遍原理化・処理公式化**という部分です。

　各科目の各単元、分野、項目について確実に高い次元と効率でマスター、理解する方法論というものは現に存在します。この部分の質と次元、網羅性を高いレベルで持っているのがごく一部の難関大学楽勝合格者なのです。今回の出版ではその部分までは立ち入れませんが、その部分についても**弊社合格の天使は一般法則化・普遍原理化・処理公式化して網羅的に体系化して保有**しています。

　あなたも是非この「受験戦略編」と「勉強法編」を何度も読み返し、実践の中で優れたものを手に入れていってください。

ここにある勉強法の真実

　本書でお伝えしてきた受験戦略・勉強法は試験の性質、試験問題の性質、限られた受験期というものを徹底的に分析・考慮して導いたものです。

　勉強法というものはまず「指導ありき」で語られることも多々ありますが本書は客観的に「合格するための勉強法」というものを分析・解明したものをお伝えしています。

　したがってここには勉強法の真実があります。自信を持って突き進んでください。

　なぜここに勉強法の真実があるのかの根拠を示しておきます。

　弊社合格の天使は、30名超の東大理三合格講師、東大理一・理二トップ合格講師、さらには東大理系・文系の上位合格層講師を擁します。実

力・能力的に『指導できないことがない』『教えられないことがない』『自らの指導に受講生を集めるため奇をてらった勉強法やカリキュラム、受験対策を主張する必要などない』『定評ある問題集や参考書を否定する必要などない』（本当に無駄な部分や説明不十分な部分が的確にわかるのならそれを端的に指摘・補充してあげればいい）のです。だからこそ、ここにはまず指導ありきではない「受験生第一主義」を貫いた「合格するための勉強法」を提示できるという真実があるのです。

　弊社は合格に必要なものであるならば指導できないことも、作れない教材・テキスト等もありません。これは受験界最高峰の弊社講師陣の実力をお考えいただければ簡単にご理解いただけることだと思います。

　しかしながら「合格に本当に必要なものだけを受験生にご提供する」という観点から受験指導を行い、本書の内容を記しています。

　以上の事実を踏まえたうえで本書を何度も読み直してください。
　そして実践して第一志望校・難関大学合格へ向かってください。

受験する意味、受験勉強の意味

　受験勉強をしていると受験する意味や受験勉強の意味に悩む受験生も多いと思います。また世の中には安易に現在の受験制度を批判する人もいます。
　しかし、受験戦略編で説明したことをここでも思い出してください。

　大学側が求めているのは基礎知識や基礎理論をもとに分析し論理的に思考できる人間です。当然試験問題もその意図によって作成されています。
　そこで求められている能力は決して表面的なテクニックや知識が多いことではないのです。この試験問題の性質、試験制度の本質、出題者側の出題意図がわかっていないと様々な無責任な誤解・発言が生じるのです。

　受験戦略編で説明しましたが、

　突飛なひらめきや発想というのは、基礎理論に基づいていない限り単なる戯言です。

　基礎理論に基づいていないひらめきや発想は単なるデタラメです。

　基礎理論から論理的に証明できない理論は虚偽です。

　大学側が求めている身につけてほしい能力というのは社会に出た後にも大事になる能力なのです。この点の本質を理解せずに後々試験制度を安易に批判するのは単なる負け犬です。

　確かに英語、数学を問わず中学生以降に勉強する内容というのは実際に社会に出て使う知識ではないものがたくさんあります。

　しかし、そこでの目的はその科目自体の専門性を身につけることではないのです。

　基礎や基礎知識を学びそこから様々な方法で問題を分析し思考する手段を学ぶ、思考する方法を学ぶことにあるのです。

　これはあなたがこの先どんな職業に就こうが、どんな夢を持とうが必ず必要になってくる能力なのです。それを勉強を通し学ぶ、試験を通して学ぶことに価値があるのです。

　そしてこの前提から導かれること自体に最大の意味があります。

　それは現在の試験制度は誰に対しても公平であるということです。

　特殊な才能や能力が求められているわけではなく、誰もが適切な努力をすれば自分の選択肢を広げることができるのです。

　世の中では倫理観や道徳観念がない人間が好ましくないことをして実力以上の評価を得たりします。またコネや縁故といったものが幅を利かせてくることも多々あります。

しかし大学入試をはじめとする受験や国家試験制度は誰もが努力すれば実力通りの評価を得られるものであり、自分の選択肢や可能性をどんどんと広げることができる最も公平な制度です。誰にでもチャンスが平等に与えられた制度なのです。

　だからこそ頑張る価値があるのです。
　自分の可能性、選択肢を広げることのできる数少ない公平なチャンスを後悔しないように頑張り抜いてください。

　別に優等生になる必要などありません。明確な動機など必要ありません。
　大学に入ってから自分の将来を真剣に考えるということでもいいのです。
　大学に入ってから遊びや様々な経験をして視野を広くして自分の夢や目標を決めるということでもいいのです。高校生までの経験では本当の夢や現実などわかるはずはないのですから。

　厳然たる事実として言えることはあなたの第一志望校に合格することは、あなたの夢や目標の選択肢やその実現可能性を大きく広げるということです。
　この事実は苦しくなっても常に忘れないでください。

本番戦略編

難関大学に合格する本番戦略

　狭き門である難関大学に合格するためには、本番でそれまで蓄えてきた実力をしっかり発揮することも非常に重要です。

　いくら頑張って勉強してきても、本番で蓄えた実力を出し切れないのであれば、その部分は「紙面による評価が唯一の基準」である試験では勉強してこなかったことと等しいことになってしまうのです。この現実は普段からしっかりと意識してください。

　この本番戦略編でも**合格の天使のオリジナル理論**を用います。それは、

　☑　**「試験得点の 3 類型」**

です。

総則
本番戦略は普段の勉強の指針になるもの

　本書では以下の部分は「本番戦略」として取り上げますが、本番で行わなければならないこと、注意しなければならないことというのは当然日々の勉強でも意識しなければ本番でいきなりできるようにはなりません。

　したがってこれから述べる「本番戦略」は日々の勉強にしっかりフィードバックしていってください。受験勉強というのはあくまでも試験本番で得点を獲得するために行うものです。

　決して「勉強するための勉強法」を追い求めるのではなく、「合格するための勉強法」を実践していってください。

　「試験得点の３類型」とは合格の天使オリジナル理論で、以下の３つの視点から試験の得点を考えたものです。

☑ **攻撃の得点**
☑ **防御の得点**
☑ **手順の得点**

　これらの内容自体はすべて当たり前の事柄でありながら、一般的に明確に区分けされることがありません。したがって多くの受験生はこれらを一緒くたにして対策する、対策させられます。この結果、認識としてはあったのに本番で失敗する、得点を大きくとりこぼす＝合格ラインに届かないということが起きます。

　この部分は明確にロジックとして区分けしない限り焦点を絞った攻略は不可能です。したがって多くの受験生はこれらのことに気づきながらも的確な対策をとれていないのが実情なのです。そして本番で多くの得点を失います。実力が発揮できないのはこの部分の区分けと対策が不十分だからなのです。

　本書をご覧いただいている皆さんは、まず対象を区分けして明確にする、そしてそれに対して原因と対策を考える、そして実際の本番ではこれらの区分けを意識することなく自然にできるようにする、というレベルに達してください。

★第1章★
試験得点の3類型
その1　攻撃の得点

第1節 攻撃の得点とは

　攻撃の得点とは、持っている知識や思考で獲得する得点を意味します。これは受験生であればだれもが無意識に行える得点獲得手段、試験における受験生に備わった本能です。

　攻撃の得点は、今まで説明してきた「受験戦略編」「勉強計画編」「勉強法編」に記載したことを総動員して日々の勉強で獲得した知識や思考を使いこなす得点です。

　みなさんは本書をご覧いただいて実践していただければこの攻撃の得点は全国の多くの受験生よりも遥かに高い得点力を備えることができます。したがってこの点は自信をもって試験に臨んでください。

第2節 攻撃の得点で注意すべきポイント

　攻撃の得点は先ほど述べたように基本的には、受験生であればだれもが持っている得点獲得手段、試験における本能です。

　ただし、

- 記述論述式の問題ではこの本能のみでは対処できない事柄がある
- 試験本番ではこの本能が失われる状況が起きる
- 攻撃の得点を考えるうえで本能以外の最も大事なもの

という3点に特に注意が必要です。

以下それぞれについて説明します。

🏃 1. 記述論述式問題では純粋な「攻撃の得点」本能では対処できない得点がある

記述論述式問題において「攻撃の得点」を獲得するために特に大事なことは、問題が解けることと記述論述式の問題で得点を獲得できることは別という事実です。

多くの受験生の意識が非常に薄い部分なのですが、例えば数学の問題の解答を出せることと記述論述式の解答で得点をしっかりもらえるかは別なのです。

当塾は質問数無制限かつ質問事項無制限で、各自が用いる様々な問題集や参考書、さらには全国の大学の入試問題に対しても説明回答、質問回答のほかに、添削指導も行っています。

ここから明らかになることは、旧帝大レベルの問題を解きうる力がある受験生でも、いざ答案を添削してみると論理が飛んでいる、論理が甘い、最低限のお決まり事項が記載されていない、といったことが現実的に多々あるのです。

たとえ問題を解きうる実力をつけたとしても、記述論述の作法や要求される論理を知らなければ、得た知識や思考がそのまますべて得点にはならないということです。

　記述論述式の問題を出題する大学を受験する場合には、苦労して得てきた知識や思考を攻撃の得点に**最大限変換**するために、実力ある人の添削指導はかならず受けてください。あなたの努力を無駄にしないために必要なことなのです。

🏃 2. 試験本番で攻撃の得点の本能が失われる状況に対処する

　試験本番で攻撃の得点の本能が失われる状況というのは、問題が解けないことによる焦り、あきらめ、時間不足に起因する得点の放棄状態です。この状態は二次試験や個別試験の記述論述式問題、共通テストも含めたマーク式問題どちらでも生じます。

(1) 記述論述式問題の場合

　日々の勉強では問題が解けていたのに本番では問題が解ききれないというのは往々にして生じます。できるはずなのにできないという問題の場合、焦りやあきらめがさらに大きくなり、「攻撃の得点」の本能は著しく失われます。

　しかし、試験というのはあくまで「総合得点」で合否が決まるものです。このような状況に直面しても記述論述問題というのは「部分点」がもらえるというメリットを決して忘れないでください。

　完璧でなくてもいいのです。自分が今まで頑張ってきた**努力の破片**をしっかり答案に残してきましょう。自分がわかるところまではしっかりと書いてきてください。「部分点」の寄せ集めでも相当な得点までもっていった実例もたくさんあるということはわかっておいてください。得点を決して放棄することがないようにしてください。

(2) 共通テストも含めたマーク式問題の場合

　マーク式の問題の場合は「部分点」はありません。しかし、誰でもマークはできます。

　どんなにわからない問題であってもマークだけはできるのです。

　今これを読んでくださっている方は「何を当たり前のことを」と思っていると思います。

　しかし、試験本番ではあきらめてしまってマークすらしない受験生も実際にいるのです。

　どんな状況になっても最後まで１点でももぎ取りに行くという姿勢は貫いてください。

🏃 3.　攻撃の得点を考えるうえで本能以外の最も大事なもの

　攻撃の得点を考えるうえで最も大事なことは、この**攻撃の得点を最大限活かす**ために、後述の「**防御の得点**」と「**手順の得点**」をしっかり獲得するということです。

★第 2 章★
試験得点の 3 類型
その 2　防御の得点

第 1 節　防御の得点の盲点

　防御の得点とはミスを防ぐことによって得られる得点を意味します。この部分の意識が非常に薄いのが多くの受験生です。

　よく考えてください。攻撃の得点で獲得する 20 点も防御の得点で防ぐことができる 20 点も試験では全く同じ意味を持つのです。トータル得点ではどちらも等しい 20 点なのです。

　しかし、同じく 20 点を得るためにはこの防御の得点を得るほうがコストパフォーマンス的には非常に優れています。なぜならこの防御の得点はすでに持っている思考や知識を無駄にしないように対策をすればいいだけの得点だからです。

　新たに多くの時間をかけて知識や思考を得なくても、意識を向けた対策の実践で獲得できる得点、それが防御の得点なのです。

第 2 節　防御の得点を得る具体的手段

　防御の得点を得るためにやるべきことは簡単に言ってしまえばミスを

防ぐということです。

　以下具体的にミスを防ぐ手段を列挙します。

● ミスだからいいやと軽く考えない
● 自分が犯しやすいミスを類型化し対処策を講じる
● ミスに対処するチェックポイントをまとめておく
● 検算のバリエーションを増やしておく

以上の点について、以下具体的に説明します。

(1) ミスだからいいやと軽く考えない

　どうしてこの問題を間違えたのかと問われると、「計算ミスなので大丈夫です」であるとか「うっかりミスしちゃいました(笑)」といったように答える受験生が大変多くいます。

　これは危険な兆候です。上にも書いた通り、簡単な問題を計算ミスで間違えて失った20点も、難問に時間をかけて頑張って獲得した20点も結果としては全く変わりがありません。

　こうしたケアレスミスたちをもっと細かく分析して対策をしないと、本番まで同じように計算ミスで失点し続けます。

　例えば、過去問演習の際に数学で焦っていたために字が読みにくくなって2とzを見間違えたとします。たしかにこれは実力不足ではなく、単なるケアレスミスです。

　しかし、ケアレスミスで終わらせてしまったら、次に同じような状況になったときに同じミスをしてしまいます。もしも、これを単なるケアレスミスで完結させないで、「自分は焦るとミスをしやすい→時間が迫って焦って解くより、時間は怖いが冷静に解こう」であるとか、「2とz

の区別は確かにしにくい。zの場合は真ん中に斜線を書いて区別しよう」といったように分析・対策を講じることができます。

このようにミスを単なるミスで終わらせないことが重要です。

(2) 自分が犯しやすいミスを類型化し対処策を講じる

上にも書いた通り、ミスを見過ごさないで、分析して対策を講じることが重要となってきます。

もちろん2とzの書き分けのような具体的に対策を講じるべきものもあれば、抽象的にとらえるべきものもあります。

例えば、式変形のミスです。数学はもちろん理科でも、複雑な式変形が必要な問題は多く、式変形でのミスは誰もがしたことがあるかと思います。式変形でのミスは具体的に対策を講じてもきりがありません。

例えば、$(x + y) = x^2 + 2xy + y^2$ の係数の2を忘れたというミスをしたとします。これを「自分は2乗するときに2をかけ忘れやすい。気を付けよう」という風に分析してもよいですが、これだと、3乗の時は？　4乗の時は？　ときりがありません。

こういったものは具体個別的に対策を講じるよりは、似たようなミスをまとめて分析・類型化して、それらを一括に防げるような対策を講じるほうが効率的です。

よくある手法が検算です。検算方法を追加・改良していくことで、計算ミスの多くを防げます。例えば、上の累乗のミスについては、$x = y = 1$ を代入してみるという検算をするようにすれば、2乗だろうが何乗であろうとミスに気づけます。

このように、類型化したものの対策を講じることで、まだしたことの

ないミスについても防ぐことができます。

⑶ ミスに対処するチェックポイントをまとめておく

　過去問演習で犯したミスについて、対策を考えるまではいいですが、それをなんとなく頭に入れておくだけではいずれ忘れてしまいます。

　それを防ぐために、教科ごとでも全部まとめてでもよいので、1冊「ミスノート」を作りましょう。

　このノートには、やらかしてしまったミスとその対策についてまとめて書いていきます。こうして目に見える形にしたほうが、意識しやすいですし、忘れても思い出すことができます。

　さらに、このノートは本番のぎりぎり直前に見返すのにも向いています。ミス対策はもちろん、いままでの自分の努力の証ですので、自分に自信をもつことができます。

　このミスノートを作るかどうかで、防御の得点の得点しやすさは大きく変わってきます。特に共通テストはミスとの勝負という側面が大きいので、かなり有効な対策手段となります。

　実際、難関大合格者の多くはこういった、ミスのまとめノートを作成しています。

⑷ 検算のバリエーションを増やしておく

　ミスを防ぐことも重要ですが、ミスに気づくことも重要です。ミスに気づく、つまり検算・見直しをするということです。

　上にも書きましたが、検算はミス対策としては最も基本的なものですが、その奥はとても深いものです。

　ただ単純に同じ計算をし直すという検算方法もあれば、違う方法で計算してみる・逆向きに計算してみる・簡単な値を代入してみる・違う方法で解いてみる・単位の次元をチェックする etc といったように手法としては数限りなくあります。

　検算の方法は多くあるに越したことはありません。単純に同じ計算をし直すだけでは、間違いに気づきにくいです。そうではなくて、いろいろな検算を素早く行うことができれば、解答に自信を持つことができます。

　また、解答が出てから行う検算のほかにも、計算途中で検算することも重要ですし、また間違えたとわかったら、どこが間違っているのかを見つける技術も必要です。
　こうした技術は過去問演習を通じて鍛えていきましょう。

　問題を「当てる」という意識ももちろん重要ですが、解けるようになってきたら「間違えない」という意識も重要になってきます。過去問演習に入ったらこの「防御の得点」も意識し始めましょう。

　これらは合格最低点を取るうえで必要不可欠なことなので、かならず行ってください。

★第3章★
試験得点の3類型
その3　手順の得点

第1節 手順の得点とは

　手順の得点とは、本番の問題を解く際に志望校の問題の構成や配列に対してあらかじめ解く順番を決めておくこと、関わるべきでない問題を見極めることによって得点しなければならない問題で獲得する得点を意味します。

　この「手順の得点」は、すでに述べた「試験問題の3類型・難問の2分類」理論と「過去問至上主義」が深く関連してきます。

　「試験問題の3類型・難問の2分類」理論は、受験戦略から始まり、得点戦略、勉強計画、各教科の勉強法、さらにはこの本番戦略に至るまですべてに関連する重要な概念なのです。

第2節 手順の得点を得る具体的な手段

　「手順の得点」の理論は、主として試験の総合得点・トータル点を高く保つための理論です。
　一問一問から得点するというイメージの「攻撃の得点」とは異なり、時間制限がある試験において得点すべき問題に十分に試験時間を充てるための得点理論です。

　「手段の得点」を獲得するためには以下の事柄を志望校の過去問演習から戦略的に決定しておいてください。

● 各教科の問題を解く順番を決めておく

● １問に最大限かけてよい時間を決めておく

● 問題に詰まったらどうするかの対処法を決めておく

● マーク問題で選択に迷ったらどうすべきか決めておく

● 第３類型が出題される大学では見極める能力を養っておく

以上について、以下具体的に説明します。

(1) 各教科の問題を解く順番を決めておく

　これは特に、共通テストの英語、数学、国語等の時間の厳しい試験で重要になってきます。

　基本的には　時間があまりかからない問題・配点が大きい問題・得意な問題　を先に解くべきです。他の問題に時間をとられて、これらの問題に手が回らないのは非常にもったいないです。

　また、やはり試験でもノリのようなものが重要であり、最初に苦手な問題に取り組むよりは得意な問題を片づけてしまって調子が上がってきてから他の問題に移ったほうが精神的にも楽です。

　他にも、時間のかからない問題を途中に持ってきて時間調節するという手もあります。これは特にリスニングが途中で挟まれる英語の問題形式の大学の場合に有効になります。長文の途中にリスニングが入ると、内容を忘れてしまいます。それを避けるために、時間調節のしやすい英文法問題などをリスニング前に持ってくることで、問題は解きやすくなります。

　このように解く順番を各大学の出題形式に合わせて決めていきましょ

う。

⑵　1問に最大限かけてよい時間を決めておく

　これも前述の解く順番に関係してくることですが、解く順番を決めたら、制限時間と相談して各問題にかけてよい時間を決めましょう。それを超えたら潔くあきらめて次の問題に移りましょう。最後に時間が余ったら戻ってきて解くようにするべきです。これを決めておかないと、最後まで手が回らずにおわったが、実は最後の問題が一番簡単だったということも起きかねません。

　注意すべき点はあまりキツキツに詰め込まないということです。
　時間ギリギリまで使う計画だと、見直しやあと一歩の問題にかけられる時間がありません。
　ある程度フレキシブルな時間計画を設定しましょう。

　また、数学や理科だと何分考えてわからなかったら先に飛ばすという時間設定も必要です。
　何分考えてもわからない問題の場合、それは第3類型の問題である可能性もあります。第3類型にひっかからないためにもこの時間設定は重要になってきます。

⑶　問題に詰まったらどうするかの対処法を決めておく

　⑵までで、時間設定については決めることができました。次は、実際にどうやって問題を解いていくか決めていきましょう。

　問題が解けそうならそのまま頑張ればいいだけです。問題は、手ごわい問題にぶつかった時です。選択肢としては、①飛ばしてあとで戻ってくる　②あきらめる　③このまま頑張る　があります。

　どの選択肢を選ぶかは状況により変わります。

　手も足もでないなら②あきらめる　が一番合理的です。解けそうだと思うなら①飛ばしてあとで戻ってくる　が一番合理的です。他の問題をみて頭がすっきりしてから見直すと案外簡単に解けたというのは誰しも身に覚えがあるはずです。

　なるべく避けたいのが、③そのまま頑張る　です。問題数が少なく、一問でも0点があったら厳しくなるというのであればわからなくもないですが、基本的にこの選択肢は賢明ではありません。

　解かなくてはいけないのであれば①のほうが解ける確率は上がります。残っている問題がどれも同じくらい手も足も出ないというのであれば、一番簡単そうな問題に尽力することもあります。これは臨機応変に対応する必要があるでしょう。

　忘れてはいけないのは、すべての問題を解く必要はないということです。あくまで合格最低点を取ればいいので、難しい問題ではなく簡単な問題から点を取るほうがはるかに効率的であると言えます。

⑷　マーク問題で選択に迷ったらどうすべきか決めておく

　マーク問題の怖いところは見直すと、不安になってしまうことです。特に共通テストの国語ではこれが顕著になります。迷っていると時間ばかり過ぎていってしまいます。また、迷った挙句、自己採点で間違えだったとわかると気分も沈みます。

　事前に迷ったらどうするかを具体的に決めておくとよいでしょう。たとえば、見直しで迷ったらもともとの解答を採用する、だとか、二択で迷ったら番号の若いほうを採用する、などです。こうしておけば間違えても運が悪かったと諦めがつきますし、時間の無駄も減ります。

　本番は一問一問に集中しているので、迷ってしまうのは仕方ないです。

ただ、迷いすぎてはいけないというのが要です。

⑸ 第3類型が出題される大学では見極める能力を養っておく

　問題に詰まったときの対処法や一問にかけられる時間を決めるといったことにも関係ありますが、第3類型の出題がみられる大学では、第3類型を見極めて飛ばすという作業が必要になります。第3類型を見極めるためには、前提として典型問題の解法を網羅的に習得することが必要となります。

　これが不十分だと、解くべき第2類型の問題と第3類型の区別ができません。逆に、習得できていると、これは見たことのない問題だから飛ばそうという判断が可能になります。典型問題の習得が完了したら、過去問演習を通じて実際にどういう問題が出題されるのかを実体験して見極める練習をしましょう。

　ただ、市販の過去問の解答だと難易度はついていますが、もっともらしい解答が載っており、あたかも解けなくてはいけない問題に感じられるので、本当にこれが第3類型にあたる問題なのかどうかが自分では判断がつきません。きっちり問題を解きうる信頼できる人に聞いてみることをお勧めします。

　以上のことはあまり学習自体とは関わりがなく、テクニック的な要素が強いです。もちろん基本的な実力があることが前提ではありますが、こうした戦略は合格への最短ルートを歩むためには必要なことです。
　志望校が固まったら、自分に合わせて考えてみましょう。

勝利の女神は
あなたに
微笑む編

<u>最後に　あなたへ贈る言葉</u>

　受験戦略論、計画・スケジューリング論、勉強法が的確なもの、優れたものであるならばあとはそれを「淡々」と実践していけば結果は必ずついてきます。努力は結果となって現れます。

　あなたは本書を読むことで的確かつ優れた「受験戦略論、計画・スケジューリング論、勉強法」を手に入れています。

　後は実践です。

　以下、合格の天使公式 Twitter の過去のツイートの中からみなさんへエールを送ります。

合格への掟

　未来の自分を救う事が出来るのは今の自分の行動。
　受験本番の自分を助ける事が出来るのは今日1日の自分の努力の積み重ねだけ。
　やるしかない。

　人間は弱い。だから、勉強を先伸ばしにしたり、今やらなくてよい言い訳を常に考えている。
　でも、その理論や知識を磨けば磨くほど合格は遠ざかる。
　無意識に出してしまうこの怠惰理論を封印することが合格への道。
　第一志望校合格者が望み通りの結果を得た道

いつも心に合格を

　『反省は自己嫌悪のためにするものではなく、自己進歩のためにするもの』
　「あの時こうしておけばよかった」と思うならそれは今からやればい

い。

「自分はなんてダメなやつなんだ」の「ダメなやつ」は今のあなたではない。

過去のあなただ。

過去のあなたに未来のあなたの足を引っ張らせてどうする。

過去のあなたのダメダメぶりは今以降のあなたを成長させるためにダメダメ人間を演じてくれたのだ。

それ以上過去の自分を責めても何の意味もない。

過去のダメダメ自分が嫌なら今この時点から変えればいい。

頑張ればいい。

目的を成し遂げるために必要なのはそれだけ。

目的を成し遂げるためにできる最善の方策はそれだけ。

だったらそれをやるしかない。

「平凡なことを、毎日平凡な気持ちで実行することが非凡なのだ。」
アンドレ・ジード

「苦痛なくして勝利なし。いばらなくして王座なし。苦患なくして栄光なし。受難なくして栄冠なし。」
ウイリアム・ベン

頑張れ すべての受験生。
勝利の女神はあなたに微笑む。

合格の天使

```
★ 番外編 ★
究極の受験指導とは何かを分析・解明する
叡学舎・叡学会（株）合格の天使の指導
```

第1章
第一志望合格へ導く究極の受験指導とは何かを分析

第1節　本当に優れた受験対策とは

　試験の性質、試験問題の性質、限られた受験期というものを徹底的に分析・考慮した受験戦略・勉強法であるならば、独学であっても指導を受けてもやるべきことは不変なはずです。

　したがって、本書で述べてきた受験戦略・勉強法をもとに確実かつ効率的に合格力・得点力をつけるための指導をしているのが弊社指導です。

　まず指導ありきではなく、「受験生側に立って合格に本当に必要なものは何なのか」という観点から受験指導というものは提供されるべきものだと弊社は考えています。

　誤解のないようにお断りしておきます。

　本書で述べてきたことを実践していただければ自学自習を他の受験生よりも遥かに効率化させ合格に的確に向かっていただけます。本書の内容を実践しただけで自学自習で国公立・私大を問わず旧帝大・難関大学・医学部に合格している方も沢山おられます。

　ただし、受験生各自の状況によっては試験までの残り時間や勉強に費やすことができる時間は当然異なります。現状の実力も大きく異なります。また、志望大学のレベルによっては合格に必要なものを過不足なく的確に得ていかなければ時間切れになります。

　このような前提の中、当塾の指導では本書で述べた理論に基づいて各

自の現状や志望校に応じて以下の点に分析を加え確実かつ効率的な受験対策を実現しています。

第 2 節　叡学舎・叡学会（株）合格の天使の指導

　当塾の指導では当塾講師陣の実力があるからこそ初めてなしうる以下の受験指導をご提供し、究極の受験指導を分析・追求しています。

1．各自の受験戦略の構築
☑「**試験問題の 3 類型・難問の 2 分類**」理論を各自の志望校の問題を分析することで把握
☑「**得点戦略**」理論に基づき各自の志望校の問題の性質を的確に分析

2．各自の勉強計画の立案
　1．の分析を踏まえ、
☑　各自の現状と志望校に応じた問題集・参考書の選定
☑　各教科「いつまでに」「何を」「どこまでやるか」についての計画の立案

3．科目・質問数無制限指導で「勉強ターゲットの 3 類型」理論で得るべきものを効率的に伝授
　1、2を踏まえ、本書の中でご紹介した合格の天使オリジナル理論である
☑「**基礎習得の 3 分類**」理論の詳細を伝授することによって基礎を確実に高い次元で習得させる
☑　問題演習を通じた「**一般化脳**」理論に基づいて、当塾講師陣が問題演習から得てきたエッセンスを網羅的にダイレクトに伝授。合格基準を満たしたエッセンスが高い質と量で効率的かつ網羅的に得られる。
☑「**一般化脳**」理論で抽出・蓄積したエッセンスを初見の問題に運用・適用する力＝「**志望校特化型得点脳**」を質の高い個別質問対応を通して徹底的に習得できる。

　以上のように、第一志望合格に直結する、圧倒的実力者だけが網羅的に有する（これを有するからこそ圧倒的結果があるにすぎない）最強のノウハウと武器と思考を余すことなくリアル塾とネット塾（全国の高校生・受験生対象）で東大理三合格講師陣をはじめとした優秀な東大合格講師陣が個別指導や講義を通じてご提供している、またご提供できる稀有な存在が弊社指導です。

第3節　当塾講師陣の実力があって初めて可能な指導というものがある

　以上ご説明してきた理論や指導内容について、全く実力ない人や実力が低い人でも安易に真似事はできてしまいます。

【当塾指導について】

　近時、安易に当塾と同じ指導を謳う指導機関が非常に増えています。しかしながら、当塾指導はあくまで全教科を受験最高レベルまでマスターした多数の東大理三合格講師や多数の東大上位合格層講師がいるからこそ考案した指導であり、だからこそ初めて質の高い合格に有益なものをご提供できる指導なのです。

　実際に当塾には他指導に対する多くの困惑のご相談が絶えません。
　当塾指導と他指導とがどのように実際に異なるのか以下に説明させていただきます。

CHECK1　合格の天使の指導はここが違う！

　当塾では計画立案における問題集・参考書の選別において、受講生が使ってきた問題集・参考書、現役生であれば学校で使っている問題集・参考書、授業カリキュラムをベースに計画を立案します。これにより既卒生でも一切の無駄なく、現役生であれば学校の授業や教材を最大限活かす形で一切の無駄なく、最大効率と最小限の労力で実力アップをはかることが可能となるのです。

　これに対して、他予備校・他塾には表面的に当塾指導と同じ指導を謳うところがありますが、全員が同じ計画、全員が予備校・塾側が指定する特定の問題集・参考書を使用させるという指導もあります。しかし、そのような指導ではやるべき問題集・参考書が増えるだけであり、かつこの指導システムをとっている利点が全くありません。到底個別指導と呼べるものではありません。個別指導の利点も何もありません。

　当塾指導システムを実現できるのは、当塾講師には全教科について受験界の頂点を極めた実力があるからです。どのような問題集・参考書・過去問集の問題であってもすべてその場でわかりやすく回答可能な実力があるからです。**この実力がなければ予備校・塾側の都合（指導力の欠落による指導内容の限定）が受講生の実力アップや効率よりも優先されてしまう弊害**があるのです。

CHECK 2　合格の天使の指導はここが違う！

　当塾のネット塾では、医学部志望受講生には東大理三合格講師、理系学部志望受験生には東大理三合格講師もしくは東大理系合格講師、文系志望受験生には東大文一・文二合格講師が専属担当になります。さらに、理系受講生には理科の選択科目が「物理・化学」の受講生には「物理・化学」で受験した講師が「化学・生物」が受験科目である受講生には「化学・生物」で受験した講師がつきます。

　当塾のリアル塾では医学部・理系受験生の指導に当たるのはすべて東大理三合格講師です。計画の専属担当には「物理・化学」の受講生には「物理・化学」で受験した講師、「化学・生物」が受験科目である受講生には「化学・生物」で受験した講師がつきます。これにより質の高い計画の立案・指導、質の高い質問対応が可能となるのです。

　これに対して、他予備校・他塾では形式的に当塾指導と同じ指導を謳うところがありますが、私大医学部合格講師が国公立医学部志望受験生の計画指導をしたり質問回答を行っているところもあります。また単なる理系合格者が医学部指導や難関大理系指導を行っているところもあります。さらにひどいものになると、文系合格者が理系指導を行ったり、医学部指導を行ったりしているところもあります。しかし、そのような指導では全教科のバランスや到達点を考慮した計画など立てられませんし、具体的な問題の質問回答が出来ないもしくは極めて質が低いものにしかなりません。

　当塾指導システムが本当の意味で受講生に有益である理由は、当塾講師が圧倒的実力を持っていることに加え、実際に講師が受験した受験科目について指導させているからです。**この部分の実現が出来なければ、予備校・塾側の都合（指導力不足のごまかし・利益優先）が受講生の実力アップや効率よりも優先されてしまう弊害**があるのです。

CHECK 3　合格の天使の指導はここが違う！

　当塾指導では質問対象に制限はありません。最大効率実現のため個人個人それぞれが使用する異なる問題集・参考書に対して、わからない問題や説明に対する質問にすべて説明・回答・添削指導をしています。また全国どこの大学の過去問であろうが、わからない問題や説明にはすべて説明・回答・添削指導をしています。これにより問題集や参考書、さらには過去問集に至るまで得なければならないことをすべて受講生は効率的に得ることが出来るのです。

　これに対して、他予備校・他塾には表面的に当塾指導と同じ指導を謳うところがありますが、質問回答対象の問題集や参考書を塾指定のものに限る、特定のものに限るというところもあります。過去問には回答できないというところもあります。逆に、回答自体はしていても問題集や参考書の解説の域を出ないものがほとんどです。このような指導では到底実力は効率的についていきません。

　当塾指導システムを実現するには、当塾講師のように全教科について受験界の頂点を極めた実力が必須なのです。**この実力がなければ予備校・塾側の都合（指導力の欠落による指導内容の限定）が受講生の実力アップや効率よりも優先されてしまう弊害**があるのです。

CHECK 4　合格の天使の指導はここが違う！

　当塾のネット塾では回答は原則翌日まで返信（18 時くらいまでにいただいた質問は翌日の 23 時 59 分までに返信が原則）です。

　さらにネット塾の場合計画立案から質問回答まですべて 1 人の受講生には 1 人の専属講師がついて責任ある回答を行います。

　当塾のリアル塾では受講生それぞれで異なる問題集や参考書、志望校の過去問集いずれの問題についても質問にすぐにわかりやすく講師が回答しています。

　これに対して、他予備校・他塾のネット指導では、質問回答の時期は未定であったり、1 週間後であったり、講師が回答できる時など曖昧かつ無責任なものも多々あります。これでは効率的に実力はつきません。

　さらに質問については LINE などで質問を受け付け、不特定多数の講師が回答するというものもありますがこれでは責任を持った回答など得られません。他予備校・他塾の対面指導では、20 〜 30 人の受講生に対して質問対応する講師が 1 〜 2 人であったり、講師の指導実力が質問回答できるレベルにないというところも多々あります。実際に質問対応しますと謳っているのに何らかの理由をつけて回答してもらえない（する実力がない）というところも多々あります。

　当塾指導システムは当塾講師の実力と熱意がなければ決して実現しないものです。**この実力と熱意がなければ予備校・塾側の都合（指導力不足のごまかし・利益優先）が受講生の実力アップや効率よりも優先されてしまう弊害**があるのです。

【当塾の受験戦略・勉強法理論について】

　本書で解説している当塾のオリジナル理論は、そもそも当塾が多数の東大理三合格講師や東大合格者の中でも上位層の東大合格講師を束で抱えているからこそ研究・分析し導き出した理論です。安易に同じことを語ること自体許されません。

　さらに本文の中でもお伝えしましたが、みなさんに注意していただきたいのは、合格の天使オリジナル理論に基づいて、各理論における得るべきものを高い質と次元でダイレクトに与えることができるのは当塾講師陣の圧倒的受験結果に実証された実力があるからです。実際に全国のどこの難関大学の問題でも解きうる、したがって分析を加えうる実力があって初めてできることという事実は重視していただければと思います。

　本文の繰り返しになりますが、例えば、同じく最難関大学合格者であっても数Ⅲを受験していない＋二次試験や個別試験の理科を受験していない＝受験科目として数Ⅲ＋理科科目を極めていない人が全国の難関大学の問題を的確に分析できるかと言ったらそれはノーです。最難関大学理系合格者であっても数学や理科科目を得意としていない人についても同じことが言えます。

　したがって、そのような実力では、

☑ 「試験問題の３類型・難問の２分類」理論を正確に適用することは不可能です。

☑ 「得点戦略」理論についても各自の志望校の問題特性について的確に判断することは不可能です。

☑ 「勉強ターゲットの３類型」理論についても、各理論から導かれた優れた知識や思考やノウハウを網羅的に教えることは不可能です。

　もしそれが可能だというのであれば、その人は当塾講師陣に匹敵する受験結果を叩き出しているはずです。

　みなさんが第一志望とする大学について的確な対策をとっていきたい

のなら、できる限り高い実力の人からの指導を得るべきです。ここまで説明してきた事柄だけでも多くの要素があり、それについて一つ一つ的確なものを得られるか否かで大きな差がついてしまうことは今までご説明してきた通りです。

　どのような実力の人から指導や受験対策のアドバイスを得ることができるかということは、やるべきことを的確に選別し焦点を絞れるか＝確実かつ効率的に実力をあげていけるか、ということに直結してきてしまう重大な要素です。

　個人の努力や能力と関係がないこの部分で大きな差をつけられてしまっているのが現実なのです。皆さんはこの現実をしっかり認識するとともに悔しい思いをしないように十分注意していってください。頑張っているのにこのような原因で合格できない受験生をなくすためにご提供しているのが当塾指導です。

　本書の初版発行以来、弊社指導に関する多くのお問い合わせをいただいていますので、この点について弊社指導として何を行っているのかについて以下に示します。弊社公式サイトからの抜粋になります。

　　公式サイト　https://www.goukaku-tensi.info

第2章
合格の天使の指導　3大ポイント

　当塾の 30 名超の東大理三合格講師・多数の東大合格講師陣が受験期を通じて得てきた、「知識」「エッセンス」「思考」「ノウハウ」をダイレクトに伝授。

☑ 科目・質問数・質問事項無制限の個別指導で「基礎習得の3分類」理論のすべてを伝授し基礎の確実な習得・本質的理解を導く

☑ 圧倒的実力者のみが網羅的に有する「一般化脳」理論から導かれた一般化されたエッセンスの蓄積を科目・質問数・質問事項無制限の個別指導や講義でダイレクトに与える

☑ 「得点脳」理論に基づいた「志望校特化型得点脳」を各自の志望校の過去問について『合格基準を満たした』質の高い科目・質問数無制限の説明指導・回答指導・添削指導により高次元かつ高効率で形成させる。

　圧倒的実力者のみが知る「覚えること、やることを減らし得点力を徹底的に上げていけるノウハウ」というものは明確に存在しています。また圧倒的実力者のみが指導できる次元というものがあります。ここには誰もが第一志望・難関大学合格を可能にする確固たる理論とそれを実現する圧倒的な実力指導があります。

　あなたに質問です。あなたが日々使っている、使ってきた教科書・問題集・参考書をそのまま使い、しっかりと考えてもわからない部分だけ徹底的に質問しつぶしていけるとしたらどれだけの無駄を省けますか？

　あなたに質問です。あなたの現状・実力に応じてこれ以上はないというレベルで科目・質問数無制限で学習指導や勉強計画についての個別指導が受けられるという現実を考えた場合、これ以上にあなたの実力を確

実かつ効率的に伸ばせる方法はありますか？

　あなたに質問です。　日々の勉強でわからない部分を常に質問していけるとしたら、さらにその説明回答が他指導の比ではない次元のわかりやすさ、実力の裏付けがあるものであるならば勉強のやる気や継続性に悩まされることは極限まで減りませんか？

　あなたに質問です。1年間必死に勉強してもほぼすべての受験生が得ることができない圧倒的実力者を圧倒的実力者たらしめている、圧倒的実力をつけるためのすべてのエッセンスが得られるとしたら、あなたが合格できない理由はありますか？

ポイント1 「基礎習得の3分類」理論に基づいた基礎の徹底習得

　科目・質問数・質問事項無制限の個別指導で「基礎習得の3分類」理論に基づいた分類を各教科について詳しく知ることができ、効率的な記憶を可能とするとともに、基礎の本質的理解を得られる。

　基礎知識の習得、基礎の本質的な理解は合格にとって最も肝となる部分。一般にこの部分の習得においては様々なテキストを用いた講義や問題集や参考書が重視されるが、この部分の習得においては「教科書と傍用問題集（教科書代用参考書と同一レベルの問題集）が最も優れた教材」であるのが真実であり、当塾の指導ではそれを重視している。しかし、例えその真実を知っていても「効率」や「得ることができるものの内容・質」には大きな差が生じる。その差は、

(1) 基礎の位置づけ、核とすべき学習を捉え誤っている
(2)「基礎習得の3分類理論」に基づいた分類と習得を的確に行えるか
(3) 理解できない部分、曖昧な部分をどれだけ迅速かつ正確に常に解決して行けるか

⑷　この段階から基礎をどこまで本質的に理解できるか

　　この４点において生じる。

【基礎の捉え方】

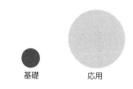

一般的な基礎の捉え方

基礎　応用

基礎と応用を別個のものと捉えている
■基礎はさっさと片付ければ良い
■基礎はとりあえず暗記すれば良い

当塾の基礎の捉え方

応用

基礎

応用の大部分は基礎で占められる
■応用問題の核の大部分は基礎
■基礎の本質的理解の発展が応用

【基礎の習得方法】

一般の指導での基礎習得

単純暗記

問題集や参考書を○○回繰り返せ、
ということをベースとしている指導の場合、
基礎習得においては対象を分類せず、
結局、単純暗記をやらされているにすぎない

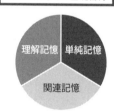

当塾の指導での基礎習得

理解記憶　単純記憶

関連記憶

当塾の指導では「基礎習得の３分類」理論に基づき
「関連記憶」「理解記憶」できる対象を
教えることが出来、残った部分について「単純記憶」
をすることで基礎を効率的に習得

【当塾の指導の優位性】

　　当塾の指導では、圧倒的実力者のみが的確な分類を知っている**「基礎習得の３分類」**理論をもとに**「関連記憶」**できる部分を教え、**「単純記憶」**の対象を減らし、本来本質的理解が必要な部分についてはそれを教えることによって**「理解記憶」**を付与し、通常の受験対策よりも遥かに短期間で効率的に受験基礎を本質から徹底して習得できる。このように、や

るべきことを必要最小限（核とすべき学習）に絞り対面個別指導やメール、Skype を用いた科目・質問数無制限の質問回答指導を行うリアル塾・ネット塾を通して受験生 1 人 1 人に「基礎習得の 3 分類」理論を具体的に伝授する。これは当塾講師陣が受験界最高の実力（講師紹介参照）を有しているからこそ的確かつ網羅的に伝授することが可能となる。

※実力が伸びる秘密

　まず自分でしっかりと考え「どこまでわかってどこからわからないのか」「何がどうわからないのか」を明確にして質問することでしっかりと思考すること、思考の整理が可能となります。そのうえで質の高い質問回答指導を得ることで実力が飛躍的に上昇していくのです。この点は以下のポイント 2、3 でも同様です。

ポイント 2 | 「一般化脳」理論から導かれるエッセンスをダイレクトに付与

　問題演習を通じた**「一般化脳」**理論に基づいて、当塾講師陣が問題演習から得てきたエッセンスを網羅的にダイレクトに伝授。合格基準を満たしたエッセンスが高い質と量で効率的かつ網羅的に得られる。

　受験標準知識を身につけるためにほとんどの受験生は予備校・塾の講義やテキスト、指導者の自作のプリントや問題集・参考書など多くのものをこなそうとする。しかし「受験標準知識を得るには定評のある問題集 1 冊で十分」。ここには多くの受験生が気づいていない秘密があるのだが、まず結論だけ述べると、多くの問題解説講義を聞こうが多くの問題集・参考書をやろうがそこから得られるものは「合格するために必要なもの」という観点からみれば、定評のある問題集・参考書 1 冊の内容と変わらない。 しかし、同じことをやっても「効率」と「得ることができるものの内容・質」に大きな差が生じる。この差は

(1) やるべきことをどこまで必要最小限に絞れるか

(2) 理解できない部分、曖昧な部分を常に基礎の本質的な理解を前提に解決していけるかどうか

(3) 初見の問題・応用問題にも対処しうるように受験標準知識を理解・習得していけるか、＝「一般化脳」理論に基づいてエッセンスを抽出・蓄積していけるか

(4) ポイント３（後述）に関連する＋αの部分を網羅的に得ていけるか
この４点において生じる。

【問題演習から得られるもの】

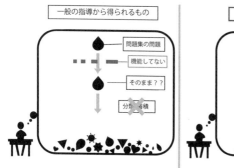
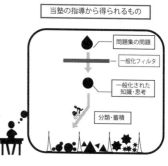

【問題演習からトータルで得られるもの】

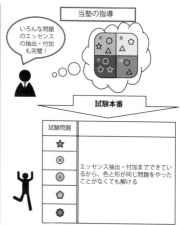

【当塾の指導の優位性】

　当塾では、全国の受験生の受験対策よりも遥かに効率的に受験標準知識を徹底的に高い次元で習得できる。当塾講師陣のように圧倒的実力を有する者のみが知る合格に必要なプラス α の知識・思考のエッセンス部分＝「一般化脳」理論で講師自身が蓄積したエッセンスをダイレクトに付与することで、やるべきことを最小限に絞り、合格に必要なものを過不足なく網羅的・体系的に得ることができる。

ポイント3	「得点脳」理論から「志望校特化型得点脳」を効率的に形成

　「一般化脳」理論で抽出・蓄積したエッセンスを初見の問題に運用・適用する力＝**「志望校特化型得点脳」**を質の高い個別質問対応を通して高次元かつ効率的に習得できる。

　第一志望校・難関大学合格にとって最も重要なことは、基礎標準知識をできるだけ早い段階で一通り学び志望校の過去問演習を徹底的に行うこと。この意味するところは本書で再三述べてきた「過去問至上主義」「過去問こそが最高の問題集であり参考書である」「基礎標準知識を過去問基準で捉えなおす」「基礎標準知識⇔過去問演習のサイクル学習」を行い「志望校特化型得点脳」を形成するということ。しかし、これを実現することはほぼすべての受験生にとって不可能。その理由は

(1) 多くの受験生は過去問を力試しのためにとっておくという間違った意識を持っている
(2) 過去問演習を実りあるものにするためには基礎標準知識の習得と『「一般化脳」理論に基づいたエッセンスの抽出と蓄積』が大前提であるが、一般に大学受験の基礎標準知識の習得には莫大な時間を費やす必要があることに加え、『「一般化脳」理論に基づいたエッセンスの抽出と蓄積』は時間をかけたからと言って、一般的な指導を受けたからといって質の高いものを網羅的に得られるわけではない

(3)「得点脳」理論に基づいた「志望校特化型得点脳」を形成するための手段である各自の志望校の過去問演習について、的確かつ「合格基準を満たした」説明指導や回答指導、添削指導は圧倒的実力者にしかなしえない

(4) 受験基礎標準知識と大学の入試問題の間にはごく一部の圧倒的実力者にしか正確に捉えられていない隔たり＝「志望校特化型得点脳」の形成の要素がある

という4点からだ。

【過去問演習から得られるもの】

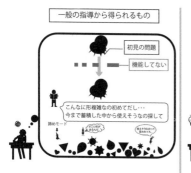
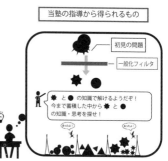

【過去問演習からトータルで得られるもの】

やるべきことは基礎標準問題で十分であるが、一般的な問題解説講義や問題演習をどんなに重ねても入試問題との隙間は効率的かつ網羅的には埋まらない。

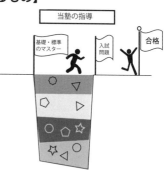

基礎標準知識を入試問題に対応しうるようにエッセンスを網羅的に抽出・付加。合格基準を満たした圧倒的得点力と応用力を身につける。

【当塾の指導の優位性】

　当塾の指導では、ポイント1、2 部分の最大効率化の実現と「一般化脳」理論から導くべきエッセンスをダイレクトに付与することで、基礎標準知識の習得と『「一般化脳」理論に基づいたエッセンスの抽出と蓄積』が効率的かつ網羅的に行える。これにより「志望校特化型得点脳」を形成するための各自の志望校の過去問分析・過去問演習に十分な時間を確保できる。さらに、各自の志望校の過去問についても『合格基準を満たした』最高次元、質の科目・質問数無制限で説明指導・回答指導・添削指導を行うことで**「得点脳」理論に基づいた「志望校特化型得点脳」の形成**を確実かつ効率的に行え、実力アップを徹底的に図ることが可能。これにより膨大な時間の節約と最大の効率、最高レベルの実力を誰でも確実に手にできる。

　当塾の受講生が得ているものは、圧倒的実力者のみが与えることができるもの＝その正体は一般の問題解説講義をどんなにたくさん受けても決して得られないもの、闇雲に多くの問題集・参考書をこなしても決して得られないものです。これが当塾が「医学部・難関大学への驚異的合格率を誇る秘密」であり「受講生の実力が圧倒的に伸びる秘密」の核心です。

第3章
合格の天使の指導の7大特質

　従来型の予備校・塾の指導とは異なり、不要な『講義』『テキスト・教材』を一切排除し、「最大効率」「最大得点力」「最大合格可能性」を与えることを可能とした指導。

🐎 1. 受験界最高峰の受験戦略・勉強法、受験対策ノウハウすべてが手に入る！

　東大理三合格講師多数、東大「首席」合格講師陣等の叡智を結集した圧倒的受験結果をたたき出したノウハウをリアル塾やネット塾ですべて得ることができます。これ以上の受験戦略・勉強法・受験対策ノウハウは必要ありません。**受験戦略・勉強法・受験対策ノウハウ**において全国の受験生のトップに立てます！

🐎 2. 受験を制する核となる勉強計画についてあなたの現状に応じたあなただけの合格計画が手に入る！

　受験全教科について各自の志望校や現状に応じた計画を指導できるのは各科目を高い次元でマスターした圧倒的実力者のみです。根拠：実際に受験科目をすべて教えることができなければ、また自身の受験生時代の圧倒的結果がなければ各科目特性や試験問題の特性、さらには限られた受験期で最大効果を上げる方法の熟知はありえません。本当に理にかなった受験勉強計画、あなたの志望校や現状に応じた効率的な勉強計画の導出には当然この点の熟知と結果による実証が必須の前提になるのです。弊社講師陣のリアル塾・ネット塾を通じた指導によってあなたにとって**最高の合格計画**が手に入ります！

🐎 3. 勉強すべき教材を最小限に絞ることができ、自学自習を最大効率化できる！

　当塾の指導では、基本的に受講生各自が学校やすでに用いている問題集や参考書をベースに計画を立案し実践していきます。受験界最高次元

を超越した実力を有する弊社講師陣には、「教えられないことがない」＝「自分が教えられることだけをまとめた無駄なテキストをやらせる必要がない」⇒受講生各自が使用している教科書・問題集・参考書、共通テスト過去問、各自の志望校の過去問をそのまま用いて勉強していけばいいのでやることが最小限に絞れます。自学自習が最大効率化します。現役生であれば学校の授業・教科書を最大限活かせます。浪人生や社会人受験生であれば**必要最小限の問題集・参考書**を用い過去問演習に至るまでやるべきことを最小限に絞れます！

🏃 4. 科目・質問数無制限で説明指導・回答指導・添削指導が受けられる！

　どんなに多くの講義やテキストをこなそうがあなたがわからない部分についてピンポイントで解決していけるわけではありません。合格に必要なものを的確に得ていける保証があるわけでもありません。でもほとんどすべての受験生はこの部分に多くの無駄な時間と労力とお金を費やしているのです。絶対合格への道はあなたのわからない部分を徹底的にピンポイントで解決していくことです。当塾では各自が利用する教科書・問題集・参考書のみならず全国どこの大学の過去問についても対面個別指導を行うリアル塾やSkype・メールを用いたネット塾で科目・質問数無制限で質問ができます。これは他の指導機関では実力・労力の点で実現不可能な指導です。だからこれが最も優れた方法論であるのに一般的には得られないし主張もされないのです。当塾の説明・回答・添削指導は圧倒的実力者でなくしてはなしえない異次元のわかりやすさです。さらに圧倒的実力者しか決して有していない合格基準を網羅した**「一般化脳」**理論に基づいたエッセンスの抽出・蓄積をダイレクトに得られるのです。さらに**「志望校特化型得点脳」**を確実かつ効率的に形成するために必要となるすべてをご提供しています。あなたがしっかりと考えてもわからないことを時間的ロスも精神的なロスもなく、すべて解決していけるのです。これによってあなたの勉強効率はMAXに達します！

🏃 5. 定期の進捗報告で勉強の方向性のチェック、『逆転授業』で理解の確認をチェックできる！

　当塾の指導では質問回答指導以外に毎週毎週 Skype での定期の進捗報告という制度を設けています。これも担当講師がマンツーマンで受講生一人一人に対して行うものです。勉強の進捗状況、取り組み方、計画の相談、悩みごとの相談はもちろん、わからない問題をその場で質問したり、逆に本当に理解しているのかを確認するために受講生の方から講師に問題を解説・説明してもらうという「逆転授業」の機会を設けています。一切の不安や疑問を解決しかつ得るべき思考回路、思考方法をきっちりと得ていけます。これによってあなたの日々の勉強の質は MAX に達します！

🏃 6. 得点力を究極的に高めることができる全科目のエッセンスを網羅的に得ることができる！

　当塾講師自身が圧倒的結果をたたき出しているのには秘密があります。大学受験においては各科目を高い次元で効率的にマスターし、かつ圧倒的得点力を獲得するための核となるエッセンスが存在するのです。当塾講師陣が受験生時代に抽出・蓄積してきた「一般化脳」理論で得てきたすべてのエッセンスを各科目網羅的・体系的に個別指導や講義で得ることができます。他指導では決して得ることができないものです。当塾の個別指導や講義であなたの得点力＝「志望校特化型得点脳」の形成・合格可能性は MAX に達します！

🏃 7. 単なる東大合格者ではなく、その中でもトップの実力を有し、難関大学・医学部合格に必要なすべてをご提供できる講師陣があなたの個別指導講師！

【30 名超の東大理三合格講師陣】
●東大「理三」『次席』現役合格講師「東大医学部医学科」（日本最難関東大理三次席合格者 / センター試験 867/900）
● 東大「理三」現役合格講師「東大医学部医学科」（地方公立高校出身 / 私学受験せず / センター試験 877/900）

● 東大「理三」現役合格講師「東大医学部医学科」（地方公立高校出身 / 慶應大学医学部合格 / センター試験 864/900）

● 東大「理三」現役合格講師「東大医学部医学科」（地方公立高校出身 / 慶應大学医学部『特待』合格）

● 東大「理三」現役合格講師「東大医学部医学科」（地方私立高校出身 / 私学受験せず / センター試験 869/900）

● 東大「理三」現役合格講師「東大医学部医学科」（地方私立高校出身 / 私学受験せず / センター試験 868/900）

● 東大「理三」現役合格講師「東大医学部医学科」（「国際数学オリンピック」銀メダル / 慶應大学医学部『特待』合格）

● 東大医学部医学科「日本初」推薦合格講師「ヨーロッパ数学オリンピック銀メダリスト」センター試験 864/900

● 東大「理三」現役合格講師「東大医学部医学科」（慶應大学 / 慈恵会医科大学医学部合格 / センター試験 855/900）

●「理三」現役合格講師「東大医学部医学科」（早稲田大学先進理工学部合格 / センター試験 830/900）

● 東大「理三」現役合格講師「東大医学部医学科」（地方私立高校出身 / 私学受験せず / センター試験 840/900）

● 東大「理三」現役合格講師「東大医学部医学科」（地方私立高校出身 / 私学受験せず / センター試験 873/900）

● 東大「理三」現役合格講師「東大医学部医学科」（慶應大学・順天堂大学医学部合格 / センター試験 868/900）

● 東大「理三」現役合格講師「東大医学部医学科」（都内私立高校出身 / 私学受験せず / センター試験 807/900）

● 東大「理三」現役合格講師「東大医学部医学科」（防衛医大 / 国際医療福祉大学医学部『特待』合格 / センター試験 837/900）

● 東大「理三」現役合格講師「東大医学部医学科」（地方私立高校出身 / 私学受験せず / センター試験 801/900）

● 東大「理三」現役合格講師「東大医学部医学科」（地方私立高校出身 / 私学受験せず / センター試験 867/900）

● 東大「理三」現役合格講師「東大医学部医学科」（「国際化学オリンピック」銀 / センター試験 871/900）

● 東大「理三」現役合格講師「東大医学部医学科」（都内私立高校出身 / センター試験 821/900）

● 東大「理三」現役合格講師「東大医学部医学科」（「国際数学オリンピック」銅 / センター試験 844/900）

● 東大「理三」現役合格講師「東大医学部医学科」（地方公立高校出身 / センター試験 833/900）

● 東大「理三」合格講師「東大医学部医学科」（慶應大学・防衛医大医学部合格 / センター試験 804/900）

● 東大「理三」現役合格講師「東大医学部医学科」（地方公立高校出身 / 私学受験せず / センター試験 869/900）

● 東大「理三」現役合格講師「東大医学部医学科」（地方私立高校出身 / 私学受験せず / センター試験 842/900）

● 東大「理三」現役合格講師「東大教養学部理科三類」（都立高校出身 / 慶応・順天・防医医学部合格 / センター試験 830/900）

● 東大「理三」現役合格講師「東大教養学部理科三類」（地方私立高校出身 / 慶応大学医学部「特待」合格 / センター試験 864/900）

● 東大「理三」現役合格講師「東大教養学部理科三類」（地方私立高校出身 / センター試験 884/900）

● 東大「理三」現役合格講師「東大教養学部理科三類」（地方私立高校出身 / センター試験 849/900）

● 東大「理三」現役合格講師「東大教養学部理科三類」（都内私立高校出身 / センター試験 844/900）

● 東大医学部医学科推薦合格講師「東大教養学部理科三類」（地方公立高校出身 / 模擬国連国際大会代表 / センター試験 857/900）

● 東大「理三」現役合格講師「東大教養学部理科三類」（都立高校出身 / センター試験 807/900）

● 東大「理三」現役合格講師「東大教養学部理科三類」（地方私立高校出身 / センター試験 848/900）

● 東大「理三」合格講師「東大教養学部理科三類」（都内私立高校出身 / センター試験 842/900）

● 東大「理三」現役合格講師「東大教養学部理科三類」（地方国立高校出身 / センター試験 867/900）

【東大文系合格講師】

● 東大文一現役合格講師　　（地方公立高校⇒東大文一現役合格。慶應義塾大学法学部、早稲田大学法学部合格）

● 東大文一現役合格講師 (地方公立高校⇒東大文一現役合格。私学受験せず。センター試験 843/900)
● 東大文一現役合格講師 (地方私立高校⇒東大文一合格。慶應義塾大学経済学部、商学部、早稲田大学法学部合格。)
● 東大文一現役合格講師 (地方公立高校⇒東大文一現役合格。私学受験せず。センター試験 849/900)
● 東大文二現役合格講師 (地方公立高校⇒東大文二現役合格。早稲田大学政治経済学部合格。センター試験 848/900)

という圧倒的結果と実力を有する講師があなたの個別指導講師となり 1 ～ 6 までをすべて指導します。圧倒的受験結果には確固としたノウハウがあります。他指導とは比較できない次元の質の高い指導をすべてあなたは全国のどこにいてもネット塾を通じて手にできるのです。 これによりあなたの第一志望校がどこであっても日本全国の受験生が決して得ることができない実力・得点力・合格力を得ることができ、あなたの合格可能性を最大限に高めることができるのです。

　弊社講師陣の受験界最高峰の頂点を極めている実力からして、弊社は合格に必要なものであるならば指導できないことも、作れない教材もありません。しかしながら、「合格に本当に必要なものしか受験生に提供しない」＝「受験生第一主義」の立場から「受験戦略」「勉強法」も「指導」も究極を追求しています。だからこそ、ここには合格に本当に必要なものだけを過不足なく提供できるという真実と現実が生まれるのです。

　少数受講生ながら医学部・難関大学へ高い合格率を叩き出す弊社指導の詳細は以下の公式サイトをご覧ください。

公式サイト　https://www.goukaku-tensi.info

第4章
高等学校様及び高等学校の先生方へ

講義・講演等のご依頼につきまして

　弊社ではかねてより高等学校様からの講義・講演をお受けし、様々な情報提供もしてきております。また門外不出の弊社講義につきましても特別提供をしてきております。

　さらに本書「受験の叡智」【受験戦略・勉強法の体系書】自体を受験対策書としてご利用もしていただいております。

　生徒さんを第一志望校に合格させてあげたいという熱意ある先生方、高等学校様に対しまして微力ながらお力になれればと考えております。

　スケジュールの都合上すべてのご依頼をお受けすることができない場合もございますが、高等学校様に対しましては受講生に次いで、最優先で対応させていただいております。

　圧倒的結果を出している弊社講師陣でなければお伝えできないことがあります。圧倒的受験結果を的確な対策によって勝ち取っているという弊社講師陣だからこそお伝えできる受験の真実があります。

　さらに、高等学校様でしかご活用できない特別な情報、ノウハウも弊社は保有しております。是非役立てていただければと思っております。

　受験対策講義・講演及び様々なご要望につきましては
公式インフォメーションサイト　https://www.goukaku-tensi.info
の該当ページのフォームよりメールをお送りいただくか、直接お電話、メールをいただければ対応させていただきます。

　その後のサポートも徹底的に行わせていただく都合上、対応させていただけます高等学校様には限りがございます。

　ご相談、ご要望につきましては一切の秘密を厳守いたしますので、まずはお気軽にご相談いただけましたら幸いです。

〜おわりに〜

　以上、合格の天使が独自の分析を加えて体系化した受験戦略・勉強法をお伝えしてきました。

　この本の出版を決意した大きな理由は、安易に語られる勉強法にこれ以上受験生が踊らされることがないようにするためです。

　2014年初版刊行以来、受験戦略、勉強法に関しこれ以上のものを追い求める必要もまたこれ以上のものが存在することもないと自負しています。

　その根拠は
　この本の執筆・監修を担当しているのは合格の天使が誇る
　■30名超の東大理三合格講師陣
　■多数の東大理系・文系上位合格層講師陣
という受験界最高峰を突破した受験戦略・勉強法のエキスパートであるということ
・圧倒的結果が伴っている受験戦略・勉強法であるということ
・単なる合格体験記ではなく客観的データを収集・分析したものであること
・受験戦略・勉強法を体系化したものであること
です。
　この本を読んでくださっているあなたはすでに全国の受験生に対して大きなアドバンテージを得ています。そしてもう受験戦略や勉強法に悩む必要はありません。やる気や集中力、精神論を必要以上に追い求める必要もありません。

　あとは実践です。
　実践段階では本書の中で少し触れたように各科目の各単元・分野・項目等について**一般原理化・普遍原理化・処理公式化**できる部分がたくさんあります。
　この部分について必要十分な質と量を兼ね備えたものを習得できれば第一

～おわりに～

志望校・難関大学合格は確実になります。

　本書を何度も読み返し合格に必要なものを実践からどんどん得ていってください。

　なお、弊社合格の天使は、確実合格を可能にする各科目の各単元・分野・項目等について「一般原理化・普遍原理化・処理公式化」したものを網羅的に保有しています。

　しかし、これはとても書籍に収まる量のものではありません。

　この部分につきましては門外不出の講義・映像講義や科目・質問数・質問事項無制限回答指導・添削指導を行っているリアル塾及びネット塾で余すことなくご提供しています。

　本書で最高の武器を手に入れたあなたは、もはやあなたの頑張り次第で第一志望校・難関大学合格を確実にできる状況を手に入れています。

　最後まで自分を信じて頑張り抜いてください。
　その先には必ず合格があります。

祈　第一志望校合格。

受験戦略・勉強法・学習指導の個別指導リアル塾＆ネット塾

特殊個別指導＆講義

叡学舎・叡学会　株式会社　合格の天使

※参考文献────────────────────────
東京大学ホームページ
早稲田大学ホームページ
慶應義塾大学ホームページ
独立行政法人大学入試センターホームページ
『受験戦略・勉強法バイブル』（弊社合格の天使刊）

■著者サイト■

（株）合格の天使　公式サイト

少数受講生ながら、医学部・難関大学へ高い合格率を叩き出す、ネット塾＆リアル塾の指導内容の詳細及び受講料についてご説明したサイトです。また受験戦略・勉強法・勉強計画についてのコンテンツも盛りだくさんです。合格に役立ててください。

https://www.goukaku-tensi.info

（株）合格の天使　公式 LINE

時期に応じた受験戦略・勉強法・勉強計画をはじめモチベーション維持に役立つ応援コンテンツを無料配信！

QR コード or ID 検索 or「合格の天使」での検索からお友達登録できます。

@goukaku-tensi

（株）合格の天使　公式 YouTube チャンネル

30 名超の東大理三合格講師陣の一部が出演！受験戦略・勉強法・勉強計画や受験体験談など、東大理三合格講師陣の解説が無料で見られます！

QR コード or YouTube で「合格の天使」を検索してチャンネル登録できます。

■著者プロフィール■

著者　（株）合格の天使

30名超の東大理三合格講師と多数の東大理系・文系上位合格層講師を擁し、医学部・難関大に驚異的合格率を叩き出す、知る人ぞ知る日本屈指の受験指導機関。

特殊個別指導＆講義で受験戦略・勉強法・計画立案・学習指導のすべてを完全コンプリートして提供。10年以上前からオンライン個別指導を行い高い実績・信頼・ノウハウを有するネット塾のパイオニア。リアル塾でも東大理三合格者をはじめとする医学部・難関大合格者を多数輩出。

最高峰のノウハウと学習指導を全国の受験生へ提供すべく法人設立以前からWEB個別指導を行う。受験戦略・勉強法の講義の提供・指導とともに、個人個人に応じた計画の立案から始まり、科目・質問数・質問事項を問わず、教科書・問題集・参考書・全国の大学の過去問を問わず、無制限で回答指導・添削指導を行う受験生第一主義の圧倒的指導実力を有する。

徹底した責任指導・個別指導ゆえごく少数受講生ながら、東大理三をはじめとする医学部医学科合格者・旧帝大合格者・難関大合格者等を毎年多数輩出。「圧倒的実力指導」「圧倒的充実指導」に加え「受験生第一主義」を貫くその指導は、個別指導や講義に関し受験生のみならずその保護者からも絶大な信頼を受ける。

※公式サイトには講師の実名公表をしていますがここでは割愛します。

【30名超の東大理三合格講師陣】
- 東大「理三」『次席』現役合格講師「東大医学部医学科」（日本最難関東大理三次席合格者 / センター試験867/900
- 東大「理三」現役合格講師「東大医学部医学科」（地方公立高校出身 / 私学受験せず / センター試験877/900）
- 東大「理三」現役合格講師「東大医学部医学科」（地方公立高校出身 / 慶應大学医学部合格 / センター試験864/900）
- 東大「理三」現役合格講師「東大医学部医学科」（地方公立高校出身 / 慶應大学医学部『特待』合格）
- 東大「理三」現役合格講師「東大医学部医学科」（地方私立高校出身 / 私学受験せず / センター試験869/900
- 東大「理三」現役合格講師「東大医学部医学科」（地方私立高校出身 / 私学受験せず / センター試験868/900

- 東大「理三」現役合格講師「東大医学部医学科」(「国際数学オリンピック」銀メダル / 慶應大学医学部『特待』合格)
- 東大医学部医学科「日本初」推薦合格講師「ヨーロッパ数学オリンピック銀メダリスト」センター試験 864/900
- 東大「理三」現役合格講師「東大医学部医学科」(慶應大学 / 慈恵会医科大学医学部合格 / センター試験 855/900)
- 「理三」現役合格講師「東大医学部医学科」(早稲田大学先進理工学部合格 / センター試験 830/900)
- 東大「理三」現役合格講師「東大医学部医学科」(地方私立高校出身 / 私学受験せず / センター試験 840/900)
- 東大「理三」現役合格講師「東大医学部医学科」(地方私立高校出身 / 私学受験せず / センター試験 873/900)
- 東大「理三」現役合格講師「東大医学部医学科」(慶應大学・順天堂大学医学部合格 / センター試験 868/900)
- 東大「理三」現役合格講師「東大医学部医学科」(都内私立高校出身 / 私学受験せず / センター試験 807/900)
- 東大「理三」現役合格講師「東大医学部医学科」(防衛医大 / 国際医療福祉大学医学部『特待』合格 / センター試験 837/900)
- 東大「理三」現役合格講師「東大医学部医学科」(地方私立高校出身 / 私学受験せず / センター試験 801/900)
- 東大「理三」現役合格講師「東大医学部医学科」(地方私立高校出身 / 私学受験せず / センター試験 867/900)
- 東大「理三」現役合格講師「東大医学部医学科」(「国際化学オリンピック」銀 / センター試験 871/900)
- 東大「理三」現役合格講師「東大医学部医学科」(都内私立高校出身 / センター試験 821/900)
- 東大「理三」現役合格講師「東大医学部医学科」(「国際数学オリンピック」銅 / センター試験 844/900)
- 東大「理三」現役合格講師「東大医学部医学科」(地方公立高校出身 / センター試験 833/900)
- 東大「理三」合格講師「東大医学部医学科」(慶應大学・防衛医大医学部合格 / センター試験 804/900)
- 東大「理三」現役合格講師「東大医学部医学科」(地方公立高校出身 / 私学受験せず / センター試験 869/900)
- 東大「理三」現役合格講師「東大医学部医学科」(地方私立高校出身 / 私学受験せず / センター試験 842/900)
- 東大「理三」現役合格講師「東大教養学部理科三類」(都立高校出身 / 慶應・順天・防医学部合格 / センター試験 830/900)

- 東大「理三」現役合格講師「東大教養学部理科三類」（地方私立高校出身 / 慶応大学医学部「特待」合格 / センター試験 864/900）
- 東大「理三」現役合格講師「東大教養学部理科三類」(地方私立高校出身 / センター試験 884/900)
- 東大「理三」現役合格講師「東大教養学部理科三類」(地方私立高校出身 / センター試験 849/900)
- 東大「理三」現役合格講師「東大教養学部理科三類」(都内私立高校出身 / センター試験 844/900)
- 東大医学部医学科推薦合格講師「東大教養学部理科三類」（地方公立高校出身 / 模擬国連国際大会代表 / センター試験 857/900）
- 東大「理三」現役合格講師「東大教養学部理科三類」（都立高校出身 / センター試験 807/900）
- 東大「理三」現役合格講師「東大教養学部理科三類」(地方私立高校出身 / センター試験 848/900)
- 東大「理三」合格講師「東大教養学部理科三類」（都内私立高校出身 / センター試験 842/900）
- 東大「理三」現役合格講師「東大教養学部理科三類」(地方国立高校出身 / センター試験 867/900)

【東大文系合格講師】

- 東大文一現役合格講師　（地方公立高校⇒東大文一現役合格。慶應義塾大学法学部、早稲田大学法学部合格）
- 東大文一現役合格講師 (地方公立高校⇒東大文一現役合格。私学受験せず。センター試験 843/900)
- 東大文一現役合格講師 (地方私立高校⇒東大文一合格。慶應義塾大学経済学部、商学部、早稲田大学法学部合格。)
- 東大文一現役合格講師 (地方公立高校⇒東大文一現役合格。私学受験せず。センター試験 849/900)
- 東大文二現役合格講師 (地方公立高校⇒東大文二現役合格。早稲田大学政治経済学部合格。センター試験 848/900)
- 東大文二現役合格講師 (地方私立高校⇒東大文二現役合格。私学受験せず。センター試験 808/900)

◆監修・執筆◆

合格の天使出版プロジェクトチーム

受験戦略・勉強法・学習指導の個別指導リアル塾＆ネット塾
医学部・難関大合格のための特殊個別指導＆講義
叡学舎・叡学会　株式会社　合格の天使
代表取締役　上沼　重徳
本店所在地　〒113-0033　東京都文京区本郷５－３－３　本郷ビル２F
個別指導棟　〒113-0033　東京都文京区本郷５－３－３
　　　　　　　　　　　　　本郷ビル１F/ ２F
講義視聴室　〒113-0033　東京都文京区本郷５－24－６
　　　　　　　　　　　　　本郷大原ビル５F
TEL　　03 － 6801 － 5925
E-mail　info@goukaku-tensi.com
公式サイト　https://www.goukaku-tensi.info

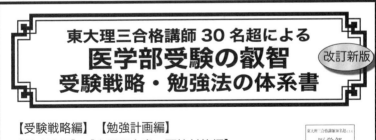

東大理三合格講師 30 名超による
医学部受験の叡智
改訂新版
受験戦略・勉強法の体系書

【受験戦略編】【勉強計画編】
【勉強法編】【志願理由書・面接対策編】
【本番戦略編】【合格への決意編】
【番外編】

合格の天使・著　　　定価・本体 1800 円（税別）　ISBN978-4-7539-3513-0

受験の叡智
受験戦略・勉強法の体系書
【共通テスト完全対応版】

2014 年 11 月 20 日	初版第 1 刷発行
2015 年 1 月 9 日	初版第 2 刷発行
2015 年 2 月 6 日	初版第 3 刷発行
2015 年 3 月 23 日	初版第 4 刷発行
2016 年 2 月 20 日	改訂版第 1 刷発行
2016 年 6 月 11 日	改訂版第 2 刷発行
2016 年 12 月 11 日	改訂版第 3 刷発行
2017 年 3 月 25 日	改訂版第 4 刷発行
2017 年 9 月 13 日	改訂版第 5 刷発行
2018 年 6 月 20 日	改訂 3 版第 1 刷発行
2019 年 1 月 11 日	改訂 3 版第 2 刷発行
2019 年 4 月 13 日	改訂 3 版第 3 刷発行
2019 年 8 月 17 日	改訂 3 版第 4 刷発行
2020 年 5 月 12 日	改訂 3 版第 5 刷発行
2020 年 8 月 25 日	改訂 3 版第 6 刷発行
2020 年 10 月 10 日	改訂 4 版第 1 刷発行
2021 年 4 月 20 日	改訂 4 版第 2 刷発行
2021 年 12 月 28 日	改訂 4 版第 3 刷発行
2022 年 9 月 5 日	改訂 4 版第 4 刷発行
2024 年 2 月 3 日	改訂 4 版第 5 刷発行

著　者　合格の天使

編集人　清水智則　発行所　エール出版社

〒 101-0052　東京都千代田区神田小川町 2-12
信愛ビル 4 F
e-mail：edit@yell-books.com
電話　03(3291)0306
FAX　03(3291)0310

＊定価はカバーに表示してあります。

乱丁本・落丁本はおとりかえいたします。

ISBN978-4-7539-3491-1